Poverty and Power

가난이
조종되고
있다

Poverty and Power (The Problem of Structural Inequality 2nd edition)

By Edward Royce

Copyright © 2009 by Rowman & Littlefield Publishers, Inc.
First published in the United States
by Rowman & Littlefield Lanham, Maryland U.S.A.
This translation done by arrangement with the publisher. All rights reserved.
Korean translation copyright © 2015 by MyungTae

이 책은 Rowman & Littlefield Lanham, Maryland U.S.A. 출판사에서 처음 출간되었습니다.

이 책의 한국어판 저작권은 PubHub 에이전시를 통한 저작권자와의 독점 계약으로 도서출판 명태에 있습니다.
저작권법에 의해 한국 내에서 보호를 받는 저작물이므로 무단 전재와 무단 복제를 금합니다.

Poverty and Power

가난이
조종되고
있다

에드워드 로이스 지음 | **배충효** 옮김

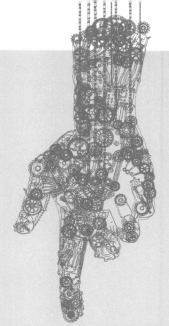

합법적 권력은 가난을 어떻게 지배하는가?

명태

옮긴이 **배충효**

고려대학교 경상대학 경영학부를 졸업한 뒤 펍헙 번역 그룹에서 전문 번역가로 활동 중이다. 《구글은 빅데이터를 어떻게 활용했는가》《미의 심리학》《MIT 리더십센터 말하기 특강》《커쇼의 어라이즈》《은퇴의 기술》(공역)《기적을 부르는 네트워킹》 등을 우리말로 옮겼다.

가난이 조종되고 있다

에드워드 로이스 **지음** | 배충효 **옮김**

초판 발행일 2015년 11월 27일 | **8쇄 발행일** 2019년 2월 14일
펴낸이 조기룡 | **펴낸곳** 명태 | **등록번호** 제109-91-91204호
주소 서울시 서초구 나루터로 60 정원빌딩 A동 4층
전화 (02)335-0445 | **팩스** (02)6499-1165
전자우편 bookinmylife@naver.com
편집 박호진 김현규
디자인 안나영 김지혜 | **경영지원** 김지연

ISBN 979-11-956076-5-5 (03330)
(CIP제어번호: CIP2015027912)

• 책값은 뒤표지에 있습니다.
• 잘못된 책은 구입처에서 바꿔 드립니다.

이 책을 제 부모님인 딕 로이스와 필리스 로이스 여사께 바칩니다.

　'가난과의 전쟁'이 선포된 지 반세기가 지났지만, 여전히 미국
에서 가난은 심각한 문제다. 미국의 가난은 지속적이면서, 점점
더 심각해지고 있다. 반면 가난에 대한 미국인들의 관심은 그것
이 정치인이든 언론인이든 일반 시민이든 무관심에 가깝다. 미
국인에게 가난은 개개인의 불성실한 태도와 부실한 능력의 결
과일 뿐이다. 그러니 이에 대해 국가에서 할 수 있는 일이라 해
봐야 그저 이 비정상인들을 '치료'하여 정상인의 범주로 편입시
키는 기회를 주는 정도라고만 생각한다. 그러나 그렇지 않다. 가
난이 생기고, 지속되고, 악화되는 이유는 가난한 사람 개개인의
단점이나 결함 때문이 아니라 정치와 경제 권력의 재분배 면에
서 불평등이 뿌리 깊고, 그 결과 필수 자원과 기회의 재분배조차
불평등해졌기 때문이다. 가난은 근본적으로 권력의 문제다. 내

가 이 책《가난이 조종되고 있다》를 쓴 이유다.

미국 사회의 빈곤에 관해 책을 쓰며 나는 주로 3가지 목적을 염두에 두었다.

첫째, 빈곤 문제의 일부 측면을 다룬 세분화된 연구들은 많이 있지만 빈곤 문제 전반을 아우르는 책은 없었기에 이 책에서 그런 시도를 하기로 했다. 다양하고 방대한 연구 성과를 한 권의 책으로 묶어냄으로써 독자들에게 미국 내 빈곤 문제에 관한 종합적인 시각을 제공하고자 했다.

둘째, 많은 미국인들은 가난이 국민들의 우려를 자아내거나 긴급한 조치가 필요하거나 광범위한 정책 지원 법률을 제정해야 할 정도로 다급한 사안이 아니라고들 믿고 있다. 비교적 사소한 문제라는 것이다. 나는 이런 사고방식에 반기를 들며 빈곤 문제의 심각성을 이 책에서 강조하려고 애썼다. 가난과 무기력함은 수백만 명의 미국인에게 큰 고통을 가져다줄 뿐 아니라 평등과 기회, 민주주의 그리고 사회정의 같은 이상적인 가치들을 훼손한다는 점을 분명하게 보여주고 싶었다.

셋째, 빈곤을 바라보는 두 가지 상반되는 관점인 개인주의적 관점과 구조주의적 관점의 차이점을 확인하고 부각시키고 싶었다. 단순히 차이를 밝히는 데 그치지 않고, 개인주의 관점의 취약성을 밝히고 구조주의 관점의 상대적 강점을 입증하는 것을 목표로 삼았다. 달리 말해 구조주의적 관점이라는 효과적인 이론에 관해 납득할 만한 증거를 제시하기 위해 이 책을 썼다.

비록 이 책이 미국의 빈곤 문제에 초점을 맞추고 있지만, 책에서 제시한 가난에 대한 분석은 전 세계에서 나타나는 가난과 그 사회 문제들을 이해하는 일과 결코 무관하지 않다. 물론 미국과 한국의 상황이 완전히 같지는 않지만 거기에는 유사점도 있다. 미국의 사례에서 발견되는 때로는 충격적인 현상들은 오늘날 거의 모든 국가들에서 명징하게 나타나고 있다. 대표적으로 세계화의 확산과 제조업의 쇠퇴, 경기침체 현상을 들 수 있겠다. 그 밖에도 위태로운 세계 경제에 대한 우려, 일자리 불안의 증가, 끊임없이 반복되는 실업의 위협, 보건과 노후 안정, 교육 및 주택 문제 대한 우려, 폭넓은 의제들을 두고 벌이는 극심한 정치 및 이념적 갈등, 경제 및 정치 개혁에 대한 욕구 분출, 서로 경쟁 관계인 정치 정당과 이익 집단 사이에 일어나는 권력 균형의 주기적 변화 등을 예로 들 수 있다.

국가별로 차이점이 있다 하더라도, 이 책에서 채택하고 있는 기본 틀은 도움이 될 수 있을 것이다. 예를 들어 가난에 대한 개인주의 관점과 구조주의 관점 중 어느 관점이 상대적으로 유효한지 서로 비교하고 검증하는 일은 국가별로 관심사가 무엇이든 간에 분명히 중요하다. 한국의 독자들과 연구자들에게는 한국은 물론이고 다른 국가의 빈곤 문제에 접근하는 데도 유용한 도움이 될 수 있다. 특히 빈곤처럼 복잡한 주제에서 중요한 면면을 간과하지 않도록, 빈곤이라는 주제에 체계를 부여한 이 책의 연구 전략은 국가별로 상황도 세부적인 해결 방안도 다를 수 있다는 현실을 고려하더라도 무척 유용할 것이다. 빈곤율 그리고 빈곤의 심각성에 영향을 미치는, 정치와 경제와 사회와 문화적 영향력들을 각각 분석한 뒤에 빈곤층의 삶과 기회를 제한하는 많은 제도적 장애물들을 특정하는 방법 말이다.

아마도 한국 독자들은 미국 내 빈곤 문제에 관심이 많거나 아니면 이 책이 제시하는 분석 틀을 토대로 한국의 빈곤 문제를 이해하고자 이 책을 선택했을 것이다. 어느 경우든 한국의 독자들이 이 책을 흥미롭게 읽어주고, 이 책의 결론에 동의하든 동의하지 않든 빈곤 문제에 관해 교훈과 통찰력을 얻게 되기를 진심으로 바란다. 다시 한 번, 필자의 책《가난이 조종되고 있다》를 한국에서 출판하게 되어 영광으로 생각한다. 이 책을 통해 한국 독자들이 빈곤에 대한 지식과 흥미를 동시에 얻을 수 있기를 바라 마지않는다.

2015년 9월
미국 노스샘프턴에서
에드워드 로이스

CONTENTS

1 가난과 불평등을 개인의 탓으로 돌리는 이론들

Poverty

and Power

Poverty

and Power

1

사회적 문제로서의 가난

미국의 빈곤 문제에서 가장 흥미로운 사실은 그동안 미국 내에서 가난이 철저하게 무시되어 왔다는 점이다. 미국에서 가난이란 소재는 텔레비전 쇼나 영화에서 드물게 다루며, 뉴스 미디어에서도 지나가듯 다루는 수준이고, 정치적 의제에서는 대체로 소외되어 있다. 어디를 둘러봐도 가난이 흔한데도 말이다. 시민운동의 태동기인 1960년대 초에 정치인과 언론이 가난이라는 소재를 발굴해낸 뒤, 1964년에는 대통령인 린던 존슨이 '가난과의 무조건적인 전쟁'을 선포하기까지 했는데도 그렇다. 마틴 루터 킹은 1960년대 내내 여타 정치·민권 운동과 함께 가난에 대한 이슈를 항상 제기했다. 킹 목사의 주장은 존슨 대통령의 다소 소극적이고 불충분한 빈곤 퇴치 정책에 대한 불만에서 비롯한 것으로 급진적이고 과격했다. 그는 미국의 민주주의적 이상과 도덕성의 회복을 촉구했다. "우리가 주체적인 시민이 되기 위해 전적으로 그리고 직접적으로, 주저하지 않고 가난을 몰아내야 할 시기가 왔습니다."

그 뒤 사십 년 가까이 지났지만 여전히 우리는 가난을 몰아내는 데 성공하지 못하고 있다. 더구나 '개인'이 아닌 '우리'가 가난을 해결해야 한다는 킹 목사의 생각에 오늘날 미국의 대중은 그다지 동의하지 않는다. 예나 지금이나 미국에서 가난이란 의제는 잘 봐줘야 그리 주류가 아닌 이슈 중 하나였을 뿐이다. 따라서 미국 대중들은 '가난한 사람들은 가난을 치욕으로 생각하지 않으며', 어떤 일이 있어도 '가난은 자기 파괴적인 행위에서 비롯된 자업자득의 결과다'라고 잘못 이해하고 있는 듯하다. 선거로 선출된 관료나 소위 정치 전문가라는 사람들이 아주 이따금 가난한 사람의 고통을 반영한 듯한 정책과 의견을 내는 일이 있기는 하다. 하지만 그때에도 대부분 가난한 사람의 복지에 대한 의존을 줄이거나 '하층민'들을 어떻게 정상인으로 만드는지에 초점을 맞추고 있다. 2005년 허리케인 카트리나로 인해 계층 간 문제와 미국 내 인종적 불평등 문제의 민낯이 드러나자 가난과의 새로운 전쟁이 곧 시작될 것이라는 억측이 난무했다. 하지만 뉴올리언스에서 벌어진 충격적인 장면들이 대중의 기억에서 급속히 사라지자, 재난 직후 정부가 약속한 '과감한 대책'은 소리소문없이 자취를 감추어 버렸고, 오늘날까지도 여전히 시행되지 않고 있다. 가난이라는 의제는 자연재해라는 우연한 기회

덕분에 다시 무대 위로 등장할 수 있었지만, 그 출연은 정말이지 아주 잠깐뿐이었다. 이제 가난은 예전처럼 무대의 커튼 뒤로 사라져버렸다.

왜 가난과 불평등 문제는 시속 200km가 넘는 초특급 태풍이 불어 닥쳐야만 관심을 끌 수 있는 것일까? 왜 이런 문제들은 그 자체로 실효성 있는 정부 정책과 열렬한 대중적 토의를 끌어내지 못할까? 왜 우리는 여태 사회에서 가난을 무조건 '몰아내야' 한다는 마틴 루터 킹의 충고에 주의를 기울이지 않은 것일까? 그 이유 중 하나는 이렇다. 바로 대부분의 미국인들 그리고 정책 입안자들 사이에서 가난은 진정한 문제가 되지 못하기 때문이다. 그들이 느끼는 진짜 문제는 가난이 아니라 가난한 사람들이다. 그들에게 가난한 사람들은 출신도 나쁘고, 일터에서도 불량하게 처신하며, 사회생활에 부적합한 습관을 갖고 있는 사람들이다. 그러니까 그들은 가난을 일종의 질병 비슷한 무언가로 생각한다. 개인적인 실패의 유감스런 결과물 정도로 여기는 것이다. 그들은 돈이 부족한 집안에 태어나 겪는 어려움도 사회구조의 탓이 아니라 생각한다. 그러니 가난을 벗어나게 하려는 미국의 모든 정책이 방향을 잘못 잡고 있는 것이다. 이런 관점에 따르면, 정부가 가난한 사람들에게 자신들의 약점을 극복하도록 소소한 지원을 해줄 수도 있겠지만, 결국 가난을 퇴치하는 믿을 만한 처방은 사회 개혁이 아니라 개인의 분발이다.

이 책은 가난이 도덕적 해이, 나쁜 습관, 무능력에 기인한다는 순진한 생각을 버려야 한다고 주장한다. 가난에 대한 이런 식의 생각은 문제의 핵심을 비켜가게 만들며, 문제의 원인과 그 비극적인 결과를 제대로 보지 못하게 만든다. 그리고 효과적인 해결책으로 가는 길을 차단한다. 우리는 가난 문제를 사회 구조적인 관점에서 바라보아야 한다. 앨리스 오코너 교수는 그런 관점을 '가난에 대한 신지식'이라고 불렀다. 우리는 가난과 불평등의 문제가 경제와 정치 분야의 권력 투쟁과 밀접한 관련이 있다는 사실을 깨달아야 한다. 정치와 경제가 바로 자원과 기회의 분배, 그러니까 누가 무엇을 얼마나 얻을지를 결정하는 요소이기 때문이다. 가난을 가난한 자들의 개인적인 실패로 규정하는 이론은 큰 그림을 무시하고 있다. 가난의 문제는 궁극적으로 적절한 급여를 주는 일자리의 유무 그리고 불리한 입장에 놓인 시민에 대한 국가의 책무에 달려 있다는 사실 말이다.

가난은 사회의 민낯을 반영한다

미국에서 가난 문제는 우리가 상상하는 것보다 훨씬 더 심각하다. 수백만의 미국인들이 양질의 교육을 받을 기회를 얻지 못하고 있으며, 좋은 일자리를 구해 적절한 주거 환경에서 온전한 생활을 할 기회를 얻지 못하고 있다. 빈곤은 가난한 자에게 특히 가혹하다. 더구나 대다수의 미국인들이 동의하는 평등과 기회균등의 원칙에도 부합하지 않는다. 수백만 명이 수준 이하의 생활을 하고 있는 사회가 과연 미국인이 원하는 사회일까? 사실 가난 문제를 탐구하는 한 가지 중요한 이유는 가난이 미국 사회의 민낯을 그대로 반영하기 때문이다. 가난 문제에 대한 연구가 곧 미국 사회에 대한 연구인 것이다.

이번 장에서는 미국 내에서 빈곤 문제의 주요한 면면들을 간략하게 살펴보고자 한다. 먼저 가난과 불평등에 관한 몇 가지 불편한 사실들을 독자들에게 개괄적으로 제시하고, 미국에서 가난 문제가 지금보다 더욱 진지한 대중의 관심과 정치적 노력이 필요한 사회적 문제임을 보여주려고 한다. 이어서 가난을 개인 탓으로 돌리던 기존의 관점과 가난의 책임을 사회 구조에서 찾는 관점을 서로 비교하며 사회 구조적 관점의 필요성을 제기할 것이다. 그리고 이 장의 말미에서는 미국 내의 가난 문제가 왜 구조적인 문제일 수밖에 없는지와 관련하여 이 책의 구성에 대해 설명하겠다.

공식 통계에서 드러나는 미국의 극심한 빈곤율 : 어떻게 보든지 미국의 빈곤율은 심각한 수준이다. 데나바스-왈트(DeNavas-Walt), 프록터와 리(Proctor & Lee)는 빈곤을 추산한 2008년 통계에서 자녀가 2명인 4인 가족 기준으로 연간 세전 소득이 빈곤선인 22,025달러 미만인 가구를 빈곤층으로 분류했다. 2008년 미국 인구 조사국의 추산에 따르면, 미국에서 빈곤층은 약 4,000만 명 규모로, 전체 인구의 13.2%를 차지하는 것으로 나타났다. 특정 하위

그룹에서의 빈곤율은 더 심각한 수준이다. 해당 그룹의 빈곤율은 각각 어린이 18.5%, 흑인 24.7%, 흑인 어린이 34.7%, 히스패닉 23.2%, 히스패닉 어린이 30.6%로 나타났고, 여성이 가장인 가정의 빈곤율은 28.7%에 달했다. 그 밖에도 수백만의 개인과 가정이 아메리칸드림과는 한참 동떨어진, 근근이 생계를 이어가는 위태로운 생활을 하고 있다. 약 5천만 명이 빈곤선을 겨우 25% 넘는 수준(약 2만8천 달러)에서 생활하고 있고, 전 국민의 3분의 1에 근접하는 9천만 명 이상이 4인 가구 기준으로 연간 4만 5천 달러 미만의 수입으로 생계를 꾸려가고 있다. 이는 빈곤선의 2배에도 못 미치는 소득이다. 이런 통계에서 알 수 있듯, 오늘날의 열악한 경제 현실에서 수백만 명의 미국인들이 생계를 잇기 위해 기를 쓰며 살아가고 있다.

실질 빈곤율은 공식 통계보다 더 심각하다 : 덴톤 브하그완(Denton R. Vaughan)이 수행한 여론 조사에 따르면, 미국인들 대다수는 약 2만 2천 달러로 생계를 꾸려가기에는 턱없이 모자란다고 믿고 있는 것으로 나타났다. 미국 대중들의 판단과는 수천 달러 이상 차이가 날 정도로 현재 빈곤선은 극히 낮은 수준이다. 대부분의 미국인들은 '공식' 빈곤층 인구와 '실질' 빈곤층 인구 사이에 상당한 괴리가 있다고 느낀다.

많은 전문가들도 이에 동의한다. 빈곤을 측정하는 잣대의 한 가지 대안으로, 히더 보시(Heather Boushey)와 연구진은 가구 규모와 거주 지역을 감안한 '기본 가족 예산'을 추산하고 있다. 생활하는 데 필수적인 재화와 서비스를 일람표로 만든 이 예산은 안전하고 쾌적한 생활수준을 누리기에는 소득이 턱없이 낮은 근로 가구의 수를 파악하기 위해 고안되었다. 기본 가족 예산에 따라 추산한 미국 내 빈곤층 규모는 공식 통계의 2배를 훌쩍 뛰어 넘는다. 공식 통계에 따른 빈곤율도 이미 심각한 수준이지만, 미국 대중과 많은 정책 전문가들이 추산한 미국의 실질 빈곤율은 공식 통계보다 훨씬 더 심각하다.

미국의 빈곤율은 다른 선진국들을 압도한다 : 미국의 빈곤율은 상당히 높은 수준으로, 다른 선진국과 비교해볼 때 그 심각성이 훨씬 더 큰 것으로 보인다. 다른 분야에서는 미국이 뒤처질지 모르지만, 빈곤층 양산 면에서는 미국을 따라올 국가가 없다. 1990년대 중반, 미국은 19개 부국(富國) 가운데 빈곤율이 다른 국가들 평균의 2배를 넘을 정도로 가장 높은 빈곤율을 나타냈다. 2000년 무렵 8곳의 선진국을 대상으로 중간 소득보다 50% 이상 적게 버는 '상대적 빈곤선'을 조사한 결과에서도 미국은 빈곤율이 가장 높은 국가로 드러났다. 미국의 빈곤율은 17%로, 가장 가까운 라이벌인 영국(12.3%)과 캐나다(11.9%)의 빈곤율을 압도했다. 미국 내 빈곤층의 실질 구매력 또한 다른 선진국에 비해 낮은 수준으로 나타났으며, 소득의 빈부 격차는 오히려 더 컸다. 절대적으로나 상대적으로나 미국 내 빈곤층은 보통의 산업발전국가 빈곤층보다 더 가난하다. 국가별 자료를 면밀히 비교 검토한 알베르토 알레지안(Alberto Alesian)과 에드워드 게일서 (Edward Galeser)는 유럽 국가의 빈곤층에 비해 "미국의 빈곤층이 훨씬 더 가난하다."고 결론을 냈다.

국제적 기준에 비추어 볼 때 미국 내 어린이 빈곤율 또한 특히 높다. 리 레인워터(Lee Rainwater)와 티머시 스미딩(Timothy Smeeding)에 따르면 1990년대 미국은 선진국 중에서 어린이 빈곤율 1위를 기록했는데, 이는 다른 부유한 국가들 어린이 빈곤율의 2배를 뛰어넘는 수치였다. 미국과 독일의 사례를 면밀하게 비교해본 결과, 미국 어린이들의 빈곤 발생률은 상대적으로 더 높았을 뿐만 아니라 빈곤 상태도 장기간 유지되었으며, 어렸을 때 가난을 경험한 사람이 성인이 되어서도 빈곤층으로 살아갈 확률도 더 높았다. 2005년에 작성된 유니세프(UNICEF) 보고서에서도 똑같은 양상이 드러났다. 멕시코를 제외하고 15곳의 산업발전국가 중에서 미국의 어린이 빈곤율이 단연코 가장 높았다. 미국에서 중간 소득보다 50% 이상 적게 버는 빈곤선 이하의 어린이 수는 전체 어린이 수의 20%를 훌쩍 넘었다. 반면 조사 대상 15개국 중에서 7개국은 그 비율이 10% 미만이다. 핀란드는 2.8%, 노르웨이는 3.4%, 스웨덴은 4.2%에 불과했다. 이후에 작성된 또 다른 보고서에도 비슷한 결과가 나왔다. 유니세프는 21곳의 부국을 대상으로 어린이들의 삶의 질을 40개 항목으로 평가했는데, 이 성적표에서 미국과 영국은 꼴찌를 기록했다.

이처럼 미국의 어린이들은 다른 선진국의 어린이들에 비해 가난을 일상적이고 가혹하게 경험하고 있어 그 사회·경제적 후유증이 심각하다.

　가난은 미국 사회의 고질병이다 : 오늘날 미국 사회에는 다수의 빈곤층이 존재할 뿐만 아니라 지난 30년 동안 높은 빈곤율이 지속되고 있다. 1959년 22.4%를 기록한 미국의 공식 빈곤율은 1960년대에는 급격하게 낮아졌고, 1973년에는 역대 최저인 11.1%를 기록했다. 1970년대에 비교적 안정적으로 유지되던 빈곤율은 1980년대에 다시 높아졌고, 1990년대 대부분의 기간 동안 높은 수준을 유지했다. 그러다가 1990년대 후반 고용이 증가하면서 빈곤율 또한 하락해 2000년에는 역대 최저치에 근접한 11.3%까지 떨어졌다. 그 이후로 미국 경제는 2001년을 기점으로 경기침체에서 벗어났으나 빈곤율은 다시 서서히 올라가기 시작했고, 2005년에는 12.6%에 이르렀다. 물론 빈곤층 인구는 해마다 변동이 심하지만, 그 장기적인 추세를 살펴보면 깜짝 놀랄 만하다. 지속적인 경제 성장과 1인당 국민소득의 증가에도 불구하고, 빈곤율은 1960년대 이후 크게 감소하지 않고 제자리걸음을 하고 있기 때문이다. 게다가 정부가 빈곤율에 대한 통계를 작성한 이래로, 미국인 9명 가운데 1명 이상이 지속적으로 가난에 시달렸다는 점은 주목할 만한 대목이다.

상대적 박탈감과 사회적 배척에 시달리는 빈곤층: 가난에 대한 정부의 공식 통계는 1960년대에 고안된 '절대치', 즉 빈곤선을 기준으로 작성되고 있다. 빈곤선은 특정한 소득 기준, 즉 최저 생활수준을 겨우 유지할 정도의 수입에 맞추어져 있다. 그리고 가계 규모와 자녀 수, 물가상승률만 변수로 반영한다. 반면 소비 패턴의 변화나 국민들이 쾌적한 삶을 영위하는 데 필요한 필수품의 변화는 전혀 감안하지 않고 있다. 예나 지금이나 가난에 대한 정의는 별로 달라진 게 없다. 빈곤층을 분류하는 기준은 1960년대나 지금이나 똑같다.

지난 수십 년 동안 빈곤선은 변함이 없지만, 미국인들의 평균적인 생활수준은 높아졌다. 따라서 공식적으로 인정되는 빈곤층의 소득과 중산층의 소득 격차는 벌어졌고, 그에 따라 두 계층 간의 삶의 방식 또한 많이 달라졌다. 2005년 《미국 노동 백서*The State of Working America*》에 따르면, 4인 가구 기준으로 빈곤층의 가계소득은 중산층 가계소득의 29% 수준에 머물렀는데, 1960년의 48%와는 큰 차이를 보였다.

1960년대 초반과 비교했을 때, 2000년대 초반의 빈곤층은 일상적인 생활을 영위할 수 있는 여력이 크게 줄어들었다. 예컨대 유선 방송, 휴대전화, 컴퓨터, 인터넷 같은 재화와 서비스를 누리기가 어려워진 것이다. 사회의 온전한 일원으로 평등하게 참여할 수 있는 경제적 여력이 줄어든 셈이다. 반면 빈곤층이 사회·경제적 주류에 진입할 수 있는 장벽은 더욱 높아져서 가난할수록 사회적으로 배척당할 가능성이 더 높아졌다. 따라서 오늘날 빈곤층 가구가 감내해야 하는 박탈감은 예전보다 더 크다. 과거보다 중산층과의 소득 격차가 벌어진 데다 부유층과의 소득 격차는 과거보다 훨씬 더 심해졌기 때문이다.

오늘날의 빈곤층은 과거에 비해 더욱 가난하다 : 2000년대의 빈곤층은 과거 수십 년 동안의 빈곤층에 비해 더욱 극심한 가난에 시달리고 있다. 가난의 정도를 측정하는 한 방법으로 '빈곤격차(poverty gap)'가 있다. 빈곤격차는 빈곤층에 속한 개인 혹은 가구가 평균적으로 각자의 빈곤선에서 얼마나 후퇴했는지를 보여준다. 1959년에서 1973년 사이에 가구당 평균 빈곤격차는 7,126달러에서 6,373달러로 축소되었다. 그러나 1970년대 초 이래로 극빈층은 오히려 크게 증가해, 심지어 경기 호황이던 1990년대 후반에도 그 증가세가 지속되었다. 2000년에 빈곤층 가구의 평균 소득은 빈곤선(1인 기준, 8,794달러)에 못 미치는 7,732달러로 떨어졌고, 2005년 무렵의 빈곤격차 혹은 빈곤층 가구의 '소득 적자'는 8,125달러로 높아졌다.

가난의 깊이를 가늠하는 또 다른 방법은 극빈층 인구 비율을 측정하는 것이다. 극빈층이란 빈곤선의 50%에도 못 미치는 소득(2000년 기준 1인당 4,397달러)으로 생활하는 계층이다. 극빈층 인구 변화로 따져 봐도 지난 세월 동안 가난의 골은 더욱 깊어졌다. 극빈층 비율은 1970년대에는 30%에 못 미쳤으나, 2005년에는 43%를 넘어서서 그 비율이 눈에 띄게 증가했다. 특히 1980년대에는 그 증가세가 두드러졌다. 2005년 기준으로, 극빈층 인구는 1,590만 명이다. 이는 정부가 극빈층 통계를 작성하기 시작한 1975년 이후 역대 최고치다.

빠져나올 수 없는 가난이라는 덫 : 근래 들어 가난은 성인과 어린이 모두에게 잡히면 빠져나올 수 없는 덫이 되고 말았다. 오늘날 빈곤층 가구는 과거에 비해 가난에서 빠져나오기도, 가난을 극복하기도 더 어려워졌다. 빈곤층 가정에서 태어난 어린이들이 가난을 대물림할 가능성도 더욱 커졌다. 1970년대 이후 미국 사회에서는 경제 성장률 하락과 더불어 불평등은 늘어난 반면 계층 간 이동은 감소했다. 이처럼 양극화되고 경직된 계급 구조가 고착화하면서 아메리칸드림의 이상과 기회의 균등이라는 원칙이 크게 위협받고 있다.

불과 1~2년 사이에 가난을 경험한 많은 사람들도 가난의 수렁에서 헤어 나오지 못하고 있다. 한 번 가난을 경험한 이들이 다시 가난해지는 현상이 나타나고 있는 것이다. 1980년대 이후 가난의 지속성은 더욱 증가했다. 과거에 비해 오늘날 저소득층은 가난이 대물림될 확률은 더욱 높아졌고, 가난에서 완전히 탈출할 확률은 더욱 낮아졌다. 애넷 베르나르트(Annette Bernhardt)와 그 연구진이 보여주듯이, 이런 현상은 특히 저임금 일자리가 만연하고, 저임금 일자리가 평생 직업으로 굳어졌기 때문에 나타났다. 연구진은 1966~1981년과 1979~1994년 사이 남성 노동자 집단을 비교 분석했다. 분석 결과에 따르면, 두 기간 모두 임금 인상률은 정체되고 임금 격차는 심화되었으며 계층 간 이동성은 크게 감소했다. 저임금 일자리를 벗어나지 못하는 노동자의 비율은 2배로 증가했으며, 특히 임금 수준이 낮을수록 나쁜 일자리 덫에 빠지는 경향이 현저했다. 오늘날 경제 현실에서 경제적 신분 상승은 점점 더 어려워지고 있다. 일자리 자체가 충분하지 않고, 중노동을 해도 그만한 대가가 반드시 보장되지 않는다. 예전처럼 자수성가하기란 하늘의 별따기가 되어버린 것이다.

아메리칸드림의 이상과는 다르게, 세대를 걸쳐 사회적 신분 상승을 하기도 더 어려워졌다. 다니엘 아론슨(Daniel Aronson)과 바스카 마줌더(Bhashkar Mazumder)가 진행한 연구 결과에 의하면 1980년대 이후 계층 간 이동성이 축소되었다. 자수성가라는 말이 무색하게, 이제 개천에서 용이 나기는 매우 어려워졌다. 같은 맥락에서 부유층 자녀가 빈곤층으로 전락하는 일도 그만큼 줄어들었다. 빈부 격차가 심한 사회 구조 속에서, 타고난 부는 한 사람의 인생에 결정적인 영향을 미치고 있다. 톰 헤르츠(Tom Hertz)가 진행한 한 흥미로운 연구 결과에 따르면, 소득 하위 10%에 속하는 가정에서 태어난 아이가 성인이 되어 같은 소득 계층에 머무를 확률은 31.5%에 달했지만, 최상위 10% 소득 계층에 편입될 확률은 1.3%에 불과했다. 반대로 최상위 10% 소득 계층에서 태어난 아이가 성인이 되어 같은 소득 계층에 머무를 확률은 29.6%였고, 최하위 10% 소득 계층으로 떨어질 확률은 고작 1.5%였다. 부자나 빈자나 적어도 한 가지 면에서는 공통점이 있다. 자녀들에게 자신의 경제적 지위를 그대로 물려주는 경향이 있다는 점이다. 그리고 이러한 부의 대물림 현상은 선진국들 중에서 미국이 가장 두드러진다. 계층 간 이동이 더 '많아서'가 아니라 더 '적기' 때문이다.

가난의 대물림 현상은 미국 사회에서 유독 두드러진다. 산업화를 이룩한 다른 국가들에 비해 미국은 가난한 가정에서 태어난 아이가 성인이 되어서도 계속 빈곤층으로 살아갈 확률이 더 높다. 흑인들의 끈질긴 가난의 대물림 현상은 특히 심각하다. 헤르츠의 연구에 따르면, 1942년에서 1972년 사이 소득 하위 10% 해당하는 가정에서 태어난 흑인 어린이 중에서 40% 이상이 성인이 되어서도 똑같은 소득 계층에 그대로 머물러 있는 것으로 나타났다. 그리고 소득 하위 25% 가정에서 태어난 흑인 자녀 중 60% 이상이 성인이 되어서도 가난을 대물림하는 것으로 드러났다. 인종과 민족에 상관없이 가난한 계층의 자녀도 최고의 자리에 오를 수 있는 국가가 바로 미국이라는 이미지가 있었지만, 그런 이미지는 현실과 완전히 동떨어져 있다.

갈기갈기 찢어진 사회 안전망 : 1996년에 미국 의회는 기존의 복지 시스템을 정비하였고, 빈곤가구한시지원(TANF) 제도를 마련했다. 그 이후 2000년대에 빈곤율이 꾸준히 높아지고 빈곤의 수위도 한층 더 가혹해졌지만, 현금으로 복지 수당을 지급받는 가구 수는 2백만 가구 정도로 오히려 급감했다. 이는 1996년의 절반에도 미치지 못하는 수준이다. 게다가 정부는 물가상승률을 전혀 감안하지 않고 복지 수당을 지급하기 때문에 빈곤층이 받는 복지 수당의 실질 가치는 이전보다 더 낮아졌다. 복지 혜택을 받는 빈곤층 어린이의 비율도 감소했다. 1996년에는 빈곤층 어린이의 50% 이상이 복지 혜택을 받았으나, 이제 그 비율은 33% 미만으로 떨어졌다. 수급 요건을 갖추고도 복지 혜택을 누리지 못하는 가구의 비율도 증가했다. 1990년대 초에는 그 비율이 20% 미만이었으나, 2002년에는 50%를 초과했다.

일부 저소득층 가구가 정부로부터 푸드 스탬프(Food Stamp)나 저임금 노동자를 위한 세제 혜택 같은 다양한 지원 혜택을 받고 있을지는 몰라도, 앞에서 제시한 수치에서 알 수 있듯 많은 빈곤층이 아직도 복지 혜택의 사각지대에 놓여 있다. 빈곤층 인구는 계속해서 증가했지만, 복지제도 개편안에 따라 실질적으로 현금 지원을 받는 빈곤층 가구 수는 오히려 감소했다. 정부가 시행한 정책들 때문에 저소득층은 다른 면에서도 이전보다 더 팍팍한 삶을 살고 있다. 정책 입안자들은 수급 자격의 제한을 두어 저소득층이 실업 급여를 받는 데 한계를 두었고, 법정 최저임금 인상은 꺼리고 있으며, 극도로 부유층 편향적인 세금 정책을 펴고 있다. 반면 저소득층을 위한 양육비, 주택 보조비, 의료비, 자녀 대학 등록금 지원 등에 관한 예산은 삭감했다.

오늘날 빈곤층은 과거에 비해 정부 지원이나 믿을 만한 사회 안전망을 기대하기 힘든 현실에 직면해 있기 때문에 미국에서 가난은 특히 심각한 사회 문제이다.

가난은 남의 얘기가 아니라 우리 자신의 문제다 : 1970년대 이후, 시기를 불문하고 미국 인구의 11~15%가 해마다 빈곤을 겪었다. 미국이 막대한 부를 가지고 있는 나라임을 감안할 때, 이런 수치는 놀랄 만하다. 하지만 이 문제를 다소 긍정적인 시각으로 바라보는 사람은 경제적으로 취약한 계층이 전체 미국 인구 중에서 소수에 불과하다고 느낄 수도 있겠다. 그러나 현실은 그런 인상과는 다르게 나타난다. 마크 랭크(Mark Rank)가 미국 성인이 경제적 곤란에 빠질 가능성을 추정한 결과에 따르면, 대중의 생각과는 다르게 미국 사회에서 가난이 보편적인 현상인 것으로 드러났다. 백인을 포함한 미국인 대다수는 성인기에 적어도 1년 이상 가난을 경험하고, 약 3분의 1은 4년 넘게 가난을 경험한다. 게다가 오늘날 성인 한 명이 적어도 1년 이상 가난에 빠질 가능성은 1970년대에 비해 훨씬 더 높아졌다.

물론 유색 인종이 백인보다 가난을 더 자주 경험하고 가난으로 인해 더 심각한 타격을 입는다. 평생 빈곤선 이상의 생활을 유지하며 사는 흑인은 생각보다 찾기 어렵다. 흑인 중 90% 이상이 성인이 되어 적어도 1년 이상 가난을 감내한다. 심지어 히스패닉이 아닌 백인들조차 가난을 일상적으로 경험하고 있다.

이제 미국에서 가난은 무슨 특별한 모순이나 비정상을 뜻하는 단어가 아니다. 대도시의 빈민들이나 청소년 미혼모 혹은 그 밖의 사회적 비주류들만의 문제가 아닌 것이다. 랭크가 강조하듯, 마치 애플파이하면 미국인을 떠올리듯 미국에서 가난은 미국 경제의 고질병이 되었다.

경제적 완충장치가 없는 삶 : 1990년대에 출판된 다수의 저서들이 경제적 안녕을 나타내는 대부분의 경제지표들의 치명적인 한계, 즉 개인의 소득만 고려할 뿐 개인이 축적한 부는 무시하고 있다는 사실을 지적하며 주목을 받았다. 마이클 셰라든(Michael Sherraden)의 《빈곤층과 자산*Assets and the Poor*》, 토머스 사피로(Thomas Shapiro)의 《흑인의 부, 백인의 부*Black Wealth/White Wealth*》, 돌턴 콘리(Dalton Conley)의 《빚지고 살아가는 흑인들*Being Black, Living in the Red*》 등이 대표적이다. 소득은 개인이 정기적으로 벌어들이는 수입의 합계로 볼 수 있는데, 이는 임금과 개인연금, 정부 지원금(복지, 실업 급여, 사회보장연금) 등을 포함한다. 한편, 부는 축적된 자원의 총합으로서 저축, 주택, 사업용 자산, 주식, 채권, 부동산 등을 포함한다.

오늘날 부의 분배 구조는 소득의 분배 구조보다 훨씬 더 왜곡되어 있다. 1997년에 미국의 상위 1% 가구는 소득 기준으로는 국가 총소득의 16.6%를 차지했으나, 부를 기준으로는 국가 전체 부의 38.1%를 차지했다. 반면 하위 40% 가구는 국가 총소득의 10.5%를, 전체 부를 기준으로는 불과 0.2%를 차지하는 데 그쳤다. 1998년 기준으로, 미국 가구의 18%는 보유한 금융자산 혹은 유동자산이 제로 혹은 마이너스인 것으로 나타났다. 유동자산은 순자산에서 주택자산을 뺀 것으로, 현재 소비를 위해 즉시 현금화 할 수 있는 자산을 의미한다.

상당한 자산을 축적한 가구는 완충 장치처럼 경제적으로 어려운 시기에도 기댈 구석이 있다. 또한 자신과 자녀들의 안전한 경제적 미래를 위해 자본이나 신용을 활용해 주택과 교육 그리고 노후에 투자하기가 용이하다. 자산을 축적한 가계는 그 덕분에 하류층으로 전락하지 않고 상류층으로 쉽게 진입한다. 그런데 3개월 동안 기본적인 생활비도 충당하기에 벅찬 자산을 보유한 가구는 보통 '자산 빈곤층'으로 분류된다. 자산 빈곤층에 속한 가계는 실업이나 그 밖에 소득 흐름이 끊기는 사건이 발생하면 공과금과 생계비 지출을 위해 사용할 수 있는 여유 자금이 전혀 없다. 따라서 그들은 경제적 위기 상황을 돌파하거나 심지어 하루하루 생계비를 충당하기 위해 어쩔 수 없이 남에게 돈을 빌리거나 최대치로 신용카드 대출을 받기 때문에 나중에 엄청난 이자 부담에 허덕일 수밖에 없다.

미국의 자산 빈곤 수준은 소득 빈곤 수준보다 훨씬 더 심각하다. 2001년 미국의 자산 빈곤율은 순자산 기준으로는 24.5%, 보다 더 엄격한 유동자산 기준으로는 37.5%에 육박했다. 미국 가계의 3분의 1 이상이 월급 없이 3개월 동안 빈곤선 이상의 생활을 유지할 수 있을 만큼 충분한 현금 혹은 현금성 자산을 보유하고 있지 못하다. 흑인과 히스패닉 가계의 자산 빈곤율은 훨씬 더 심각해서, 순자산 기준으로는 40%, 유동자산 기준으로는 60%를 초과한다. 미국은 1980년대 초 경기가 살아나 1990년대에는 막대한 부를 축적했고, 1990년대 말에는 소득 빈곤이 감소했음에도 불구하고, 자산 빈곤 문제는 계속해서 악화되었다.

미국의 수백만 가정은 최소한의 품위 있는 생활수준도 누리지 못할 만큼 소득 수준이 열악하다. 그리고 그보다 훨씬 더 많은 가계가 자산 빈곤에 허덕이고 있다. 이들은 흔히 막중한 빚에 허덕이며 근근이 살아가고 있으며, 계속되는 시련에 어려움을 겪는다. 빈곤선을 넘는 소득을 버는 이들도 근로 가계에 일상적으로 찾아오는 경제의 가파른 기복을 무난히 헤쳐날 수 있는 예비 자금이 거의 없다시피 하다. 이들은 자기 자신과 자녀들의 더 나은 미래를 위해 저축할 수 있는 밑천이 전혀 없다.

경제 성장은 결코 가난을 해결할 수 없다 : 미국의 경제적 불평등 수준은 제2차 세계대전 이후 4반세기 동안 비슷한 수준을 유지했지만, 1970년대 이후 극적으로 심화되었다. 오늘날 부유층은 예전에 비해 국민 전체, 특히 소득 하위 계층의 희생을 발판 삼아 경제적 파이의 훨씬 더 큰 부분을 독차지하고 있다. 1980년대에서 1990년대에 이르기까지 저임금 노동자들의 실질 소득은 감소한 반면, 1990년대 후반 노동 시장에 대한 압박은 오히려 강화되었다. 놀랍게도 1979년에서 1994년까지 경제 성장으로 창출된 부의 99%를 미국의 상위 5% 가계가 차지했다.

1990년대 후반을 잠깐 제외하면, 오늘날의 경제 상황 하에서는 생산성 증가와 부의 창출로 인한 혜택이 낙수효과로 빈곤층까지 돌아가기는커녕 오히려 부유층에게만 더욱 편중되고 있다. 1979년에서 2003년 사이에 소득 하위 20% 계층의 평균 세후 소득은 불과 4% 증가한 반면, 소득 상위 1% 가계의 평균 세후 소득은 무려 129%나 급상승했다. 경제가 성장하고 기업 수익이 늘어남에 따라 부익부빈익빈 현상이 심화되고 있는 것이다. 게다가 이런 빈부의 격차는 전혀 개선될 기미가 보이지 않는다. 경기 회복 4년 차에 접어든 2005년 미국의 빈곤율은 2001년 경기 불황 때의 빈곤율보다 오히려 더 높았다.

지난 30년 동안 우리가 얻은 교훈은 확실하다. 경제 성장 자체가 가난을 해결하는 답이 되지는 않는다. 불평등이 계속해서 심화되는 현실에서는 아무리 경제가 성장해도 가난한 사람들의 삶의 질은 별로 개선되지 않는다. 이제 단순히 자유 시장 경제를 활성화하겠다거나 부자 감세를 통해 일자리를 창출하겠다는 정치적 공약만 해서는 가난과의 전쟁에서 승리할 수 없다. 그보다 훨씬 더 광범위한 정치적 처방을 내놓지 않는다면, 미국인 수백만 가정은 앞으로도 여전히 빈곤에 허덕일 것이다. 게다가 그저 시간이 흐른다고 해서 가난 문제가 저절로 해소되지도 않을 것이다. 예컨대 가난 방지 프로그램을 운영해야 한다. 양질의 일자리와 경제 성장을 주축으로 한 성장 전략과 보다 튼튼한 사회 안전망 구축 그리고 보다 더 공정한 부의 분배 정책 등을 병행 추진해야 할 것이다. 《미국 노동 백서》의 저자들도 "가난을 근본적으로 퇴치하려면 경제 성장의 혜택이 골고루 분배될 필요가 있다."고 진단한 바 있다. 그리고 가난에 관한 정치 정책의 근본적인 변화가 있어야만 그런 일이 가능할 것이다. 가난은 세심한 주의가 필요한 문제다. 가난은 단순히 빈곤층이 경제적으로 근근이 버틴다고 해서 해결될 문제가 아니기 때문이다.

반복되는 가난은 사회 정의의 기반을 약화시킨다 : 세계에서 알아주는 부국에 수많은 빈곤층이 존재하고, 그와 동시에 가뜩이나 심각한 빈부격차가 갈수록 더 심화되고 있는 현실을 도외시한 채 사회 정의를 실현한다는 말은 어불성설이다. 사회 정의가 흔들리고 있는 몇 가지 징후를 살펴보도록 하자. 미국인 중 약 4,000만 명이 가난으로 고통받고 있는데, 그중 절반 정도는 극빈층이고 수백만 명은 빈곤층에 준하는 생활을 하고 있다. 《미국 농경제 연구 보고서 U.S. Department of Agriculture Economic Research Report》에 따르면, 2006년에는 약 3,550만 명, 1,260만 가구가 온 가족이 먹을 만큼 충분한 음식을 살 만한 경제적 여력이 없는 것으로 나타났다. 2007년 조사에서는 폭증한 수요에 비해 미국 전역에 있는 무료 급식소(food bank)의 수가 태부족인 것으로 보고되었다.

저소득층 가구가 겪는 고통은 먹는 문제만이 아니다. 그들은 비좁아 터진 집에 살면서 각종 공과금을 내기에도 벅찬 삶을 산다. 또한 마음 놓고 편리한 교통수단을 이용할 수도, 질 좋은 보육 기관을 선택할 수도, 정기적으로 병원에 갈 수도 없다. 요행히 정규직 일자리를 찾는다 할지라도 직장에서 제공하는 합당한 혜택들을 누리거나 생활비만큼의 소득을 벌지 못할 뿐만 아니라, 직장에서도 소외와 착취 그리고 엄청난 노동 강도 때문에 건강을 잃기 일쑤다. 저임금을 받는 소수 민족과 소수 인종 문제는 더욱 심각하다. 흑인과 남미계 빈곤층 수백만 명은 극빈층 거주지역에 따로 모여 살면서, 자녀들을 교육 환경이 열악하고 백인 친구를 만날 기회도 없는 인근 학교에 보낼 수밖에 없다. 이들에게 가난의 대물림은 불 보듯 뻔한 일이다.

하지만 부유층의 소득을 살펴보면 이야기는 사뭇 달라진다. 2006년 미국에서 억만장자의 수는 400명이었는데, 최근에는 그 수가 역대 최고를 기록했다. 이제 단순히 빈부격차가 심해지는 것에 그치지 않고, '슈퍼 갑부'와 '보통 갑부'의 격차마저 빠르게 벌어지고 있다.

10년 동안 제자리걸음을 하던 법정최저임금은 2007년에 이르러서야 겨우 70센트 인상되어 시간당 5.15 달러에 머물러 있는 반면, 회사 임원들의 연봉은 끝을 모르고 오르고 있다. 2006년에 미국 대기업 최상위 최고경영자들의 평균 연봉은 약 1,100만 달러로, 일반 직장인 평균 연봉의 약 364배에 달했다.

1980년의 42배에 비해 크게 증가한 수치다. 2005년 월마트의 최고경영자 리스콧(H. Lee Scott Jr.)은 연봉으로 1,500만 달러 이상을 받아 보통 월마트 동료 직원들의 소득에 비해 약 850배에 달하는 거금을 벌어들였다.

　소수의 특권층이 부와 권력을 독식하고, 사회로부터 소외된 많은 사람들은 극심한 빈곤과 고난에 허덕이는 불공평한 사회는 건전하지도 정의롭지도 않다. 극심한 경제적 양극화와 함께 미국 내에서 공정함이라는 상식은 짓밟히고, 사회적 연대감은 서서히 희석되며, 기회균등의 원칙은 그 기반이 약화된다. 또한 심각하고 위험할 만큼 권력의 차이는 심화되고, 정치적 평등이라는 민주주의적 이상은 파괴된다. 풍요 속의 가난이 확산되고 있다. 이것이 우리가 진정으로 바라는 사회일까? 미국에서 가난이 심각한 문제인 진짜 이유는 가난이 풀기 어려운 경제적 문제들을 양산하는 것은 물론이고, 답하는 것이 어려운 윤리적 질문까지 촉발하기 때문이다.

가난은 누구의 탓인가?—가난을 보는 두 가지 상반된 관점

　미국 사회에서 가난이 심각한 문제임을 먼저 인정하는 일은 큰 진전일 수 있다. 하지만 여전히 논쟁거리는 남는다. 가난의 원인은 과연 어디에 있는가? 이 질문에 답하기 위해 가난을 바라보는 두 가지 상반된 견해를 살펴보자. 다시 말해 가난을 개인의 탓으로 바라보는 관점과 사회 구조 탓으로 바라보는 두 관점이 그것이다. 가난의 원인에 관한 이처럼 상반된 주장은 미국에서 자주 등장하는 이론적 대립의 사례 중 하나다. 가난을 부르는 원인에 관해 최근 많은 논란이 불거지고 있다. 가난한 사람들의 '노력 부족' 때문인가, 혹은 '통제할 수 없는 외부적 환경' 때문인가? 빈곤을 극복할 책임은 가난한 사람들 스스로 짊어져야 하는가, 아니면 빈곤과 불평등 문제를 해소하기 위한 정부의 노력이 더 필요한가? 빈곤 퇴치의 지름길은 빈곤층의 의식 개혁인가, 혹은 사회 개혁인가?

가난에 대한 책임을 누구에게 묻느냐는 사회학계의 담론에서 뿐만 아니라 대중 의식과 정치 정책에서도 그 차이가 뚜렷하게 나타나고 있다. 예컨대 브래들리 실러(Bradley Schiller)는 빈곤층 자신의 결함으로 인해 그들이 가난에 빠진다는 '성격상의 결함' 이론과 좋은 학교와 좋은 일자리를 쉽게 얻을 수 없기 때문에 빈곤층이 가난할 수밖에 없다는 '기회의 제한' 이론을 서로 비교한다. 마크 랭크는 빈곤층의 약점들 때문에 가난이 초래된다는 '낡은 패러다임'을 거부하고, 사회에서의 기회 부족과 사회 안전망 미비 문제를 강조하는 '새로운 패러다임'을 옹호한다. 경제학계에서도 학자들은 '신자유주의' 진영과 '정치 경제' 진영으로 나뉘어 의견 대립이 심한데, 이는 가난의 책임을 소재를 개인에게 두느냐 아니면 사회 구조에 두느냐를 놓고 벌이는 상반된 논쟁과 궤를 같이 한다. 주류 경제학자들은 가난이 수요와 공급의 함수에 따라 결정되는 문제로 규정하고, 그들이 가난한 이유는 상품성 있는 노동력을 갖추고 있지 못하기 때문이라고 주장한다. 반면 정치 경제적 측면을 강조하는 학자들은 가난이 권력과 상관관계가 있다고 바라보고, 빈곤층이 발생하는 원인으로 불공정한 정부 정책과 노동시장 제도를 지목한다.

가난의 책임을 개인의 탓으로 돌리느냐 혹은 사회 구조 탓으로 돌리느냐 하는 주장의 대립은 가난 문제에 관한 공적 담화에 있어서 두드러진 특징 중 하나다. 그러나 이런 차이가 진정으로 유의미하려면 그 목적이 연구를 위해서든, 가난에 대한 대중 인식을 높이기 위해서든, 정치적 논쟁을 벌이기 위해서든, 학교 교육을 위해서든, 가난 문제를 더욱 과감하게 드러내며 온전히 분석해야 한다. 이 책에서는 도입부와 전반부에서 가난을 바라보는 그 두 가지 시각의 차이점을 뚜렷하게 부각하고 또 그 차이점들을 강조하고자 한다. 그렇게 함으로써 두 가지 상반된 견해가 취하고 있는 기본 가정과 주장 그리고 예상되는 결과에 어느 정도의 차이가 있는지 독자들의 세심한 관심을 이끌어 내려고 한다. 이에 덧붙여 가난에 관한 상반된 두 견해를 비교하고 그 차이를 확연히 반복해서 드러냄으로써, 가난의 책임이 개인에게 있다는 개인 책임론의 근본적 결함을 드러내고 상대적으로 사회 구조적 책임론의 여러 장점들을 드러낼 수 있었으면 하는 것이 필자의 바람이다.

가난을 바라보는 이 두 가지 관점은 극단적인 차이를 보인다.

가난이 개인 탓이라는 관점에서는 빈곤층 각자의 약점과 실패, 무능함이 가난의 원인이다. 즉 여러 가지 이유로 개개인이 부족하기 때문에 빈곤층이 발생한다. 가난한 사람들은 지능과 숙련도와 능력이 부족하다. 경험과 기술이 부족하고, 교육 수준도 낮다. 야망이 없고 결단력과 인내심도 부족하다. 태도나 품고 있는 가치가 불량하고, 자기 개선의 욕구도 결핍되어 있다. 좋지 못한 선택을 반복하고 자기 파괴적인 행위에 빠진다. 기회를 얻기 위해서 노력하거나 기회를 제대로 활용할 만한 의지나 힘도 없다. 이 관점에 따르면 가난은 전적으로 개인의 문제다. 가난한 사람들은 원래부터 그에 걸맞은 성격을 갖추고 제멋대로 행동하기 때문에 가난한 것이다.

반면 사회 구조적 관점에 따르면 가난은 개인이 통제할 수 없는 외부의 다양한 정치, 경제, 사회, 문화적 영향 때문에 발생한다. 일자리 부족으로 사람들은 생계비를 벌지 못하고, 기업의 수익 창출 전략은 인건비 삭감에만 초점이 맞춰져 있다. 정부는 제도적으로 저소득층은 외면하면서 부유층에게만 유리한 정책을 편다. 정치인과 언론은 다양한 방식으로 빈곤층을 폄하하는 발언을 쏟아내고, 빈곤층을 마치 동정해야 하는 대상으로 여기며, 그들을 마치 투명인간처럼 취급한다. 또한 그들은 끊임없는 차별에 시달리고, 주류와 동떨어진 곳에서 거주할 수밖에 없으며, 사회적으로도 고립된다. 따라서 사회 구조적 관점에서 가난은 일종의 사회적 문제이다. 가난은 사회 구조와 권력의 분배가 왜곡되어 있기 때문에 발생한다.

　가난이 개인의 탓이라는 측에서는 가난이 주로 개인의 잘못된 선택과 행위 때문에 발생한다고 설명한다. 빈곤층은 흔히 고등학교를 중퇴하고, 결혼과 일부일처제를 거부하고, 혼외정사로 아이를 낳고, 갱단에 들어가 마약을 하고 범죄를 저지르며, 묵묵히 한 가지 일자리에 정착하기를 거부한다. 이런 관점에 따르면, 가난한 사람들은 스스로 안 좋은 결정들을 내리고 그런 삶의 방식을 고수하므로 그들이 가난한 것은 자업자득이다. 반면 가난을 사회 구조적 모순에서 찾는 입장에 따르면 가난은 주로 사회에서 정치, 경제력을 쥐고 있는 지배층이 내리는 결정과 그들의 행동에 따라서 발생한다. 사회 지배층은 기업에서 노동자들을 구조조정하고, 공장을 해외로 이전하며, 임금과 복지를 축소하는 법률을 도입한다. 그들은 사회 복지 예산은 삭감하면서 부자 감세 입법에는 적극적으로 나서고, 일반 노동자들의 희생을 대가로 다국적 기업들의 수익을 극대화하는 무역 협정을 체결하며, 노동자들이 노동조합을 쉽게 만들지 못하도록 하는 노동 악법을 통과시킨다. 뿐만 아니라 그들은 공정하고 효율적인 자유 시장 경제를 옹호하며, 정부의 시장 개입은 실패할 수밖에 없고 가난은 빈곤층 잘못이라는 메시지를 널리 전파하기 위해 기꺼이 수백만 달러를 쏟아 붓는다. 이런 관점에 따르면, 가난한 사람들은 정치·경제 엘리트들의 의사 결정과 행동에 따라 피해를 보는 희생자이다.

가난에 대한 시각은 곧 우리 사회에 대한 시각을 반영한다. 그리고 가난에 대해 이처럼 서로 상반된 두 시각은 미국에 대한 상반 되는 이미지들, 특히 불평등 문제를 극명하게 드러낸다. 개인주의적 관점에서, 미국은 자기 실력에 따라 대우받는 공정한 사회다. 의지를 갖고 열심히 일하면 그만한 대가가 따른다. 자유 시장 경제가 마술 같은 힘을 발휘하므로, 열심히 노력한 만큼 그에 따른 경제적 보상을 받는 것이다. 반면 사회 구조적 관점에 따르면, 미국 사회에서 소득과 수입 그리고 부의 분배 수준은 개인의 능력과 노력의 차이를 제대로 반영하지 못한다. 왜냐하면 그런 경제적 격차는 과거와 현재에 걸친 정치·경제적 투쟁, 권력 격차에서 비롯된 것이기 때문이다.

그 밖에도 그 두 가지 관점은 여러 가지 다양한 문제들을 두고 의견 차이를 보인다. 현재 밖으로 드러난 여러 가지 불평등은 정당한가, 계층 이동의 가능성은 확대되고 있는가 아니면 축소되고 있는가, 사회에서 성공할 기회는 충분한가 아니면 부족한가, 사람들은 공평한 경쟁의 장에서 경쟁하고 있는가 아니면 그 반대인가, 아직도 인종 차별과 성적 불평등을 만연하게 하는 차별이 존재하는가, 아메리칸드림은 아직도 유효한가 아니면 한낱 꿈에 불과한가, 같은 질문들이다. 독자의 이해를 돕기 위해 이 장 말미에는 개인주의적 관점과 사회 구조적 관점의 핵심적인 차이들을 개괄적으로 보여주는 표를 실었다.

이 책은 다양한 문헌들을 종합하여 가난을 개인의 탓으로 돌리는 이론들을 일관되게 비판한다. 그리고 대안으로는 사회 구조적 관점을 제시하고 있다. 이 책은 대학생들이 학교에서 수업 교재로 사용할 수 있을 정도로 쉽게 썼다. 책의 구성은 도입부와 마무리 장을 제외하고 3부로 이루어져 있다. 제1부는 2장부터 4장까지로, 여기서 필자는 가난을 개인 탓으로 돌리는 주요 세 가지 이론인 빈곤에 관한 유전 이론, 문화 이론(빈곤문화론), 인적자본론을 차례차례 비평했다. 이 세 가지 이론은 때때로 서로 조합되어 가난의 책임을 빈곤층의 잘못으로 돌린다. 물론 각 이론마다 그 강조점은 약간씩 다르다. 유전 이론은 가난한 사람들의 인지 능력 결핍을 지적하고, 문화 이론은 가난한 사람들이 성취동기가 부족하다고 강조하며, 인적자본론은 가난한 사람들의 교육과 기술 수준이 떨어진다고 지적한다.

필자는 제1부의 각 장마다 개인 책임론이 제시하는 주요한 실증적 주장들을 부각하고, 그런 주장을 뒷받침하는 논리를 최대한 분명하게 설명한 뒤, 그 이론의 기본 가정과 시사점들을 더욱 자세하게 살펴보았다. 이어서 각 이론이 가지고 있는 가장 심각한 오류들을 지적하고, 각각의 이론이 가지고 있는 이론적·실증적 한계들에 관해 논의했다. 그 과정에서 필자는 왜 우리가 개인 책임론을 버리고 사회 구조적 관점을 견지해야만 하는지 그 논거를 밝혔다. 초반의 이 세 장은 개인 책임론을 비판하는 시발점에 불과하다. 책 중후반부에서도 필자는 그에 대한 새롭고 다양한 비판들을 가능한 한 많이 제시하였다.

제2부와 제3부에서는 서로 다른 두 가지 내용을 유기적으로 엮어 구성했다. 이 부분에서는 독자들이 직관적으로 이해하고 확인할 수 있도록, 구체적인 사회 구조적 모순들을 지적했다. 먼저 5장부터 8장까지는 가난을 야기하는 4가지 시스템에 관해 다루었다. 빈곤율을 높이고 가난의 골을 깊게 만드는 정치, 경제, 사회, 문화적 요인들을 하나하나 분석해본다. 우리에게 친숙한 이 4가지 시스템을 살펴보면, 문제의 초점을 개인이 아니라 그보다 훨씬 더 큰 사회적 맥락으로 확실히 돌릴 수 있다. 그다음으로, 9장과 10장에서는 가난을 영속화하는 장애물들에 관해 다루었다. 가난한 사람들의 삶을 끊임없이 가혹하게 만들며, 빈곤층의 가난 극복을 방해하는 10가지 구조적 장애물들 혹은 제도적 문제점들을 하나씩 살펴볼 것이다. 가난을 영속화하는 4가지 시스템과 10가지 장애물을 제시한 것은 가난을 부추기는 사회적 조건과 가난의 생생한 현실을 동시에 드러내기 위함이다. 사회 시스템을 다룬 장들에서 필자는 가난을 결정하는 요인들을 일반론에서 출발하여 구체적인 사례로 하향식으로 개념화했다. 반면에, 가난을 영구화시키는 장애물들을 다룬 장들에서는 세부적인 내용에서부터 시작하는 상향식 접근법을 이용하였다. 그리고 근근이 생계를 이어가기 위해 분투하는 저소득층 가계들이 하루하루 어떠한 문제들에 노출되는지부터 살펴보았다.

총 4장으로 구성된 제2부에서는 가난을 양산하는 미국의 정치, 경제, 사회, 문화 시스템들을 차례차례 살펴본다. 각 분야는 일종의 권력 구조로 이루어져 있다. 각 분야마다 거기에서 기회를 얻고, 영향력을 행사하고, 의사 결정을 하는 권한이 계급에 따라 차등적으로 구분되어 있는 것이다. 이처럼 제도권 안에서 권력이 불공평하게 분배되면, 특정 개인과 그룹이 권력을 독점하게 된다. 그에 따라 그들은 경제의 방향을 정하고(경제 시스템), 정부 정책을 주도하고(정치 시스템), 대중의 의견과 선호, 믿음에 영향력을 행사하고(문화 시스템), 사회적·경제적 계층 간 이동의 통로들을 통제한다(사회 시스템). 그러나 권력은 항상 경쟁을 하는 법이어서 이 4가지 시스템 안에서도 저마다 충돌이 일어난다. 각 영역에서 여러 이익 집단들은 자신들이 원하는 결과를 얻고 희소한 자원과 기회를 차지하기 위해 경쟁한다. 이 장들에서 필자는 개인 책임론의 입장과는 정반대로, 우리 사회에는 개인이 당장 어찌할 수 없는 정치, 경제, 사회, 문화 같은 다양하고 중요한 제도적 변수들이 존재함을 실증적으로 보여주고자 한다. 이런 다양한 변수들은 빈곤율과 극심한 빈곤에 결정적인 영향을 미치고, 어떤 계층은 다른 계층보다 왜 상대적으로 경제적 시련에 더 취약할 수밖에 없는지 그 이유를 밝히는 데 도움을 준다.

제3부에서는 각각의 장마다 5가지 구조적(structural) 장애물들을 검토한다. 9장에서는 인종 및 주거지 차별, 주택, 교육, 교통

문제를 다루었다. 10장에서는 성차별, 양육, 의료, 불안정한 은퇴, 법적 권리의 박탈 문제를 다루었다. 필자는 이런 여러 가지 장애물들을 '구조적 장애물'이라고 부른다. 미국의 정치, 경제, 사회, 문화 시스템이 복합적으로 작용하여 그런 장애물들을 낳기 때문이다. 그런 장애물들은 특정 개인이 통제할 수 없는 사회적 압력과 질서 그리고 관행 때문에 발생한다. 또한 빈곤층과 준빈곤층은 자신들의 삶과 기회를 제한하는 외부의 사회 환경적 요소에서 각종 장애물들과 직면하고 있다. 게다가 그런 장애물들은 우리 사회에서 정치·경제 권력과 부와 기회의 분배가 어떻게 왜곡되었는지를 반영한다. 빈곤층의 고통과 끊임없이 반복되는 가난의 원인이 빈곤층 스스로의 실패와 결함이 아니라 그러한 사회 구조적 장애물들임을 확인할 수 있다면, 분명 가난은 하나의 '구조적' 문제라고 할 수 있을 것이다.

　미국 사회에서 가난이 끊임없이 반복되는 핵심 원인은 제멋대로인 빈곤층의 일탈 행동에 있는 것이 아니라 점점 더 왜곡되어가는 불평등한 권력 구조에 있다는 것이 이 책의 주된 주장이다. 현재 미국이 겪고 있는 가난 문제는 점점 더 심각해지고 있는 노사 간, 빈부 간 격차와 더불어 1970년대 이후로 진행되고 있는 정치, 경제, 문화적 지형 변화의 결과이다. 기업은 일터와 노동 시장에서 상대적 우위를 점하면서 노동자들에게 임금 인하 압력을 가하고 있다. 또한 기업은 정치 영역에서의 압도적 지위를 이용해 정책의 우편향을 심화시키고 있다. 그리고 특히 순응적인 언론과 보수 싱크 탱크들의 영향력 때문에 우편향의 이념이 여론을 장악하고 있다. 또 다른 한편으로 계급 측면을 살펴보면, 미국의 서민층과 빈곤층은 이미 주변부로 밀려났다. 이들은 국가 경제의 밑바닥에 꼼짝없이 갇혀, 최저 생계비에도 못 미치는 장래성 없는 일자리를 얻기 위해 서로 치열하게 경쟁하고 있다. 어떠한 경우에 가난한 사람들은 선거권도 잘 행사하지 못하는 상태에서 정치적 영향력을 상실했고, 그렇지 않다고 하더라도 돈과 인맥이 판치는 세상에서 소외된 채 주류에 접근조차 못하는 실정이다. 두말할 필요도 없이 그들의 목소리는 주류 정치 담론에서 철저히 무시된다. 앞으로 권력과 정치, 갈등과 불평등 문제에 관해 이야기하겠지만, 필자는 우리가 사회 구조적 관점에서 문제를 파악할 때에만 미국 사회에서 가난 문제를 제대로 이해하고 또 효과적으로 해결할 수 있는 단초를 마련할 수 있다고 생각한다.

§ 가난을 대하는 개인주의적 관점 vs. 구조주의적 관점

개인주의적 관점	구조적 관점
가난은 빈곤층 자신의 결함 때문에 빚어진 개인적인 문제이다.	가난은 사회의 결함 때문에 빚어진 사회 문제이다.
가난과 지속되는 가난의 원인은 빈곤층 자신의 가치관과 태도, 행동에 있다.	가난과 지속되는 가난의 원인은 사회의 정치, 경제, 문화, 사회 제도에 있다.
가난은 빈곤층 자신의 부적절함과 단점과 결점에서 유래한다.	가난은 권력과 기회, 자원의 불평등한 분배에서 유래한다.
가난이 발생하는 이유는 빈곤층 스스로가 자신들에게 주어진 기회를 제대로 활용할 능력이 없거나 의지가 없기 때문이다.	가난이 발생하는 이유는 사람들에게 충분한 기회를 보장해주지 못하는 경제 시스템과 정치 시스템 때문이다.
빈곤층은 인생의 잘못된 선택으로 고통당한다.	빈곤층은 선택할 수 있는 여지가 별로 없어서 고통당한다.
빈곤층이 경제적 성취를 이루지 못하게 하는 주된 장애물은 내부 요인인 빈곤층의 내면에 있다.	빈곤층이 경제적 성취를 이루지 못하게 하는 주된 장애물은 외부 요인인 거시적인 사회적 환경 속에 있다.
가난은 게으르고, 비숙련된, 저학력 노동자 때문에 일어나는 현상이다.	가난은 형편없는, 저임금의, 가망 없는 일자리 때문에 일어나는 현상이다.
가난은 문화적, 도덕적 문제로서, 미약한 가족관과 직업의식 때문에 유발된다.	가난은 경제적, 정치적 문제로서, 빈곤층에 대한 경제적 착취와 정치적 소외 때문에 유발된다.
빈곤층과 중산층에게 주어진 기회는 비슷비슷하지만, 가치관과 열정에서 근본적인 차이가 난다.	빈곤층과 중산층은 가치관과 열정이 서로 비슷하지만, 주어진 기회 면에서 근본적인 차이가 난다.

기회의 평등은 미국 사회에서 나타나는 엄연한 현실이다. 개인들은 비교적 공평한 경기장에서 경쟁을 벌이므로, 누구에게나 경제적 성공을 이룰 만한 충분한 기회가 있다.	기회의 불평등은 미국 사회에서 나타나는 엄연한 현실이다. 개인들은 불공평한 경기장에서 경쟁을 벌이고, 많은 사람들이 경제적 성공을 거둘 수 있는 충분한 기회를 얻지 못한다.
개인이 경제적 성취를 이루는 데 있어서 인종이나 민족, 성별에 대한 선입관과 차별은 심각한 장벽이 되지 않는다.	개인이 경제적 성취를 이루는데 있어서 인종이나 민족, 성별에 대한 선입관과 차별은 여전히 심각한 장벽이다.
사람들의 경제적 성패를 설명하는데 있어서 환경적 제약보다는 개인적 선택이 더 중요하다.	사람들의 경제적 성패를 설명하는 데 있어서 개인적 선택보다는 환경적 제약이 더 중요하다.
가난은 빈곤층 스스로 결정하고 선택한 결과다.	가난은 경제 및 정치적 엘리트들이 결정하고 선택한 결과다.
시장 원리에 따른 결과는 효율적이고 공정하며, 빈곤 퇴치를 위한 정부 개입은 일반적으로 불필요하고 바람직하지 않다.	시장 원리에 따른 결과는 비효율적이고 불공정하며, 빈곤 퇴치를 위한 정부 개입은 일반적으로 필요하고 바람직하다.
빈곤 퇴치를 위한 최고의 비법은 빈곤층을 개조하고 재사회화시키는 일이다. 즉, 노동 시장에서 제대로 경쟁하기 위해 필요한 기술과 태도, 동기를 제공해줘야 한다.	빈곤 퇴치를 위한 최고의 비법은 노동 시장을 개혁하고 구조 조정하는 일이다. 즉, 더 좋은 일자리를 만들고 저임금 노동자들의 임금을 신장시켜야 한다.
사회에서 귀중한 자원의 배분은 개인적 노력과 능력 차이가 반영된 결과다.	사회에서 귀중한 자원의 배분은 사회적 갈등과 권력 차이가 반영된 결과다.
빈곤층이 가난을 극복하는 최선책은 스스로 기술을 배우고 개인적 노력을 더 많이 기울이는 것이다.	빈곤층이 가난을 극복하는 최선책은 집단적 정치 행동에 참여해서 보다 더 공평한 사회적 자원의 분배를 이끌어내는 것이다.

PART 1

Poverty and Power

가난과
불평등을
개인의 탓으로
돌리는
이론들

2

가난과 불평등에 관한 유전 이론

우리의 운명과 유전자

사람들은 저마다 다르다. 고등학교를 중퇴하는 사람들이 있는 반면 박사학위까지 따는 사람들도 있다. 서류를 만지는 사무직 직원이 있고, 햄버거를 뒤집는 알바도 있다. 지시를 내리는 사람이 있고, 지시를 받는 사람이 있다. 준법 의식이 투철한 사람이 있고, 죄를 지어 감옥에서 수년을 보내는 사람도 있다. 돈과 명예와 권력을 한 손에 움켜쥐는 사람이 있고, 그중 단 하나도 손에 쥐지 못하는 사람도 있다. 장래가 밝은 사람이 있고, 반대로 장래가 암울한 사람이 있다. 이런 차이들이 왜 생기는지 사회학자들에게 불쑥 질문을 던지면 그들은 대개 성, 인종, 계급 이 세 가지에 의지해 논의를 시작한다. 즉, 남성과 여성, 흑인과 백인, 명문가와 가난한 집안의 차이에 따라서 우리의 삶이 달라진다는 것이다.

하지만 생물 발생 이론은 사회학적 전통과 극명한 대조를 보인다. 이 이론의 관점에서 한 개인의 삶에 가장 근본적인 영향을 미치는 요인은 사회적 지위가 아니라 타고난 지능이며, 본성은 우리의 삶에 큰 영향을 준다. 사람들마다 타고난 인지 능력이 다르므로, 교육이나 직업적 성취, 그 밖의 서로 다른 사회적 성취에 따라 불평등이 생긴다. 따라서 천부적으로 머리가 뛰어난 사람은 필연적으로 부자가 되고, 지능이 보통인 사람은 중산층이 될 운명이며, 선천적으로 지능이 낮은 사람은 빈곤층이 되기 마련이다. 자기가 태어난 환경과 무관하게, 똑똑한 사람은 최고의 자리에 오르고 멍청한 사람은 밑바닥으로 내려간다.

이번 장에서는 사회학자 리처드 J. 헌스타인(Richard J. Herrnstein)과 정치학자 찰스 머레이(Charles Murray)가 쓴 《벨 커브: 미국사회에서의 지능과 계급구조The Bell Curve: Intelligence and Class Structure in American Life》에 논의의 초점을 맞춘다. 《벨 커브》는 현재까지 가난과 불평등에 관한 유전학적 이론에서 가장 중요하면서도 널리 인용되는 저작이다. 1994년 이 책이 시중에 출간되자 폭발적인 언론의 주목을 받았고, 그와 관련하여 작은 도서관을 방불케 할 정도의 서평과 논평, 반향과 비평이 이어졌다.

《벨 커브》를 쓴 저자들의 주장에 따르면, 현대 미국 사회는 사회적 계급의 불평등 정도가 점점 더 심화되고 있다. 그리고 이러한 새로운 계급 시스템에서 계층을 가르는 '결정적인 차이점'

은 가족 배경이 아니라 부모에게 물려받은 '인지 능력'이다. 처음부터 서로 다른 지능의 차이에 의해서 상류층과 하류층의 차이는 더욱 더 벌어진다. 또한 저자들은 인족과 민족에 따라 지능이 천차만별이어서, 일반적으로 흑인이 백인보다 지능이 떨어진다고 주장한다. 그리고 이런 지능 차이는 차별과는 무관하고, 오히려 인종별로 서로 다른 지능은 인종 간 불평등이 지속되는 이유를 설명한다고 제안한다.

헌스타인과 머레이의 주장에 따르면, 오늘날 미국 사회에서는 인지 능력이 곧 경제적 성공의 척도가 될 정도로 두 가지 면에서 사회 계층 시스템이 크게 변화했다. 첫째, 사회 어느 분야에서나 기회균등이 보장되고 있다. 예전에 비해 인종이나 성 그리고 출신 계층에 따라서 개인의 성취와 사회적 성공이 좌우될 여지가 줄어들었다. 사람들은 이제 공평한 경쟁의 장에서 좋은 학교나 일자리를 얻기 위해 자유롭게 경쟁한다. 이 경쟁에서는 주로 개개인의 우수성이 승자와 패자를 가르는 기준이 되고, 그런 우수성은 주로 개인의 지능에 의해, 또한 지능은 주로 유전자의 우열에 의해 영향을 받는다. 둘째, 기술이 점점 더 발전하면서 복잡한 인지 능력을 필요로 하는 노동자에 대한 수요가 증가했다. 오늘날 첨단 기술 중심의 경제에서, 높은 지능은 그만큼 높은 평가를 받는다. 그 결과 적절한 지적 능력을 갖춘 IQ가 높은 인력과 그렇지 못한 인력 사이에 차이가 점점 더 벌어진다. 따라서 '기술 사회(technological society)'로 명명되는 현대 경제의 특성 때문에 새로운 상류층이 탄생하고, 일종의 '지적 엘리트'들은 그 뛰어난 지능 덕분에 사회 상류층을 점유한다.

헌스타인과 머레이는 미국 사회에서 계급의 차이가 곧 인지 능력의 차이라고 인식하고 있다. 다시 말해 부유하고 똑똑한 사람들이 계급의 최상층을 이루고, 가난하고 아둔한 사람들은 계급의 최하층을 이루고 있다는 것이다. 집안 배경이나 유산 혹은 인맥보다는 IQ가 좋은 사람이 일류 대학에 입학하고 좋은 직장도 얻는다. '고등교육의 민주화' 덕분에 지적으로 뛰어난 사람이라면 누구나 명문 대학에 입학할 수 있는 길도 열려 있다. 그와 마찬가지로, 오늘날 직업 세계에서는 개인의 IQ에 따라서 일자리가 정해지는 '인지 칸막이(cognitive partitioning)' 현상이 일어나고 있다. 실력을 중요하게 여기는 현대 사회에서 교육이나 직업적 성취는 타고난 정신 능력에 따라 천양지차다. 머리가 좋으면 성공하고 머리가 나쁘면 실패한다. 경제적 효율성과 사회 정의를 해치지 않는 선에서, 이런 등식을 바꿀 수 있는 변수도 그리 많지가 않다. 결국 타고난 인지 능력은 좋은 대학과 좋은 직장을 얻을 수 있는 토대가 되므로, 개인을 성공으로 이끄는 핵심 요소다. 두 학자가 낸 결론을 종합적으로 말하자면 이렇다. "타고난 유전자에 따라서 개인의 성공과 실패가 좌우될 가능성이 점점 더 커지고 있다".

똑똑한 사람들이 부자가 되는 이치와 마찬가지로 머리가 안 좋은 사람들은 가난하게 살 수밖에 없다. 유전 이론에 따르면,

가난은 개인의 인지 능력 부족 때문에 발생한다. 아이큐가 낮은 사람들은 가난에 취약하다. 그들은 지적 열등함으로 인해 학습 능력이 떨어지고, 질 높은 교육을 받고 수준 높은 기술을 익히기가 힘들며, 고위직을 수행할 만한 경쟁력도 부족하다. 안 좋은 의사결정을 하고 자기 파괴적 행동에 빠지기도 쉽다. 그 때문에 결국 가난에 빠지고, 가난에서 헤어 나오지 못하며, 그런 이유로 사회에서 성공하기가 어렵다. 그들은 비정규직 일자리를 전전하고, 오랫동안 실업자 신세를 면치 못하며, 과도한 약물과 알코올에 빠져 있다. 그리고 아무 대책 없이 임신을 하여 사생아를 출산하고, 고등학교를 중퇴하거나 범죄 행위에 가담하는 등 그 밖의 다른 일탈에 빠지기 십상이다. 헌스타인과 머레이의 주장에 따르면, 낮은 인지 능력은 대개 '사회적으로 바람직하지 않은' 행동으로 이어지므로, 지능이 떨어지는 사람들은 경제적으로 신분 상승을 하기도 어렵고 타인에게 피해만 주는 골칫덩어리가 되기 일쑤다. 《벨 커브》가 내세우는 주장에 따르면, 아이큐가 낮은 사람들은 대부분의 사회 문제를 일으키는 주범이어서, 미국의 사회 정책 의제를 독차지하는 행위와 문제들을 일으키는 사람들 대다수는 인지 능력이 떨어진다.

필자는 《벨 커브》를 세 가지 논지로 비평하고자 한다. 첫째, 지능에 관한 헌스타인과 머레이의 관점을 비평한다. 둘째, 아이큐와 현실 사이에 연관성이 있다는 두 사람의 분석을 비평한다. 셋째, 가난에 관한 두 학자의 이론에 초점을 맞추어 비평한다.

유전자와 아이큐 그리고 지능

《벨 커브》의 주장은 인간 지능에 관한 논란의 여지가 있는
네 가지 전제에 기초한다. 첫째, 지능은 '인간의 핵심적인 정신
능력'으로 이루어진 유일한 현상이다. 이런 '일반 지능(general
intelligence)'은 모든 '복잡한 정신 작용'의 근간이다. 둘째, 표준
화된 지능 검사는 일반 지능을 정확하게 측정해서 개인의 지능
을 순서대로 정확하게 측정할 수 있다. 셋째, 지능이란 '원래 거
의 타고난' 것이다. 유전자는 개인의 인지 능력에서 최소 40%,
최대 80%를 차지한다. 넷째, 축복받은 지능이든 아둔한 지능이
든 자고로 지능이란 태어날 때부터 거의 정해져 있기 마련이다.
따라서 낮은 아이큐를 타고난 사람은 제아무리 사회 차원에서
교육을 통해 훈련시킨다 하더라도 그 인지 능력을 신장시킬 수
가 없다. 필자는 이런 문제들에 관해 차례차례 간략하게 논의할
것이다.

먼저,《벨 커브》의 주장을 두고 많은 비평가들은 지능이 1차
원적인 현상이 아니라 다차원적인 현상이라고 지적한다. 지능
에는 한 가지 이상의 서로 다른 수많은 요소가 포함되어 있는
데, 그런 요소들은 서로 연관성이 깊지도 않고, '일반적인 지능'
에서 똑같이 파생되어 나온 것도 아니다. 특정한 부분이나 업
무에서 똑똑한 사람이더라도 다른 분야에서는 그렇지 못할 수
가 있다. 예를 들어 수학에 재능이 있는 사람이 있고, 언어에 재
능이 있는 사람이 있다. 사업가적 수완이 좋은 사람이 있고, 예

술적 재능이 특출한 사람이 있다. 학교 교실에서 능력을 발휘하는 사람이 있고, 세상 물정에 밝은 사람이 있다. 어느 한 분야에서 두각을 나타내는 지능을 갖추었다 해서 다른 분야에서도 똑같이 일을 잘 해내리라는 보장은 없다. 따라서 사람들을 무 자르듯 똑똑한 사람과 멍청한 사람으로 정확하게 구분할 수는 없는 노릇이다. 또 한 분야에 뛰어난 지능을 갖추었다 해서 그의 사회적·경제적 성공이 보장되는 것도 아니다. 지능에 대한 다차원적인 관점이 시사하는 바에 따르면, 개인의 성공과 실패는 흔히 아이큐 테스트로 통용되는 '일반 지능' 같은 단 한 가지 속성에 의해 결정되지 않는다. 설령 개인의 성공과 실패가 지능과 어느 정도 연관성이 있다고 하더라도 말이다. 인지 능력의 종류는 가지각색이고, 사교 능력의 종류도 천차만별이며, 각자가 선호하는 기술과 재능도 서로 약간씩 다르다. 따라서 아이큐 지수는 개인의 전반적인 실제 경쟁력에 대해서나 사회적·경제적 성공 여부에 대해서나 알려줄 수 있는 것이 거의 없다.

둘째, 일반 지능 검사는 개인의 전반적인 능력이 아니라 과제 수행 능력만을 직접적으로 평가할 뿐이다. 응시자의 기분이나 안정감, 응시 횟수 같은 외부적인 요소들이 지능 검사 결과에 영향을 미칠 수도 있다. 그런 시험들은 개개인의 능력을 간접적으로만 측정할 뿐이다. 심지어 개인의 '향상된' 능력을 측정할 때에도, 그것은 개인의 '타고난' 능력에 대한 평가가 아니라 특정한 사회적 맥락 안에서 장기간 축적된 자질에 대한 평가이다. 표준화된 시험들은 지능을 측정하는 수단으로서 또 다른 한계도 있다. 이런 시험들은 제한된 시간 안에 필기시험으로 측정한다. 즉 정해진 시험 기술과 역량만을 평가할 뿐이다. 그런 종류의 시험은 일상생활 속에서 문제를 해결하는 데 필요한 개인의 실질적인 지능과 능력, 학교 교실이나 일터에서 요구되는 폭넓고 맥락에 따라 달라지는 '지적 기능'을 측정하는 데는 취약하다. 지능지수라는 단순한 시험 점수 하나로 한 개인이 가지고 있는 지적 잠재력이나 학교나 직장 그리고 집에서 수행하는 일생 생활 능력을 온전하게 충분히 측정한다는 것은 어불성설이다.

셋째, 많은 비평가들은 《벨 커브》가 아이큐의 유전 가능성과 유전적 근거를 과대평가한 반면, 사회적 환경의 영향력은 과소평가했다고 지적한다. 헌스타인과 머레이 두 사람은 아이큐의 유전 가능성을 계산하고 이로부터 결과를 도출할 때, 인지 능력을 한 세대에서 다른 세대로 유전적으로 전달되며 변하지 않는 타고난 속성인 것처럼 확대해석했다. 두 사람은 아이큐의 유전 확률이 80%에 달한다고 주장했지만, 그보다 더 광범위한 자료를 바탕으로 시행한 또 다른 연구 결과에 따르면 그 확률은 훨씬 더 낮아서 30~50% 정도에 불과했다. 게다가 현실은 이보다 훨씬 더 복잡하다. 유전 확률은 사회적 맥락에 의해 결정되기 때문이다. 예를 들어 가난한 집에서 자라난 어린이는 가정에서 제대로 된 물질적 지원을 받지 못하므로 지적 잠재력을 온전히 꽃피울 수 있는 길이 막히고, 그에 따라 아이큐의 유전 가능성도 제로에 가깝다. 실제로 유전적 소인과 환경적 소인이 너무나 긴밀하게 연결되어 있으므로 전문가들도 각각의 정확한 기여도를 정확한 확률로 구분해내기란 불가능하다.

넷째, 헌스타인과 머레이는 유전적인 요인이 크기 때문에 지능을 손쉽게 키울 수도 없고, 그런 노력을 한다 해도 '실망스러운 결과'만 낳게 된다고 주장한다. 또한 어린이들의 지능을 높이기 위해 아무리 애써본들 낮은 인지 능력 때문에 문제는 잘 풀리지 않을 것이라고 말한다. 하지만 두 사람도 인정한 것처럼, 아이큐 자체를 높이는 일은 불가능한 것이 아니다. '사회적으로 개입할 수 있는 이용 가능한 수단'에 한계가 있고 그 지식도 부족하기 때문에 비현실적일 뿐이다. 문제는 강구할 만한 방법이 없어서가 아니라 '아이큐를 끌어올릴 수 있는 비용이 덜 드는 신뢰할 만한 방법을 찾기 어려운 탓'이다. 그러나 이는 정치적인 판단이지 과학적인 판단이 아니다. 제임스 헤크먼(James Heckman)이 지적하듯, 헌스타인과 머레이는 비용 편익 분석도 하지 않고 자신들의 안일한 견해를 정당화하고 있다.

두 사람의 주장 속에 내재한 더 근본적인 문제는 헌스타인과 머레이가 유전력을 마치 고정불변인 것처럼 호도하고 있다는 점이다. 두 사람은 만약 아이큐가 거의 전적으로 유전자 탓이라면 사회 개혁으로는 지능을 크게 개선할 수 없다는 식으로 사실을 왜곡하고 있다. 하지만 왈스턴(Douglas Wahlaten)이 말한 것처럼 지능은 유전력에 의해 제약을 받지 않을 정도로 유연하다. 게다가 인지 능력을 개선할 여지가 거의 없다는 《벨 커브》의 비관주의에는 이를 뒷받침하는 실증적인 증거도 전혀 없다. 헌스타인과 머레이는 특히 유년 시기에 이루어지는 사회화 과정과 교육의 영향으로 어린이의 지능이 높아지거나 학습 능력이 신장되고, 경쟁력 있는 기술을 습득하는 데 도움을 얻을 수 있다는 사실을 보여주는 연구 자료들을 간과하거나 무시하는 경향이 있다. 왈스턴은 '아주 특별하거나 혹은 대단히 값비싼 교육 없이도 지능을 크게 신장시킬 수 있다'고 결론을 낸다. 요컨대 단순히 출생 전 환경 또는 부모의 양육 환경만 개선해도 아이의 지능을 크게 끌어올릴 수가 있다는 것이다.

또 다른 연구 결과에 따르면, 아이큐에 관계없이 학교 교육은 사람들의 경제적 성취를 북돋우고, 교육 정책은 '현재 진행형으로 점점 더 커져가는 소득 불평등을 줄일 수 있는 가능성'을 내포하고 있다. 이처럼 유전 이론의 주장과는 반대로, 그것이 개인의 인지 능력이든 사회·경제적 운명이든 태어날 때부터 정해져 있는 것은 아무것도 없다.

똑똑한 머리와 부자인 집안, 어느 것이 더 나은가?

《벨 커브》의 핵심 내용이 담겨 있는 제2부에서, 헌스타인과 머레이는 타고난 인지 능력이 한 사람의 생애에 강력한 영향을 준다는 사실을 입증해보이겠다고 공언한다. 그들은 아이큐의 중요성 자체를 입증하기보다는 부모의 사회·경제적 지위(SES)로 알 수 있는 집안 배경에 비해 아이큐가 더 중요하다는 점을 그 논거로 삼았다. 두 사람은 계속해서 IQ와 SES가 가난, 실업, 복지 의존도, 범죄 같은 다양한 '사회적 행동'에 각각 얼마나 영향을 주는지를 서로 비교한다. 예를 들어 낮은 아이큐 점수를 받은 사람은 SES가 낮은 사람들에 비해 고등학교 중퇴율이 높을까 아니면 낮을까? 두 사람은 이런 방식으로 IQ와 SES를 비교함으로써 선천적 요소와 후천적 요소, 유전자와 주변 환경, 이처럼 상반되는 두 가지 요소 중에서 중요성이 더 큰 쪽을 가려내려고 했다. 두 사람이 제시한 자료에 따르면, 대개 사회적인 행동에서는 아이큐가 사회·경제적 지위보다 더 큰 영향을 미치는 것으로 나타났다. 가난과 실업처럼 사람들이 인생을 살면서 부딪치는 문제들은 부정적인 양육 방식보다는 개인의 인지 능력 부족이 더 큰 원인인 듯했다. 개인의 경제적 성패는 사회적 환경보다는 유전적인 요소가 더 중요하다는 결과가 나온 것이다. 두 사람은 빈곤층이 형편없이 사는 이유는 그들이 사회적으로 열악한 대우를 받기 때문이 아니라 그들의 지적 능력이 떨어지기 때문이라고 강조한다.

아이큐와 부모의 사회·경제적 지위의 상대적 중요성을 비교한 두 사람의 분석에는 여러 가지 문제점이 있지만, 그중에서도 3가지 문제점이 특히 두드러진다. 첫째, 두 사람은 의심스러운 지능 측정 방법을 적용했다. 둘째, 두 사람은 아이큐가 전적으로 유전의 산물인 것처럼 간주한다. 셋째, 두 사람이 사용한 SES 지수로는 관련된 사회적 변수들을 온전히 다루지 못한다. 그 결과《벨 커브》는 선천적인 인지 능력이 인생의 성패에 미치는 영향을 과대평가하고, 사회적 환경의 영향력은 과소평가하는 우를 범하고 있다.

헌스타인과 머레이는 군(軍)자격시험(AFQT)을 활용하여 개개인의 아이큐를 측정했다. 군 자격시험은 어느 정도 학력과 경험을 쌓은 15~23세의 응시자를 대상으로 실시하는 시험으로, 개인의 적성보다는 학업 성취도에 더 초점을 맞춘다. 다시 말해 타고난 학습 능력이 아닌 지금까지 쌓아온 학업 수준을 평가하는 시험인 것이다. 제시된 자료를 다시 분석한 재닛 커리(Janet Currie)와 덩컨 토머스(Duncan Thomas)는 AFQT 점수가 외려 유전학보다는 사회·경제적 지위를 더 많이 반영한다는 사실과, 그런 점수들은 선천적인 지능을 나타내는 지표라기보다는 집안 배경의 영향력을 나타내는 지표에 더 가깝다는 사실을 발견했다. 실제로 선천적인 지능을 측정하는 아이큐 테스트가 있다면 그런 지능 검사를 고안하고 실시할 수도 있겠지만, AFQT는 전혀 그런 시험이 아니다. 게다가 그런 시험으로는 사회적인 결과에 유전자가 주는 영향을 제대로 추정할 수도 없다.

헌스타인과 머레이도 지능이 오롯이 타고난 유전적 산물만은 아님을 기본적으로 인정한다. 두 사람도 인정하듯이, 최소 20%에서 최대 60%까지 아이큐는 본성보다는 양육의 결과이고, 그렇지 않다고 하더라도 최소한 타고난 본성과 부모의 양육이 결합되어 나타난다. 그러나 두 사람은 자료를 해석할 때 이런 특성을 간과하거나 공공연하게 무시하고, AFQT로 측정한 아이큐가 마치 순전히 유전의 산물인 것인 양 취급한다.

그러나 (유전의 힘을 입증하는 것과는 완전히 동떨어진) 두 사람의 말에 따르면, 아이큐와 인생의 성패 사이에 어떠한 인과관계가 있을 경우 그것은 사회적 조건이 인지 능력에 영향을 미치고 있음을 크게 반영한다. 인생의 성패를 두고 SES와 IQ가 미치는 영향을 저울질하는 것은 사회적 배경의 힘과 유전의 힘을 대조하기 위한 적절한 방법이 아니다. 본인들 스스로 인정하듯이, 아이큐 자체가 이미 부분적으로 사회적 환경을 드러내는 표현 양식이기 때문이다.

몇몇 비평가들은 헌스타인과 머레이가 사용한 SES 개념을 "허술하기 짝이 없다."며 격한 언어로 비판하기도 한다. 두 사람은 부모의 사회경제적 지위를 지수화하여 응답자의 사회적 환경을 측정했다. 이 지수는 4가지 변수로 이루어져 있는데, 어머니의 교육 수준, 아버지의 교육 수준, 가계소득 그리고 부모의 직위다. 하지만 이 지수는 심지어 집안 배경을 측정하는 수단으로서도 한계를 가지고 있다. 누적된 개개인의 '사회 · 경제적 약점'을 추정하는 수단으로서는 더더욱 한계가 많다. 두 학자가 사용한 SES 지수는 응답자의 부모는 물론이고 응답자 본인의 사회 · 경제적 환경과 관련한, 중요하고 총체적인 사회적 변수들을 도외시한다. 예컨대 가계 규모와 가계의 구성, 교육의 질, 현지의 취업 기회, 커뮤니티와 이웃의 특징, 사회적 교류의 질 등이다. 한 개인의 사회·경제적 배경을 보다 더 정교한 측정 방법을 사용하여 여러 차례 재분석한 결과에 따르면,《벨 커브》는 개인의 인생행로에서 아이큐보다 사회적 배경이 미치는 영향력을 일관되게 평가절하하고 있다.

아마도 헌스타인과 머레이의 주장이 담고 있는 가장 심각한 모순은 그들 스스로 제시한 자료인《벨 커브》가 아이큐와 사회적 성공 사이에 아주 미약한 상관관계만 존재함을 보여주고 있다는 사실일 것이다. 두 사람은 여러 통계를 제시했지만, 그에 따르면 아이큐는 개인의 성공에 기껏해야 대수롭지 않은 영향을 미칠 뿐이다. 그들의 핵심 주장과는 달리 아이큐는 수입을 결정짓는 주요한 변수가 아닌 것이다.《벨 커브》자료를 재분석한 일군의 경제학자들에 따르면, 개인의 인지 능력은 설령 교육과 사회적 경험을 포함하더라도 기껏해야 임금을 결정하는 데 3분의 1을 차지할 뿐이었다. 경제학자들은 보고서에서 헌스타인과 머레이가 임금 격차의 원인을 지나칠 정도로 개인의 인지 능력 탓으로 몰고 갔다고 결론 내렸다.《벨 커브》의 집필 목적이 아이큐가 다른 여타 변수들과 마찬가지로 단지 삶에 어느 정도 영향을 주는 변수인 것을 확인하는 것이었다면 경제학자들의 결론도 그렇게 비판적이지는 않았을 터이다. 하지만 헌스타인과 머레이는 아무 의미 없는 상관관계를 근거로 삼아 지능이 인생에 큰 영향을 주는 지배적 요소라는 견해를 고수하고 있고, 이런 주장은 지능과 인생 사이의 '그저 그런' 관련성을 감안할 때 사리에 맞지 않는다. 인지 능력이 개개인의 경제적 성취와 완전히 무관하지는 않다. 하지만 유전이든 아니든 한 개인의 인지 능력은 헌스타인과 머레이가 주장한 것과 달리 한 사람의 경제적 성취에 그처럼 강력한 영향을 미치지는 않는다.

유전자, 아이큐 그리고 가난

《벨 커브》는 가난에 대한 단순한 이론을 제시한다. 즉 빈곤층은 타고난 인지 능력이 떨어지기 때문에 가난할 수밖에 없다는 주장이다. 이 논리에 따르면 타고난 열등한 유전자 때문에 빈곤층이 되므로, 사회나 교육 제도에 변화를 줘도 빈곤 문제를 해소할 방법을 찾기란 어렵다. 이런 논리에서 필자는 헌스타인과 머레이의 이론이 가진 주요한 5가지 결점을 지적하고자 한다. 첫째, 두 사람은 가난의 원인을 개개인의 탓으로 돌림으로써 가난의 사회·구조적 원인들을 경시했다. 둘째, 두 사람의 주장은 누구나 공평한 기회를 얻는다는 잘못된 전제에서 출발한다. 셋째, 지능과 가난과의 관계를 왜곡한다. 넷째, 사람들이 일자리를 얻는 과정을 비현실적으로 분석한다. 넷째, 가난에 관한 총체적인 문제를 다루지 않았다.

가난이 개인 탓이라는 편견 : 《벨 커브》에서 사용한 언어는 그 자체로 '개인주의적 편견'의 산물임을 드러내고 있다. 헌스타인과 머레이는 가난이나 실업 같은 현상들을 '사회적 행위'라고 표현하면서도, 이런 현상들이 순전히 개인의 문제이고 사회 구조나 사회 기능과는 무관하다는 식의 논리를 넌지시 내비친다. 두 사람은 지능이 낮은 사람들이 스스로 가난하게 되어 간다고 생각하는데, 그 이유는 가난한 사람들은 학교나 직장에서의 수행 능력이 부족하기 때문이다. 그 밑바탕에는 가난한 사람들은 삶의 과정에서 잘못된 선택을 하고 자기 파괴적 행동을 일삼는 경향이 있다는 믿음이 숨어 있다. 두 사람이 사용한 용어를 살펴보면, 그 속에는 가난이 사회적 환경의 산물이기는커녕 개인의 열등함과 일탈을 나타내는 징표라는 메시지가 들어 있다.

더욱 심각한 문제는 두 사람이 가난의 책임을 개인에게 전적으로 돌릴 수 있다는 전제를 하고 있다는 것이다. 실제로 두 사람은 가난이라는 복잡한 현상을 분석하면서 그 원인을 단 하나의 변수, 이른바 유전적 변수에만 초점을 맞추고 있다. 가난은 곧 개인의 탓이라는 '단일 요인' 이론을 주장하는 것이다. 또한 두 사람은 유전자라는 내적 요인의 한계는 강조하면서도 개인의 성취를 가로막는 외적 장애물은 없다고 가정한다. 그들은 부모의 사회·경제적 지위를 고려하기는 하지만 대체로 간과해버린다. 혹여 그렇지 않다고 하더라도 인생의 성패에 영향을 미치는 수많은 사회적인 외부 요인들을 무시한다. 두 사람은 개인의 경제적 성취에 가정환경이 미치는 영향력을 부인할 뿐만 아니라 대중들에게 가난이 경제 상황이나 정부의 사회 복지 및 노동 시장 정책과 무관한 문제인 것처럼 믿게 만든다.

기회의 불평등 : 헌스타인과 머레이의 한결같은 주장에 따르면, 현대 미국 사회에서는 기회가 평등하게 보장되어 있으므로 개인들은 각자 좋은 학교를 가고 좋은 일자리를 얻기 위해 서로 경쟁한다. 따라서 집안 배경이나 사회적 지위가 아니라 인지 능력, 곧 머리가 개인의 성공과 실패를 좌우하는 핵심 요소다. 그러나 교육이나 직업 어느 면을 보더라도 실력에 따라 기회가 보장되는 실력주의와는 거리가 먼 것이 현실이다. 어린 학생들은 사회에서 처음으로 교육을 받는 바로 그 순간부터 대학을 졸업할 때까지 혹은 그 이후에 이르기까지 눈덩이처럼 불어나는 교육 격차를 절감한다. 가난한 집 학생들은 부유층 자녀들에 비해 어린 시절부터 가정에서 질 높은 보살핌을 받거나 좋은 유치원에 들어가거나 가정에서 지적 능력을 자극받을 기회를 얻기가 어렵다. 따라서 유치원에 들어갈 때쯤이면 빈곤층 자녀들은 이미 중산층이나 부유층 자녀들에 비해 학습 능력이 훨씬 뒤처지고 만다. 게다가 계급이나 인종에 따라 교육의 질이 천차만별인 미국 교육 제도 하에서, 빈곤층 자녀들은 콩나물시루 같은 학교에 입학하게 되고, 그때부터 또 한 번 뒤처지게 된다. 조너선 코졸은 《야만적 불평등*Savage Inequalities*》과 《국가의 수치*The Shame* *of the Nation*》에서 미국 사회에서 어린 학생들이 겪는 교육의 불평등 문제를 신랄하게 지적했고, 최근 실시한 여러 정량적 연구 결과에서도 계급과 인종, 민족에 따라 큰 교육 격차가 존재한다는 사실이 밝혀졌다. 헌스타인과 머레이는 민주화된 고등교육을 찬양하고 있지만, 대학 입학에도 계급적 격차가 점점 더 강하게 반영되고 있다는 연구 결과가 봇물 터지듯 쏟아지고 있다. 수많은 재능 있는 학생들이 치솟는 등록금과 생활비 및 학비 부족, 장학금 혜택 감소 그리고 어려운 가정 형편 같은 이유들로 인해 대학 입학을 포기하는 실정이다. 이미 우리 사회는 돈이 있어야 대학 졸업장을 따는 시대에 접어들었고, 그런 추세는 가속화되고 있다. 피터 색스(Peter Sacks)가 내린 결론에 따르면, 미국 사회에서 4년제 대학 입학률을 가늠해 보았을 때, 부유한 집에서 태어난 열등생이 가난한 집에서 태어난 우등생보다 4년제 대학에 진학할 확률이 훨씬 더 높다.

헌스타인과 머레이 두 사람은 노동시장에서의 불평등 문제 또한 외면했다. 특히 노동시장에서의 인종 및 성차별 문제와 사회적 계급에 따른 지속적인 차별 문제를 경시했다.《벨 커브》에서 저자들이 사용한 자료를 재분석한 경제학자들에 따르면, 지능이 비슷한 경우 백인 남성에 비해 여성과 유색 인종의 임금이 더 낮은 것으로 나타났다. 백인 남성은 지능이 그렇게 높지 않더라도 괜찮은 생활을 유지할 수 있는 여지가 있는 반면, 여성이나 흑인은 높은 지능을 갖추고도 팍팍한 생활을 이어가야 한다. 소득에 관한 자료를 분석해보면, 실제 데이터는 실력에 따라 공정하게 노동시장이 움직인다는 헌스타인과 머레이의 주장과 배치된다. 미국 사회에서 개인의 지능에 따라 소득이 결정되고, 기회가 그토록 공평하게 주어진다면, 흑인과 여성의 빈곤율이 다른 계층에 비해 그렇게 현저하게 높을 이유가 없을 터이다. 실력이 있으면 기회가 온다는 미국인들의 이상과는 대조적으로, 미국 사회에서 여성과 유색 인종은 우수한 지적 능력을 갖추고 있다 하더라도 백인 남성만큼 돈을 많이 벌지 못하는 것이 엄연한 현실이다.

헌스타인과 머레이는 사회 구조적인 '계속되는 불평등'이 개인의 인생에 큰 영향을 주고, 그런 불평등이 유전자와 더불어 가정을 통해 대물림되는 과정을 묵과한다. 《벨 커브》에 관한 어느 중요한 비평이 내린 결론에 따르면, 부모의 긍정적인 유산, 예를 들어 '부동산, 교육 수준, 인맥, 실용적인 기술, 사교 기술, 문화적 수단' 등은 자녀들에게 고스란히 이전된다. 어느 공동체에서나 유산은 노년층에서 청년층으로 이전되며, 부모의 부정적인 유산도 마찬가지다. 헌스타인과 머레이가 가정한 전제와는 사뭇 다르게, 미국 사회에서 교육이나 직업은 개개인의 실력에 따라서만 결정된다고 보기 어렵다. 오히려 교육과 일자리 면에서 심각한 불평등이 지속되고 있다. 가난한 사람들이 빈곤한 이유는 지능이 떨어지기 때문이 아니라 수준 높은 교육을 받고 괜찮은 일자리를 얻을 기회가 그만큼 적어서일 뿐이다.

아이큐와 가난의 상관관계 : 아이큐가 낮은 사람은 아이큐가 높은 사람보다 가난할 가능성이 더 높다. 헌스타인과 머레이는 타고난 지능이 개인의 경제적 지위와 인과관계가 있다고 보고, 지능이 낮은 사람은 그로 인해 가난할 수밖에 없다고 추론한다. 두 사람은 두 가지 이유에서 성급하게 결론을 내렸다. 첫째, 두 사람은 지능을 하나의 원인으로 취급할 뿐 지능이 사회적인 결과물일 수 있다는 가능성을 고려하지 않았다. '여러 사회적 조건에 대한 반응'이 곧 지능이라는 관점은 철저히 거부한 것이다. 둘째, 그들은 가난을 결과로 취급할 뿐 주요 원인으로 대하지 않았다. 가난으로 인해 개인의 행동이나 인생의 성패가 달라질 수 있는 개연성은 일축한 것이다. 가난한 학생들은 가난한 가정에서 성장하고, 대개 성냥갑 같은 열악한 주거 환경에서 비슷비슷한 배경을 가진 이웃들과 함께 살아가며, 별로 좋은 교육 혜택을 주지 못하는 학교를 다닌다. 거기에다 변변하지 못한 음식으로 끼니를 때우기 일쑤고, 몸과 마음이 병들어 있는 경우도 비일비재하다. 한 술 더 떠 부모가 흑인이거나 남미 계통이라면 주변의 선입견과 차별, 주거 지역의 차별, 사회적 고립마저 감수해야 한다. 따라서 가난한 가정에서 태어난 자녀들은 이중 삼중의 불리함을 안고 살아가는 셈이다. 이런 열악한 환경에서 빈곤층 어린이들의 아이큐 점수가 평균 이하가 아니라고 한다면, 그것은 기적이나 다름없을 터이다.

헌스타인과 머레이는 사회적 환경이 인지 능력에 미치는 영향력을 과소평가함으로써, 아이큐와 가난 사이의 별 볼 일 없는 인관관계에 대한 자신들의 해석을 대체하는 설득력 있는 주장, 예컨대 '지능이 낮기 때문에 열악한 처지에 빠지는 것이 아니라 사회적으로 열악한 처지 때문에 아이큐 점수가 낮게 나오는 것이다.'와 같은 주장을 간과한다. 가난은 인지 기능이 완전히 발달하지 못하도록 만드는 주범이다. 저소득층 가구는 자녀들의 능력과 적성을 온전히 꽃 피워주는 데 필요한 경제적·사회적·교육적 지원을 할 여력이 부족하다. 가난과 아이큐 간의 인과관계는 다음과 같이 간단한 문제일 수도 있다. 부유층 자녀의 아이큐가 높은 이유는 그들이 부모의 풍부한 경제적·정서적 지원을 받으며 풍족한 환경에서 자라났기 때문이고, 빈곤층 자녀의 아이큐가 낮게 나오는 이유는 그들이 부모의 빈약한 경제적·정서적 지원을 바탕으로 빈한한 환경에서 자라났기 때문이다. 따라서 빈곤층이 지닌 근본적인 문제는 그들의 가난이지 아이큐가 아니다.

취업 : 헌스타인과 머레이는 개인들이 '보이지 않는 손'의 작동원리에 따라 각자의 지능에 부합하는 직업을 얻게 된다고 주장한다. 지능의 차이가 곧 소득의 차이로 이어진다는 논리다. 지능이 높은 사람은 그에 걸맞게 좋은 일자리에 배치되고, 잉여 인력이 아닌 이상 지능이 낮은 사람은 또 그에 걸맞게 나쁜 일자리에 배치된다. 헌스타인과 머레이의 주장에 따르면, 이처럼 일자

리가 분배되는 과정은 일관되고도 객관적이고, 합리적이며, 불가피하게 실력 중심으로 이루어진다. 첫째, 일자리 배분 과정은 '일관적'이다. 고용주들은 기본적으로 정형화된 노동자 판단준거에 따라 평가해하기 때문이다. 둘째, 그 과정은 '객관적'이다. 채용 과정이 주관적 판단과 선입견 그리고 나쁜 인상에서 비교적 자유롭기 때문이다. 셋째, 일자리 배분 과정은 '합리적'이다. 기업은 효율성을 극대화하기 때문이다. 넷째, 기술 중심 사회에서 일자리 배분은 어쩔 수 없는 '불가피한' 선택이다. 다섯째, 그 과정은 '실력 중심'으로 이루어진다. 일자리 배분 과정은 실력 있는 사람이 두각을 나타내도록 보장하기 때문이다.

일자리 배분에 관한 헌스타인과 머레이의 이론은 믿기 어려운 추정, 즉 노동시장에서 불리한 사람은 낮은 지능을 갖춘 사람뿐이라는 추정에 그 뿌리를 두고 있다. 그러나 방대한 사회과학 문헌들이 증명하듯이, 취업 시장에서 구직자는 인지 능력이라는 변수 이외에도 여러 요인들에 의해 불이익을 당한다. 인종, 민족, 성, 나이 그리고 성적 선호에 따른 차별이 대표적이다. 기업이 특별히 선호하는 자격을 갖추지 못하여 다른 구직자들만큼 유리한 위치에 서지 못하는 경우도 있고, 특정 일자리에 필요한 완벽한 자격을 갖추었더라도 그런 자리가 있다는 정보를 전혀 모르고 있을 수도 있다. 일하기에 충분히 머리가 똑똑한 구직자라고 할지라도, 구직자의 사회·문화적 배경, 자격 조건, 출신 지역, 인맥, 신체조건, 억양 등이 지원 회사와 맞지 않으면 그 사람의 지적 능력은 간과될 수도 있다. 입사가 목표인 구직자는 그에 부합하는 적절한 업무 자세, 충성심, 규율, 친화력, 인간관계 기술 혹은 복종심 등의 자질을 갖추어야 하는데, 이 중에서 한 부분이 모자란다는 이유로 회사로부터 입사 거절을 당하기도 한다. 이처럼 일자리 분배 과정 혹은 취업 과정에는 수많은 변수들이 있기 때문에 주로 '일반 지능'에 따라서 딱 맞는 일자리는 찾는 경우는 상상하기 어렵다. 가난에 관한 훌륭한 이론이라면 무엇보다도 노동시장에서 특정 유형의 구직자들이 왜 도태되는지 그 이유에 관해 설명할 수 있어야 할 것이다. 그런 현상을 단순히 그들이 지능이 낮기 때문이라고 설명하는 것은 어리석은 일이다.

가난은 거시적인 문제 : 《벨 커브》의 편향된 개인주의적 관점은 헌스타인과 머레이가 가난 문제를 협소하게 해석하고 있다는 사실을 단적으로 보여준다. 두 사람은 은연중에 개개인의 특성을 분석해서 그 사람이 빈곤층으로 전락할지 아닐지 여부를 확인하는 일을 핵심 실증 주제로 삼고 있다. 이는 중요한 주제이기는 하지만, 두 사람은 이런 협소한 시각 때문에 가난 문제를 거시적 관점에서 제대로 다루지 못하고 있다. 이들의 이론은 신뢰할 만한 근거도 없이 일부 사람들이 가난한 이유를 설명하려 하지만, 누구나 가난에 빠지게 되는 이유는 무엇인지, 특정 계층에서 빈곤이 만연한 이유는 무엇인지 제대로 해명하지 못한다.

마찬가지로 부익부 빈익빈 현상이 왜 심화되는지, 회사에서 고위직과 평직원 사이에 왜 그토록 임금 격차가 심한지, 혹은 요컨대 보육시설 종사자들의 시간당 임금이 왜 12달러가 아니라 6달러밖에 되지 않는지에 관해서도 답할 수가 없다. 미국에서 수백만 명의 노동자들이 인간다운 삶을 실현하는 생활수준을 유지할 만한 '생활 임금(living wage, 근로자들의 주거비, 교육비, 문화비 등을 종합적으로 고려해 최소한의 인간다운 삶을 유지할 수 있을 정도의 임금수준 — 옮긴이)'에도 못 미치는 임금을 받는 것을 그들의 못난 유전자 탓으로 돌릴 수는 없다. 헌스타인과 머레이가 제시한 이론의 결점은 제아무리 개인이 약점이 많다고 하더라도 그것 자체만으로는 그들이 빈곤층으로 전락하지 않는다는 사실에서 찾을 수 있다. 요컨대 경기가 호황일 때에는 특별한 기술이 없는 사람들도 남들 못지않은 생활을 하는 데 전혀 지장이 없다. 하지만 불황이 찾아오면 일자리가 급격히 줄어들어서, 능력에 특별한 변화가 없어도 실업자 신세가 되어 빈곤층으로 전락할 수가 있다. 개개인의 지능과 실력을 떠나서, 빈곤층으로 전락하느냐 마느냐는 괜찮은 일자리의 많고 적음에 달린 것이다. 가난에 대한 유전 이론은 경기가 불황일 때 빈곤층으로 전락할 소지가 많은 사람들을 어느 정도 예측할 수 있다. 하지만 왜 빈곤율이 상승과 하락을 반복하는지, 빈곤율 변동의 기저에 있는 경기 호황과 불황의 원인이 무엇인지에 관해서는 설명하지 못한다. 1989년에 12.8%였던 빈곤율이 2000년에 11.3%

로 떨어진 이유는 그 사이 미국인들의 평균 아이큐가 급격히 높아진 탓일까? 2000년 이후에 미국의 빈곤율이 높아진 이유는 무엇일까? 선진국 중에서 미국의 빈곤율이 최고로 높은 이유는 다른 국가에 비해 미국인의 평균 지능이 훨씬 더 떨어지기 때문일까? 물론 시장에는 상대적으로 기술과 능력이 떨어지는 사람들이 있기 마련이다. 하지만 이들이 빈곤선 이상이나 이하의 생활을 하도록 만드는 근본 원인은 그들의 지능이 아니라 정부 정책과 경제 현실이다.

헌스타인과 머레이가 책에서 제시한, 지능과 가난 사이에 상관관계가 있다는 통계는 근본적인 사실과는 거리가 멀다. 가난은 현존하는 정치와 경제 체제의 산물이다. 따라서 정치와 경제 체제가 바뀌면 가난의 양상 또한 바뀌기 마련이다. 정권이 바뀌고 정치와 경제 구조가 바뀌고 일반적인 문화와 이상이 바뀌고 공정함의 개념이 바뀌고 노동시장의 규제가 바뀌고 사회 정책이 바뀌면, 부와 소득의 분배 구조에서 지능이 차지하는 부분은 얼마든지 축소되거나 확대될 수 있다. 헌스타인과 머레이는 지능을 끌어올리는 것이 불가능하다고 주장한다. 그러나 그런 미심쩍은 주장을 받아들인다손 치더라도, 지능이 낮은 사람이 반드시 빈곤층이 된다는 법은 없다. 《만들어진 불평등*Inequality by Design*》의 저자들이 강조하듯이, 지능이 낮은 사람들의 운명을 결정하는 것은 그들의 유전자가 아니라 사회 구조와 공공 정책이다. 그리고 이러한 부분들은 언제든지 바뀔 수 있다.

결론

헌스타인과 머레이는 빈곤층이 생기는 이유를 아주 단순한 논리로 설명한다. 가난한 사람들은 선천적으로 떨어지는 지능 탓에 빈곤층으로 살아가는 것이므로, 이 문제를 개선할 방법은 별로 없다는 것이다. 가난은 머리가 나쁜 탓이라는 이런 관점은 불평등은 타고난다는 유전 이론에 그 뿌리를 두고 있다. 하지만 두 사람의 관점에는 결함이 많다. 《벨 커브》에 등장하는 수많은 오류들을 여기서 지적하고 싶지는 않지만, 그중 몇 가지만 간략하게 짚고 넘어가고자 한다. 첫째, 헌스타인과 머레이는 자신들만의 통계치를 내놓았지만 이후 진행된 여러 연구 결과에 따르면, 개인의 임금과 소득을 결정하는 데 아이큐가 차지하는 비중은 약 10%에 불과했다. 사람들의 경제적 지위는 저마다 다르므로, 사람들이 가난이 빠지는 이유도 다양할 수 있다. 선천적이든 아니든 한 사람의 인지 능력은 그의 삶을 결정하는 데 결정적인 요소가 되기는커녕 부차적인 요소에 속한다. 둘째, 가난과 지능 사이에 어느 정도 인과관계가 있다고 한다면, 이는 오히려 어린 학생들의 지능 지수에 사회 · 경제적 영향력이 작용하고 있음을 방증할 뿐이다. 가난에 대한 유전 이론은 지능이 낮아서 빈곤층으로 전락할 가능성은 과대평가하고, 가난하기 때문에 지능 지수가 낮게 나타날 가능성은 과소평가한다. 셋째, 《벨 커브》의 추정과는 다르게 사회, 정치 및 교육 정책이 어린 학생들의 인지 능력을 신장시키고 성인기의 소득 수준도 향상시킬 수 있다. 사람의 운명은 태어날 때부터 정해져 있지 않다. 넷째, 가난이 유전자 탓이라는 유전 이론은 자원과 기회의 분배, 빈곤율, 빈곤층이 겪는 혹독한 시련 등에 영향을 미치는 무수히 많은 정치, 경제, 사회, 문화적 압력들을 철저히 무시한다.

두 사람의 분석은 가난 문제를 분명하게 밝히는 데 도움을 주기는커녕 미국 사회에서 가난과 불평등의 진짜 원인에 대한 관심을 희석하는 역할만 했다. 그들의 이론은 개인주의와 인종주의가 강력하게 결합된 결과물인 까닭에 자연스럽게 피해자에게 거꾸로 책임을 전가하는 사고방식에 온통 물들어 있다. 두 사람은 가난한 사람들 스스로 가난에 대한 책임을 져야 한다고 전적으로 주장하지는 않지만, 가난의 원인을 불공평이나 불평등의 탓으로 돌리지도 않는다. 가난이 낮은 지적 능력 때문이라는 그들의 결론은 최소한 미국 사회에서 이미 횡행하던 냉소주의에 불을 붙였음이 틀림없다. 이들의 결론은 당시 사회 문제를 치유할 능력이 과연 미국 정부에 있는가 하는 만연한 회의론과 딱 맞아떨어졌다. 실제로 이들은 의도적으로 빈곤층의 경제적 여력이나 평등의 가치를 신장하는 정책들의 실효성에 의문을 던졌다. 《벨 커브》는 가난이 사회 구조와는 무관하게 거의 자연발생적으로 나타나는 현상이라는 인식을 확산시키고, 가난과 불평등 문제를 정치적 의제에서 제외시키며, 불평등을 심화시키고 가난을 영속화하는 보다 근본적인 원인인 갖가지 사회 구조적 압력들을 대중들이 외면하도록 만드는 데 일조했다.

3

가난과 불평등에 관한 문화 이론

가난은 일탈이다?

가난한 사람들에게는 특정한 패턴의 문화가 있다고 주장하는 빈곤문화론은 가난은 타고나는 것이라는 유전 이론의 논리와 판에 박힌 듯 닮아 있다. 두 이론 모두 가난의 책임을 빈곤층의 부족한 점, 즉 빈곤층의 낮은 지능과 형편없는 품행 탓으로 돌린다. 유전 이론은 빈곤층은 인지 능력이 떨어진다고 주장하고, 빈곤문화론은 그들이 성취욕이 부족하다고 지적한다. 가난은 미국 정치 및 경제 제도의 실패 탓이 아니라 빈곤층 자신의 부족함 때문이라는 입장이다.

미국 인구조사국은 빈곤 인구 규모를 추정할 때 개인이나 가구의 특정한 명목 소득을 기준으로 하여 일정 소득에 못 미치는 개인이나 가구를 빈곤층으로 분류한다. 그러나 빈곤문화론의 관점에서는 가난을 사회 문제로 인식하므로, 가난은 돈 문제와 큰 관련이 없다. 미국에서 빈곤층은 사회에서 겪는 차별이나 생활고로 인하여 정책적인 관심을 받기보다는 그들이 저지르는 여러 가지 사회적 문제들 때문에 관심을 받는다. 빈곤층은 미혼모로 아이를 출산하거나 알코올이나 약물 중독에 빠지거나, 범죄를 저지르거나 실업 수당을 타갈 때나 비로소 대중의 관심을 받는다. 이 이론에 따르면, 복지나 직업 훈련, 일자리 창출 같은 전통적인 빈곤 퇴치 처방은 비효율적일 수밖에 없다. 그런 방법들은 기본적으로 가난이 경제적인 문제라는 전제를 깔고 있으므로, 빈곤층이 지닌 본질적 문제인 삶의 태도를 바꾸지 못하기 때문이다. 따라서 빈곤문화론은 빈곤층 스스로 변화할 때에만, 혹은 사회에서 영향력을 행사하여 그들이 가정과 노동, 개인적 책임감 같은 가치들을 받아들이도록 해야만 가난과의 전쟁에서 승리할 수 있다고 주장한다.

빈곤문화론의 기원과 발달 과정

수많은 국가들 중에서 왜 어떤 국가는 다른 국가에 비해 훨씬 더 빨리 성장하는 것일까? 왜 어떤 민족은 빠르게 발전하고 다른 민족은 뒤처지는 것일까? 이와 관련한 한 가지 널리 알려진 대답은 국가나 민족의 고유한 문화의 영향으로 한 국가나 민족의 경제적 번영의 속도는 앞서기도 하고 뒤처지기도 한다는 이론이다. 예를 들어 미국에서 유대인과 아시아계 미국인이 특히 흑인들에 비해 두드러진 경제적 성취를 이루는 까닭은 그들의 이른바 우수한 문화적 관념 덕분이다. 특정 문화는 다른 문화에 비해 경제적 성취를 이루는 데 더 적합하므로, 문화적 속성이 곧 경제적 성취로 이어진다는 논리인 듯하다. 이 같은 논리를 개인과 집단을 가리지 않고 가난 문제에 그대로 적용한 것이 바로 빈곤문화론이다. 이 이론에 따르면 빈곤층이 가난한 이유는 그들에게 경제적 성취를 이룰 만한 심리적 특성과 도덕성이 결여되어 있기 때문이다.

흔히 '빈곤의 문화(culture of poverty)'라 불리는, 현대의 빈곤문화론(culture of poverty theory)은 1960년대 초반 미국 사회에서 등장하여 그 이후 줄곧 심각한 논란을 낳고 있다. 빈곤 문화론은 훗날 보수가 가난을 분석하는 핵심 틀로 자리 잡는데, 아이러니하게도 이 개념을 미국 대중들에게 처음으로 소개한 장본인은 진보적 학자인 마이클 해링턴(Michael Harrington)과 오스카 루이스(Oscar Lewis)였다. 하지만 훗날 빈곤문화론을 옹호한 많은 학자들과는 달리, 해링턴과 루이스 두 사람은 가난의 책임을 빈곤층에게 돌리지 않았고, 빈곤문화를 가난의 원인이 아니라 그 결과로 해석했다. 두 사람이 빈곤문화라는 개념을 도입한 이유도 가난이 지닌 다면적이고, 지속적이고, 뿌리 깊고, 집요한 속성을 강조하기 위해서였다. 해링턴과 루이스 두 사람 모두 가난의 문화적 측면을 부각시키기는 했지만, 가난을 초래하는 정치

·경제적 원인들을 과소평가할 의도는 전혀 없었다. 실제로 두 사람 모두 가난이 자본주의가 낳은 산물이라는 점을 잘 이해하고 있었고, 빈곤문화를 빈곤층이 겪는 경제적 고통과 사회적 고립 그리고 정치적 소외의 결과물로 인식했다.

1960년대 후반에 이르자 빈곤문화론은 미국에서 보수주의적 사회 비판의 핵심 주제로 부각했다. 보수 진영이 빈곤문화론을 채택하여 가난의 책임을 사회에서 개인에게로 돌리자, 자유주의자들은 보수 진영이 '희생자 제물삼기'를 한다며 즉각 몰아붙였다. 해링턴과 루이스의 시각과는 달리, 보수주의자들은 빈곤문화를 가난의 결과가 아니라 가난의 원인으로 해석했다. 1970년대 이후 그런 식의 관점을 지닌 빈곤문화론이 학계와 정치계에 만연했고, 그런 탓에 가난에 대한 대중적 담론의 초점은 불평등, 차별, 일자리 부족 같은 문제에서 멀어져 복지 의존, '최하층', '가족관의 쇠퇴' 문제로 옮겨갔다.

빈곤층의 문화

빈곤문화론은 가난한 사람들이 그들만의 독특한 가치관과 열망, 신념, 태도, 성향, 심리적 특성 등을 지니고 있다고 주장한다. 빈곤층만이 가지고 있을 것으로 추정되는 그들만의 문화적 속성과 삶의 방식이 독특한 빈곤문화를 형성하는데, 이는 대개 주류 문화와 정반대되는 것으로 인식된다. 일찍이 빈곤문화론에 대해 영향력 있는 발언을 한 에드워드 밴필드(Edward Banfield)는 '계급 문화 등급'이 존재한다고 상정했는데, 문화도 소위 하위 문화와 상위 문화로 나눌 수 있다는 것이다. 밴필드의 주장에 따르면, 하위 문화의 특징은 지나칠 정도로 현실 문제를 처리하는 데에만 급급하기 때문에 노동과 희생, 자기 계발의 가치를 깨닫지도, 가족이나 친구, 혹은 공동체를 위해 정성을 쏟지도 못한다.

밴필드는 하층민들은 미래를 준비한다는 인식이 거의 없고, 자기 통제도 하지 못하며, 자신의 충동과 육체적 욕구에 의해 좌우되는 삶을 영위한다고 보고 있다. 또한 빈곤층은 강력 범죄와 소요 사태를 일으키기 쉽고, 더러움과 황폐함도 아랑곳하지 않으며, 안정된 일자리를 찾기보다 길거리에서 노숙자처럼 행동하는 데 더 익숙하다. 하층민들로 인해 이웃은 슬럼가로 전락하고, 주변 학교는 폭력적인 학교로 돌변한다. 밴필드의 억지스러운 주장에 따르면, 하층민이 겪는 이러한 가난은 그 원인이 '내적인 것'으로, 마음속으로 미래에 대한 계획을 전혀 세우지 못하기 때문에 나타난다.

빈곤층은 가난을 조장하는 사고방식과 행위에 깊숙이 젖어 있기 때문에, 제아무리 외부 환경을 개선해도 무용지물일 공산이 크다. 빈곤층의 지능에 대한 헌스타인과 머레이의 생각처럼 밴필드 역시 하층민 고유의 태도와 습관, 행동 방식은 바꿀 수 없다고 생각한다. 따라서 밴필드는 빈곤한 하층민에게 더욱 엄격한 사회 통제 메커니즘, 예컨대 강력한 치안 유지와 신속한 구속 같은 조치를 취할 것을 강조한다. 빈곤문화론 지지자들이 생각하는 문제는 빈곤층이 일탈을 일삼는 하위문화에 깊이 빠져 있다는 것보다는 주류의 규범을 자꾸 벗어나려는 빈곤층의 겉과 속이 다른 태도에 있다. 윌리엄 켈소(William Kelso)의 주장에 따르면, 빈곤층은 중산층의 가치들을 입으로는 칭송하지만 실제로는 그를 따르는 경우가 드물며, 생각과 행동을 일치시켜야 한다는 의무감이 부족하다. 가난한 사람들은 말로 표현하는 것을 실제 행동으로 보여주지 못한다. 그와 비슷하게 로렌스 미드(Lawrence Mead) 역시 빈곤층은 문화적 이상(理想)에 대해 "원칙에는 동의해도 전혀 실천은 하지 않는다."라고 진단한다. 빈곤층은 말로는 열심히 일하고 결혼도 하겠다고 공언하지만, 실제로는 정기적으로 일을 하거나 안정적인 가정을 꾸리지 않는다. 그래서 미드는 가난한 사람들이 전통적인 규범에 따라 살지 못하는 이유는 외부의 장애물 때문이 아니라 그들 스스로 가지고 있는 인생에 대한 부정적인 시각 때문이라고 강조한다. 빈곤층은 패배주의 문화의 희생자로, 이런 부정적인 정신 상태는 그들을 가난으로 이끄는 주요 원인이다. 가난한 사람들이 가난에서 벗어나지 못하는 이유는 실패를 운명인양 타령하고, 쉽게 자포자기하며, 일자리를 얻거나 계속 유지하기 위한 각별한 노력을 전혀 하지 않기 때문이다. 그들은 학교를 졸업하고, 법을 준수하며, 꾸준히 일을 하는 등 문제를 일으키지 않을 만큼 충분한

'자기 통제력'이 부족하다. 미드의 주장에 따르면, 가난이 습관적으로 반복되는 주된 이유는 가난한 사람들의 잘못된 의식인 패배주의와 '자기 관리 능력'의 부족 때문이다.

빈곤문화론에 따르면, 시장에 취업 기회는 충분히 널려 있으므로 누구든 일자리를 얻으려고 충분히 노력할 의사만 있다면 일을 해서 가난에서 벗어날 수 있다. 미드는 빈곤층 가운데 실업자가 생기는 이유는 사회적 차별이나 능력 부족 또는 저임금 때문이 아니고, 감당하기 힘든 양육비나 신뢰할 수 없는 교통 때문도 아니라고 주장한다. 그에 따르면 진짜 문제는 그들의 심리다. 장기간 가난에 허덕이는 사람들은 일자리를 얻는 데 필요한 내적 자원 자체가 결핍되어 있다.

찰스 머레이(Charles Murray)는 빈곤층에 한층 더 혹독한 비판을 가한다. 그의 단호한 주장에 따르면, '최하층 계급'은 만성적인 실업 상태에 놓여 있는데, 그 이유는 기회가 없거나 기술이 부족해서가 아니라 '새벽같이 일어나 일하러 갈' 의사와 능력이 없기 때문이다. 미론 마그넷(Myron Magnet) 역시 빈곤층이 가난한 원인을 기회 부족에서 찾기보다는 나약한 정신 상태에서 찾는다. 그의 주장에 따르면, 가난한 사람들은 미국 사회에서 경제적 성취를 이루는 데 도움이 안 되는, 그들만의 독특하고 드문 정신과 감정을 지녔다. 결론적으로 빈곤층은 자신들의 부정적인 가치관과 행위로 인하여 가난을 자초한다.

가난한 사람들이 일탈적 하위문화 혹은 패배주의적 심리를 갖고 있는지 없는지 여부와 관계없이, 빈곤문화론이 내포하고 있는 의미는 똑같다. 즉, 가난은 가난한 이들이 올바른 가치관을 가지고 살아가지 못해서 생긴 자업자득의 결과라는 것이다. 따라서 가난에 대해 책임을 물을 수 있는 대상은 자기 자신과 자기 가족뿐이다. 가난한 이들은 야망과 계획이 없고, 인내심과 근면함도 부족하다. 또한 도덕적 신념이 약하고 청소년 시절부터 범죄에 빠지기 일쑤다. 태도 면에서 그들은 게으르고 의욕도 없어서 열심히 일하기보다는 정부 지원금이나 범죄를 통해 쉽게 돈을 얻으려고 한다. 그뿐만 아니라 그들은 의지력도 약하고 역경이 닥치면 너무나 쉽게 포기한다. 게다가 책임을 질 줄도, 성욕을 억제할 줄도, 한 배우자만 바라보며 살지도 못한다. 이처럼 이들에게는 내적 결함들이 있어서 고등학교를 중퇴하고, 미혼모나 미혼부가 되거나, 만성적인 실업에 시달리며 복지 지원금에 의존하기 십상이다.

또한 빈곤층의 부정적인 심리적·행동적 특성은 끈질기게 대물림된다. 빈곤층 자녀들은 사회화 과정을 통해 그리고 자기 부모의 나쁜 선례를 보고 어른들의 잘못된 행동을 되풀이한다. 빈곤문화론에 따르면, 빈곤과 빈곤문화가 지속되는 이유는 빈곤층이 빈약한 지적·감정적 발달 수준과 함께 자신들의 불량한 태도와 생각을 자기 자녀들에게 대물림하고, 그러면 대개 그 자녀들도 인생 실패의 굴레에서 벗어나지 못하기 때문이다. 빈곤문화론은 근본적으로 개인의 도덕성에 바탕을 둔 이론으로, 그 논리는 단순하다. 도덕성이 높고 책임감이 강한 중산층은 긍정적인 태도 덕분에 사회에서 성공한다. 반면 빈곤층은 도덕성이 낮고 무책임하기 때문에 가난에서 벗어나기가 어렵다.

빈곤층의 문화적 일탈의 근원

빈곤문화론이 주장하는 바와 같이, 만약 빈곤층이 가난한 이유가 경제적 성취를 이룰 만한 동기와 자질이 부족한 탓이라면 과연 그 원인은 무엇일까? 빈곤문화론이 가진 난맥상은 가난한 사람들이 과연 가난하지 않았어도 그런 독특한 심리적·문화적 특성을 나타냈을지 설명할 방법이 있어야 한다는 것이다. 빈곤문화를 지지하는 한편에서는 빈곤층의 안 좋은 문화적 특성이 그저 처음부터 주어진 조건이라고 말한다. 다른 한편에서는 빈곤문화가 몇 가지 요인, 요컨대 노예제도의 유산, 1960년대 미국의 정치·문화 혁명, 진보적 복지국가의 출현이 복합적으로 작용하여 나타난 결과라고 본다. 특정한 빈곤문화론, 특히 흑인의 가난을 다룬 빈곤문화론은 빈곤층의 일탈적 문화와 행동의 기원을 노예제도에서 찾는다. 1965년 대중에게 공개된 논란이 많은 한 정부 보고서에서, 대니얼 패트릭 모이니핸(Daniel Patrick Moynihan)은 노예제도와 흑인 차별 정책이 도시화와 실업률 증가와 맞물려 흑인 가정에서 가장 역할을 해야 하는 남성의 능력을 약화시켰다고 주장했다. 그 결과 미국 사회에서 다른 계층과는 그 특성이 사뭇 다른 모계 중심의 가족 구조가 탄생했다. 모이니핸의 주장에 따르면 흑인 가정의 취약한 가족 구조는 젊은 층 사이에서 일탈적이고 부적절하거나 반사회적 행동을 유발하고, 그에 따라 가난과 결핍의 악순환이 현재 진행형으로 지속되고 있다. 가난 문제에서 사회적 차별이 문제의 핵심이 아님을 강조하는 이와 같은 흑인들의 복잡다단한 병적인 행동은 백인들이 촉발하지 않아도 자기 스스로 지속하는 경향이 있다. 모이니핸의 관점에 따르면, 노예 제도의 유산으로 인해 독자적인 모계 중심의 하위문화가 탄생했고, 이는 흑인들의 빈곤이 계속되는 핵심 유발 요인이다.

한편, 흑인들의 노예 경험은 흑인 가족 구성뿐 아니라 흑인 문화 전체에 보다 광범위하고 영구적인 영향을 끼쳤다. 미드의 추정에 의하면 '노예 제도와 흑인 차별 정책에 대한 집단 기억'에 의해 형성된 흑인들의 세계관은 노력하려는 의지마저 꺾어놓는 강렬한 절망감을 부채질한다. 디네시 디수자(Dinesh D'Souza)는 이에 관해 보다 더 정교한 이론을 들고 나온다. 그는 흑인들이 노예제도 아래에서 저항하기 위해 특별한 전략들을 고안해냈다고 주장한다. 흑인들은 노예 생활을 할 때 일부러 사력을 다해 일하지 않았고, 주인의 물건을 훔쳤으며, 반항적으로 행동했다는 것이다. 디수자의 믿음에 따르면, 시간이 흐르면서 이런 행동들이 굳어져 '독특한 민족 정체성'을 형성했고, 그런 정체성은 오늘날 '파괴적이고 병리적인 행동 패턴'으로 이어져 내려오고 있다. 이와 같은 부정적인 행위 중에는 정부에 대한 과도한 의존, 인종차별에 대한 지나친 피해망상, 흑인들 사이에서 '변절자'가 된다는 이유로 거부하는 학문적 성취, 진짜 흑인이 뭔지 보여주겠다는 명목으로 벌이는 범죄와 불법에 대한 찬사, 불법과 의존적 행동의 일상화 등이 있다. 흑인들의 이런 행위들은 과거 억압에 대한 저항에서 비롯되었지만, 이제는 사회에 역기능을 일으키고 있으므로 반드시 교정되어야만 한다. 디수자를 비롯한 학자들은 흑인 빈곤의 뿌리 깊은 문화적·역사적 연원을 강조함으로써 오늘날 빈곤층이 겪고 있는 열악한 상황이 인종 차별이나 현재의 경제 상황과는 전혀 무관하다고 주장하고 싶어 한다. 그들의 결론에 따르면 가난은 흑인들 스스로 자초한 것이다. 노예 경험에서 비롯된 가치 체계와 태도를 버리기에는 시간이 너무 늦어버려서 그런 부정적인 생각과 태도가 결국 병적으로 굳어져 버린 탓이다.

빈곤문화론의 두 번째 형태는 빈곤층의 일탈적인 생각과 행동을 1960년대 정치, 사회, 문화적 변화의 소산으로 여긴다. 마그넷과 켈소를 비롯한 여러 학자들의 주장에 따르면, 1960년대 진보주의의 확장과 성(性) 혁명 그리고 반체제적 히피 문화가 결합하여 서서히 새롭고 치명적인 가치와 규범, 믿음이 형성되었다. 가난과의 전쟁에서부터 사회적 약자 우대 정책에 이르기까지, 1960년대의 진보적인 사회 제도들은 개인의 자발성과 근면, 뛰어남 같은 전통적인 가치들을 약화시키고, 부당한 처우를 개선하고 자신들의 권리를 찾자는 새로운 이데올로기를 촉진했다. 페미니즘과 더불어 일어난 성 혁명은 이혼과 사생아 출산 그리고 엄마가 가장인 한부모가정의 확대 등 가족의 풍경을 크게 바꾸어 놓음으로써 기존의 가치 체계를 흔드는 도화선이 되었다. 1960년대의 반체제 문화는 남에게 신경 쓰지 않고 자기에 몰두하는 쾌락주의의 모태가 되었다. 그리고 이런 쾌락주의는 유독 개인의 성취에 가장 큰 도움을 주는 가치들인 근면함, 성적 책임감, 만족감 같은 도덕적 가치들을 손상시켰다. 마그넷과 켈소에 따르면, 1960년대의 문화 대변동은 빈곤층에게 특히 악영향을 미쳤다. 자제력과 근면으로 대표되는 빅토리아 시대의 도덕 원칙들이 보다 더 자유방임주의적 정신 앞에 서서히 무너져 내리면서, 애초부터 기존 규범 체계를 잘 따르지 않았던 빈곤층은 나머지 계층보다 훨씬 더 빠른 속도로 자제력의 가치들을 내팽개쳤다. 이러한 문화적 권력 이양으로 인해 '많은 빈곤층이 도덕적 잣대를 상실'했고, 경제적 빈곤층은 자괴적인 최하층으로 전락하였다. 과거의 빈곤층이 돈이 부족했다면, 오늘날의 빈곤층은 가치가 결여되어 있다.

세 번째 형태의 빈곤문화론은 복지국가가 빈곤층의 비정상적인 생각과 행위에 책임을 질 수밖에 없다는 견해를 견지한다. 이 논지에 따르면, 복지 시스템은 안정된 직업도 결혼 생활도 하지 않고 사생아나 양산하는 빈곤층을 책임진다. 하지만 복지 제도는 아무 일도 하지 않는 사람들에게 돈을 지급함으로써 빈곤층을 게으르게 만든다. '노력이 있으면 그에 합당한 보상이 있다는 마음'을 먹지 못하도록 만들고, 장기적인 계층 상승 욕구의 근본적인 동기를 꺾어 놓는다. 그리고 개인의 책임감을 약화시키고, 개인의 주도성을 차츰 무너뜨리며, 타인에 의존하려는 의존심만 키운다. 보수 비평가들의 주장에 따르면, 복지 제도는 빈곤층의 경제적 자립을 방해하기 때문에 오히려 빈곤문화를 영구화한다.

　이런 주장을 펼치는 사람들은 자신들이 기꺼이 설명하려고 하는 조건들이 현실에 존재한다고 상정한다. 즉, 일탈을 일삼는 흑인의 정체성, 낮은 도덕적 기준, 파괴적인 복지 문화는 현실적인 양태로 알 수 있다는 것이다. 그들은 과거와 오늘날의 빈곤 사이에 특정한 연결 고리가 있다고 상정하지만, 실제로 면밀한 조사보다는 막연한 추정에 근거해 논지를 펼친다. 그리고 빈곤층 인구를 선한 빈곤층과 악한 빈곤층 두 갈래로 나눌 수 있다는 믿기 의심스러운 가정에 의지한다. 다시 말해 빈곤층을 흑인 빈곤층 대 백인 빈곤층, 1960년대 이후 빈곤층 대 이전 빈곤층, 복지 푸어 대 워킹 푸어로 구분하는 것이다. 이런 주장들은 실증적인 근거가 부족하지만, 그 덕분에 보수 비평가들은 경제 문제와 불평등, 차별 같은 문제들을 외면할 수 있다. 또한 그와 동시에 전통적인 가치들을 치켜세울 수 있는 발판을 마련하고, 1960년대를 향한 적대감을 표출하며, 복지국가를 비난한다.

빈곤 문제에 관한 문화적 해결책

빈곤문화론에 따르면, 가난 문제를 완전히 극복하기 위해서는 빈곤층을 설득하거나 강요해서라도 자기 파괴적인 생활방식을 단념하도록 만들고, 근면과 자제력, 책임감 같은 가치들을 수용하도록 만들어야 한다. 로렌스 해리슨(Lawrence Harrison)은 "기회는 있다!"고 공언한다. 가난한 사람에게 필요한 새로운 메시지는 바로 "용기를 내!"이다. 조지 길더(George Gilder) 역시 빈곤층에게 태도 변화를 주문한다. 그는 "가난에서 벗어나는 유일하고 신뢰할 만한 길은 항상 일과 가족 그리고 신앙에 있다."고 단언한다. 빈곤층의 '정신 개조'를 촉구하는 조엘 슈워츠(Joel Schwartz)의 제안에 따르면, 빈곤층이 가난에서 벗어나는 최선의 길은 근면과 검약, 금욕, 가족에 대한 책임감 같은 전통적인 가치들을 충실히 따르는 것이다. 그와 마찬가지로 켈소 역시 가난한 사람들이 '사회의 법칙'을 따르도록 재교육을 하려면 공연히 많은 노력을 해야 한다고 주장한다. 이처럼 빈곤문화론의 지지자들에게, 기회의 폭을 확대하거나 돈으로 가난 문제를 해결하려는 전통적인 해법은 그 실패가 불 보듯 뻔하다. 그런 처방들은 가난한 사람들의 뿌리 깊은 문화를 전혀 고려하지 않는 까닭이다. 따라서 가난 문제를 해결하려면, 빈곤층의 삶에 깊이 개입하여 비생산적인 가치와 태도, 행동을 바로잡을 필요가 있다.

많은 보수층들은 빈곤문화를 지지하는 빈곤층을 자력갱생시키기 위해서 제멋대로 행동하는 사람들을 지원해주는 사회 복지 제도부터 폐기할 것을 주장한다. 전(前) 하원 의원인 딕 아미(Dick Armey)는 가난을 종식하는 핵심은 "오늘날의 실패한 복지 시스템을 폐기하고, 빈곤층이 타인에게 의존하지 않은 채로 열심히 일하고 결혼하며 가족에 책임감을 갖도록 유도하는 일이다."라고 주장한다. 그는 소위 '가혹한 사랑' 방식을 선호한다. 다시 말해 빈곤층에 대한 복지 혜택을 끊어버리면 그들이 스스로 자립할 수 있다고 믿는 것이다. 그리고 소외계층에 대한 해법은 '큰 정부'가 아니라 '가족, 친구, 교회와 자선으로 대표되는 인위적이지 않은 자연스러운 안전망'이다.

아미가 제시한 가난을 퇴치하는 해법은 소위 '인정 많은 보수주의'라는 용어를 만들어낸 마빈 올라스키(Marvin Olasky)의 사고방식에 그 뿌리를 두고 있다. 다른 빈곤문화 지지자들과 마찬가지로, 올라스키는 가난이 경제적 문제라기보다는 각자의 태도 문제라고 믿는다. 그의 주장에 따르면 빈곤층은 정부 지원금이 전혀 필요 없으며 그 대신 강력한 정신 개조와 도덕심의 고취가 필요하다. 뉴트 깅리치(Newt Gingrich)는 올라스키의 이론을 요약하며 이렇게 설명한다. 가난한 사람들은 '역기능적 문화의 덫'에 걸려 있으므로, 그들의 행동을 변화시켜 가난에서 벗어나게 하는 유일한 방법은 '그들의 충성심, 믿음, 행동을 새로운 문화로 대체하는 일이다.' 하지만 정부 관료는 그러한 변화를 이끌어내는 능력이 부족하다. 신앙에 기반을 둔 조직이야말로 그런 중대한 임무를 수행할 수 있는 유일한 기관이다. 빈곤층은 신앙적으로 감동을 주는 선교사들의 도덕적 감화를 통해서만 폭력과 빈곤의 문화에서 빠져나와 더 나은 문화에 안착할 수 있다.

미드는 또한 빈곤층이 자신들의 삶과 행동 패턴에 대한 가치관을 바꿀 필요가 있다고 믿는다. 하지만 복지 제도에 대한 보수 비평가들의 생각과는 달리, 미드는 빈곤층이 '자기 삶을 새로 꾸려가도록' 돕는 데 정부가 긍정적인 역할을 할 수 있다고 생각한다. '새로운 온정주의'의 필요성을 역설한 미드는 가난을 야기하는 빈곤층의 생활방식을 다룸에 있어서 공공 기관들의 엄격한 감독 하에 정부 지원을 해주자고 제안한다. 빈곤층을 면밀하게 모니터링하고, 전통적 가치관 및 행동 원칙과 더불어 의무적 노동 같은 법적 강제 장치를 둔다면 정부기관들이 가난한 사람들을 주류 문화 쪽으로 유도할 수 있을지도 모른다.

빈곤문화론 지지자들은 1996년 '개인의 책임과 근로기회 조정에 관한 법(PRWORA)'이 입법되면서 대승을 거두었다. 이 법의 제정으로 미국에서 아주 오랫동안 유지되어 온 복지프로그램인 '부양세대 보조 프로그램(AFDC: Aid to Families with Dependent Children)'이 폐지되고, 새로운 복지프로그램인 빈곤가구한시지원(TANF) 제도가 도입되었다. 이처럼 복지 시스템을 정비하는 과정에서 빈곤문화론의 정책의제는 미국의 복지 제도에 지울 수 없는 상흔을 남겼다. 빈곤가구 한시지원제도 하에서, 빈곤층 여성은 도합 최대 60개월까지만 복지 수당을 받을 수 있다. 또한 빈곤층의 의존성을 더욱 철저히 막기 위해서, '일이 먼저'라는 철학에 부합하도록 엄격한 노동 의무를 준수해야만 복지 수당을 수급할 수 있다. 빈곤층 여성들에게 필요한 것은 단순히 돈과 교육, 직업 훈련, 육아 보조 등의 지원을 넘어서는 심리 및 사고방식의 전환이라는 것이 그 전제이다. 빈곤층 여성들은 책임감과 자기 존중감을 획득할 필요가 있다. 이런 자질들은 빈곤층 여성들이 정규직을 얻고 제시간에 출근하고 고용주의 지시를 따르다 보면 자연스럽게 체득될 것이다. 일은 사회적 미덕을 배울 수 있는 강력한 사회화 수단이다. 비록 임금이 아주 낮은 일자리라 하더라도 빈곤층 여성들이 일단 어떻게든 일을 시작하게 되면 곧 일의 가치를 배우게 될 것이고, 가난에서 벗어나 사회에서 성공하는 데 필요한 새로운 마음가짐을 갖게 될 것이기 때문이다.

빈곤문화론의 주요 주장 5가지를 요약하면 다음과 같다. 첫째, 가난한 사람들의 심리와 세계관은 중산층의 지향과 뚜렷한 차이가 난다. 빈곤층은 안정적인 가정을 꾸리고 경제적 성취를 촉진하는 태도와 믿음 그리고 헌신이 부족하다. 빈곤층은 일과 결혼 그리고 책임감의 가치에 대해 기껏해야 미약한 노력을 기울일 뿐이다. 둘째, 빈곤층은 자신들의 일탈적인 문화와 비뚤어진 심리적 특성 때문에 고단한 생활을 하는 경향이 있다. 자기 삶을 스스로 힘들게 하는 생활방식으로 인해 빈곤층은 복지 의존과 미혼 출산, 만성적인 실업에서 벗어나지 못한다. 셋째, 경제적 조건이나 기회의 부족, 사회적 차별 때문이 아니라 문화와 행위 면에서 빈곤층의 일탈이 가난을 불러일으키는 주요 원인이다. 넷째, 빈곤층의 취약한 심리 상태와 성취에 대한 동기 부족은 사회화 과정을 통해 대를 이어 대물림된다. 기존의 빈곤문화에서 비롯된 이러한 결함들은 거의 개인의 특성으로 고착되어 있으므로, 단순히 빈곤층의 사회적 환경을 바꾸는 것만으로는 치유할 수 없다. 다섯째, 빈곤문화 자체를 고쳐야만, 다시 말해 빈곤층이 각종 사회 정책의 영향을 받아 결혼·취업 등의 재사회화 과정을 거치게 하고, 올바른 윤리의식도 함양할 수 있게 해야 비로소 빈곤 문제를 퇴치할 수 있다.

빈곤문화론은 정말 타당할까?

몇몇 지점에서 빈곤문화론은 흥미롭다. 빈곤층에 대한 대중의 고정관념을 잘 이용하고, 세상에 기회는 널려 있으며 누구든 노력만 하면 그 기회를 잡을 수 있다는 아메리카드림의 이상을 분명히 확인해주기 때문이다. 하지만 한눈에 보아도 이 이론이 정말 설득력이 있는 이론인가에 대해서는 많은 의문이 생긴다. 앞으로도 살펴보겠지만, 빈곤문화론은 우리가 이미 알고 있는 빈곤 인구의 특징이나 빈곤층의 가치와 행동에 대한 최근의 조사 결과와도 배치된다. 빈곤문화론에 의문이 드는 한 가지 분명한 이유는 빈곤문화론이 한 가지 주요한 원인, 즉 빈곤층의 취약한 심리적 특성을 근거로 가난을 설명하려 든다는 점이다. 어떠한 이론이든 단일 요인을 근거로 이론을 정립해서는 외적 타당성이 떨어지기 마련이다. 더구나 가난처럼 극히 복잡하고 다면적인 현상에 이론을 적용할 때는 더더욱 그러하다. 자칫 잘못하면 빈곤문화론은 우리들에게 가난 문제에서 개인의 가치와 태도만이 유일하게 중요한 요소이며, 그보다 거시적인 정치·경제적 압력은 삶에 거의 영향을 미치지 않는다는 믿음을 심어줄지도 모른다. 빈곤문화론의 옹호론자들은 가난을 야기할 수 있는 여러 가지 구조적 압력들을 간과하곤 한다. 예를 들어 제조업 분야의 일자리 부족, 저임금 서비스 업종의 성장, 급속하게 확대된 세계화와 아웃소싱, 노동조합의 쇠퇴, 최저임금의 실질 가치 하락, 급속하게 진행된 불평등의 심화 등을 대수롭지 않게 생각하거나 무시하곤 한다. 빈곤문화론은 근래의 미국 역사를 해석하고 가난을 분석하면서 이런 변화들을 대체로 무시하고, 그 대신 가정의 붕괴와 가치의 퇴조가 가난의 원인이라는 단순한 논리를 제시한다.

우리가 빈곤문화론에 의구심을 가질 수밖에 없는 다른 이유들도 많다. 빈곤층은 주류 문화에서 크게 벗어난 단일한 문화를 공유하고, 그런 문화를 세대를 걸쳐 대물림한다는 주장은 빈곤 인구에 대한 아주 기초적인 사실과도 모순된다. 첫째, 옌스 루드위그(Jens Ludwig)와 수잔 마이어(Susan Mayer)가 입증하듯이, 오늘날 많은 빈곤층은 정확히 보수 비평가들이 찬사를 보내는 그런 가정, 요컨대 정규직 부모가 있고, 예배에도 참석하는 주류 가정에서 성장했다. 오늘날 성인 빈곤층의 대다수는 털끝만큼도 일탈적인 문화 속에서 성장하지 않았고, 부모로부터 나쁜 가치관을 물려받지도 않았다. 빈곤문화론의 논지와는 상반되게, 성인이 되어 빈곤층으로 전락하는 학생과 그렇지 않은 학생의 차이를 설명할 수 있을 정도로 양육에 대한 가족 가치관의 차이는 그렇게 엄청나게 크지 않다.

둘째, 빈곤층 모두가 돈이 많이 없는 집단인 것은 분명하지만, 그럼에도 그 속을 들여다보면 다양한 집단이 존재한다. 이는 빈곤층에 대한 대중의 인상과 흔한 고정관념과는 대비된다. 우선 빈곤층은 노년층과 청년층으로, 여성과 남성으로 나뉜다. 인종 면에서 빈곤층은 흑인과 라틴계 이민자들이 많고, 아시아계와 미국 원주민이 그 뒤를 차지하지만, 그 대다수는 라틴계가 아닌 백인들이 차지하고 있다. 가구 구성 면에서 빈곤층은 한부모가정, 양부모가정, 독신가정으로 분류할 수 있다. 빈곤층은 거주 지역 또한 다양하다. 도심에 살기도 하고, 시골에 살기도 하며, 교외에 사는 이들도 있다. 노동력 면에서 빈곤층을 비자발적 실업자와 영구 실업자 그리고 점차로 더 늘어나고 있는 저임금 서비스직 노동자로 구분할 수도 있다. 또한 기간 면에서는 단기 빈곤층도 있고 장기 빈곤층도 있다. 따라서 이처럼 각양각색의 특징을 가진 빈곤층이 공통된 하나의 일탈 문화를 공유하고 있다는 것은 상상하기 어렵다.

셋째, 빈곤층은 다양한 사람들로 구성되어 있을 뿐만 아니라 그 수 또한 끊임없이 변화한다. 공식적인 빈곤선 이하의 빈곤층 수는 해마다 증가하거나 감소한다. 빈곤 인구 또한 주기적으로 증감을 반복하는데, 수천 명이 새로 빈곤 인구에 편입되는 동안 또 다른 수천 명은 빈곤 인구에서 빠져나간다. 마크 랭크(Mark Rank)가 보여주듯 사회에서 주변부에 있는 사람들만 가난을 겪는 것도 아니다. 실제로 미국인 대다수는 성인기에 적어도 1년 이상 가난을 경험한다. 랭크의 주장에 따르면, 가난은 이제 주류적 사건이다. 가난은 일탈을 저지르는 별개의 사람들 혹은 어떠한 연유로 볼품없는 문화를 갖게 된 사람들만이 겪는 특별한 사건이 아닌 것이다.

넷째, 빈곤문화론의 '우리 대(對) 그들'의 이분법과는 다르게, 빈곤층 전체나 비빈곤층이나 별다른 차이가 없다. 빈곤문화론은 빈곤층을 일탈적인 하층민으로 표현하려는 데 너무 집착한 나머지 빈곤 인구와 노동 인구의 차이점을 지나치게 강조한다. 빈곤문화론은 빈곤층과 비빈곤층 사이의 유사점은 은폐하고, 빈곤층을 미국 주류 사회에서 완전히 도태된 계층으로 묘사함으로써 이론의 신빙성을 획득하고 있다. 오직 이런 전략을 통해서만 가난이 빈곤층의 자업자득의 결과이고, 종종 사회에서 존중받는 사람들조차 곤란을 겪게 만드는 사회·경제적 압력과는 거리가 먼 현상이라고 주장할 수 있기 때문이다.

요약하자면 빈곤층은 다양한 유형의 사람들로 구성되어 있고, 브래들리 실러(Bradley Schiller)가 강조하듯이 나머지 사회 구성원들과 달리 굳이 차별받아야 할 내재적 속성을 찾기 어렵다. 이처럼 다양하고 계속해서 변화하는 집단이 삶에 대한 공통적인 세계관, 그것도 주류 계층과 대별되는 세계관을 가지고 있으리라는 가정은 믿기 어렵다. 이처럼 빈곤 인구 유형의 다양성은 빈곤층의 심리적 특성 때문에 가난이 발생한다는 빈곤문화론의 단순한 논리에 의문을 제기한다.

빈곤문화론이 묘사하는 빈곤층은 도대체 어디에 있나?

한동안 가난을 경험한 미국인들은 빈곤문화론이 묘사하는 전형적인 빈곤층의 모습과는 확연히 다르다. 그들은 게으르지도 무책임하지도 않고, 일탈을 일삼는 하위문화의 늪에 빠져 있지도 않으며, 범죄를 저지르거나 비도덕적인 행위를 하지도 않는다. 빈곤문화론을 지지하는 사람들은 그런 사람들에 관해 거의 언급을 하지 않지만, 대부분은 아닐지라도 다수의 빈곤층이 빈곤문화론이 묘사하는 빈곤층의 심리적·통계학적 특성과 일치하지 않는다는 사실은 대체로 인정한다. 빈곤문화론 옹호자들은 논의의 대상을 세분화함으로써 이러한 불편한 진실을 회피하려한다. 요컨대 빈곤층 전체를 논의 대상으로 삼는 것이 아니라 장기 복지 수혜자, 만성 실업자, 10대 미혼모, 여러 종류의 문제아 등을 포함하여, 일반적으로 '최하층'으로 불리는 제한적인 계층만을 논의의 대상으로 삼는 것이다. 빈곤문화론은 '최하층'

이라는 병리적인 계층을 상정하여 논의의 대상으로 삼고, 대부분의 빈곤층은 그 범주에서 벗어나 있다는 사실을 인정함으로써 실증적인 신뢰를 얻으려고 노력한다. 뿐만 아니라 혹시라도 가난에 관한 일반론으로서 누릴 수 있는 지위를 희생하고, 비록 암묵적이기는 하지만 가난을 일으키는 거시적인 문제는 무엇보다도 문화 현상이 아니라는 점을 인정한다.

하지만 이처럼 협의의 빈곤문화론에서조차 빈곤문화론은 타당성이 부족하다. 빈곤층이 일탈적인 가치관과 부정적인 태도 그리고 악의적인 동기를 갖고 있다는 빈곤문화론의 지나치게 포괄적이고 판에 박힌 듯한 주장은 수백 만 명의 사람들의 마음 상태와 일상생활에 대한 상세한 자료가 있다는 전제를 하고 있다. 이런 주장들이 진실인지 거짓인지 우리는 어떻게 알 수 있을까? 사실 한 개인의 심리를 통찰하는 일도 어렵기 그지없다. 그렇다면 엄청난 수의 사람들의 내면세계가 이렇다 저렇다고 주장을 할 때, 우리는 그것을 어떻게 검증하는 것일까?

만약 빈곤문화론이 저소득 계층을 지근거리에서 수년 동안 면밀하게 관찰하고 많은 시간을 들여 밀도 있는 인터뷰한 자료를 토대로 빈곤층의 생활 방식과 세계관에 대한 결론을 내린 것이었다면, 그 결론에 조금 더 신빙성이 있었을 것이다. 그러나 실상 빈곤문화론이 내린 결론들은 주로 현실과는 유리된, 빈곤층의 심리에 대한 어림짐작과 수상쩍은 추론의 결과물일 뿐이었다. 빈곤문화론 지지자들은 흔히 미미하고 예외적인 사례를 바탕으로 추론을 하거나 빈곤층의 부정적인 모습에 딱 들어 맞는 몇 가지 사례들만을 수집한다. 미론 마그넷의 주장에 따르면, 5백만 명 정도의 최하층민들이 가난에 허덕이는데, 그 이유는 그들의 정신적·감정적 내용물이 부실하고 '내적 결함'이라는 고통을 안고 있기 때문이다. 이런 주장을 지지하기 위해 수집한 증거는 조금도 깊은 인상을 주지 못한다. 마그넷은 수박 겉핥기식의 신문 기사와 몇 가지 선정적인 일화들을 인용하고 있을 뿐이다.

사실 빈곤문화론 지지자들은 가난한 사람들의 가치관, 태도, 믿음에 관해 좀처럼 직접적인 증거를 제공하지 않는다. 그 대신 간접적인 증거에 의존한다. 빈곤문화론자들은 대개 빈곤층의 세계를 직접 연구하는 대신 눈에 보이는 빈곤층의 생활처럼 보다 더 접근이 용이한 자료를 근거로 빈곤층의 심리적 성향을 추론한다. 요컨대 만약 빈곤층의 취업과 가족 상태가 주류에서 벗어나 있으면, 당연히 그들은 일탈적 문화에 휘말려 있는 것이다. 흑인이 장기 빈곤층 중에서 유독 높은 비율을 차지한다면, 그들은 분명 일하기를 싫어하는 태도를 지녔음에 틀림없다. 또한 슬럼가에 사는 빈곤층은 틀림없이 불결하고 빈곤한 생활을 선호한다. 가난에서 벗어 나지 못하는 사람들은 인내심이 없음에 틀림없다. 그리고 일자리를 얻지 못한 빈곤층은 애초에 일하기를 싫어하는 태도를 지녔다. 정부 보조를 받는 사람들은 의존하는 가치 체계에 굴복한 사람들임에 틀림이 없다. 물론, 개개인이 항상 자신들의 문화적 선호에 부합하거나 자기 이상에 따라 살아가거나 자기 욕구를 깨닫고 살아가지만은 않는다. 하지만 개개인들은 자신을 둘러싼 환경적 제약을 받기 마련이고, 그 때문에 자신의 믿음과는 동떨어진 길로 빠져들기도 한다. 요컨대 화려한 결혼을 꿈꾸더라도 상황의 제약 때문에 미혼모가 될 수도 있는 것이다. 절실하게 일자리를 찾고 싶어도 실업자 신세가 되기도 하고, 정기적인 급여를 받고 싶어도 복지에 의존할 수밖에 없는 처지일 수도 있다. 사람들이 영위하는 삶이란, 단지 자신의 심리적·문화적 특성에 의해서만 규정되는 것이 아니라 기회와 자원에 대한 접근성이 얼마나 있느냐에 따라서도 영향을 받는다.

빈곤문화론의 근거 없는 거짓말

1960년대 빈곤문화론이 등장한 이래로, 사회과학자들은 서베이 리서치(Survey Research, 일정한 대상이나 집단을 직접·간접으로 인터뷰하여 정보를 입수하는 연구 방법 — 옮긴이), 심층 인터뷰, 일생생활 연구 등을 통하여 빈곤층의 가치관과 믿음, 생활방식을 보다 더 실증적으로 이해하려고 시도해왔다. 그중에서 많은 연구들은 빈곤문화에 가장 취약할 것으로 예상되는 사람들, 예컨대 미혼모, 생활보호대상자, 대도시 슬럼가 거주민 등에 연구의 초점을 맞추었다. 연구 결과 빈곤층의 복잡한 양상이 드러났지만, 한 가지 확실한 것은 그 모습이 빈곤문화론이 묘사하는 가난과 빈곤층의 이미지와는 사뭇 달랐다는 사실이다. 최근 수십 년간 진행된 수많은 연구 결과를 한마디로 요약하는 것은 온당치 못할 것이다. 그럼에도 일련의 연구 결과가 내린 결론에는 두 가지 현저한 특징이 있다. 첫째, 빈곤층의 근본적인 가치관과 열망은 중산층의 그것과 눈에 띄게 다르지 않다. 둘째, 많은 빈곤층이 만성 실업자로 지내거나, 한 부모 가정에서 살거나, 때때로 복지 지원금을 받는 등 사회 주류와는 동떨어진 삶을 사는 것은 사실이지만, 이런 결과는 그들에게 기회가 부족했기 때문에 벌어진 것이지 그들의 일탈적인 가치관 때문에 벌어진 것이 아니다.

다수의 빈곤층은 좋든 싫든 이상적인 주류 문화를 충실히 따르고 있다. 그들은 개개인의 노력과 교육, 가족 그리고 책임감의 중요성을 매우 신뢰한다. 현실에서는 자신들의 뒤통수를 얻어맞는 경험을 할지 몰라도, 빈곤층 대부분은 전통적인 개인주의 이념을 고수한다. 가난한 사람들도 어디든 기회는 있고, 교육과 근면이 성공에 이르는 지름길이라고 생각한다. 윌리엄 율리우스 윌슨(William Julius Wilson)에 따르면, 시카고 시에 거주하는 극빈층들조차 '미국은 누구나 출세할 수 있는 기회의 땅이고, 개인이 노력한 만큼 보상을 받는 곳'이라는 데 동의한다. 물론 그 내용이 복잡하기는 하지만, 보제니퍼 호크쉴드(Jennifer Hochschild)와 앤드루 영(Andrew Young)은 흑인 빈곤층 사이에서 아메리칸드림에 대해 놀랄 만큼 강한 믿음이 존재한다고 언급한다. 시카고 시의 빈곤층 가구를 연구한 산드라 반스(Sandra Barnes)가 밝혀낸 바에 따르면, 그 지역 대다수 빈곤층들은 노동과 교육 그리고 실력의 중요성을 강조하는 전통적인 성취 이데올로기를 공개적으로 지지하는 것으로 나타났다. 나오미 파버(Naomi Farber)의 연구에 따르면, 빈곤층 10대 미혼모들도 중산층 혹은 서민층 친구들과 조금도 다를 바 없이 '교육 및 직업적 성취에 대한 주류적 가치를 자기 삶에서 실현하려는 열망'이 있다. 이처럼 빈곤층은 일반 서민들과 별반 다르지 않아 보이고, 더군다나 빈곤문화론이 상정하는 이질적인 사람들의 모습과는 한참 거리가 멀다. 질 좋은 교육, 괜찮을 일자리, 안정된 가정, 행복한 결혼, 멋진 집처럼, 가난한 사람도 대부분의 미국인과 똑같은 바람을 지니고 산다. 미 전역의 방대한 표본을 대상으로 자료를 수집한 레이철 존스(Rachel Jones)와 예 뤄(Ye Luo)가 내린 결론에 따르면, 노동과 가족 그리고 복지 문제에 있어서 전통적으로 빈곤의 문화가 존재한다는 주장을 뒷받침할 수 있는 실증적 증거는 거의 없다.

빈곤층과 비빈곤층 사이에 어마어마한 문화적 차이가 있는 것은 아니다. 그러나 빈곤층은 빈곤문화론자들이 거의 언급하지는 않는 여러 가지 면에서 확연한 차이가 있다. 그들은 돈과 권력, 권위가 없고 그로 인해 따라오는 모든 유리한 혜택들, 요컨대 안전한 이웃, 좋은 학교, 인맥, 정치적 영향력 등을 얻을 수가 없다. 빈곤층도 부유층 못지않은 열망이 있지만, 그런 것들을 실현할 수 있는 수단에 대한 접근성이 떨어진다. 조엘 더바인(Joel Devine)과 제임스 라이트(James Wright)가 진술하듯이, 최하층과 사회의 나머지 계층을 구분하는 진정으로 의미 있는 기준은 '자신의 가치관을 사회적으로 바람직한 행동으로 바꾸고 실현시킬 수 있는 차별화된 능력'에 있다.

필자는 이제 일과 가족 두 가지 핵심 분야에 대해 이런 관점이 어떠한 것인지 간략하게 살펴볼 것이다. 그 핵심 메시지는 이렇다. 빈곤층은 주류층과 조금도 다를 바 없는 열망을 가지고 있지만, 그들에게는 대개 풀타임 일자리를 얻거나 안정적인 결혼 생활을 유지하는 데 필요한 기회와 자원이 부족하다. 실제로 관습을 벗어난 삶을 사는 빈곤층도 분명히 있지만, 그렇다고 해서 반드시 그들이 일탈적인 가치관을 쫓는 것은 아니며, 그들이 자신들의 가치관 때문에 그런 삶을 사는 것은 더더욱 아니다.

일 :《무시당하는 흑인의 마음The Minds of Marginalized Black Men》에 등장하는 어느 흑인 남성은 "그저 안정된 삶, 그러니까 멋진 인생을 살아갈 수 있는 능력을 갖추고 싶을 뿐이에요. 그저 일하는 사람이 되고 싶어요. 일을 하고 싶을 뿐이죠."라고 이야기한다. 이처럼 가난한 사람들 대부분은 심지어 실업자들조차도 일을 삶의 중심에 둔다. 그들 중에서 운명에 자기 운을 내맡기거나 무임승차로 생활을 영위해도 좋다고 생각하는 이는 거의 없는 듯하다.

로버타 아이버슨(Roberta Iversen)과 나오미 파버(Naomi Farber)가 입증하듯이, 이미 근로자로 일하면서 노동에 대해 큰 가치를 두고 있는 많은 젊은 흑인 여성들은 부모로부터 경제적 독립을 하라는 권유를 받으며, 복지 혜택에 대해 대체로 부정적인 시각을 갖고 있는 것으로 나타났다. 마르타 티엔다(Marta Tienda)와 하야 스티에(Haya Stier)가 시카고에 거주하는 빈곤층 부모들의 노동 활동에 관해 실시한 연구 결과에 따르면, 그들 중 일하기 싫어하는 사람은 소수뿐이었다. 대부분은 일하고 있거나 구직 활동을 벌이고 있었고, 그렇지 못한 경우에는 일자리를 얻고 싶어 했다. 두 사람이 찾은 증거에 따르면, 그들은 대개 일하려는 의지가 충만한데 자기 의도와 상관없이 실업 상태에 놓여 있으며, 무기력한 태도를 보이지 않으려 한다.

다니엘 도한(Daniel Dohan)의 보고에 따르면, 빈민가 거주민들과 마찬가지로, 스페인어 통용 지역에 사는 거주민들도 투철한 근면 의식을 보여준다. 저임금 노동 시장에서 자주 천대를 당하는 신세이기는 하지만, 가난한 멕시코 출신 미국인들도 일이란 본래 '가치 있고 중요한 활동'이라는 믿음을 공유하고 있다. 인터뷰에 따르면, 복지 수급자들 또한 일에 대해서 지극히 평범한 태도를 견지하고 있다. 복지 수급자들은 생활보호대상자로 사는 것을 질색하고, 자기 가족을 스스로 부양할 수 있는 일자리를 얻기를 바라며, 저임금 노동을 감수하면서도 생존해 나가려고 필사적으로 애를 쓴다. 아이버슨과 파버의 연구에서 어느 젊은 흑인 여성은 일에 관해 이렇게 말한다. "복지 수당으로 사는 건 질색이에요. 전 독립하고 싶어요. 제 스스로의 힘으로 말이죠. 괜찮은 일자리를 얻고 싶어요."

근면을 옹호하는 이런 표현들은 응답자들이 사회적으로 용인된 이상에 부합되게 그저 립서비스를 하는 것이 아니다. 스테판 페터슨(Stephen Petterson)은 흑인 빈곤층의 일에 대한 의지를 입증하였는데, 그가 발견한 바에 따르면 흑인 남성들은 자기가 공정하다고 생각하는 '의중임금(reservation wage)'보다 적은 임금을 주는 일자리라도 마다하지 않고 주기적으로 일을 하는 것으로 나타났다. 게다가 최근 빈곤 노동자에 대한 수많은 연구 결과에서 드러났듯이, 빈곤층 수백만 명이 빈곤선에 준하는 임금을 주는 일터에 나가 매일같이 힘겹게 일을 하고 있고, 나머지 수백만 명도 적극적으로 구직 활동을 펼치고 있다. 예를 들어 캐서린 뉴먼(Katherine Newman)과 촌시 레논(Chauncy Lennon)의 보고에 따르면, 뉴욕의 흑인 거주 지역 할렘의 패스트푸드 업계에서 구직자들의 구직 경쟁률은 무려 14대 1이라고 한다. 그리고 최근 뉴욕 시에서는 곧 개장 예정인 마스(Mars) 과자점에 200명도 안 되는 파트타임 직원 자리가 났을 때, 크게 낙심해 절박한 처지에 있던 구직자 수천 명이 줄을 지어 그 파트타임 일자리에 지원했다고 한다.

일을 하려는 빈곤층의 노력은 경기의 기복에 따라서 다양하게 나타나는데, 이런 현상 역시 실업이 개개인의 잘못된 가치관에서 비롯된 것이라기보다는 취업 기회의 가능성에 의해 좌우된다는 사실을 잘 보여준다. 여러 연구 결과들이 입증하듯이, 노동 시장에서 노동 수요가 부족할 때에는 교육 수준이 낮은 소외계층 청년들을 포함한 빈곤층 실업자들도 노동 인구에 휩쓸리듯 편입된다. 이처럼 시장에 일자리가 있으면 빈곤층은 으레 일터에 나간다. 요컨대 1995년에서 2000년 사이에 특히 흑인과 라틴계 인구의 빈곤율이 급격하게 감소했다. 같은 시기 일자리가 전례 없이 급증한 덕분에 가난한 소수 빈곤층마저도 그 기회를 십분 활용할 수 있었기 때문이다. 가난한 사람들이 직면하는 큰 문제는 일자리 증가세가 지속되고 낮은 실업률이 유지되는 기간이 거의 없거나 아주 잠깐일 뿐이고, 심지어 노동시장에서 노동력이 매우 부족할 때마저도 구직의사가 있는 실업자 풀을 흡수할 수 있을 만큼 충분한 일자리가 공급되지 않는다는 사실 자체에 있다.

몸이 건강하고 근로 연령대에 속해 있는 빈곤층 대부분은 급여를 받고 노동 시장에 참여하고 있다. 그중에는 정기적으로 일하는 사람도 있고, 취직과 실업을 반복하는 사람도 있으며, 지하경제에 몸담고 있는 이들도 있다. 하지만 많은 빈곤층, 특히 젊고 교육 수준이 낮은 흑인 남성들은 여러 차례 실업을 경험하거나 만성적인 실업에 시달리고 있다. 이런 문제는 개개인의 동기 부족이나 잘못된 가치관 탓으로 돌릴 수 없다. 물론 일부 장기 실업자들은 확실히 직업적 성공을 위한 준비가 제대로 되어 있지 않다. 그들은 기술과 일하는 습관, 직무 경험이 부족하고, 노동 시장과 일터에 대해서도 속속들이 알지 못한다. 큰 자신감을 갖고 있지도 않고, 때때로 비현실적인 기대를 하며, 자신의 직업적 열망을 어떻게 정규직으로 이어가야 할지에 관해서도 확실한 비전이 없다. 게다가 자신의 구직 활동을 방해하는 육체적·정신적 문제를 비롯한 개인적 어려움을 안고 있는 경우가 많다. 범죄자로 낙인찍혀 고통받는 젊은 흑인 남성들의 수도 점점 더 증가하고 있다. 그런 청년들은 아무리 열심히 노력해도 일자리를 찾기란 거의 불가능하다. 또한 그들에게는 가난에서 벗어나 일하고 싶어도 그렇게 할 수 없게 만드는 다양한 구조적 문제들이 산재해 있다. 예컨대 인종 차별, 출신지 차별, 어려운 취업 기회, 취업 가능한 일자리의 열악한 근로조건 등이 그렇다.

미혼모가 뛰어넘어야 할 장애물은 이보다 더 많다. 미혼모들은 기본적인 제약에 더해 자녀 양육, 의료 서비스, 교통과 주택 문제 등 갖가지 어려움을 겪는다. 노동 시장과 단절되어 있거나 그저 발만 담그고 있는 빈곤층들은 개개인으로서 확실히 도움이 필요하다. 그러나 아무리 빈곤층을 결혼과 취업 등으로 재사회화시키고, 도덕적으로 교화하거나 신앙심 깊게 만든다고 하더라도, 그런 시도 자체가 실직 상태의 빈곤층을 실업과 가난에 벗어나지 못하게 만드는 사회 구조의 복합적인 문제들을 바로잡지는 못할 것이다.

가족 : 결혼 장려책의 근저에 있는 가정들과는 대조적으로, 빈곤층 여성들에게 결혼의 가치를 새삼 확신시킬 필요는 전혀 없다. 미혼모를 포함한 그들 대부분은 전통적인 가족의 가치를 긍정하고, 양부모 자녀 교육의 가치를 찬미한다. 수년간 대도시 빈민가에 대한 연구를 진행한 캐서린 에딘(Kathryn Edin)과 마리아 케팔라스(Maria Kefalas)의 보고에 따르면, 빈곤층이 결혼 제도에 반대한다는 통설과는 달리 그것을 뒷받침하는 증거는 놀랍게도 거의 없다. 나오미 파버에 따르면 인종이나 계급을 떠나 저소득층 10대 미혼모들은 결혼과 양육에 대해 이상에 가까운 환상을 품고 있고, 그런 이상은 전통적인 가치관에 부합한다. 흑인 미혼 여성 82명을 인터뷰한 로빈 재럿(Robin Jarrett)에 따르면, 인터뷰 대상자 거의 전원이 결혼에 찬성했다. 그중 한 여성은 흑인 여성들의 일반적인 정서를 대변하며 이렇게 단언했다. "결혼하고 싶어요. 거짓말이 아니라, 진짜 결혼하고 싶어요. 진심이에요."

겉으로는 이상적인 양부모 가정을 꾸리겠다고 공언하면서도, 10대 때 아이를 가져 수년간 미혼모로 살아가는 빈곤층 여성들도 많다. 그러나 이런 결과는 그들이 전통적인 가치관을 굳게 믿지 않아서 나타나는 것이 아니다. 가난과 미혼모 사이의 관계는 결혼과 출산 문제를 놓고 심사숙고해야 하는 빈곤층 여성들의 상황과 주로 밀접한 관련이 있다. 일에 대한 빈곤층의 입장과 마찬가지로, 빈곤층들이 취약한 가족 구조를 갖는 이유 또한 선택의 여지가 별로 없는 그들의 상황 탓이 가장 크다. 많은 빈곤층 미혼모들이 결혼을 꺼리는 이유는 바로 자녀의 아빠들 스스로 대개 실업자 혹은 수감자 신세이거나 결혼에 적합하지 않은 처지에 놓여 있는 빈곤층이기 때문이다.

파버가 만난 어느 10대 미혼모는 결혼에 관해 이렇게 설명한다. "남성이 일자리가 없거나 어떤 식으로든 나를 도와줄 수 있는 처지가 아니라면, 그런 사람은 원치 않아요." 재럿이 만난 여성은 "너무 어려운 사람과는 결혼하고 싶지 않아요. 자칫 잘못하다간 내 처지만 곤란해지죠."라고 답했다. 이처럼 가난이라는 환경은 미혼모를 양산하는 원인이기도 한데, 그 이유는 가난이 남성을 믿지 못하는 여성의 마음을 더욱 자극하기 때문이다. 다시 말해 여성들은 가난 때문에 결혼을 조심하게 되고, 독립적인 생활을 하려는 의지를 품게 된다. 가난한 독신 여성은 삶에서 다양한 어려움에 직면하기 마련이어서, 문제의 소지가 있는 남자와 지속적인 관계를 맺어 상황을 더욱 악화시키지 않으려고 늘 조심한다. 덧붙여 말하자면 일부 빈곤층 여성들, 특히 성인으로서 의미 있는 인생을 설계할 수 있는 길이 막혀 있는 빈곤층 여성들은 결혼도 하지 않고 임신을 함으로써 사회적 지위와 성숙함, 사회적 존중감을 얻으려 한다.

빈곤문화론을 정면으로 반박한 에딘과 케팔라스가 입증한 바에 따르면, 빈곤층 여성들이 미혼모가 되기 쉬운 이유는 그들이 가족적 가치관을 거부해서가 아니다. 오히려 중산층 여성들보다도 더 자녀의 가치를 너무나 소중하게 생각하기 때문이다. 두 사람의 보고에 따르면, 빈곤층 여성들은 평생 결혼이라는 이상을 너무나 온전히 받아들이는 까닭에 장래에 이혼을 하거나 이혼녀라는 오명을 뒤집어쓸까 봐 미혼모가 되는 한이 있더라도 결혼하기를 꺼리게 된다. 또한 미혼모보다 이혼녀가 되는 것을 더 안 좋게 생각하고, 임신이 바보같이 덜컥 결혼을 하는 구실은 되지 못한다고 믿는다. 빈곤층 여성들의 최우선 관심사는 금전적 안정과 생활의 안정 그리고 자신과 평생을 함께할 수 있는 남편감을 찾는 일이다. 빈곤층 여성들이 결혼하고 싶어 하는 것은 분명하지만, 그렇다고 해서 불행한 결혼의 덫에 빠지거나 남자에게 버려지고 이혼을 당하는 굴욕을 감수하면서까지 결혼에 집착하는 것은 아니다. 가난한 여성들도 간절히 아이의 엄마가 되고 싶어 하고, 자녀 없는 인생은 감히 상상하지도 못한다. 그러나 착하고, 멋지고, 신뢰할 만한 남편감은 공급이 부족하므로 한 아이의 엄마가 되기 전에 그런 남편감이 자기 앞에 나타나 주기를 학수고대한다. 그들에게 주어진 조건을 감안할 때, 빈곤층 여성들은 결혼해서 아이를 낳는 제도를 추켜세울 수밖에 없다. 결혼 및 출산 문제에 있어서 빈곤층 여성들의 선택은 사회, 도덕적으로 그다지 올바른 일이 아닐지도 모른다. 하지만 당연하게도 그런 선택은 환경 적응의 산물이고, 분명히 문화적 병폐의 증거도 되지 못한다.

열정이나 이상 면에서 빈곤층과 중산층은 별반 다를 바가 없다. 빈곤층과 중산층은 일과 교육, 개인의 책임감 그리고 양부모 가정을 소중하게 생각하는 것에 별로 차이가 없다. 하지만 두 계층이 처해 있는 환경은 사뭇 다르다. 상대적으로 만성 실업에 시달리고, 고등학교를 중퇴하며, 복지 수당을 받거나 한부모가정에서 자녀를 키우게 될 공산이 더 큰 계층은 빈곤층이다. 그러나 이런 부분들은 생활방식의 차이 문제도 아니고, 빈곤층의 성격적 결함이나 일탈적 문화를 대변하는 것도 아니다. 빈곤층이 겪는 거주 지역의 분리, 인종 차별, 사회적 고립, 열악한 학교, 형편없는 일자리, 불충분한 대중적 지지 환경 등을 감안하면, 관습을 벗어난 빈곤층의 삶은 사회적으로 예측 가능한 결과이다. 가난한 사람들에게 부족한 것은 주류적 가치관이 아니다. 그들에게 부족한 것은 질 좋은 교육을 받고, 좋은 일자리를 얻으며, 안정된 결혼 생활을 해나갈 수 있는 생계의 수단이다. 빈곤층이 가진 문제는 가난 그 자체이지 그들의 문화가 아니다.

결론

여느 사람들과 마찬가지로 가난한 사람들 역시 무슨 성인(聖人)이 아니다. 공평하게 말하자면, 가난한 사람들이 처해 있는 상황이 부유층의 상황보다 성인군자처럼 사는 것이 어려울 뿐이다. 마이클 츠바이크(Michael Zweig)의 말처럼, 비주류적 상황에 놓여 있는 사람이 주류처럼 행동하기는 한층 더 어렵다. 물론 그렇다고 해서 빈곤층이 자기 행동에 대해 전혀 책임을 지지 않아도 된다거나, 경제적 박탈을 나쁜 행동을 하는 구실로 삼아도 좋다는 뜻은 결코 아니다. 일부 빈곤층이 스스로 더욱 도덕적으로 성숙한 태도를 보이기를 염원하는 일도 전혀 잘못된 것이 없다. 다만 그런 목적을 달성하려면 대중의 비난과 징벌적 개혁보다는 그들의 비주류적 상황을 개선하는 편이 아마도 조금 더 효과적일 것이다. 하지만 우리가 또 한 가지 유념해야 할 사항은 빈곤층 대부분은 이미 존경받을 만한 생활을 영위하고 있다는 사실이다. 그들은 보람 없는 일자리에서도 열심히 일하고, 주어진 환경에서 최선을 다해 자녀를 키우며, 자기가 속한 공동체를 성심껏 돌본다. 사실 빈곤층에게는 정부의 감독이나 재사회화 혹은 사회적 규칙에 대한 교육이 전혀 필요하지 않다.

빈곤문화론을 지지하는 보수주의자들은 가난에 대한 논쟁에 가치관과 도덕성 문제를 끌어들인다. 한 가지 중요한 사례로, 조엘 슈워츠(Joel Schwartz)는 "도덕으로 가난을 이겨내자."고 제안한다. 그의 일관된 주장에 따르면 근면, 절제, 검약 같은 일상적인 덕목들은 가난에서 보다 더 쉽게 벗어날 수 있는 바탕이다. 이런 주장은 일견 타당한 듯 보이지만, 실증적인 면에서 중요한 몇 가지 풀리지 않는 의문점을 남기고 있다. 만약 빈곤층들의 도덕성이 떨어진다면, 이는 빈곤층 사이에서 어느 정도 흔한 현상인가? 일자리나 교육, 양육의 결핍보다 더 심각한 문제인가? 빈곤층이 전통적인 가치들을 충실히 따른다면 과연 그들의 삶이 얼마나 달라질 것이고, 그런 변화가 가난을 벗어날 수 있는 가능성을 얼마나 증가시킬 것인가? 도덕적으로 행실이 바른 사람은 방탕한 사람에 비해 노동시장에서 더 대우받을 수 있을지 모른다. 하지만 최저 생활임금조차 벌 수 있는 일자리가 비교적 희소하다는 점을 감안할 때, 훌륭한 행실이 전체적인 빈곤 수준을 낮추는 데 과연 얼마나 기여할 수 있겠는가?

슈워츠는 빈곤층을 그저 수동적인 희생자로 기술하는 이론가들에게 분명한 일침을 가한다. 하지만 도덕적 힘을 지지하는 그의 관점은 대단히 협소하다. 슈워츠는 근면과 검약을 강조하지만 예컨대 연민과 협력 같은 다른 가치들은 무시한다. 그리고 빈곤층이 자신들의 삶에 스스로 책임을 져야 한다고 주장하면서도 오로지 개개인의 행위에만 초점을 맞추고, 빈곤층이 그룹이나 공동체 혹은 사회 운동의 형태로 결집함으로써 가치 있는 목표를 추구할 가능성은 간과한다. 슈워츠는 도덕적 행위로 가난을 극복하라고 빈곤층에게 주문한다. 하지만 빈곤층이 단체 행동에 나설 개연성을 염두에 두지 않으며, 가난한 사람들 스스로 조직을 결성하여 지속적으로 사회 개혁을 할 것을 촉구하지도 않는다. 슈워츠는 빈곤층에게 "자포자기하는 것보다는 자기 발전적으로 행동하라"고 강력히 충고하지만, 이는 빈곤층이 자제력을 키워야한다는 뜻이지 정치적 목적을 위해 집결해야 한다는 뜻은 아니다. 빈곤층이 자기 환경을 개선하는 믿을만한 유일한 수단은 자기 개선 뿐이라는 슈워츠의 추정이 맞을 수도 있다. 하지만 어떠한 형태의 자기 개선이 빈곤층에게 진정한 도움이 되는가? 근면 · 절제 · 검약 같은 개인적인 차원의 자기 개선인가 혹은 투쟁 · 연대 · 정치적 운동 같은 집단적인 차원의 자기 개선인가?

슈워츠는 빈곤층을 교도(矯導)하는 일이 빈곤을 퇴치하는 주된 수단으로 사용되어야 한다고 믿는다. 그러나 이런 믿음 이면의 사고는 놀라울 정도로 편향되어 있다. 슈워츠는 선행을 하면 가난에서 벗어나기가 더 쉬워질 것이라는 기대를 품고, 빈곤층에게 선행을 종용한다. 그러나 미국 사회에서 가난이 지속되는 이유가 빈곤층의 나쁜 행실 탓이라기보다는 미국의 정치 · 경제력을 움켜잡고 있는 인물들의 '심각한 부도덕' 탓인 것은 거의 틀림없다. 가난한 사람들에게 품행을 쇄신하라고 무리한 요구를 하는 것은 불공평할 뿐만 아니라 빈곤을 퇴치하는 전략 측면에서도 전혀 효과적이지가 않다. 만약 도덕성이 가난을 이겨내는 진정한 수단이라고 한다면, 우리는 직원들을 속이고 초과 근무 수당을 떼어먹고, 친노동조합 정서를 가진 노동자를 불법적으로 해고하고, 직장 내 보건 및 안전 관리 규정을 고의로 위반하는 고용주들의 행태에 대해서 먼저 따져봐야 할 것이다. 그리고 자기 자신들에게는 터무니없이 높은 연봉을 책정하면서 아직 회사에서 자르지 않은 직원들에게는 급여와 복지 혜택을 축소하고, 가장 값싼 노동력을 찾아 전 세계를 유람하고, 고용인과 주주 그리고 일반 대중을 희생시킨 대가로 자신들을 배불리는 약삭빠른 회계 처리법을 고안해내는 기업 임원들의 행태부터 따져봐야 할 것이다. 여기에 정치인도 예외일 수는 없다. 특정 정치인들은 최저임금 인상을 한사코 반대하고, 부유층에게는 엄청난 규모의 감세 법안을 통과시키면서도 빈곤층을 대상으로 하는 사회복지 예산은 삭감하고, 이익 집단의 로비스트들에게 정치 기부금을 청탁하며, 기업들에게는 관대하게 보조금을 지급하면서도 쇠락해가는 도시 빈민 지역은 애써 외면한다.

빈곤 문제에 있어서 도덕적·문화적 개혁은 정당한 자리를 차지하고 있다. 하지만 오직 빈곤층의 문화만 그 표적이 되는 이유는 무엇일까? 기업 문화와 정치 문화는 빈곤 문화보다 사회에 훨씬 더 큰 영향력을 발휘함에도 모두 제 기능을 하지 못하고 있는 듯한데 말이다. 근면과 절제, 검약 같은 가치들에만 목매지 말고 우리의 도덕적 시야를 한층 더 넓혀 형평과 공정성 그리고 기회의 평등 같은 원칙들 또한 수용해보는 것이 어떨까? 빈곤층이 예전보다 더 도덕적으로 행동하는 것에도 유익이 있겠지만, 우리가 훨씬 더 큰 범주에서 도덕성 회복 운동을 벌일 준비가 되어 있을 때에만 가난과의 전쟁에서 큰 진전이 있을 것이다. 도덕적 개혁이 가난을 퇴치하는 하나의 전략이 되려면, 사리사욕과 손익만이 행위 결정하는 유일한 잣대가 되지 않는 '도덕 경제'가 선행되어야만 한다. 빈곤문화론자들은 도덕을 새삼 강조하지만, 근시안적인 시야로 접근하고 있다. 도덕적 개혁에 대한 요구는 경제 정의를 촉구하는 다양한 사회 운동과 떼어놓고 생각할 수 없다.

4

가난과 불평등에 관한 인적자본론

교육은 성공의 필수 요건?

"빈곤을 완화시키는 최선의 정책이 무엇인가?"라는 질문을 하면 미국인들 대부분은 모든 사람에게 양질의 교육을 받을 수 있게 하는 정책을 세워야 한다고 답할 것이다. "교육은 성공의 필수 요건이며 부실한 교육은 가난의 주된 원인이다." 이 유명한 격언을 학술적으로 보다 더 고상하게 표현한 것이 바로 신고전주의 경제학의 주요 지류인 인적자본론이다. 인적자본론의 핵심은 이렇다. 가난의 원인은 가난한 사람들의 낮은 교육 수준과 기술 및 경력 부족이다.

인적자본론에서 개개인의 소득 차이는 노동생산성의 차이에서 온다고 본다. 역량이 뛰어나고 숙련된 노동자일수록 좋은 직장을 얻는다는 것이다. 반면 그렇지 못한 노동자는 아무리 일자리를 찾아보려 해도 저임금 일자리를 전전할 수밖에 없다. 노동자의 가치는 그 사람의 생산성으로 값이 매겨진다. 이와 같이 노동자라면 누구나 '인적자본'이란 것을 지니고 있다. 인적자본이란 개개인이 체득한 교육과 훈련, 기술을 말한다. 인적자본이 풍부한 사람은 그만큼 국가 경제와 경제 성장, 기업의 수익에 기여하는 바가 크기에 이들이 고임금의 일자리를 차지하는 건 정당하다. 그리고 인적자본론의 주장에 따르면, 미국의 경제 시스템 내에서, 실력 있는 노동자는 이론적으로는 그에 합당한 일자리를 얻게 되어 있다.

각각의 개인들은 저마다 다른 수준의 인적자본을 지니고 있다. 인적자본론이 주장하는 바에 따르면 이 인적자본의 수준은 개개인들 각자와 그들이 속한 가족의 선택이 낳은 결과다. 얼마나 많은 시간과 여력과 돈을 교육과 훈련에 투자할지는 각각의 개인들과 가족이 결정하기 때문이다. 이러한 취사선택은 마치 일종의 자본 투자와 비슷하다. 개개인들은 각자 어떻게 살아갈 것인지 눈앞의 안녕과 미래의 보상, 여가와 일자리 사이에서 결정을 내리고 그에 따라 행동한다는 의미다. 그런데 내가 얼마나 교육과 훈련에 얼마나 많이 투자할지 여부는 기본적으로 개개인의 취향과 선호에 달려 있다. 그리고 인적자본론의 관점에서 이런 개개인의 요소들은 고려하지 않는 변수, 즉 외생변수이다. 달리 말해 인적자본론에서는 인간 개개인의 욕망을 계산에 넣지 않는다. 그런 요소들은 다른 학문, 이를테면 심리학이나 사회학의 영역이라고 간주하기 때문이다. 인적자본론에서는 이들을 문제 이전에 이미 주어진 변수로 취급한다. 주류 경제학에서 개인 취향이란 변수 자체는 애초에 고려 대상이 아니다. 그런데 여러 가지 이유에서, 시간을 어떻게 사용할지에 관한 사람들의 욕망은 다양하다. 그리고 그 결과 사람들은 교육과 직업에 대해 서로 다른 결정을 내리게 된다. 예를 들어 인적자본론에서는 여성은 집에서 아이를 키우는 주부 역할을 더 선호하므로 대개 남자보다 직장에 매진하려는 의지가 약하다고 주장한다. 따라서 여성들은 자발적으로 직장에서 일하는 시간을 줄이고 직업 훈련과 경험이 적으니, 그 결과 남성과 여성 사이에는 사회적 차별 때문이 아니라 성차와 역할 선호에 따라 임금 격차가 있을 수밖에 없다는 주장이다.

가난에 대한 유전 이론이나 빈곤문화론과 마찬가지로, 인적자본론도 일자리에 어울리는 각자의 역량이 부족하기 때문에 사람들이 가난해진다고 설명한다. 유전 이론에서는 가난한 사람은 대체로 아이큐가 낮다고 말하고, 문화 이론에서는 가난한 사람들은 대체로 태도가 부정적이라고 말한다. 이와 비슷하게 인적자본론에서는 빈곤층이 어리석은 초기 투자를 하기 때문에 가난해진다고 주장한다. 보수적인 인적자본론이 제시하는 결론에 따르면, 가난한 사람들은 자신에게 더 많은 투자를 할 때에 비로소 가난을 최대한 극복할 수 있다. 반면 진보적인 인적자본론에 따르면, 인적자본에 취약한 빈곤층이 이를 극복하려면 정부의 정책적 지원이 필수적이다. 어느 쪽이든 인적자본론을 지지하는 학자들은 가난한 사람을 마치 약물 중독자처럼 취급하며 해독제를 투여하려고 한다. 예컨대 그들을 학교에 보내어 진급을 시키고, 이력을 쌓게 만들며 재교육 기회를 주는 식으로 말이다. 인적자본론의 관점에서, 빈곤을 퇴치하는 가장 효과적인 해결책은 빈곤층 개개인들이 기술을 배우는 일이다. 개인적인 노력을 통해서든 정부 프로그램을 통해서든, 가난한 사람들이 교육과 직무 훈련을 받는 노력을 기울이면 그만큼 취업할 확률이 높아지고 빈곤에서 벗어날 여지가 생긴다는 논지다.

　이제부터는 인적자본론과 관련한 두 가지 큰 문제점을 지적해보려 한다. 먼저 인적자본론은 개인적인 투자의 중요성을 역설하고는 있지만, 결과적으로 취약한 계층이 충분한 기술을 습득하지 못하도록 만드는 사회 구조적 제약들을 제대로 다루고 있지 못하다. 교육과 훈련 정도는 오로지 개개인의 선택에만 달려 있지 않다. 미시적으로는 가정의 재력과 기회에 대한 접근성에 달려 있고, 거시적으로는 기업의 전략과 정부의 정책에 달려 있다. 이런 요소들은 개개인의 힘으로는 통제하기가 불가능하다. 두 번째로, 인적자본론은 노동 시장을 왜곡해서 해석하고 있다. 개인이 자신의 인적자본을 바탕으로 노동력을 임금과 맞바꾸는 과정은 인적자본론에서 주장하는 것처럼 그렇게 단순하지가 않다. 자기가 보유한 기술에 대한 대가로 요구하는 임금 수준은 저마다 다르고, 학력이 높다고 반드시 좋은 일자리를 얻는 것도 아니다. 개인의 경제적 성공은 인적자본보다 더 많은 요소들에 의해 좌우되고 있는 것이 현실이다. 인적자본론은 고작해야 일자리에 관한 부분적인 설명밖에는 제시하지 못한다. 교육과 훈련으로 빈곤을 벗어나게 하겠다는 정책은 그 효과가 제한적이다.

인적자본 획득하기

인적자본론에 따르면, 빈곤층은 그들의 배움과 기술이 모자라기 때문에 가난하다. 그리고 그런 결과는 개개인이 자신에 대한 투자를 잘못해서 벌어진다. 빈곤문화론과 마찬가지로, 인적자본론에서도 가난을 불러일으키는 근본 원인을 빈곤층 스스로 자초하는 일탈과 잘못된 의사결정의 탓이라고 바라본다. 빈곤층의 소득이 낮은 이유는 그들이 직업 세계에서 제대로 된 일꾼이 될 수 없을 만큼 잘못된 생활방식을 고수해왔기 때문이다. 하지만 이처럼 경제적 행위를 순전히 개인적 관점에서만 해석하게 되면, 사람들의 소망과 의사결정에 영향을 미치는 보다 더 거시적인 사회·문화적 맥락을 놓치게 된다. 개인들의 '선호'에는 순전히 개개인의 자질만 반영된 것이 아니다. 선호는 '사회적 경험과 환경'의 소산이다. 선호는 예를 들어 광고, 공동체의 기준, 직업적 기대, 친구와 친척의 평가 그리고 소비지상주의나 종교 같은 이데올로기로부터 영향을 받는다. 또한 사람들이 추구하는 목표와 의사 결정은 개개인이 원하는 대로 쓸 수 있는 수단들에 의해서도 영향을 받는다. 존 엘스터(Jon Elster)가 말하듯 선호는 '적응적'이다. 선호는 개개인의 사회·경제적 지위를 그대로 반영하기 때문이다. 우리는 사회적 지위가 허락하는 범위 내에서 각자 바라는 소망을 품는다. 부유층 자녀들은 명문 대학에 들어가서 나중에 높은 연봉을 받으며 일하고자 한다. 그 이유는 그런 꿈을 꿀 만한 재원이 갖춰져 있다는 사실을 어린 시절부터 이미 알고 있었기 때문이다. 반면 빈곤층과 서민층 자녀들은 개인적 성취를 이루기에는 호락호락하지 않은 집안 환경을 감안하여 처음부터 자기 꿈을 축소하는 경향이 있다. 그들이 훗날 좋은 직장에 취직할 수 있는 통로가 되어주는 대학에 지원할 꿈조차 품지 못한다면, 그 근본적인 원인은 그들의 야망이 부족해서가 아니라 가정환경이 뒷받침되지 못하기 때문이기도 하다.

인적자본론에 따르면 개인들은 투자 행위를 할 때 예산 제약보다는 개인적 선호, 기회의 존재 여부보다는 개인의 선택을 우선시한다. 인적자본론은 교육과 훈련에 관해 개개인의 의사선택이 중요하다고 강조하지만, 각자에게 기회가 얼마나 열려 있는지는 거의 언급을 하지 않고, 그런 기회를 만들어내는 경제·사회·정치적 영향력에 관해서는 더더욱 언급하지 않는다. 한 사람의 성공 여부는 그 사람이 좋은 선택을 하느냐 아니냐에 달려 있기도 하지만, 의사 결정을 하고 대안을 모색하는 각자의 환경에 의해서도 영향을 받는다. 의사 결정을 하는 주체는 개인이지만, 개인은 항상 특정 사회적 맥락 안에서 의사 결정을 내리는 법이다. 예를 들어 가난한 사람들이 모여 사는 빈곤층 거주민들은 교육 면에서 그 가능성에 큰 제약을 받을 수밖에 없다.

교육적 선택이 잘못되었다면 어떻게 하겠는가? 이는 많은 도시 근교 빈곤층 부모들이 겪는 딜레마이다. 빈곤층 부모들이 자기 자녀들에게 최대한 좋은 교육을 시키겠다고 아무리 굳게 결심한다고 해도 그리고 최대한 괜찮은 선택을 하겠다고 제아무리 이성적으로 판단해봐도, 결국 자녀들이 받게 될 교육의 질은 낮을 공산이 크다. 사람들이 얻게 되는 인적자본의 크기와 질, 일반적인 경제적 성취는 단순히 개개인의 투자 결정에 따른 산물이지만은 않다. 이는 개개인이 활용할 수 있는 투자 역량의 산물이기도 하다.

교육과 훈련을 얼마나 받을 것인지에 대한 의사결정은 기회의 접근성뿐만 아니라 각자가 처해 있는 경제적 여건에 의해서도 영향을 받는다. 물론 사람들에게는 분명 선택할 자유가 있다. 하지만 사람들은 자기가 경제적으로 부담할 수 있을 정도의 일만 벌일 수 있다. 특히 빈곤층 부모들에게는 충분한 수입이 없다. 자녀들을 평판이 좋은 유치원에 등록시키고, 사립학교에 보내고, 과외 선생님을 따로 구해주고, 자녀들을 위해 우수한 공립학교 근처에 집을 사주거나 자녀들이 교육적으로 풍부한 경험을 쌓을 수 있도록 각종 지원을 해주는 일은 빈곤층 부모에게는 언감생심이다. 등록금은 치솟는데 장학금 제도는 열악한 상태에서 대학 학비조차 대지 못하는 빈곤층과 서민층 자녀들은 점점 더 늘어나고 있다. 심지어 경제적으로 탄탄한 중산층 학부모들조차 자녀들 사교육비 때문에 파산 상태에 내몰리는 경우가 많다. 개개인이 지닌 자원의 한계는 학교 교육뿐만 아니라 그 밖의 인적자본에 대한 투자를 제한하는 요인으로 작용할 수도 있다. 예를 들어 실직상태의 노동자는 구직 훈련 프로그램을 수강하거나 새로운 구직 기회를 찾아 다른 지방으로 이사를 갈만한 금전적 여력이 없을 수도 있다. 인적자본에 대한 개개인의 투자는 오로지 개인의 취향과 의사결정의 산물인 것만은 아니다. 이는 개개인이 지닌 경제적 자원과 집안의 재정적 지원 여부에 의해서도 영향을 받는다.

개인과 가정뿐만 아니라 기업과 정부도 인적자본에 투자를 한다. 기업들은 직원들의 자질 향상을 위해 새로운 기술이나 직원 훈련 프로그램을 도입함으로써 사내 인적자본에 투자한다. 국가나 주, 지방 정부 역시 시민의 자질 향상을 위해 수십억 달러의 조세를 교육에 투자한다. 따라서 축적되는 인적자본의 양은 단순히 개인의 선택에 의해서만 결정되는 것이 아니다. 인적자본의 축적은 기업의 관행이나 정부 기관의 정책과도 밀접한 관련이 있다. 고용주는 직장에서 어떤 직원에게 얼마만큼의 직업 교육 기회를 부여할지 결정한다. 이는 대개 개별 직원의 역량과는 별개의 문제이다. 이와 마찬가지로, 부모들 역시 자기 자녀들의 교육에 할당되는 공적 자금의 규모를 마음대로 선택하지 못한다. 이런 문제는 사실 정치의 영역이다. 마치 유권자가 세금 문제를 두고 의견을 다투고, 희소한 교육 재원을 두고 자기 몫을 극대화하려고 지역 사회와 이웃이 서로 다투듯이 말이다. 결국 교육에 대한 공적 재원의 배분은 개인 선택의 문제가 아니라 정치력의 문제이다.

노동 시장에서 빈곤층이 불리한 이유는 그들에게는 인적자본에 온전히 투자할 만한 기회와 자원이 부족하기 때문이다. 게다가 가난한 사람들은 자기 실력을 쌓고 발전할 수 있는 가망성이 별로 없는 일자리에서 일하는 데다 자녀들의 학교가 적절한 자금 지원을 받을 수 있도록 힘써줄 만한 정치적 영향력도 없다. 거기에 저마다 다른 기회와 자원의 활용 능력을 온전히 감안하고, 기업과 정부 투자자들의 역할까지 생각하면, 개인의 선택과 선호가 교육과 훈련 수준을 결정하는 주된 요인이 될 수 없음은 자명해진다. 이처럼 인적자본에 대한 접근성은 개개인의 통제를 벗어난 수많은 요소들에 의해 영향을 받는다. 실제로 인적자본의 차이는 불평등의 원인이라기보다는 오히려 결과에 가깝다.

빈곤층의 인적자본을 향상시켜 빈곤을 퇴치하자는 전략은 본말이 전도된 것처럼 보인다. 빈곤층이 제대로 된 교육과 훈련을 받지 못하도록 제한하는 주범은 사회적 소외와 미약한 정치력 그리고 거주지역 차별과 관련된 가난 그 자체이기 때문이다. 가난의 영속화 이면에 존재하는 보다 더 근본적인 정치·경제적 불평등을 해소하는 개혁이 이루어지지 않는 한, 계층과 인종에 따른 급격한 교육 격차는 해소되기 어려울 것이다. 어쨌든 가난이 인적자본 축적에 미치는 영향력을 인정하면 인적자본론의 기본 전제는 다음과 같이 완전히 뒤집힌다. '인적자본이 부족해서 가난해지는 것이 아니라 가난해서 인적자본이 부족한 것이다.'

인적자본의 전환

인적자본을 획득하는 일과 그것을 활용하는 일은 그 성격이 사뭇 다르다. 그리고 생산성 높은 기술을 축적하려고 노력할 때 저마다 여러 가지 난관에 봉착하게 되는 것과 마찬가지로, 자신이 체득한 교육과 훈련을 소득과 고용 그리고 계층 이동을 실현하는 과정에서 많은 문제들에 직면할 수도 있다. 졸업장이 은행 통장에 찍히는 급여를 대신할 수는 없는 노릇이다. 한 사람의 교육 수준은 좋은 일자리를 얻는 디딤돌이 될 때에만 성공의 지름길로 작용하는 것이지 저절로 그렇게 되는 것은 아니다. 인적자본론은 기회의 풍부함과 자유시장경제의 효율성을 신봉하지만, 인적자본에 투자한다고 해서 꼭 그에 따른 보상이 저절로 따르리라는 보장은 어디에도 없다.

인적자본론이 가정하는 이상적인 세계에서는 개개인의 노동 생산성에 따라 소득의 크기가 저절로 정해진다. 그리고 노동자의 임금은 경제적 산출물에 대한 각자의 기여도를 온전히 반영한다. 그러나 현실 세계에서 인적자본의 변수들은 개인 간 임금 격차와 관련해서 그다지 많지 않은 부분만을 설명할 수 있을 뿐이다. 하워드 워첼(Howard Wachtel)의 추정에 따르면, 복잡한 측정법으로 인적자본을 계산하더라도 인적자본은 '개인 소득 차의 약 20%'만을 설명할 수 있을 뿐이다. 최근에는 비슷한 수준의 생산성을 지니고도 큰 소득 격차가 발생하고, 비슷한 수준의 인적자본을 보유하더라도 불평등이 크게 심화되고 있다. 게다가 1970년대 초 이후로 미국인 노동자의 학력과 기술 수준은 높아졌지만, 임금 수준은 제자리걸음을 면치 못하고 있다. 교육 불평등은 감소한 반면, 소득 불평등은 더욱 심화된 것이다. 뛰어난 기술을 지닌 전문직 종사자들도 고전을 면치 못하는 오늘날의 경제 상황에서, 학력과 직무 경험이 출세하는 지름길이라는 생각 또한 현실과 동떨어져 있다.

복잡한 고용 시장에 관해 인적자본론은 아주 작은 부분만을 설명하고 있을 뿐이다. 개개인의 고용과 소득은 학력과 훈련, 직무 경험과 전혀 무관한 여타 변수들의 영향을 크게 받는다. 앞으로 설명하겠지만, 인적자본론이 암시하듯이 개인의 성공과 실패는 단순히 지식 습득의 정도에만 영향을 받지 않는다. 그 성패는 또한 개인의 정체성, 인맥, 일하는 곳 그리고 일자리 여부에 달려 있다.

지식인가, 개인의 정체성인가?

인적자본론에 따르면 노동 시장에서 가장 중요한 요소는 지식이다. 그러나 개인의 정체성도 노동 시장에서 큰 힘을 발휘하는데, 그중 하나가 바로 사람의 외모이다. 특히 여성들의 경우, 돌턴 콘리(Dalton Conley)가 보여주듯이, 외모 중에서도 특히 육체적 매력과 몸무게가 인생에서 기회를 얻는 데 중대한 영향을 미친다. 뚱뚱한 여성은 임금에서 불이익을 당하는 반면 전통적으로 외모가 뛰어난 여성은 그 덕분에 자신의 경제력을 신장시킬 수 있다. 콘리가 내린 결론에 따르면, 여성들의 성공에서 재능과 노력은 비중이 작다. 미모도 개인의 성공을 좌우하기 때문이다. 이제부터 노동 시장에서 역시 중요한 역할을 하는 개인 정체성의 3가지 측면, 즉 인종(혹은 민족)과 성별, 문화 자본 그리고 심리적 자본에 관해 논의하고자 한다.

인종과 성별 : 여성이나 유색 인종은 노동 시장에서 수많은 차별을 겪고 장벽을 만나며 백인 남성들에 비해 가난에 훨씬 더 취약하다. 심지어 동등한 수준의 인적자본을 갖추고 있더라도 성별과 인종에 따라 취업과 임금 면에서 큰 불평등이 존재한다. 자격 조건이 같다면 남성은 여성에 비해, 백인 노동자는 유색 인종 노동자에 비해 더 높은 급여를 받는다. 요컨대 같은 대학 교육을 받았더라도 일반적으로 남성이 여성보다, 비히스패닉계 백인 남성이 라틴계나 흑인 남성보다 더 대우를 받는다.

노동 시장에서는 개인의 장점만 작용하는 것이 아니다. 인종과 성별도 구직자가 어떠한 일자리를 얻을지, 누가 승진하고 또 못할지, 누가 해고되고 또 회사에 남을지, 누가 더 높은 급여를 받을지 여부에 영향을 준다. 개개인은 각자 축적한 인적자본을 활용해 일자리를 얻는 능력치가 저마다 다르고, 교육과 훈련을 받고 직무 경험을 쌓으면서 들인 투자에 대한 수익률도 저마다 다르다. 개인이 인적자본에 투자한 뒤 얻는 금전적 가치(그리고 획득하는 인적자본의 양과 질)는 흑인이냐 백인이냐 아시아계냐 남미계냐 하는 인종의 구분과 성별 같은 다양한 조건에 따라서 매우 다르게 나타난다.

문화 자본 : 프랑스 사회학자 피에르 부르디외(Pierre Bourdieu)는 불평등 연구에 '문화 자본'의 개념을 도입한 인물로 평가받고 있다. '문화 자본'이란 개개인의 독특한 성격과 역량 그리고 선호를 일컫는데, 사회화 과정으로 체득하는 문화 자본은 개개인의 사회·경제적 성패에 영향을 미친다. 사람들은 저마다 서로 다른 환경에서 성장하므로, 교육뿐만 아니라 문화적 배경과 경험 그리고 자원에서도 차이가 난다. 그리고 스타일, 태도, 매너, 자기 표현력에서도 차이가 나고, 음악, 레저, 음식, 패션 취향도 서로 다르며, 다양한 상황에서의 적응력에서도 차이가 생긴다.

노동자는 고용주와 관리자, 상사와 공유할 수 있는 문화 자본을 갖추고 있을 때 비로소 비교 우위가 생긴다. 고용주를 비롯한 관리자들은 직원의 직무를 평가하고 고용과 승진에 대한 의사 결정을 내리는 의사결정자인 게이트 키퍼(gate keeper)들이기 때문이다. 따라서 주류 문화에 익숙한 구직자는 입사 면접에서 보다 더 여유롭게 행동하고, 잘 처신할 수 있다. 그들은 동료들에게 거리낌 없이 조언을 구하거나 멘토링을 받는다. 직장에서 쓸데없이 오해를 사서 고생하거나 선입견과 차별을 경험할 소지도 적다. 따라서 이들은 직장 동료들에게 긍정적인 평가를 받을 가능성이 높다. 하지만 빈곤층이나 서민층에 속한 사람들, 특히 유색 인종과 소수 민족은 그 과정에서 문제에 봉착한다. 자신들의 문화적 범주가 대개 권력과 권위를 가진 사람들의 그것과는 다르고, 심지어 종종 불화까지 일으키기 때문이다. 일부 노동자들은 태도와 의상, 말하는 방식 같은 것들이 다르다는 이유로 자신도 모르게 다른 직원들에게 부정적인 인상을 심어줄 수 있다. 혹은 잘못된 평가를 받을 만한 소지를 열어두거나, 고용주나 동료, 고객에게 반감과 적대감을 불러일으킬지 모른다. 인적자본론은 개인이 지닌 지식을 최우선하는 반면, 문화 자본 개념은 저소득층 노동자들이 자신의 문화적 특성에 따라서 노동 시장에서 차별받을 수 있는 가능성에 주목한다.

심리 자본 : 빈곤 연구의 또 다른 지류는 개인 정체성의 또 다른 측면, 요컨대 '비인지적 특성'과 '행동적 · 성격적 속성'이 중요하다고 강조한다. 고용주는 고용과 승진을 심사할 때 직원의

훈련 정도와 기술만 보는 것이 아니라 직원의 태도와 성격도 고려한다. 고용주는 단지 기술만 뛰어난 것이 아니라 착한 직원을 원한다. 물론 고용주는 성실하고, 책임감 있고, 양심적인 직원이 입사하기를 바란다. 하지만 경영진 입장에서 바라볼 때, 착한 직원이란 원칙을 따르고, 권위에 순응하고, 늘 신뢰를 주며 업무를 하고, 자신과 회사를 한몸처럼 생각하며 일하는 직원이다. 고용주는 순수한 기술력뿐만 아니라 사내의 '권력 시스템'에 적응하기 쉬운 성격 및 행동상의 특징을 갖춘 직원을 높이 평가한다. 로저 월딩거(Roger Waldinger)와 마이클 릭터(Michael Lichter)의 퉁명스러운 표현을 빌리면, 보스는 자기 앞에 '넙죽 엎드리는' 직원을 원한다.

고용주는 사장의 지시에 대해 토를 달거나 권위에 저항하는 듯한 태도를 지닌, 독립심이 강한 인상의 입사 지원자를 경계하는 편이다. 특히 저임금을 주는 직장에서는, 바바라 에런라이크(Barbara Ehrenreich)가 지적하듯이 민주주의보다 독재가 더 횡횡한다. 결국 고용주가 원하는 인력은 주인이 아니라 하인이다. 고용주 입장에서 가장 호감 가는 일꾼은 권리를 주장하기보다는 회사의 규칙을 따르고, 이것저것 요구하기보다는 회사에 순종하고, 공개적으로 반항하기보다는 회사 말을 잘 듣고, 비슷한 직원들과 끼리끼리 뭉치기보다는 고용주에게 충성하는 모습을 보이는 직원이다.

고용주가 직원들에게 바랄 만한 성격적 특성들, 요컨대 복종과 순응은 직장 밖에서는 대개 인정받기 힘든 자질들이다. 회사에서는 쾌활한 로봇처럼 행동해도 훌륭한 직원으로 평가 받을지 모르지만, 그런 태도로는 훌륭한 가족 구성원이나 친구 혹은 시민이 되기는 어렵다. 노동자에게 회사가 정해놓은 법칙에 순종하는 것은 단기적으로는 이득이다. 그렇게 처신함으로써 급여를 받기 때문이다. 그러나 직장에서의 권위주위에 순응하다 보면, 장기적으로 그에 대한 심리적인 대가가 따른다. 에런 라이크의 표현대로 어쩔 수 없이 충분히 대우를 받지 못하다 보면, 자기 실제 가치가 자기가 받는 급여밖에 안 된다는 착각에 빠질 수 있다. 게다가 고용주는 대개 빈곤 노동자나 저임금 노동자들에게 행동이나 성격 면에서 기대치가 낮으므로, 빈곤층 노동자들은 취업을 계층 이동을 위한 발판으로 삼기보다는 구직에 필요한 최소한의 역량만을 강화하게 된다. 그에 따라 그들은 저임금 일자리와는 차별화된 심리적·행동적 특성이 필요할 것으로 보이는 고급 일자리에 지원할 의지도, 지원할 자격도 갖지 못하게 된다. 예를 들어 패스트푸드점에서 줄곧 업무 매뉴얼만 따라서 일한 직원은 그보다 더 괜찮은 일자리에서 때때로 요구하는 자기 결정력과 자주성과 같은 자질들을 끝내 갖추지 못할 수도 있다.

그러나 이 연구가 제기한 과제는 한 걸음 더 나아간다. 인적자본론은 학교 교육으로 개인의 기술은 향상되고, 그에 따라 노동생산성도 증가하므로 소득도 따라서 증가한다고 가정한다. 이런 주장을 지지하는 핵심 근거 중 하나는 교육과 소득 간의 상관관계이다. 그러나 사무엘 보울즈(Samuel Bowles)와 허버트 긴 티스(Herbert Gintis)가 주장하듯이, 교육을 받음으로써 소득이 상승하는 현상은 비단 학생들이 교실에서 생산적인 기술을 체득하기 때문만이 아니라 학교생활을 통해서 학생들이 고용주의 권위에 힘을 실어주는 행동 패턴과 태도를 몸에 익히기 때문이기도 하다. 학교는 물론 지식을 전달하는 기관이지만, 심리나 행동 면에서 학생들이 직업 세계에 나가 활동할 수 있도록 사회화 기능을 수행하는 기관 역할도 한다. 고용주가 학식 있는 직원을 선발하고 싶어 하는 이유는 비단 학교 교육으로 인한 학생들의 높은 기술 수준 때문만이 아니라, 학교 교육을 통해 규율 잡힌 환경에 익숙해진 학생들을 더욱 용이하게 규율과 통제를 따르도록 유도할 수 있기 때문이기도 하다. 사실 교육과 소득 간의 통계적 인과관계는 인적자본론이 전제하는 것과는 달리 그렇게 명백하지 않다. 물론 학교 교육은 구직자의 지식과 기술을 함양하는 역할도 하지만, 학생들의 정체성에도 영향을 미쳐, 고용주의 입맛에 맞는 인력을 양산하는 데 일조한다.

고용주가 입수하는 구직자의 태도와 성격에 대한 정보의 질은 크게 떨어질 수밖에 없는데, 특히 저임금 서비스업의 경우, 고용에 대한 의사 결정이 본질적으로 고용주의 주관적인 판단에 달려 있는 탓이다. 이러한 고용 환경에서 특히 여성과 유색인종 및 소수 민족은 불리한 입장에 놓인다. 채용 과정에서 고용주가 구직자를 선발하고 또 그에게 최적의 자리를 맡기는 판단을 할 때, 고정관념과 선입견 그리고 문화적 오해가 개입될 소지가 크기 때문이다. 이처럼 고용주가 소위 착한 직원을 뽑을 때 단순히 한 개인의 기술 수준만 보는 것이 아니라 고정관념을 가지고 구직자의 인종이나 성별을 감안한다는 사실은 많은 빈곤층이 단순히 교육과 훈련을 받고, 직무 경험만 쌓는다고 해서 가난에서 벗어나기를 기대하기 어려움을 뜻한다.

지식인가, 인맥인가?

비록 구직자끼리 서로 비슷한 인적자본을 축적했다고 하더라도, 개개인의 인맥에 따라서 각자 노동시장에서 얻는 결과는 천양지차일 수 있다. 여기 볼품없는 인맥을 가진 여성 구직자가 있다고 가정해보자. 그녀는 아주 가까운 사람들인 가족과 이웃 외에는 지인이 거의 없다. 직장에서도 몇 명만 제외하고는 이렇다 할 인맥이 없어서 회사 고위층 인사를 한 명도 알지 못한다. 그래서 신문에 구인 광고가 나야지만 비로소 일자리가 났음을 인지한다. 입사 지원을 할 때 마치 제 일 돌보듯 그녀를 옹호해줄 힘 있는 지인도 없다. 설령 일자리를 구한다고 하더라도 새로 입사한 회사의 속사정을 친절하게 알려줄 선배도 없다.

이에 비해 인맥이 넓은 구직자는 지인들의 입소문을 통해 일자리 정보를 정기적으로 입수한다. 뜻하지 않게 고용주들로부터 이력서를 보내달라는 전화도 여러 통 받는다. 그는 자신을 적합한 직원이라고 보증해줄, 수가 많지는 않지만 든든한 지원군이 있어 그들에게 의지할 수 있다. 새 직장에서는 수많은 친구들이 그에게 도움을 주려고 안달이다. 예로 든 첫 번째 구직자가 취업을 하기 위해 열심히 노력하는 사이, 두 번째 구직자는 성공적으로 사회에 첫발을 들여놓게 된다.

인적자본론은 지식이 성공의 핵심이라는 관점을 견지한다. 지금껏 살펴봤듯이, 취업에 성공하려면 개인의 정체성도 중요하다. 노동 시장에서 개개인의 운명은 구직자의 사회적 자본에 의해서도 영향을 받는다. 즉, 인맥과 연줄, 사회적 유대의 양과 질이 취업의 성패에 영향을 미치는 것이다. 성공하는 데 있어서 대개 인맥은 지식만큼이나 중요한 역할을 한다. 개개인 간의 소득과 고용 격차는 단순히 인적자본의 격차만 반영하는 것이 아니라 각자가 보유한 사회적 자본의 차이도 반영한다.

인맥은 중요하다. 인맥은 마치 물길이 흘러가는 수로처럼 정보가 오고 가고 영향력을 행사하는 통로 역할을 하기 때문이다. 그러나 인맥은 그 활용도에 따라 가치가 천차만별로 달라진다. 풍부한 자원을 가진 인맥이 있는가 하면 자원이 빈약한 인맥도 있다. 어떤 사람들은 방대한 고급 정보를 생산하고, 충분히 사회 고위층까지 손을 쓸 수 있는 인맥을 지니고 있어서 주변에서 고용주가 채용 결정을 할 때 영향력을 행사할 수 있다. 반면 그렇지 못한 사람들은 쓸 만한 정보도 거의 없고, 노동 시장에서 별다른 영향력을 행사하지 못하는 허술한 인맥을 갖고 있다. 사회적 자본은 개인에게 소중한 자원인데, 그 이유는 사회적 자본이 인적자본을 고용과 소득으로 바꾸는 데 촉진제 역할을 하기 때문이다. 다시 말해 사회적 자본은 구직자를 일자리로 이어주는 징검다리나 마찬가지다. 예를 들어 주변에 자신에게 채용 정보를 지속적으로 알려주고, 자기를 기꺼이 추천해줄 수 있는 직장 친구들이 많다면, 그런 구직자는 노동 시장에 진입하기가 훨씬 더 수월할 것이다. 친밀한 인맥을 얼마나 보유했는지의 여부는 취업 시장에서의 성패를 좌우하는 주요 요인 중 하나다.

사람들이 저마다 가지고 있는 인맥의 폭과 질이 다르고, 인맥을 통해 얻을 수 있는 이득도 제각각이다. 이와 같은 인맥의 차이가 각자의 경제적 미래에 영향을 미친다. 만약 누군가가 가난에 허덕이고 있다면, 그 주된 원인은 인적자본이나 기술이 크게 부족하기 때문이 아니라 인맥이 부족하기 때문일지도 모른다. 특히 거주 지역이 분리된 채 자기들끼리 무리 지어 살아갈 수밖에 없는 유색 인종들은 그 태반이 빈약한 인맥을 가지고 있다. 할렘의 패스트푸드 업계에 종사하는 근로 빈곤층을 연구한 캐서린 뉴먼(Katherine Newman)의 연구 결과에 따르면, 할렘 거주민들은 주로 주변의 저임금 노동자들과 끈끈한 인맥을 맺고 있었다. 비슷한 수준의 인맥 덕분에 저임금 노동 시장에서는 일자리를 비교적 쉽게 구했지만, 그들에게는 고급 일자리로 이직하는 데 도움을 주는 친구나 지인, 혹은 개인적 연줄이 거의 없었다. 그들은 기술과 경험, 합리적인 직무 태도도 갖추고 있었지만, 축적한 인적자본으로 발전할 가능성이 있는 직장에 안착하는 데 필요한 사회적 자원인 인맥이 부족했다.

　유색 인종들 또한 기회 차단의 벽을 실감한다. 그들은 비교적 자원이 풍부한 백인 인맥에서 배제되어 있기 때문이다. 로이스터 디어드리(Deirdre Royster)는 인종과 일자리에 관한 뛰어난 연구 결과를 내놓았는데, 그 연구에서 로이스터는 같은 직업학교를 졸업한 모든 졸업생들을 대상으로 흑인과 백인 남성 노동자 계층의 고용 실태를 분석해 서로 비교했다. 그녀가 연구 표본으로 삼은 흑인 남성들은 일반적으로 고용주가 중요하게 생각하는 인적자본과 개인 자질 면에서 백인 남성들에 비해 뛰어나지는 않더라도 적어도 동등한 수준이었다. 그러나 학교를 졸업한 흑인 구직자들은 각자에게 매우 귀중한, 교사나 선배 노동자들로부터의 '인맥 지지'를 전혀 받지 못했다. 반면 백인 구직자들은 자격이 조금 달리더라도 주변의 인맥 덕분에 취업에 성공했다. 특히 고용주 대부분이 백인인 현실에서, 흑인 구직자들은 학력과 직업 훈련 등 제아무리 자격 요건을 갖추었다 하더라도 믿을 수 있는 인맥이 없기 때문에 취업에서 크게 불리할 수밖에 없다.

　흑인 청년들은 자기의 신원을 보증해주고, 고용주에게 소개를 해주고, 과거의 인적 관계를 이용해서 직장을 대신 구해줄 만한 친구나 친척, 이웃이 전혀 없다. 로이스터의 연구 결과가 명백하게 입증하듯이, 미국 사회에서는 인맥이 개개인의 지식보다 더 큰 힘을 발휘한다. 인종적 차이를 감안하면 그런 경향은 더욱 두드러진다.

지식인가, 직장인가?

사람들의 특색이 저마다 다르듯, 일자리의 종류도 천차만별이다. 일자리는 제조업과 서비스업으로, 민간 부문과 공공 부문으로, 대기업과 중소기업으로, 성장하는 고수익 산업과 침체 산업 등으로 나뉜다. 또한 협력적인 노사관계를 형성한 사업장이 있는 반면 적대적인 노사관계를 가진 사업장도 있다. 남성이 대다수인 사업장이 있고, 여성이 대다수인 사업장이 있다. 안전한 정규직 일자리가 있고, 불안정한 시간제 일자리가 있다. 노동조합이 있는 일자리가 있고, 없는 일자리가 있다. 승진 기회가 있는 일자리가 있고, 장래성이 없는 일자리가 있다. 그 밖에도 일자리는 수도 없이 많은 점에서 차이가 난다. 하지만 결론적으로 일자리에도 우열은 있다.

직장에서의 성공과 실패는 개개인의 능력에만 달린 것이 아니라 일자리의 좋고 나쁨에도 좌우된다. 개인의 지식 수준이 일자리 선택에 영향을 미치는 것은 분명하지만, 구직 과정에서는 그 밖에도 여러 가지 요소들, 요컨대 개인의 배경이나 인맥 같은 요소들도 영향을 미친다. 따라서 실력이 뛰어난 구직자는 반드시 좋은 일자리를 얻고, 그렇지 못한 구직자는 안 좋은 일자리만 얻으라는 법은 없다. 실제로 실력이 출중하지 않아도 좋은 직장에 들어가는 바람에 뛰어난 직원으로 거듭나기도 하고, 실력 있는 사람도 안 좋은 직장에 들어가는 바람에 일 못 하는 직원으로 전락하기도 한다. 이처럼 일자리에도 우열이 존재한다는 사실은 인적자본론이 떠안고 있는 핵심 문제 중 하나를 분명히 보여준다. 다시 말해 인적자본론은 노동자의 자질에만 전적으로 집중한 나머지, 개인의 자질에 관계없이 일자리의 특성이 각자의 경제적 전망과 귀중한 인적자본을 축적할 수 있는 개인의 능력에 미치는 영향을 간과한다. 인적자본론의 전제와는 다르게, 개인의 성공과 실패는 단지 개인의 지식에만 달려 있지 않고 직장의 우열에도 달려 있다.

생산성과 임금 간에 인과관계가 있다고 전제하는 인적자본론은 저임금 노동자들은 개인의 생산성을 향상시키는 인적자본에 투자함으로써 임금을 높여야 한다고 제안한다. 한편 '효율성 임금' 이론에서 도출된 대안적 관점은 생산성과 임금 간의 인과관계에 대해 정반대의 시각을 제시한다. 효율성 임금 이론에 따르면, 높은 임금은 직원들의 동기부여와 노력, 사기와 충성도에 긍정적인 영향을 미치므로 노동자들의 생산성을 향상시키는 촉진제 역할을 한다. 보수를 많이 받는 직원은 업무에 태만하거나 불평을 하거나 퇴사할 가능성이 그만큼 낮다. 고액의 보수는 직원들에게 동기부여가 된다. 회사에서 해고당하면 득보다 실이 크다는 것을 잘 알기 때문이다. 고액 연봉자들을 둔 회사 입장에서는 비용이 많이 드는 관리 · 감독의 필요성이 덜하고, 직원 입장에서는 높은 임금을 받기 때문에 자기 자신의 인적자본에 재투자할 금전적 여력이 생긴다. 만약 근로 빈곤층이 생산성이 높지 못하다면, 그 이유는 아마도 노력을 해도 보상이 거의 없고 승진할 가능성도 제한된 저임금 일자리에서 벗어나지 못하기 때문일 것이다. 저임금 노동자들의 생산성과 임금이 낮은 이유는 그들의 부족한 인적자본 때문만이 아니라 그들이 질 낮은 일자리의 덫에 갇혀 있기 때문이기도 하다. 결국 노동자 개개인의 생산성과 수익 창출 능력은 노동자가 갖춘 지식뿐만 아니라 일자리의 질에 의해서도 달라진다.

기술 부족인가, 일자리 부족인가?

인적자본론은 일자리의 특성을 제대로 고려하지 않고 고용과 소득의 관계를 설명하는 오류를 범하고 있는데, 일자리 기회가 널려 있다는 가정 역시 잘못되어 있다. 노동자가 자신의 인적자본을 이용해 돈을 벌려면 고용 시장에서 너무 늦지 않게 적절한 일자리를 찾을 수 있어야 한다. 하지만 인적자본론에서는 이러한 문제를 아예 논외로 취급한다. 인적자본론은 고용의 기회가 누구에게나 무제한으로 주어진다고 전제한다. 합당한 정도의 교육과 훈련을 받기만 했다면 모든 노동자에게 오랫동안 일할 수 있는 일자리가 주어진다고 보는 것이다. 그러니 경제 시스템을 바꾼다거나 가난 퇴치를 위한 정책은 인적자본론자들에게는 무용지물로 여겨질 뿐이다. 그리고 이러한 허구의 세계 속에서 멕시코인 동성애자이든 외국인 노동자든 빈곤층에 대한 만병통치약은 바로 직업 교육이다. 인적자본론자들의 견해에 따르면, '일자리가 없는 게 아니라 제대로 된 일꾼이 없는 것'이다.

인적자본론의 관점에서 가난을 야기하는 원인은 일자리 부족이 아니라 기술이 부족한 노동자들 자신에게 있다. 그러니 해결책은 덜 교육받은 노동자를 잘 교육시키는 길뿐이다. 인적자본론으로 정책을 입안하는 많은 도시들에서도 문제를 일자리 부족이 아닌 개개인의 일하려는 의지와 기술 부족에서 찾는다. 리빙스턴은 능력에 비해 낮은 일자리를 얻는 하향 취업(underemployment) 문제, 혹은 능력이 있어도 일자리를 얻지 못하는 학력과 일자리 불일치 문제의 해결책을 이야기하면서, 직업 훈련의 정도와 실제 일자리 사이의 부조화가 꾸준히 커지고 있다는 점을 지적한다. 그가 보기에 노동자들은 점점 더 그들이 하는 일에 맞는 기술을 익혀가고 있지만, 유명 대학의 졸업자들조차 스타벅스에서 아르바이트로 일하고 있는 게 현실이라는 것이다.

교육 수준이 높은 수백만의 노동자들이 자격증도 있고, 능력도 좋고, 재능이 있음에도 실제 일터에서는 자신의 재능을 썩히고 있다. 프라이어(Pryor)와 셰이퍼(Shaffer)는 지난 사반세기 동안 그다지 기술이 필요 없는 일자리는 빠르게 늘어난 반면 핵심 생산 인구의 교육 수준은 오히려 높아진 사실을 밝혀냈다. 게다가 고학력 일자리는 더디게 증가한 반면, 고학력 취업자들의 수는 가파르게 증가했다. 스티븐 베이시(Stephen Vaisey)는 노동 시장에 만연한 하향취업 현황을 조사했는데, 2002년의 통계에 따르면 풀타임 노동자 중 20%에서 55% 정도가 자신들이 하는 일에 비해 교육 수준이 높은 것으로 나타났다. 이는 1972년에 비해 2배나 증가한 수치다. 이제 교육은 개인의 성공을 보장해주지 못한다. 사회에서 아무리 교육을 많이 받아도 미국의 경제 시스템이 그 대가를 충분히 보상해 주지 못하기 때문이다.

그런데 이런 이야기가 대졸자들에는 그저 안 좋은 소식에 그칠 수 있지만, 그렇지 못한 사람들에게는 가히 재앙에 가까운 소식이 될 수 있다. 남부럽지 않을 만큼 많이 배운 사람들조차 자신들의 능력에 맞는 일자리를 찾지 못할 때 자기 능력보다 낮은 일자리를 구하게 된다. 그 결과 상대적으로 저학력인 구직자들은 고학력자들 때문에 일자리를 빼앗기는 사태를 겪는다. 이렇게 되면 저학력 노동자들은 더 열악한 조건의 일자리로 추락하거나 아예 실업자로 전락하는 신세가 되고 만다. 마치 등 뒤에는 벽이 있고 앞에는 바위가 밀려오는 것처럼 올라갈 자리는 적은데 교육 받은 사람들이 들어와 경쟁은 더욱 치열해진다. 결국 저학력 노동자들은 노동 시장의 제일 밑바닥으로 향하고 만다. 지난 사반세기 동안 꾸준히 나빠지기만 했던 바로 그 자리로 말이다.

고학력 구직자가 넘쳐나면, 사업주들의 선택의 폭은 넓어진다. 이제 이들은 고졸자를 쓰던 자리에 대졸자를 쓴다. 심지어 굳이 대학 졸업장이 필요 없는 일자리를 두고도 대졸자 이상을 공공연하게 요구하기도 한다. 이러한 학력 인플레이션, 일자리 수준에 비해 취업자의 수준이 더 높아지는 현상은 이제까지 저학력자가 하던 일조차 원래는 더 높은 수준의 업무가 아니었을까 하는 착각을 사람들에게 불러일으키고 만다. 미국 전체로 보면 사실은 구직자의 자질 부족이 문제가 아니라 미국 경제 자체가 취업자의 능력에 걸맞은 충분한 일자리를 공급해주지 못하는 게 문제다. 바로 이 점이 많은 구직자들이 자신의 인적자본을 그에 어울리는 경력으로 바꾸지 못하는 이유인 것이다.

심지어 미국이 최고의 호경기를 누리던 시절에도 괜찮은 일자리는 항상 부족했었다. 일자리 부족은 미국이 갖고 있는 빈곤 문제의 핵심이다. 일자리 부족으로 최저 학력의 노동자들은 직격탄을 맞고, 저임금 일자리를 전전하거나 노동 시장에서 퇴출된다. 이제 저학력자들은 나쁜 일자리라도 다니느냐 아니면 무직이냐를 두고 고민해야 할 처지다. 가난한 사람들이 직면한 문제는 그들이 무슨 일을 하느냐가 아니라 일을 하고 있는지의 여부에 달려 있다.

결론

인적자본론에서는 사람들이 교육, 훈련, 기술을 등한시하며 현명하지 못한 초기 투자 결정을 함으로써 가난을 자청한다고 주장한다. 그러나 인적자본론은 가난의 원인을 잘못 진단하고 있으며 제대로 된 해결책을 내놓지도 못하고 있다.

첫째, 인적자본론에서는 사람들이 가난해지는 원인이 교육의 부족에 있다고 이야기한다. 그런데 이는 가난하기 때문에 교육 수준이 낮다고 해야 더욱 설득력 있는 주장일 것이다. 소득이 부족한 가정은 교육과 직업 훈련에 충분한 자원을 투자하지 못하고 적절한 기회도 얻지 못한다. 이러한 불리함을 부모들 자신은 물론이고 그 자녀들까지 감수해야 한다. 더구나 빈곤층 가구는 정부나 기업이 제공하는 갖가지 인적자본 투자에서조차 소외되어 있다. 일부 빈곤층은 그런 외면 때문에 고통을 받기도 한다. 가난해서 소외될 수밖에 없고, 그와 동시에 가난한 자기 모습이 드러나고 만다는 사실 그 자체에서 고통을 받는 사람도 존재한다.

둘째, 인적자본론에서는 더욱 우수한 기술을 보유할수록 각자의 노동 생산성은 높아지고, 그만큼 보수 역시 높아진다고 주장한다. 하지만 이러한 장밋빛 환상과는 달리 실제 노동 시장에서 노동자의 가치를 제대로 알아주는 고용주는 드물다. 당연하게도 노동자의 가치와 수입 역시 비례하지 않는다. 따라서 노동자의 생산성이 높다고 해서 그 수입 또한 높아질 것이라는 주장은 헛되다. 미국에서는 오히려 인종이라든가 성별 등과 같은 문화적, 심리적, 사회적 요소가 더욱 크게 작용한다. 지식 수준이 높다고 해서 성공이 보장되지만은 않는다. 오히려 출신 지역, 인맥 그리고 직종 선택이 개인의 성공을 가늠하는 더욱 중요한 척도다.

셋째, 인적자본론에서는 교육과 직업 훈련, 직무 경험을 강화시키면 빈곤에서 벗어날 수 있다고 주장한다. 그러나 이런 해결책은 미국에서 가난한 사람들이 마주칠 수 있는 갖가지 장애물을 간과하고 내놓은 허술한 처방전이다. 미국 사회에 존재하는 각종 차별 역시 고려하지 않았음은 물론이다. 더 근본적인 문제를 말하자면, 인적자본론은 일자리 부족이라는 현실은 무시하고 모든 책임을 빈곤층의 기술 부족에만 돌리고 있다. 사람들을 더욱 숙련된 노동자로 만들어 가난에서 벗어나게 하겠다는 인적자본론의 해결책은 결과적으로 아무것도 해결해주지 못한다. 숙련된 노동자가 된다고 하더라도, 미국에는 이들 모두를 고용할 만큼의 충분한 일자리 자체가 존재하지 않기 때문이다.

PART 2

Poverty and Power

가난을
규정하는
4가지 시스템

5

경제 시스템과 가난

가난의 경제학

서(西) 오리건에 14년째 살고 있는 글로리아 헌트는 잇달아 여러 차례 해고를 당한 뒤 약 8개월간 일자리를 찾아 헤맸으나 아무 소득이 없었다. 그녀는 "마치 알코올 중독자들처럼, 장차 어떻게 될지는 생각하지도 않아요."라며 자신의 처지를 설명한다. 노스캐롤라이나 섬유공장에서 줄곧 일하던 린 해링턴은 공장이 문을 닫는 바람에 팁을 포함해 시간당 고작 3달러를 받는 한 식당의 종업원으로 취직했다. 그녀는 "이곳에서 중산층은 거의 사라지다시피 한 것 같아요."라며 자기 의견을 피력한다. 미리엄 미첼은 한때 연봉 4만 달러를 받으며 넥스텔 커뮤니케이션즈에서 일했으나, 회사에서 정리해고를 당하고 난 뒤 최근에는 전화 판매원으로 일하면서 시간당 8달러를 받고 있다. 그녀는 "정규직 일자리 한 곳을 찾느니, 차라리 시간제 일자리 세 곳을 찾고 있어요. 그중 한 곳이라도 보험에 가입되어 있기를 바라면서요."라고 말한다. 청바지 관련 공장들이 멕시코를 비롯한 해외 지역으로 대거 이전하면서 일자리를 잃게 된 노동자 중 한 사람인 어니스티나 미란다는 그녀의 아메리칸드림이 악몽으로 끝난 것은 아닌지 걱정하고 있다. 현재 그녀는 한 플라스틱 공장에서 최저임금을 받으며 임시직 직원으로 일하고 있다. 여기서는 수당도 없고 일자리의 안정도 전혀 보장되지 않는다. 한편 36살의 티머시 J. 바워즈(Timothy J. Bowers)는 아무리 찾아봐도 최저임금 일자리밖에 구할 수 없어서 일부러 은행 한 곳을 턴 뒤 곧바로 자수했다. 몇 년간 수감 생활을 하고 나면 사회보장연금을 좀 모을 수 있지 않을까 하는 바람 때문이었다. 이 사건을 담당한 검사는 "나라면 그런 재정계획을 안 짰겠지만, 그런 방법도 재정계획이라면 재정계획이지요."라고 한탄했다.

위에서 예로 든 사람들을 비롯해서 지금까지 미국인 수백만의 삶이 입증하듯, 지금도 계속 급변하고 있는 미국의 경제 상황 때문에 수많은 이들의 삶이 무너져 내렸다. 지난 30년간 진행된 경제 구조조정 덕분에 부자들이 더 큰 부자가 된 것은 분명하지만, 미국 서민들은 그 때문에 큰 어려움을 겪고 있다. 부자들이 더 큰 부자가 되는 동안 한쪽에서는 장기 실업자들이 생겨나고, 다른 쪽에서는 임금이 삭감되고, 많은 노동자들이 건강보험 혜택을 전혀 받지 못했으며, 노동자 대다수가 경제적 불안정을 경험해야만 했다. 새로운 경제 상황에서 수천 가구가 낙오하고 있고, 그 이상의 가구가 성공할 가망이 없는 상태다. 개인주의적 관점이 우리에게 주입한 내용과는 반대로, 문제는 미국인들이 인지 능력이 떨어지는 것도, 기술이 부족한 것도, 또는 직업의식을 내팽개친 것도 아니다. 아닌 게 아니라 연구자들이 아무리 열심히 저소득 가구의 인구통계와 빈곤층의 특징에 관한 자료를 조사한다 하더라도, 오늘날 가난을 초래한 원인들에 관해서는 밝힐 수 있는 바가 거의 없을 것이다. 빈곤 문제의 근원은 1970년대 초부터 미국의 정치, 경제 분야에서 일어난 일련의 근본적이고 골치 아픈 변화에서 찾아야 한다.

대다수의 사람들은 생계를 유지하기 위해 그리고 빈곤선 이상의 생활을 유지하기 위해 어떠한 일자리에서든 일을 해야 한다. 그러나 일개 구직자에 불과한 사람들이 직업과 급여를 마음대로 선택할 수는 없는 일이다. 보통 노동자들은 호황과 불황을 거듭하는 노동시장 상황에 예속될 수밖에 없다. 이와 같은 시장 의존성이 바로 가난을 구조적 문제로 만드는 원인이다. 사람들이 삶에서 기회를 얻느냐 마느냐는 외부 상황, 즉 멀고 일견 이해하기 힘들어 보이는 경제적 요인의 역학관계에 달려 있다. 노동자들은 자신의 경제적 운명을 스스로 결정하는 주체가 되기는커녕, 그보다 더 큰 사회적 압력들에 영향을 받는다. 예를 들자면 수요와 공급의 변덕, 정책 결정자들의 불확실한 의사결정, 고용주의 채용 관행, 기업들의 경영 전략에 따라 처우가 결정된다.

시장에 구직 기회가 얼마나 있느냐에 따라서 빈곤율은 크게 요동을 친다. 특정 개인과 무관하게 결정되는 경제 발전과 엘리트층의 정책 결정으로 인해, 어떠한 경우에는 시장에 괜찮은 일자리가 넘쳐나고, 또 어떠한 경우에는 구직이 아예 불가능하다. 예를 들어 1990년대 말 잠시 찾아왔던 경제 호황기에서처럼 시장에 일자리가 넘쳐나고 임금도 높을 때에는 가계소득이 증가하고 빈곤율도 떨어진다. 반면 2001년 이후의 미국의 경제 상황에서처럼 불황이 닥칠 때에는 일자리가 부족하고 임금도 낮아지므로 가계소득은 감소하고 빈곤율은 상승한다. 물론 실제 양상은 이보다 더 복잡하지만 빈곤의 원인을 이해하려는 목표가 있다면, 일자리의 양과 질을 좌우하는 정치적·경제적 요인부터 먼저 검토하는 것이 가장 합당한 전략일 것이다.

미국인들의 경제적 안녕은 그 당시의 경제 상황에 따라서 좌우된다. 이보다 더 명약관화한 사실은 없다. 사람들은 이자율의 상승 혹은 하락, 주식시장의 강세와 약세, 생산성 증가의 가속 혹은 둔화, 무역적자의 증가 혹은 감소 같은 경제지표들이 경제에 좋은 신호인지 나쁜 신호인지 잘 알고 있다. 또한 국민들은 '공장 폐쇄, 아웃소싱, 오프쇼어링, 구조조정, 정리해고, 제조업 쇠퇴, 세계화'와 같이 경제적 혼란을 나타내는 용어에도 친숙하다. 미국인들은 외부의 경제적 요인이 개개인의 삶에 큰 영향을 준다는 사실을 분명히 인식하고 있다. 버려진 공장들, 일자리의 해외 이전, 대량 실업으로 황폐화된 수많은 지역 사회의 모습이 그 생생한 증거다. 그리고 미국인들은 임금 삭감과 복지 축소, 아래쪽의 계층 이동을 몸소 경험한다. 따라서 세상에는 타고난 복을 등에 업고 사는 계층과 고통을 숙명처럼 짊어지고 사는 계층이 있다는 사실을 잘 안다. 하지만 여전히 많은 미국인들은 자신들의 믿음과 배치되는 그 모든 증거들에도 불구하고, 개인이 충분히 노력하기만 하면 성공할 수 있고 가난은 본인이 게으른 탓이라는 믿음을 끝까지 고수하고 있다. 심지어 미국이 한창 경제적 시련을 겪을 때에도, 개인주의적 관점은 가난과 불평등에 대한 미국인들의 사고에 강력한 영향을 미치고 있다.

빈곤과 경제 성장

제2차 세계대전 이후의 미국 역사를 뒤돌아볼 때, 미국 역사는 뚜렷한 차이를 보이는 두 시기로 구분할 수 있다. 첫 번째 시기는 1945년부터 1973년까지이고, 그다음 시기는 1973년부터 현재까지이다. 자본주의의 황금기로도 불리는 이 첫 번째 시기에 미국의 생활수준은 엄청난 경제 성장과 생산성 향상에 힘입어 2배 이상 높아졌다. 실질 임금은 꾸준히 높아졌고, 1960년대 초 20%를 상회하던 빈곤율은 1973년에 사상 최저치를 기록하며 크게 하락했다. 이때는 미국이 전례 없이 경제적 번영을 구가하던 시기였고 미래의 전망은 밝아 보였다. 물론 유색 인종 및 소수 민족에게는 남의 일처럼 들렸겠지만 아메리칸드림은 현실이 되었다. 이런 경제 황금기에 경제 성장이라는 밀물은 실제로 대부분의 배들을 위로 들어올렸다. 거의 모든 국민들이 경제 성장의 혜택을 누렸다. 부자들은 더 큰 부자가 되었고, 중산층은 번영을 누렸으며, 빈곤층도 빈곤의 수위가 낮아지고 그 수도 줄어들었다.

그러나 1970년대 초부터 미국 경제는 삐걱거리기 시작했다. 상승세를 타고 번영을 구가하던 경제는 끈질긴 경기침체의 늪으로 빠져들었다. 전후의 경제적 호황은 은밀하고도 조용히 찾아온 경기침체에 그 자리를 내주었다. 생산성 증가와 경기 신장속도는 둔화하고, 기업의 수익은 급감하고, 수많은 노동자들의 가계소득이 감소했으며, 실업 증가와 물가상승이 동시에 맞물려 일어나는 경제 현상인 스태그플레이션이 새로이 나타났다. 1970년대 초반의 경제 상황은 앞으로 다가올 중대한 경제적 변화에 대한 전조였다. 이 시기를 기점으로 노동의 본질과 노사관계 그리고 미국 가계의 경제적 미래는 크게 탈바꿈했다. 이 시기는 새로운 시대, 즉 불평등이 늘어나고 경제적 불안정성이 증가하는 시대가 열렸음을 알리는 전주곡이었다.

1950년대와 1960년대 미국은 경제가 성장하면서 일자리는 늘어나고 임금은 증가했으므로, 수많은 저소득 가구가 빈곤에서 벗어났다. 그러나 1970년대 이후 경제 성장을 통한 빈곤 퇴치 효과는 크게 떨어졌다. 그때부터 경제 성장을 통해 얻는 가치가 그만큼 줄어든 것이다. 1960년대와 비교했을 때, 오늘날에는 경제가 활성화된다 해도 일자리 창출 효과가 미미하고 임금 수준도 잘 개선되지 않는다. 오늘날에는 괜찮은 일자리를 찾기가 과거에 비해 어려워졌고, 일자리에서 나오는 소득으로 쾌적한 생활을 누리기란 더더욱 어려워졌다. 이제 경제 성장은 현상황을 유지하는 수단으로서도, 빈곤을 줄이는 수단으로서도 약발이 떨어졌다.

경제가 성장해도 빈곤율이 줄어들지 않는 현상은 1980년대에 처음 나타났는데, 이는 미국 사회에서 소득 불평등이 심화하면서 나타난 결과이다. 과거에 비해 그 증가 속도는 느려졌을지 몰라도 미국의 경제적 파이는 계속해서 늘어나고 있다. 하지만 전체 파이 중에서 소수 1%의 몫은 점점 더 커지는 반면, 나머지 계층의 몫은 점점 더 줄어들고 있다. 1970년에서 1998년 사이에 국가 총소득 중 상위 1%가 가져간 몫은 8%에서 15%로 크게 증가했다. 이와 같은 소득 불평등 심화 현상은 새로운 세기에 들어서도 지속되고 있다. 2005년 기준으로, 미국에서 소득 상위 30만 명의 총소득은 소득 하위 1억 5천만 명의 소득을 합친 것과 맞먹었다. 부유층은 부의 창출과 생산성 향상으로 인한 경제적 혜택을 점점 더 독식하고 있는 반면, 소득 빈곤층은 1960년대에 비해 노동으로 자급자족하기가 훨씬 더 어려워졌다. 심화하는 부익부빈익빈 현상은 미국 사회에서 빈곤이 지속되게 만드는 핵심 요인 중 하나다.

숙련 편향적 기술 진보

소득 불평등이 심화하면서 경제 성장기에도 빈곤율은 떨어지기는커녕 높은 수준을 그대로 유지하고 있다. 이것은 중대한 발견이지만, 이사벨 소윌(Isabel Sawhill)이 지적하듯이, "꼬리에 꼬리는 무는 수수께끼"의 시작일 뿐이다. 그렇다면 왜 지금까지 소득 불평등이 심화했을까? 이 질문에 대한 흔한 설명 중 하나는 '숙련 편향적 기술 진보' 혹은 '기술 불일치' 이론이다. 이 이론에 따르면, 기술 진보로 인해 기업의 노동에 대한 수요가 변화했다. 한편으로, 기술 진보로 인해 제조업 분야의 생산성이 증가했다. 노동 절약형 기계 장치의 개발로 기업들은 전에 비해 적은 노동력으로 제품을 생산할 수 있게 되었고, 생산직 노동자에 대한 수요도 그만큼 줄어들었다. 다른 한편으로 기술 혁신, 특히 직장에 도입된 컴퓨터 때문에 복잡한 인지 능력을 지닌 노동자에 대한 수요가 증가했고, 그에 따라 괜찮은 일자리를 얻으려면 높은 학력이 그 어느 때보다도 절실한 시대가 되었다. 기술 변화를 계기로 노동에 대한 수요 역시 변화했다. 다시 말해 더 많이 교육을 받은 사람일수록 취업을 해서 소득을 올리기가 유리해졌고, 교육 수준이 낮은 사람일수록 취업을 해서 돈을 벌기가 그만큼 더 어려워진 것이다. 그 결과 소득 불평등은 점점 더 심화하고 있고, 교육 수준이 낮은 노동자들이 겪는 빈곤의 골은 더욱 깊어졌다.

숙련 편향적 기술 진보 이론의 논지에 따르면, 교육 수준이 낮은 노동자는 오늘날의 노동시장에서 업무 능력이 떨어지고, 경제가 성장한다고 해도 그에 따른 혜택을 입을 수가 없다. 저숙련 노동자는 점점 더 전산화되는 직업 세계에서 필요한 컴퓨터 활용 능력이 떨어지기 때문이다. 로버트 라이히(Robert Reich)가 주장하듯, 만약 노동자들이 저임금을 받는다면 그 이유는 '노동자들이 보유한 기술'과 '경제가 필요로 하는 기술' 사이에 불일치가 일어나기 때문이다. 이런 논지에서 실업과 저임금 문제를 해결하는 방법은 교육과 훈련이다.

비록 기술 진보 이론이 폭넓은 지지를 얻고 있지만, 이 이론은 소득 불평등 데이터와 잘 일치하지 않는다. 1970년대부터 형성된 막대한 소득은 넓은 층을 형성하고 있는 대졸자 혹은 기술직 노동자들에게 분배된 것이 아니라 상위 1% 혹은 최상위 0.1%에게 분배되었다. 그토록 적은 수의 극소수 계층이 오늘날 경제 상황에서 요구하는 기술을 독점한다는 것이 과연 가능한 일일까? 첨단 기술 및 컴퓨터 관련 업종의 노동자들의 임금은 최근까지도 눈에 띄게 인상된 적이 없다. 게다가 오늘날 막대한 돈을 벌어들이는 최고의 수혜자들은 기업 임원과 헤지 펀드 매니저들 같은 소수 엘리트층이다. 고통받는 계층은 고등학교 중퇴자들만이 아니다. 저임금 노동자 중 3분의 1 이상이 적어도 어느 정도 대학 교육을 받은 경험이 있고, 그중 약 10%는 대졸자들이다. 기술 이론의 맹점은 바로 이것이다. 즉, 새로운 경제 상황에서 특권층만 득세하고 나머지 다수는 설 자리를 잃고 있는 너무나 극명한 상황 때문에 개개인의 기술력에 따라서 각자의 소득이 정해진다는 주장을 도저히 믿을 수 없다는 점이다.

1970년대에는 대졸자와 고졸 이하 노동자의 임금 격차가 줄어들었지만, 그 뒤 20년 동안 특히 1980년대에 임금 격차가 크게 벌어졌다. 이런 결과는 숙련 편향적 기술 진보 이론을 뒷받침하는 증거로 자주 언급된다. 이런 패턴을 두고 경제학자들은 종종 '대학 프리미엄' 또는 '기술로의 복귀'라고 언급한다. 이런 논리가 암시하는 바에 따르면, 대졸자들은 그보다 못한 학력 소유자들보다 능력이 뛰어난데, 그 이유는 정보 기술이 산업 현장을 지배하는 현실에서 그들이 보유한 지식과 능력의 가치가 점점 더 증가하기 때문이다. 그러나 이는 현실을 호도하는 주장이다. 대졸자와 비대졸자 간에 크게 벌어진 임금 격차에는 대졸자 소득 증가보다 비대졸자들의 임금 감소가 더 큰 원인으로 작용했다. 피터 고트샤크(Peter Gottschalk)가 조사한 바에 따르면, 1979년에서 1994년 사이 고졸자 소득은 20%나 감소했지만 대졸자 소득은 불과 5% 감소하는 데 그쳤다. 여기서 핵심이자 가장 설명이 필요한 대목은 지난 수십 년 동안 대졸자들이 뛰어난 활약을 펼쳤다는 지점이 아니라 저임금 노동자들이 노동시장에서 요인이었다는 지점이다.

기술 변화가 소득 불평등에 분명한 영향을 끼친 것이 사실이라면, 그 이유는 기술 발전으로 저학력자들이 손해를 본 만큼 고학력자들이 덕을 보았기 때문이다. 하지만 이런 식으로 표현을 조금 바꾼다고 하더라도 기술 이론은 여전히 설득력이 없다. 물론 대졸자와 고졸자의 교육 수준은 엄연히 서로 다른 것이 사실이다. 대졸자들의 기술이 고졸자들보다는 낫다고 짐작해 볼 수도 있다. 하지만 두 집단은 그 밖에도 여러 가지 면에서 서로 차이가 크게 나기 때문에 두 집단 사이의 소득 차이는 기술 이외의 또 다른 차이들로 인해 발생했을지도 모른다. 예를 들어 고졸 이하 노동자들은 대졸자들에 비해 최저임금을 받고, 해외 시장과 관련이 있으며, 노동조합의 영향을 받는 업계와 직종에 종사할 개연성이 높다. 지난 사반세기 동안 고졸자들의 소득이 곤두박질친 것은 기술 발전으로 인해 저학력 노동자들이 도태되었기 때문만은 아니다. 그사이 특히 값싼 외국인 노동자들과의 경쟁으로 인해 최저임금의 실질가치가 떨어지고, 노동조합의 힘과 규모마저 줄어든 것도 저학력 노동자들의 소득에 직격탄을 날렸다. 이런 상황 변화들로 인해 고졸자들은 노동시장에서 더욱 치열한 경쟁을 벌이게 되고, 이는 임금 하락 요인으로 작용하고 있다. 반면 다수의 대졸자들은 비록 일시적이기는 하지만 자기 자리를 안전하게 지키고 있다. 대졸자들의 소득은 '이민 규제와 인허가, 학력 장벽, 법적 규제 같은 정교한 시스템'에 의해 보호받고 있는 것이다. 고든 라퍼(Gordon Lafer)가 주장하듯, 전문직의 연봉이 꾸준히 유지되는 것은 그들이 보유한 기술의 희소성 때문만이 아니라 경쟁을 차단하는 제도적 장벽을 세울 수 있는 그들의 능력 덕분이기도 하다. 따라서 저학력 노동자들이 노동시장에서 차별을 당하는 것은 그들이 기술력이 크게 떨어져서가 아니라 제도적 뒷받침과 협상력이 부재하기 때문일지도 모른다. 고졸자들은 시장이 피폐해지거나 경영진이 비용 절감 전략을 구사할 때 대졸자들에 비해 자신을 보호하는 능력이 떨어지는 것이 사실이다.

기술 이론이 회의적인 데는 그 밖에도 여러 가지 이유가 있다. 만약 기술 변화가 소득 불평등, 특히 1980년대의 소득 불평등을 급격하게 심화시키는 요인으로 작용했다면, 대략 1970년대 후반부터 유례없이 급격한 기술 발전의 효과가 나타났었어야만 한다. 하지만 1980년대 이래로 직능 숙련 향상의 일반적인 패턴이 이례적으로 급격하게 상승했다고 볼 수 있는 신뢰할 만한 증거가 부족하다. 그 이전에 비해 1980년대 이후 숙련 노동에 대한 수요나 자격 조건이 급격하게 상승한 것도 아니다. 폭주 기관차처럼 달려가는 기술 발전 때문에 저학력 노동자들이 도태되고 말았다는 식의 주장을 뒷받침할 수 있는 명백한 데이터도 없다. 앞으로는 첨단 기술을 보유한 인력만 미래에 일자리를 차지할 수 있다는 논리도 설득력이 없어 보인다. 2016년까지 미국 경제에서 가장 많은 일자리가 창출될 것으로 예상되는 30개 직업 중에서 14개는 연봉이 '낮음' 혹은 '매우 낮음'으로 분류되어 '단기 실무훈련'만 필요한 직업이며, 또 다른 5개 직업은 '중기간의 실무훈련'만 필요한 직업으로 나타났다.

1980년대 이후로 증가한 컴퓨터 사용은 숙련 편향적 기술 진보의 아주 좋은 사례로 흔히 언급된다. 직장에 컴퓨터가 보급되면서 더욱 숙련된 노동력이 필요하게 되고, 그에 따라 과거에 비해 학력이 높은 노동자에 대한 수요는 증가하고 그렇지 못한 노동자에 대한 수요는 감소하게 된다는 것이다. 하지만 제임스 갤브레이스(James Galbraith)가 지적하듯, 수백만의 미국 어린이들이 몸소 입증하는 것처럼 컴퓨터를 다루는 데 대학 졸업장이 필요하지만은 않다. 많은 일터에서 필요로 하는 수준의 기본적인 컴퓨터 조작 기술은 그다지 어렵지 않다. 게다가 직업에 따라 다르지만 컴퓨터에 의한 전산화가 개개인의 직무 능력 향상을 돕기보다는 오히려 감퇴시키는 역할을 하기도 한다. 요컨대 계산대에서 스캐너로 물품 가격을 계산하는 계산원을 떠올려 보라. 또한 많은 비평가들이 지적하듯이, 전산화가 일어난 패턴과 시기는 소득 불평등의 패턴 및 시기와 그렇게 잘 일치하지도 않는다. 예컨대 저학력 노동자의 소득 감소 현상은 주로 1980년대 초에 집중적으로 일어났는데, 이때는 컴퓨터 사용이 광범위하게 확산되기 이전이었다. 그리고 정보 기술 혁명이 일터를 탈바꿈시킨 이래, 특히 1990년대 중반부터는 고졸자와 대졸자의 소득 격차 폭은 오히려 줄어들었다.

숙련 편향적 기술 진보 이론은 국제적인 통계와도 모순된다. 선진국들에서 기술 진보가 피할 수 없는 현상이라면, 다른 선진국에서도 미국에서처럼 지속적으로 늘어나는 임금 격차의 패턴이 나타나야만 할 것이다. 그러나 여러 연구 결과가 입증하듯,

1980년대를 통틀어 임금 불평등이 극심해진 국가는 미국과 영국뿐이었다. 기술 진보가 소득 불평등을 심화시키는 그토록 주요한 원인이라면, 왜 그 심각한 영향이 다른 선진국들에서는 동일하게 나타나지 않는 것일까? 지난 사반세기 동안 유럽에서도 미국처럼 전산화가 널리 확산되었으나, 유럽의 저학력 노동자들은 미국 노동자들과 같은 임금 감소 패턴을 경험하지 않았다. 미국 내 저임금 노동자들의 임금 폭락을 설명하려면 기술 발전 이외에 다른 이유가 있어야 할 것이다.

물론 기술 발전은 미국 노동자들의 운명과 무관하지 않다. 하지만 기술 발전과 관련한 임금의 증가 혹은 감소, 빈곤율의 상승 또는 하락, 소득 분배의 공정성 증가 혹은 감소는 정책 입안자들과 자본주의 사회에서 경기 규칙을 정하는 그 주변의 '제도적 틀'이 어떻게 반응하느냐에 달려 있고, 이는 결국 정치 및 경제 권력의 지형을 그대로 반영한다.

경제 권력의 균형 변화

'권력 이동' 이론은 숙련 편향적 기술 진보 이론에 대적하는 최고의 대항마다. 권력 이동 이론에 따르면, 사업주와 노동자들의 이해관계는 본질적으로 다르다. 기업 소유주가 기업의 수익과 주주 이익을 극대화하는 데 주력하는 것에 비해, 노동자들은 임금 인상과 더 나은 근로 조건의 쟁취가 주된 관심사다. 그리고 노동시장과 일터에서의 이해관계가 서로 다른 이 두 계급 사이의 갈등이 임금 수준과 수익률을 결정하는 주된 요인이다. 기술 이론이 수요와 공급과 관련한 시장의 힘을 강조했다면, 권력 이동 이론은 지난 30년간 고용주들이 어떻게 해서 지배적 위치에 확고하게 자리를 잡게 되었는지 그리고 이와 같은 노사 간의 권력 균형의 변화가 어떻게 소득과 부의 분배에 영향을 미쳤는지에 초점을 맞춘다. 이런 관점에 따르면, 수백만 명의 미국인들이 제대로 된 일자리를 찾지 못한 채 낮은 소득으로 고통받고 있는 이유는 유용한 기술이 없어서가 아니라 경제 및 정치권력이 없기 때문이다.

전후 황금기가 끝나갈 무렵인 1970년대에, 미국 기업들은 미국 경제 구조를 재편하는 작업에 착수했다. 기업 경영자들은 투자 전략을 수정하고, 고용관계를 탈바꿈하며, 기업 구조를 재조직함으로써 주로 노동자 계층을 착취해서 기업 수익 향상에 매진했다. 기업들은 경쟁력 유지를 위해 노동자들에게 당근을 주는 고차원(high road) 전략을 채택했어도 무방했다. 만약 그랬다면 기업들은 노동자들의 협력을 얻어내고, 직원들의 인적자본에 투자하며, 그에 따른 생산성 향상의 과실을 공평하게 분배하여 회사에 대한 직원들의 헌신을 이끌어 냄으로써 효율성 제고에 힘썼을 터이다. 비록 다른 나라에서는 이러한 고차원 전략이 성공을 거두었지만, 대다수 미국 기업들은 그 대신 노동자들에게 채찍을 휘두르는 저차원(low road) 전략을 채택했다. 미국 기업들은 기간산업에 대한 투자를 줄이고, 생산 공장을 저임금 국가로 이전하며, 노동조합에 대한 공세를 퍼붓기 시작했다. 노사 협상에서 아주 공격적인 입장을 취한 기업들은 해고와 공장 폐쇄를 무기로 노동자들을 협박하여 그들이 낮은 임금과 복지 혜택 축소를 받아들이도록 강제했다. 그리고 인력 감축에 들어가 다수의 정규직을 없애고 정규직 직원들을 임시직과 시간제 노동자, 단기 계약직 같은 비정규직으로 대체했다. 미국의 기업들은 1970년대부터 수익성을 높이기 위해서 저차원 전략을 구사해왔다. 이처럼 노골적인 경영 전략으로 인해 노동에 대한 보상이 감소하는 결과가 나타났다. 아래와 같이 점점 더 벌어지는 네 가지 격차는 그런 사실을 잘 입증한다.

기업 수익과 노동자 임금 간의 격차 : 국민소득 증가분 중에서 기업 수익의 비중은 증가한 반면, 노동자의 임금과 연봉이 차지하는 비중은 감소했다. 1970년대 후반부터 확연하게 나타나기 시작한 기업과 가계 간 소득 격차는 2001년을 기점으로 급격하게 심화되었다. 2006년 기준으로 전체 국민소득에서 기업 수익의 비중은 역대 최고치를 기록한 반면, 임금 및 연봉을 통해 보는 가계소득 비중은 역대 최저치를 기록했다. 미국의 전후 황금기에는 기업의 이익이 곧 노동자의 이익이 되고, 기업 수익의 증가가 곧 모든 국민의 혜택으로 이어지는 선순환을 기대하는 것도 무리는 아니었다. 그러나 최근에는 '우리는 모두 한 배를 탔다'는 논리, 기업이 잘 살아야 국민도 잘 산다는 식의 논리가 더는 통하지 않게 되었다.

생산성 대 임금 격차 : 1960년대에 노동자들의 임금은 생산성 향상에 발맞춰 상승했다. 하지만 1970년대에 접어들어 기업들이 고수익 전략을 채택하면서, 노동자 임금은 위축된 반면 기업 생산성은 몰라보게 향상되었고, 임금과 생산성 간의 격차가 크게 벌어지기 시작했다. 1990년대에 들어서도 임금이 지속적으로 정체되자 《비즈니스 위크》는 '경제의 구조적 변화'가 영구히 '생산성 향상과 소득 증가 사이의 연결 고리를 끊어놓았을 것'이라고 추측했다. 실제로 최근에 진행한 한 연구 결과에 따르면 1966년에서 2001년까지 전 기간을 통틀어 미국인 중 상위 10%만이 생산성 증가율을 상회하는 실질 소득을 올렸다고 한다. 21세기 신경제에서 노동자들은 과거보다 더 많이 생산하면서도 더 적은 보수를 얻어 간다.

관리직과 생산직 간의 소득 격차 : 임금과 연봉을 받는 노동자들은 크게 생산직과 관리직 노동자로 구분할 수 있다. 데이비드 고든(David Gordon)이 보여주듯이 1970년대부터 현장에서 실제로 노동을 하는 생산자 그룹에서 감독 업무를 맡고 있는 관리직 그룹으로 '막대한 소득 이전'이 일어났다. 상대적으로 관리직 노동자에 비해 생산직 노동자의 보수가 지속적으로 하락한 것이다.

기업 임원과 공장 노동자 간의 임금 격차 : 기업 임원들의 보수와 공장 노동자들의 보수를 비교해보면, 점점 더 소득 분배가 왜곡되고 있음이 드러난다. 1989년에서 2000년 사이 노동자들의 시간당 임금은 평균 5.9% 감소한 반면, 최고 임원들의 평균 보수는 무려 342%나 증가했다. 그리고 2006년에 대기업 최고경영자(CEO)들의 보수는 일반 노동자들 보수의 364배에 달했는데, 이는 1980년의 40배를 훌쩍 뛰어넘는다.

기술 진보 이론에 따르면, 임금은 가치중립적인 시장메커니즘에 따라 정해지기 마련이다. 시장에서는 소득이 공정하게 분배된다. 따라서 불평등의 증가는 거침없는 기술 진보와 개개인과 상관없이 움직이는 수요 공급의 법칙에 따른 결과일 뿐이다. 반면 권력 이동 이론에 따르면, 임금의 분배를 결정하는 데 인력의 '가치'보다는 '권력'이 더 큰 영향력을 발휘하므로, 임금은 권력 관계에 의해 결정된다. 이러한 시각에서 문제를 바라볼 때, 불평등의 증가는 그때그때 변화하는 정치·경제적 의사결정의 산물이다. 기술 진보 이론에 따르면 가난을 일으키는 주범은 형편없는 노동자들인 반면, 권력 이동 이론에서 주범은 형편없는 일자리 그 자체이다. 기술 진보 이론에서 지속되는 빈곤에 대한 책임은 사회에서 가장 힘없는 사람들에게 있다. 저소득 노동자들은 과거에 인적자본에 제대로 투자를 하지 못했고, 오늘날 첨단 기술이 주도하는 경제 상황에서 주어진 기회를 제대로 활용하지 못한다는 것이다. 반면 권력 이동 이론에 따르면 지속되는 빈곤에 대한 책임은 사회의 최고 권력층에게 있다. 기업 임원들은 자신들의 경제적 영향력을 이용해 피고용자의 임금을 억제하고, 또한 정치적 영향력을 이용해 정부 관료들이 기업에 유리한 의제를 채택하도록 압력을 행사한다.

권력 이동 이론을 기반으로 한 구조적 관점은 1970년대 초부터 시작된 미국의 경제 시스템 개혁이 어떻게 일자리의 질, 특히 저학력 노동자들의 일자리의 질을 떨어뜨렸는지에 주목한다. 지난 30년 동안 저임금 노동자들의 미래를 암울하게 만든 핵심 원인은 기술 진보에 따른 노동 수요 변화라기보다는 기업 전략에 의해 촉발된 경제 및 정치권력의 균형점 변화이다. 구조적 관점에서 볼 때, 빈곤층과 준빈곤층이 낮은 임금과 실업으로 고통받는 이유는 그들이 인지 능력이 떨어지고 근로 의욕 혹은 인적자본이 부족해서가 아니라 그들에게 경제 및 정치권력이 부족하기 때문이다.

제조업의 쇠퇴

2003년 6월, 미국 오하이오 주 캔턴에 위치한 후버 진공청소기 공장이 사내 인력 대부분을 해고했다. 당시 쉰다섯의 짐 그레이트하우스도 해고자 중 한 사람이었다. 짐은 후버에서 약 30년간 일하면서 최대 5만 달러에 달하는 높은 연봉을 받기도 했다.

당시 미국 중서부 지역의 제조업 지대에서 대량 해고 사태가 벌어졌으므로, 짐은 다른 금형 및 다이스 공장에 취직할 수도 없었다. 2003월 9월, 짐은 개인 파산을 염두에 두고 구직 상담원의 상담을 기다리고 있었다. 짐과 같이 해고를 당한 생산직 노동자들은 다른 공장에서 일자리 찾기가 불가능하고, 앞으로 일을 계속한다 하더라도 생산직 대신 성장하는 서비스 직종이라도 찾아봐야 할 터였다. 2003년《뉴욕 타임스》에 실린 오하이오 타운 관련 기사에서는 '리퍼블릭 스틸'에서 오랫동안 근무한 한 베테랑 노동자가 자신들의 처지에 관해 이렇게 되묻는다. "많은 친구들이 월마트에서 일자리를 얻으려고 하지요. 하지만 시급 7.5 달러로 어떻게 먹고 살 수 있겠소?"

다른 수만 명의 제조업 노동자들과 마찬가지로, 짐 그레이트하우스도 '21세기에 일어난 격변'의 희생자이다. 1980년대 초의 한 획기적 연구에서, 배리 블루스톤(Barry Bluestone)과 베넷 해리슨(Bennett Harrison)은 이런 대변화를 일컬어 '미국의 탈산업화'라고 언급했다. 그들의 주장에 따르면, 미국 재계는 수익 감소와 국제 경쟁 심화에 맞서 '국가 기초 생산 시설에 대한 광범위하고 체계적인 투자 축소'를 감행했다. 기업 임원들은 필수 제조 산업 분야를 업그레이드하고 확장하는 데 투자 자금을 쓰는 대신, '생산적인 투자'에 쓰일 국가의 금융 자원을 '비생산적인 투기, 인수 및 합병 그리고 해외 투자'에 쏟아 부었다. 이러한 경영 전략으로 많은 기업들의 수익이 개선되기는 했지만, 그로 인해 공장이 폐쇄되고, 노동자들이 해고되며, 유령 도시들이 속출하는 폐해가 나타났다.

경제학자 찰스 크레이포(Charles Craypo)와 데이비드 코미어(David Cormier)는 공업지대의 사양화가 인디애나 주 사우스벤드 지역에 거주하는 노동자들과 그 가족들에게 미치는 영향에 관해 조사했다. 1950~1960년대에 사우스벤드는 압도적인 제조업 중심 도시였다. 하지만 그 뒤 20년 동안 사우스벤드의 기간산업 대부분이 종적도 없이 사라져버렸다. 1951년에서 1994년 사이에 제조업 고용은 63%에서 20%로 급감한 반면, 소매업을 포함한 서비스 분야의 고용은 30% 미만에서 70%로 급증했다. 제조업 쇠퇴로 인해 경제 구조 재편과 노조의 쇠퇴가 동시에 맞물리면서 임금은 하락하고, 워킹 푸어 가계 수는 순식간에 급증했다. 크레이포와 코미어가 강조하듯이, 개인주의적 이론들에 정면으로 배치되는 오늘날 사우스벤드 노동자들의 저임금 현실은 인적자본의 부족이 문제가 아니라 좋은 일자리의 부족이 진짜 원인임을 잘 보여준다. 다른 지역과 마찬가지로 사우스밴드 지역 내의 빈곤 문제 역시 사회 구조적인 것으로, 그 원인은 질 낮은 노동력에 있는 것이 아니라 열악한 구직 기회에 있다.

제조업 쇠퇴는 지역에 따라 편차는 있지만 미국 전역에 걸쳐 나타난 현상이다. 1959년부터 1969년까지 미국의 제조업 근로자 수는 1,530만 명에서 1,860만 명으로 증가했다. 그로부터 30년 뒤인 1999년에 전체 노동 인구는 2배 가까이 늘었지만, 제조업 일자리는 1,730만개로 줄어들었다. 제조업 고용은 2000년대 들어 급감했는데, 2005년 말에는 제조업 근로자 수가 1,430만 명에도 못 미쳐 역대 최저를 기록했다. 최저임금에 가까운 임금을 받는 직종 중 하나인 소매업 종사 근로자 수만 따져봐도 제조업 근로자 수를 훨씬 상회한다. 최근의 제조업 시장을 설명하는 아주 상징적인 사건이 있다. 월마트는 새로운 매장 두 곳을 세울 후보지로 시카고의 방치된 공장 지대를 선택했다.

산업별 고용 현황을 자세히 살펴보면 이러한 경제적 대변화의 여파가 훨씬 더 명백하게 드러난다. 전반적인 고용 경향에 따르면, 제조업 일자리의 대다수를 차지하는 '상품 생산' 부문의 노동자 비율이 급감한 반면 '서비스 제공' 부문의 노동자 비율은 뚜렷하게 증가했다. 1959년에서 2005년 사이에, 비농업 분야 민간부문 제조업 고용은 29%에서 11% 미만으로 감소했다. 오늘날 비농업 분야 민간부문 일자리의 약 85%가 서비스 직종이다. 이러한 고용 경향은 앞으로도 지속될 전망이다. 2016년까지 미국 경제에서 가장 많이 일자리를 창출할 것으로 예상되는 30개 직종이 모두 서비스업에 포진해 있다. 미국의 제조업 쇠퇴로 인해 노동시장이 변모했으며, 고용 기회의 구조도 완전히 탈바꿈했다. 제조업의 쇠퇴와 서비스업의 부흥은 오늘날 구직 가능한 일자리의 성격과 구직자들이 선호하는 직업의 종류 그리고 안전한 미래를 성취할 수 있는 가능성 자체를 크게 변화시켜 놓았다.

일반적으로 서비스업은 제조업보다 급여가 적고, 임금 면에서도 제조업에 비해 훨씬 더 편차가 크다. 같은 서비스업 종사자라 할지라도 변호사나 의사, 투자 은행가들은 고액의 연봉을 받는 반면, 아동양육시설 종사자, 웨이트리스, 개인 간병인의 임금은 형편없이 낮은 수준이다. 이처럼 제조업에서 서비스업으로 고용의 구성이 변화하면서, 전반적으로 소득 불평등이 증가하고 저임금 노동시장에서 벗어나지 못하는 노동자의 수가 증가했다. 제조업 분야는 상대적으로 저임금 일자리가 적고 소득 불평등도 심하지 않은 반면, 서비스업 분야는 저임금 일자리가 많고 소득 불평등도 심하기 때문이다.

다양한 일자리가 혼재하는 제조업과 서비스업은 일자리의 좋은 면과 나쁜 면을 포괄하고 있다. 루스 밀크먼(Ruth Milkman)이 상기시켜주듯이, 과거의 공장 일자리들은 그야말로 잔혹했다. 그녀가 연구 대상으로 삼았던 제너럴모터스 자동차 공장의 노동자들은 자신의 일자리를 두고 종종 '징역살이나 마찬가지'라며 탄식했다. 그러나 비록 근로 환경은 열악했지만, 강성한 노동조합 덕분에 수많은 생산직 노동자들은 특별난 정식 교육을 받지 못했음에도 나쁘지 않은 보수와 사내 복지 혜택을 받으며 중산층의 생활수준을 누릴 수 있었다.

제2차세계대전 직후에는 고등학교를 갓 졸업한 청년들이 노조가 보장하는 정규직 일자리를 얻어 제조업 분야에서 성공적인 커리어를 쌓아갈 꿈을 충분히 품을 만했다. 하지만 제조업 쇠퇴로 전통적인 생산직 일자리를 통해 아메리칸드림을 이루는 길이 차단되면서, 대학을 나오지 못한 저학력 노동자들은 탈산업화의 영향을 몸소 체험했다. 21세기 미국의 노동 인구 중에서 그나마 남아 있는 자동차나 철강 업계로 새롭게 진출하려는 인력은 별로 없을 것이다. 그보다 훨씬 더 많은 인력이 결국은 웨이터나 웨이트리스, 식당 보조, 간호보조원, 소매 외판원, 건물 관리인, 경비원 등의 일을 맡게 될 것이다. 제조업과 비교했을 때 대다수 비대졸자들이 종사하게 될 서비스업은 가뜩이나 낮은 노조 결성 비율 때문에 급여와 복지, 노동 시간, 진급, 직업 안정성 면에서 상당히 열악할 공산이 크다. 게다가 저임금의 서비스업 일자리가 확산되는 현상과 맞물려 진행된 미국 경제의 탈산업화로 인해 대학을 졸업하지 못한 노동자들은 취업을 통해 가난을 피하고 쾌적한 삶을 누릴 수 있는 기회를 서서히 잃게 되었다.

제조업의 쇠퇴가 유감스러운 일만은 아니다. 또한 제조업에서 서비스업으로 고용의 형태가 바뀐다고 해서 미국 노동자들의 삶의 질이 떨어지는 것만은 아니다. 서비스업 종사자들이 푸대접을 받는 이유는 무슨 경제학의 철칙이 있어서가 아니라 그들에게 더 나은 보수와 근로 조건을 요구할 수 있는 영향력이 없고, 현행 노동법의 보호를 제대로 받지 못하고 있으며, 노조 결성률이 미미하고, 최저임금은 여전히 턱도 없이 낮은 수준이기 때문이다. 서비스업 부문 저임금 일자리의 질이 전반적으로 개선되지 않는 한, 다시 말해 나쁜 일자리를 좋은 일자리로 변화시키지 않는 한, 수백만 명에 달하는 서비스업 근로자들은 제아무리 열심히 일한다고 하더라도 생활 임금에도 못 미치는 소득으로 계속 살아갈 수밖에 없을 것이다.

세계화

보통 '세계화'란 국제 교역이 증가하면서 전 세계 경제가 점진적으로 통합되는 과정을 일컫는다. 오늘날 국가들은 1950년대와 1960년대에 비해 수입과 수출, 해외 투자, 외국인 노동 면에서 훨씬 더 상호의존적이다. 기업들의 생산 공장과 투자 자금이 쉴 새 없이 전 세계를 누비는 것을 보면 분명히 알 수 있듯이, 세계화 시대의 가장 큰 특징은 점점 더 국가 간의 경계가 허물어지고 자본 이동의 속도가 빨라진다는 점이다. 거대한 선적용 컨테이너의 발전을 비롯한 다방면의 기술 진보는 항공 및 해상 운송 비용을 절감함으로써 세계화를 촉진했다. 운송비가 저렴해지면서 기업 운영의 지역적 한계는 이전보다 좁아졌다. 이제 기업들은 손쉽게 한 국가에서 제품을 생산해 다른 국가에서 판매할 수 있고, 지역과 거리를 불문하고 다양한 공장에서 생산된 부품들을 조립하여 완성품을 만드는 일도 가능해졌다. 문자와 이메일, 휴대전화와 전화 회의 같은 새로운 통신 기술의 발달 덕분에 본사가 어디에 있든 전 세계 방방곡곡에서 벌어지는 비즈니스 상황을 관찰하고 또 조율할 수 있게 되었다. 세계화를 촉진하는 각국 정부의 입법 활동과 무역 협정의 체결 그리고 감독자 역할을 하는 국제기구의 창설 또한 자본의 이동을 가능하게 했다. 세계무역기구(WTO) 같은 정책 수립 기관이 세워지고, 북미자유무역협정(NAFTA)을 비롯한 각종 무역 협정이 체결되면서, 자유무역과 자본의 자유로운 이동을 촉진하는 '새로운 지구촌 경제 법칙'이 제시되었다.

제2차세계대전 이후 사반세기 동안, 내수 시장에서 수입이 차지하는 비중이 적었던 탓에 미국의 내수 기업들은 외국 업체와의 경쟁에서 비교적 자유로웠다. 따라서 국내 소비자들에게 '바이 아메리칸'을 호소할 필요가 전혀 없었다. 국산을 대체할 제품이 거의 없었기 때문이다. 그러나 1970년 무렵부터 전후 재건에 성공한 일본과 서유럽은 경제면에서 미국에 대항하는 강력한 대항마로 부상했다. 외국 업체들은 미국 기업들과 해외에서만 경쟁을 벌인 것이 아니라 미국의 내수 시장에서 달러를 벌어들이기 위해서도 경쟁을 벌였다. 1969년에서 1979년 사이에, 국민 총생산 대비 미국의 수입액 비중은 거의 2배 가까이 뛰었다. 1980년대와 1990년대에는 아시아와 남미 지역의 개발도상국들이 앞다투어 자국의 제조업 제품을 수출하려고 각축전을 벌이면서 국제 경쟁은 점점 더 치열해졌다. 최근에는 중국이 급속한 기술 발전과 더불어 얼핏 환산하기 힘들 정도의 거대한 저임금 노동력을 등에 업고 국제 무대에서 강력한 경제 대국으로 부상했다. 월마트 같은 거대 유통업체들이 중국 업체들과의 경쟁을 부추긴 결과 미국 내 수많은 제조업체들이 해외로 진출하거나 파산 절차를 밟았고, 그에 따라 미국인 노동자 수백만 명도 일자리를 잃었다.

자유롭게 무역과 투자가 이루어지는 글로벌 경제 상황에서, 미국처럼 상대적으로 임금이 비싼 선진국의 노동자들, 특히 고졸 이하의 노동자들은 개발도상국의 수백만 노동자들과 경쟁을 벌여야 하는 처지에 놓여 있다. 선진국의 저학력 노동자들은 학력이 낮고 기술이나 경험도 부족한 경우가 많지만, 외국인 노동자들은 상대적으로 비교가 안 될 정도로 인건비가 저렴하기 때문에 고용주 입장에서는 매력적으로 느낄 수밖에 없다. 이런 상황 때문에 미국의 국내 노동자들, 특히 교역에 민감한 제조업 부문의 노동자들의 입지가 위태롭다. 리처드 프리먼(Richard Freeman)에 따르면, 세계화로 인해 '글로벌 인력풀'의 크기가 2배나 증가함으로써 미국인 노동자들의 대체 가능성은 그만큼 더 커졌다. 다시 말해 미국인 노동자들의 경제적 불안정성은 증가하고, 노동자들의 협상력은 떨어지며, 임금 하락 압박은 더욱 강해진다. 국제 무역으로 혜택을 보는 계층이 있기는 하지만, 세계화는 미국에서 노사 간의 힘을 불균형을 더욱 심화시켰다. 그리고 다국적 기업들은 큰 이득을 보고 저학력 노동자들은 손해를 보는 승자독식의 불평등한 소득 분배가 이루어졌다.

세계화 현상은 거시적인 구조적 요인들이 얼마나 사람들의 삶의 기회와 경제적 성패에 근본적인 영향을 미치는지를 잘 입증한다. 세계화로 인해 노동시장의 지형이 바뀌면서 미국에서 구직 가능한 많은 일자리의 질이 떨어졌다. 세계화는 또한 기업과 정부 간 힘의 균형도 변화시켜 민주적 의사 결정이 이루어지는 범위를 축소시켜 놓았다. 뿐만 아니라 세계화는 노사관계에도 악영향을 끼쳐 늘어나는 국부에서 자신들의 정당한 몫을 관철하는 노동자들의 협상력을 약화시켰다. 그것이 직접적이든 간접적이든 어떠한 경로를 통해 세계화가 미국 노동자들의 고용 기회와 경제적 미래에 악영향을 미쳤는지 지금부터 몇 가지 경로를 살펴보겠다.

먼저 미국의 많은 기업들이 인건비를 줄이려는 노력의 일환으로 아웃소싱이나 생산 기지의 해외 이전(offshoring) 전략을 채택했다. 점점 더 많은 미국 내수기업들이 국내 노동자들이 만든 부품을 쓰는 대신 수입산 부품으로 조립 생산을 하여 공산품을 만들어내고 있다. 다른 한편으로 제조사들은 생산 시설 전체를 인건비가 저렴한 국가로 이전하는 전략을 쓰기도 한다. 이를테면, 청바지 제조업체 리바이 스트라우스는 다른 청바지 제조사들과 마찬가지로 북미 지역에서의 생산을 전면 중단하면서 수천 명의 인력을 해고하고, 생산 기지를 인건비가 싼 카리브해 지역과 라틴 아메리카, 아시아 등지로 이전했다. "우리의 아메리칸드림에 무슨 일이 일어난 거죠?" 청바지 업계에서 오랫동안 일해온 24년차 베테랑 노동자는 서비스업 분야에서의 불확실한 미래에 직면하여 이처럼 질문했다. 제조업 노동자들은 기업의 아웃소싱 전략으로 인해 이미 힘든 상태이며, 서비스업의 숙련노동자들조차 중국이나 인도의 풍부한 고학력 인력을 써서 덕을 보려는 고용주들의 해외 이전 전략 때문에 고용불안과 우려가 심화되고 있다.

둘째, 글로벌 경쟁 또한 미국 기업들로 하여금 인건비를 낮춰야 한다는 압박감을 느끼게 하여 미국 내 일자리의 질에 영향을 끼친다. 에이드리언 우드(Adrian Wood)의 주장에 따르면, 국제 무역은 기업의 '방어적인 혁신'을 유도한다. 국내 기업들은 수입품에 맞서 싸워 경쟁력을 유지하려고 비숙련 인력에 대한 수요 또는 비용을 줄이기 위해 새로운 생산 방법을 도입한다. 예를 들어 그러한 방어적인 혁신이 일어난 분야로 농업을 들 수 있다. 미국의 농장 노동자들은 시간당 평균 임금이 6달러에도 못 미친다. 하지만 미국에서 농업 분야의 인건비가 제아무리 싸다고 할지라도, 캘리포니아의 한 건포도 재배업자가 말하듯이 인건비가 충분히 저렴하지는 않다. 기업식 영농 업체들은 인건비가 상대적으로 훨씬 싼 해외 업계와의 경쟁에서 살아남기 위해, 인건비 절감 기술을 도입해 작물을 수확할 때 수작업 대신 기계 수확을 하고 있다. 날로 치열해지는 국제 경쟁 속에서 미국 업체들은 비용 절감을 최우선시하게 되었고, 생산비와 인건비를 낮추며 필사적으로 비용 절감에 나섰다.

셋째, 세계화의 여파로 공장 폐쇄나 정리해고로 인해 실직한 노동자들은 설령 다시 취업을 하더라도 저임금 혹은 의료보험이나 퇴직 수당도 거의 없는 서비스업 일자리를 전전할 수밖에 없다. 제조업 고용이 줄어들면서 예전의 생산직 노동자들은 과거라면 공장 생산직에 지원했을 수많은 신규 구직자들과 마찬가지로, 이미 포화상태인 서비스업 분야로 내몰리게 되어 구직자가 넘쳐나는 사태가 벌어진다. 이런 식으로 세계화는 제조업 일자리를 위협할 뿐만 아니라 서비스업 노동자들의 임금을 억제하는 역할도 한다. 많은 서비스 직종들이 외국과 직접 경쟁을 벌이지 않음에도 말이다.

넷째, 세계화는 임금과 고용에 악영향을 준다. 고용주들은 세계화를 강력한 무기 삼아 노조 결성을 방해하기 때문이다. 공장 폐쇄와 아웃소싱이 일상다반사가 되면서, 기업들은 직원들이 노조 결성을 시도하면 공장 폐쇄나 이전을 감행하겠다고 마음 놓고 으름장을 놓을 수 있게 되었다. 1998년~1999년의 광범위한 노조 결성 운동 사례를 체계적으로 연구한 케이트 브론펜브레너(Kate Bronfenbrenner)에 따르면, 기업의 합법적·비합법적 압박 전략과 함께 구사되는 공장 폐쇄 위협은 고용주들 사이에서 만연한 효과적인 반노조 전략의 일환이다. 브론펜브레너는 기업의 구조조정과 급증하는 무역적자, 생산 시설의 지속적인 해외 이전의 영향으로 대부분의 노동자들은 고용주의 공장 폐쇄에 대한 아주 은근한 위협조차도 매우 심각한 위협으로 받아들인다고 주장한다. 세계화를 계기로 고용주가 노동조합 결성을 보다 더 효과적으로 차단할 수 있는 경제 여건이 마련된 것이다.

다섯째, 글로벌 경쟁과 공장 폐쇄는 극심한 일자리 불안의 분위기를 조성했다. 전(前) 연방 준비제도 이사회 의장 앨런 그린스펀은 1990년대에 예상 밖으로 노동자들의 임금 수준은 지지부진한 반면 수익과 자본이익률이 치솟게 된 이유를 이렇게 설명했다. 노조 결성의 움직임이 없을 때에도 국제 경쟁력이라는 망령을 들먹이는 고용주들은 고용 불안정에 대한 노동자들의 불안한 심리를 교묘히 이용해 임금 삭감과 복지 축소를 관철시킨다. 새로운 글로벌 경제 하에서 힘의 우위를 점하고 있는 고용주들은 주저 없이 자신들의 우월한 지위를 남용한다.《뉴욕타임스》의 한 기사에 따르면, 탄탄한 수익을 올리는 고용주들조차 노동자의 양보를 비일비재하게 요구한다. 실업에 대한 두려움을 부채질하는 세계화는 노사 간 힘의 균형을 변화시켰고, 그 덕분에 고용주들은 노동자들이 경제적 파이에서 더 작은 부분만을 가져가야 한다고 강력히 주장할 수 있게 되었다.

여섯째, 자본의 이동성 증가는 지방과 주, 각국 정부에 대한 기업의 영향력을 더욱 확대시키고, 미국의 정치 시스템 내에서 기업이 누리는 특권적 지위를 강화한다. 오늘날 기업들이 자유롭게 해외 이전을 하는 바람에 평상시에도 자본에 순종적인 태도를 보이던 각국 정부의 운신 폭은 한층 더 좁아졌다. 제임스 크로티(James Crotty)는 해외에서도 마치 국내에서처럼 기업들이 마음대로 생산하고 투자할 수 있게 된 마당에 기업 친화적이지 않은 정부 정책은 그 종류를 불문하고 일자리와 생산자본

(productive capital)의 해외 유출을 유발할지 모른다고 지적한다. 자본 유출을 두려워하는 각국 정부는 노동자의 소득을 증가시킬만한 정책들, 요컨대 최저임금 인상, 노조 결성 요건 완화, 사회 안전망 확충을 위한 증세 같은 정책들을 재량껏 추구하기가 이전보다 더 어려워졌다. 자본의 이동성은 소득 재분배를 촉진하는 조세 및 정부지출 정책, 요컨대 글로벌 경쟁에서 도태된 인력들에 대한 자금 지원 프로그램과 같은 복지 정책을 집행하는 정부 능력을 저해한다. 세계화는 각국 정부의 정책적 재량권을 제약함으로써 외국 업체와의 경쟁에 극히 민감한 업계의 종사자들뿐 아니라 그 밖의 수많은 업종에서 일하고 있는 근로자들의 경제적 고통을 가중시킨다.

 미국인 노동자들의 임금이 감소하고 고용 전망이 어두워진 저변에는 다양한 정치·경제적 요인이 작용하고 있다. 세계화는 노동 조건을 열악하게 만드는 다양한 원인 중 하나일 뿐이며, 세계화가 필연적으로 일자리 감소와 임금 하락을 유발하는 것도 아니다. 문제를 유발하는 주범은 엄밀하게 말해서 세계화 그 자체가 아니라 그 존재 양식, 즉 일부에서 말하는 소위 '신자유주의 세계화'다. 신자유주의 정권들의 두드러진 특징 세 가지는 다음과 같다. 첫째, 정부의 규제나 관세 장벽처럼 국가의 시장 개입의 위험성을 끊임없이 강조하고, 자유시장과 자유무역 관행의 우수성을 강조하는 정책 철학을 지니고 있다. 둘째, 세계무역기구(WTO)처럼 운영 면에서 민주주의적 책임에서 완전히 자유로운 국제기구가 존재하고, 이런 기구에서 체계적 규칙을 통해 무역 행위를 규제한다. 셋째, 다국적 기업의 이익에 최대한 부합하는 정책을 좋은 무역 정책이라고 전제한다. 신자유주의 세계화는 전 세계적인 차원에서 자유시장경제를 바탕으로 한 자본주의를 촉진하고, 이는 실제로 세계화가 가난과 불평등을 영구화하는 데 중요한 역할을 하는 것으로 구현되고 있다. 하지만 거대한 세계화의 물결 속에서도 국가의 정치 제도와 정책은 국제 교역이 고용과 소득에 미치는 악영향을 완충하는 역할을 한다. 세계화에 따른 충격의 여파는 한 국가의 복지 수준과 경제적 고립을 겪는 피해자들을 구제해주는 복지 프로그램의 존재 여부에 따라서 큰 차이가 난다. 세계화로 인한 부정적인 결과들은 대부분 국가 간의 불가피한 경제적 필요에 의해 생기는 것이 아니라 국내의 정치적 의사결정 때문에 발생한다.

기업 구조조정

세계화의 확산으로 인해 수많은 노동자들의 고용 기회가 줄어들고, 임금은 하락하며, 가난에 직면할 가능성은 높아졌다. 오늘날 경제 상황에서 고통을 당하는 노동자들은 외국과의 경쟁과 자본 이동에 시달리는 업계의 종사자들만이 아니다. 세계화는 문제의 일부분일 뿐이다. 제조업의 쇠퇴는 또 다른 문제다. 제조업 직장에서 퇴출당한 노동자들이 어쩔 수 없이 서비스업 근로자로 일하게 되면, 상대적으로 임금도 낮아지고 복지 혜택도 줄어들기 때문이다. 더구나 제조업의 쇠퇴 역시 문제의 일부분일 뿐이다. 1970년대 이후 산업계에서 소득 불평등이 크게 심화되면서, 지난 30년 동안 서비스업과 제조업을 불문하고 노동계 전체가 경제적인 면에서 쇠퇴의 길을 걷고 있다. 세 번째로 중요한 요인은 고용과 임금 결정 관행의 변화와 노사 관계의 변화이다. 기업 구조조정이라고 불리는 고용 관계의 변화로 인해 노동자들은 글로벌 경쟁이 치열한 업계 종사자는 물론이고 비교적 국제 경쟁에서 자유로운 업계의 노동자들까지 어려움을 겪는다. 그리고 쇠퇴하는 제조업 종사자들부터 늘어나는 서비스업 부문의 종사자들까지 총체적인 난국을 겪고 있다.

미국 기업들은 구조조정 노력의 일환으로, 사내 풀타임 정규직 직원들을 임시직이나 비정규직으로 대체했다. 고용주들은 이러한 비용 절감 전략을 통해 장기 채용에 따르는 일체의 인건비 부담 없이 필요한 노동력을 상시 채용할 수 있게 되었다. 1993년, 시사주간지 《타임》은 〈미국의 임시직〉이라는 기사에서 변화된 고용의 속성을 다루어 이목을 끌었다. 기사 도입부에서 랜스 모로(Lance Morrow)는 새로운 시대가 왔음을 알리며 이렇게 적었다. "미국은 이제 새로운 시대에 진입했다. 임시직과 비정규직의 시대, 컨설턴트와 하청업자의 시대, 언제든 유연하게 자를 수 있는 일회용 실시간 노동력 시대. 이것이 미래의 모습이다. 새 시대가 전하는 메시지는 다름 아닌 '너 스스로 살아남

아라'이다." 기사에 따르면, 새로운 노동력의 시대를 맞아 기업들은 기이할 정도로 파렴치해지고, 일자리는 온데간데없이 사라지고, 전일제 노동자는 시간제 노동자로 전락하고, 피고용인은 일회용으로 폐기처분된다. 이처럼 무자비하고 근본적인 대변화에 뒤따르는 인적 피해는 막대하다. 이어지는 특집 기사에서 재니스 카스트로(Janice Castro)는 임시직 노동 인구의 증가를 두고 '오늘날 업계에서 가장 중요한 현상'이라고 지적한다.

기업들이 마음대로 해고할 수 있는 저임금 임시직 노동력에 점점 더 많이 의존하면서, 노동자들이 평생 몸담을 수 있는 정규직 취업문은 그만큼 좁아졌다. 하지만 일용직과 임시직, 시간제 노동자를 비롯하여 정규직 일자리를 얻을 수 없는 대다수의 비정규직 노동자들은 어쩔 수 없이 낯선 고용 환경에 적응할 수밖에 없다. 이처럼 비자발적으로 비정규직에 종사하게 된 노동자들의 특징은 다음과 같다. 첫째, 여성과 유색 인종 및 소수 민족의 비중이 압도적으로 높다. 둘째, 정규직에 버금가는 기술과 직무 경험이 있더라도 보수가 비교적 낮다. 셋째, 임금 이외에 복리 후생차원의 부가 급여(fringe benefits)를 받기 어렵다. 넷째, 2차 산업이나 저임금 일자리에 종사하는 경향이 있다. 다섯째, 노동자의 이익을 대변하는 노동조합이 거의 결성되어 있지 않다. 여섯째, 취업에서부터 직장 생활, 은퇴에 이르기까지 고용의 불안정성이 현저하게 높다.

일용직 노동 : '국내 일용직 노동 연구' 자료에 따르면, 매일매일 약 12만 명의 노동자가 근근이 생계를 이어가기 위해 일용직 일자리를 찾아 나선다. 일용직 노동자들은 홈 디포(Home Depot) 같은 건물 바깥에 진을 친 노상의 인력 시장이나 전통 시장에서, 혹은 일용직 알선 소개소나 '노동조합의 구직 창구(hiring halls)'에서 일자리를 찾는다. 일용직의 대다수는 남성이고, 불법 이민자들이 많다. 일용직 노동자들은 주로 건설과 조경, 원예 등의 분야에서 잡부로 일하거나 페인트공, 지붕수리공, 농장 근로자, 접시닦이 등으로 일한다. 평균 시급은 10달러 수준이지만, 때로는 직업의 불안정성 때문에 장기간 일자리를 구한 채 하릴없이 기다리기도 한다. 월급과 연봉으로 따졌을 때 그들은 정확히 '워킹 푸어' 계층에 속한다. 낮은 임금과 일자리의 불안정성은 차치하고, 일용직 노동자들은 설령 일자리를 얻더라도 '복지 혜택이나 일자리 보호'를 거의 받지 못한다. 또한 일용직 노동자들은 고용주로부터 임금을 떼이는 것도 모자라 학대와 모욕을 당하고, 식사 및 휴식 시간을 보장받지 못하며, 지역 주민들과 경찰들에게 해코지를 당하기 일쑤다. 또한 일용직 일자리는 대개 작업환경이 매우 위험하기 때문에 일용직 노동자 대다수가 일하다 당한 부상으로 아까운 시간을 빼앗기는 실정이다.

임시직 노동자 : 이제 기업의 인력 관리 필수 전략으로 부상한 임시직 활용의 폭발적인 증가는 미국 사회에서 고용시장의 변화를 설명하는 가장 뚜렷한 징표 중 하나다. 임시직 취업알선소 소개로 채용되는 민간 부문 임시직 노동자 비율은 1990년 1.3%에서 2006년 2.3%로 증가했다. 2003년 대부분의 기간과 2004년에 걸쳐 임시직은 노동 인구 중 가장 빠르게 성장한 그룹이다. 사정이 허락했으면 상근직을 택했을 임시직 노동자들은 낮은 임금과 들쑥날쑥한 일거리 때문에 노동을 하면서도 일시적으로 가난의 늪에 빠질 가능성이 크고, 많은 경우 의료보험 혜택이나 퇴직 수당도 전혀 받지 못한다.

기업들은 정규직보다 임시직 노동자를 고용함으로써 인건비 절감 이외에도 많은 이득을 누린다. 임시직 노동자는 전화 한 통이면 새 직원을 뽑을 수 있을 정도로 해고하기가 쉽다. 고용주들은 인력을 마음대로 증감할 수 있고, 게다가 골치 아픈 채용과 해고 절차 없이, 불법 해고와 인종 차별 소송에 휘말릴 염려 없이 언제든지 인력을 줄이거나 늘릴 수 있다. 그리고 임시직이 직무에 필요한 기술을 갖추고 있으면, 기업들은 비용이 많이 드는 직무 훈련에 대한 부담에서도 벗어날 수 있다. 또한 임시직 노동자들은 특정 회사에 소속된 것이 아니므로, 동료 노동자들과 연대하거나 노조를 결성하려는 동기도 약하다. 사실 많은 일터에서 임시직과 정규직 사이에는 분열이 존재한다. 임시직은 정규직에 비해 뒤떨어지는 자신들의 처지 때문에 종종 정규직 노동자들을 원망하고, 자기 일자리를 잃을까 봐 노심초사하는 정규직 노동자들도 임시직의 존재에 때때로 위협을 느낀다. 카밀레 콜라스토스티(Camille Colastosti)에 따르면, 일부 회사들은 노동자들의 연대와 교섭 단체를 약화시킬 목적으로 임시직을 이용하기도 한다. 고용주들은 임시직 노동자를 채용하고 정규직 직원들의 실직에 대한 두려움을 교묘히 활용함으로써 정규직 노동자에 대한 장악력을 강화한다.

정규 시간제 노동자 : 주당 35시간 미만의 노동을 시간제 근로라 지칭하는데, 시간제 근로는 비정규직 중에서 가장 흔한 고용형태로, 미국 전체 노동 인구의 약 20%를 차지한다. 전일제 근무를 선호하지 않는 피고용인이 그만큼 많은 것이다. 1970년부터 이러한 형태의 비정규직 고용이 늘어난 것은 거의 전적으로 시장에서 비자발적 시간제 일자리가 그만큼 늘어났기 때문이다. 정부 통계에 따르면, 2003년에 약 450만 명이 상근직을 구할 수 없어 시간제 노동에 뛰어들었고, 2004년 중반에는 고용 증가의 대부분을 시간제 근로자가 차지했다. 크리스 틸리(Chris Tilly)에 따르면, 비자발적 시간제 근로가 증가한 것은 부분적으로 대개 시간제 근로자들에게 더욱 많이 의존하는 무역과 서비스 분야 채용이 늘어난 탓이다. 하지만 그와 더불어 미국 내 최대 고용주인 월마트를 비롯한 기업들도 경제 전반에 걸쳐 인건비를 낮추고 일정관리의 유연성을 높이려는 의도로 시간제 노동자들에게 의존했다. 고용주들은 시간제 노동자를 고용함으로써 상당한 이득을 볼지 몰라도, 그로 인해 많은 노동자들이 경제적으로 불안정해졌을 뿐만 아니라 영구히 저임금 노동의 늪에서 빠져나오지 못하게 되었다.

오늘날 업계에 만연한 비정한 실리주의 사고방식은 수년간 진행된 경제 구조조정의 정점을 찍고 있다. 《비즈니스 위크》의 보도에 따르면, 냉철한 비용 절감 철학을 기꺼이 받아들인 미국 기업들은 시간당 임금을 축소하고, 임금 인상 폭을 대폭 줄이며, 인건비가 싼 공급 업체에 하도급을 주면서 기존의 임금 체계와 직무 구조를 폐기하고 새로운 틀을 세우고 있다. 기업들은 부담이 큰 풀타임 정규직 일자리를 줄이고, 새로운 고용 형태인 비정규직 채용에 의존하고 있다. 기업들은 또한 정규직 일자리의 질마저 떨어뜨리면서 정규직 직원들에게 양보를 이끌어냈다. 전후 시대의 노동자들은 회사가 성장하면 자기 처지도 덩달아 좋아지리라 기대했고, 사업 실적이 떨어지는 기업들만 직원들을 해고했다. 그러나 1970년대부터는 재정이 탄탄한 기업들도 대량의 인원 감축과 구조조정을 일삼는 일이 빈번해졌다.

오늘날에는 기업들의 즉각적인 해고와 더딘 채용 관행 때문에 일터에서 안정적인 커리어를 쌓아가기를 기대하는 노동자들이 거의 없는 실정이다. 노동자들, 특히 남성 노동자들의 재직 기간은 짧아졌다. 비자발적 실업, 다시 말해 정리해고된 실직자 수도 늘어났다. 실업 수당이 바닥난 노동자들이 많아지면서 새롭게 일자리를 얻기까지 소요되는 기간도 더 길어졌다. 정리해고를 당한 노동자들은 운 좋게 일자리를 찾는다 해도, 보통 낮은 임금을 감수하며 어쩔 수 없이 시간제 일자리를 전전하기 일쑤다. 그리고 비좁은 취업문에 낙담하여 구직을 아예 포기하는 구직 단념자들도 점점 더 늘어나고 있다. 이처럼 가혹한 경제 상황, 고용보장과 실업, 재취업을 걱정하는 상황에서 과연 아메리칸드림이 실제로 가능한 일인지 의문을 품는 노동자들이 점점 더 많아지고 있다.

일자리 부족

제조업 쇠퇴와 세계화 그리고 기업의 구조조정은 미국식 자본주의의 고질병인 일자리 부족을 악화시킨다. 일자리 부족 현상은 노동자들에게는 위기이지만 기업체 관점에서는 시장에 풍부한 잉여 노동력이 생기기 때문에 이득이다. 일자리 부족으로 인해 고용주들은 고용 조건을 결정하고 노동자들에 대한 통제권을 행사하는 권한이 한층 커진다. 고용주가 사내 노동자들에게 언제든지 자를 수 있다는 사실을 끊임없이 상기시킴으로써 피고용자의 협상력은 떨어진다. 일자리가 불안정한 상황에서는 임금 인상을 강하게 주장하고, 더 나은 근로 조건을 요구하며, 고용주의 착취에 저항하거나 노동조합 결성 운동에 참여하려는 노동자의 의지는 꺾일 수밖에 없다.

미국 사회에서 만연한 빈곤이 계속 이어지는 것은 심지어 경기 활황기에도 시장에 충분한 일자리가 공급되지 않고, 시중에 생활임금에도 못 미치는 임금을 지급하는 일자리가 많은 탓이 크다. 몸이 건강한 빈곤층 대다수는 일을 하고 싶어 하고, 또 많은 이들이 이미 일을 하고 있다. 그러나 적어도 현재 상황만 놓고 보았을 때 미국의 경제 시스템은 근로 의욕이 넘치는 노동자들의 일자리 수요를 감당해낼 여력 자체가 없다. 절실하게 일자리를 원하는 모든 구직자들에게 질 좋은 일자리를 보장해주는 일도 요원하다. 이 지점이 바로 빈곤이 구조적인 문제인 이유이다. 빈곤은 빈곤층의 결함 때문이 아니라 질 좋은 고용의 기회를 제한하는 정치·경제적 요인 때문에 발생한다. 빈곤에 대한 구조적 관점은 일하기 싫어하는 빈곤층의 잘못을 따져 묻는 대신 다음과 같은 질문을 던진다. 건강한 노동자 수백만 명이 적절한 임금을 주는 일자리를 얻을 수 없게 만드는 미국의 정치·경제 구조에는 도대체 무슨 문제가 있는 것일까?

미국의 실업 위기는 두 가지 측면, 즉 시장에 공급되는 일자리의 양과 질 면에서 문제가 있다. 일자리의 질과 무관하게, 일자리를 원하거나 일할 능력을 갖춘 구직자의 수에 비해 시장에 공급되는 일자리 수 자체가 턱없이 부족하다. 티머시 발틱(Timothy Bartik)의 추정에 따르면, 실질적인 완전 고용을 달성하기 위해서는 심지어 경제 호황기에도 5백만에서 9백만 개의 일자리가 추가로 공급되어야 한다. 또한 아르네 칼리버그(Arne Kalleberg)의 추산에 따르면, 2005년 '불완전 고용'율은 11.1%를 기록했는데, 이는 1,710만 명이 일자리를 찾지 못하거나 비자발적 시간제 노동자로 근로했음을 뜻한다. L. 랜들 레이(L. Randall Wray)와 마르크-앙드레 피전(Marc-Andre Pigeon) 또한 지속되는 일자리 부족 현상에 대한 증거를 제시한다. 두 사람의 추산에 따르면, 1990년대 경기 상승기에서조차 약 1,400만 명의 '잠재적 근로자'가 실업 상태에 놓여 있었다. 아무리 경기가 호전된다 하더라도 경기 호전 자체만으로는 취업을 원하는 모든 구직자들에게 충분한 일자리가 창출될 가능성은 희박하다. 그와 마찬가지로 필립 하비(Philip Harvey) 역시 비자발적 실업을 근절하려면 평상시 5%에서 6% 수준을 유지하는 실업률이 2%까지 전례 없이 떨어져야 한다고 주장한다. 하비의 추산에 따르면, 1999년 실업률이 4%를 밑돌았을 때조차 적어도 1,450만 명 이상의 잠재적 근로자가 상근직을 구하지 못했다. 하비는 그저 일을 하고 싶어 하거나 사회적으로 마땅히 노동을 해야 할 것으로 여겨지는 인력은 차치하고, 적극적으로 구직 활동을 벌이는 구직자들에게조차 일자리가 부족한 것이 현실이라고 이야기한다.

논의의 초점을 일자리의 양(구직을 열망하는 구직자 전원을 충족시킬만한 추가 일자리의 수) 문제에서 일자리의 질(모든 구직자가 생활 임금을 벌 수 있을 정도로 충분히 질 좋은 일자리) 문제로 바꾸면, 일자리 부족은 한층 더 심각한 문제가 된다. 수백만 노동자들이 당면한 문제는 실업보다도 일자리 그 자체일 수 있다. 마를레네 킴(Marlene Kim)의 주장에 따르면, 많은 노동자들이 생계를 위한 갖은 노력을 다 기울여 보지만, 형편없는 일자리를 전전하는 탓에 가난을 벗어나지 못한다. 그런 일자리들은 턱없이 낮은 임금을 받는 데다가, 상근직 일자리도 아니다. 미국의 전체 노동 인구 중에서 압도적인 비율(최소 25% 이상)의 노동자들이 한 가정이 온전한 생활수준을 누릴 수 있는 정도의 충분한 급료를 받지 못한다. 마크 랭크(Mark Rank)의 연구에 따르면, 1999년 기준으로 미국인 가장 중 약 3분의 1 이상이 경제 호황기에도 시간당 10달러 미만의 소득을 올렸다. 하루 종일 일한다고 해도 4인 가족 기준으로 한 가정을 공식적인 빈곤선 이상으로 부양하기에도 벅찬 시급이다.

밥 쉬크(Bob Sheak)와 멜리사 모리스(Melissa Morris)에 따르면, 적절한 일자리의 부족 현상은 여전히 미국 경제의 영구적이고 중요한 특징으로 남아 있다. 두 사람은 불완전 고용 상태의 노동 공급 비율을 계산하여 시장에 적절한 일자리가 얼마나 부족한지 그 수치를 양적으로 나타냈다. 불완전 고용 상태에 있는 노동자들은 다음의 네 가지 그룹 중에 한 그룹으로 분류된다. 첫 번째는 공식적으로 실업자 통계에 잡히는, '적극적인 실업자' 그룹이다. 두 번째는 구직 활동은 포기했지만 아직도 일하기를 원하는 '소극적인 실업자' 그룹이다. 세 번째는 비자발적 시간제 근로자 그룹이다. 네 번째는 일 년 내내 하루 종일 노동을 해도 빈곤선 미만의 소득을 올리는 노동자 그룹이다. 두 사람도 인정하듯이 1990년대 경기 확장으로 고용 가능성이 높아진 것은 사실이지만, 불완전 고용률은 22.9%에 달할 정도로 현저하게 높은 수준을 유지했다. 1990년대 후반 미국 경제는 비교적 강한 성장세에 있었지만, 약 3,300만에 달하는 노동자들이 제대로 된 취업 기회를 얻지 못했다. 공식 빈곤선의 150% 수준에 설정된 보다 더 현실적인 소득 기준에 따라 쉬크와 모리스가 조사한 바에 따르면, 잠재적 노동력의 3분의 1을 훌쩍 넘어서는 5천만 명 이상이 불완전 고용 상태에 놓여 있었다. 고든 라퍼(Gordon Lafer) 또한 심각한 일자리 부족 문제에 관해 지적했다. 라퍼의 추산에 따르면, 1996년 기준으로 생활 임금을 지급하는 일자리의 수는 구직자 수에 비해 약 2,400만 개나 모자랐다. 라퍼는 이러한 데이터가 일자리 부족에 대한 부인할 수 없는 증거라면서, 구직자 수에 비해 괜찮은 보수를 주는 일자리 자체가 시장에 충분치 않다고 결론을 내린다.

개인주의적 관점을 견지하는 지지자들은 가난한 사람들이 교육을 받고, 더욱 바람직한 업무 태도를 갖추며, 일자리를 지키기 위해 더 많은 노력을 기울여야 한다고 빈곤층을 힐난한다. 가난한 사람들도 기술을 배우고 보다 더 긍정적인 태도를 받아들이기만 하면 일자리를 얻어 가난에서 벗어날 수 있다는 주장이다. 물론 교육과 직업 훈련 그리고 도덕적인 태도 변화로 덕을 보는 개인들도 있을 것이다. 하지만 그것도 채용 시장에서 다른 경쟁자들보다 유리한 입장이 되도록 자신의 경쟁 우위를 강화하는 수준에서만 가능한 일이다. 구직자 B에게 돌아갈 일자리가 구직자 A에게 돌아갈 수는 있지만, 전체 채용 증가에는 아무런 영향도 주지 못한다. 가난한 사람들의 태도를 바꾸는 일이 일자리 창출과 병행되지 않는 한, 그 자체만으로는 아무런 해결책이 되지 못한다. 근본적인 문제는 구조적인 문제, 즉 적절한 보수를 지급하는 일자리의 부족에 있다. 양적으로나 질적으로 사회적 채용 기회를 근본적으로 늘릴 수 있는 정책의 시행만이 더욱 많은 사람들이 가난에서 벗어날 수 있는 방법을 제공한다.

결론

저임금 노동시장과 빈곤층에 대한 최근 연구 결과들은 미국 경제의 골치 아픈 변화들이 현재진행형으로 일어나고 있음을 방증한다. 다시 말해 지난 30년 동안 미국에서 고용 기회는 대폭 감소했는데, 특히 인종과 성별, 계층적 배경에서 이미 불리한 처지에 있는 사회적 약자들의 고용 기회가 크게 감소했다. 대다수 미국인들에게 좋은 일자리는 곧 가난을 탈출하거나 예방하는 유일한 방법이다. 그러나 미국인 수백만 명이 실직 상태에 놓여 있고, 그보다 더 많은 수가 괜찮은 일자리를 얻지 못하고 있으며, 2000년대 들어서는 시장에 공급되는 '능력이 있는 구직자 수'가 생활임금 수준의 일자리 수를 크게 웃돌고 있다.

이처럼 일자리 부족 현상은 개인적인 문제가 아니라 구조적 문제다. 또한 그 원인은 미국 노동자 개개인의 능력 부족 때문이 아니라 미국 경제의 작동 방식 때문이다. 제조업의 쇠퇴와 세계화, 기업 구조조정 그리고 노동자와 자본 간에 점점 더 악화되는 힘의 불균형 문제, 그러니까 개개인이 즉시 대응할 수 없을 정도의 외부의 경제적 압력이 일자리 감소에 일조하고 있다. 그 결과 미국의 수백만 가구가 21세기에도 여전히 빈곤 위험에 만성적으로 노출되어 있다.

6

정치 시스템과 가난

빈곤의 정치학

정부는 사회의 넓은 분야에서 그 영향력을 행사한다. 선출직 정부 관료들은 실로 다양한 문제들에 권한을 행사한다. 예를 들어 선거자금법과 형사사법제도, 보건 정책과 주택 정책, 교육 정책과 은퇴 정책 그리고 환경 문제에서 국가 안보 문제에 이르기까지 권한 행사의 범위는 무척이나 넓다. 정부 관료들이 행사하는 행정상의 권한과 법원의 판결 그리고 입법 활동에 따라서 무수한 행정 절차와 규제, 법률들이 생겨난다. 대표적으로 복지 혜택 및 국가 보조금을 받는 수급자의 자격 조건, 과세 방식과 정부 세입의 지출, 기업과 노조의 특권과 의무, 선거 제도 및 정치 정당의 조직과 운영 그리고 고용주와 피고용인, 생산자와 소비자, 채권자와 채무자 사이의 권한과 책임 등이 결정된다.

정부는 이러한 정책 수단들과 그 밖의 다양한 수단들을 동원하여 자본주의 사회에서의 규칙을 세운다. 이에 따라 이득을 보는 집단과 손해를 보는 집단이 필연적으로 나타나게 마련이다. 비용과 편익, 권력과 특전을 배분하는 일은 정치 시스템의 평상시 기능을 감안할 때 불가피한 선택이다. 연방 정부와 주 정부, 지방 정부를 막론하고, 정부는 자원과 기회를 재분배하는 역할을 맡고 있다. 우리들 각자가 얻는 경제적 파이는 제아무리 머리가 좋고, 일을 열심히 하고, 뛰어난 인적자본을 보유하고 있다고 할지라도 이에 비례해서 주어지지 않는다. 개인들이 누리는 경제적 파이의 크기는 과거와 현재에 걸쳐 나타난 무수한 사회적 갈등과 정치적 선택, 입법 전쟁과 법정 소송의 산물에 가깝다. 앞선 장에서도 살펴보았듯이, 국가의 경제 상황은 국민들의 경제적 성패를 좌우한다. 그리고 정부 정책도 그 영향력 면에서 국가의 경제 상황과 다를 바가 없다.

서로 다투는 집단 간의 힘의 균형은 정치적 과정에서의 승자와 패자로 귀결된다. 정부는 큰 목소리를 내는 집단에 예민하게 반응한다. 시간과 돈이 충분하고, 사회적 지위와 인맥을 동원할 수 있는 집단은 자신들에게 유리하도록 큰 목소리를 낸다. 그런 집단은 자신들의 정치적 대의명분을 선전하고, 언론의 주목을 이끌어내고, 이익 단체에 자금을 대어 이를 운영하고, 국회의원에게 로비를 하며, 자신들이 미는 후보가 당선되도록 지원할 수 있는 힘을 가지고 있다. 하지만 미국의 빈곤층은 자기 목소리를 내는 일 자체가 어렵다. 빈곤층이 겪는 불리함이 한 두 가지가 아니지만, 빈약한 정치적 자산도 그들이 겪는 고통 중 하나다. 가난한 사람들은 돈도 없고, 정치적인 힘도 없다. 그리고 빈약한 정치력이 바로 그들이 빈털터리가 된 이유 중 하나다.

미국 사회에서 빈곤의 심각성은 각종 정치적 요소들의 영향을 받는다. 정부가 경기 부양책을 쓰느냐 경기 억제책을 쓰느냐에 따라서 빈곤율이 오르락내리락하고, 빈곤층의 생활이 좋아지기도 하고 나빠지기도 한다. 빈곤율과 빈곤 수위의 변동은 정부 정책의 변화를 반영하고, 정부 정책의 윤곽은 정치적 힘의 지형을 반영한다. 가난은 단순히 개인의 문제가 아니다. 가난은 경제적 문제이면서, 그와 동시에 정치적 문제이기도 하다. 따라서 가난의 현실태를 이해하려면, 미국 정치 제도의 구조와 그를 둘러싼 정치 환경의 특성 그리고 정부 정책의 원인과 결과를 함께 살펴봐야 한다.

미국은 빈곤 1등 국가: 빈곤에 관한 비교 분석적 관점

1970년대 후반 이래 미국은 선진국들 중 경제적 불평등과 빈부격차가 가장 심화된 국가다. 이런 사실은 미국이 막대한 부를 소유한 국가이면서도 왜 그렇게 신기할 정도로 빈곤층 인구가 많은지를 이해하는 데 도움이 된다. 1990년대 중반, 미국의 전체 빈곤율은 부유한 여타 18개 선진국 평균 빈곤율의 2배를 넘었고, 아동과 노인의 빈곤율은 전 세계 평균의 약 3배에 달했다. 2000년 들어 미국의 빈곤율은 역대 최저치에 가까워졌지만, 세기의 전환기였던 그 시점에도 미국은 여전히 선진국 중 최고로 빈곤이 만연한 국가였다.

미국에서 높은 빈곤 수준이 계속 유지되는 것은 부분적으로 저임금 일자리가 너무 많기 때문이다. 산업 선진국 14개국에 비해 미국은 저임금의 전일제 근무 노동자 비율이 압도적으로 높다. 그러나 가난 문제의 심각성을 부추기는 또 다른 주범은 바로 정치다. 미국은 경제 규모에 비해 어느 나라보다도 현금 보조금, 복지 서비스에 대한 지출, 복지 목적의 세금 우대 조치 같은 공공복지 지출이 적은 국가다. 사회보장제도를 비롯한 미국의 사회복지 지출액은 유럽 평균의 절반 수준에 간신히 머물러 있고, 실업 급여를 비롯한 노동시장 프로그램을 위한 지출액은 1998년 기준으로 국내총생산(GDP)의 0.4% 수준에 그쳤다. 이는 같은 시기 유럽이 평균적으로 GDP의 2.7%를 고용 정책에 투자한 것과 대비된다. 특히 미국의 비노년층 대상 복지 지출은 빈약하기 짝이 없다. GDP 대비 캐나다가 6%, 독일이 8.9%, 스웨덴이 12.6%를 지출하는 데 비해 미국은 고작 2.8%를 지출할 뿐이다. 유독 다른 선진국들에 비해 미국의 빈곤율을 높은 이유는 미국의 사회 복지 예산이 턱없이 부족하기 때문이며, 그중에서도 취업 연령층과 가계에 대한 복지 지출 수준은 형편없다.

유럽을 비롯한 선진국 시민들은 상대적인 빈곤율이 낮은 편인데, 그들은 보통 미국인들에게는 언감생심인 정부 서비스와 복지 혜택을 누리기 때문이다. 미국에서는 설령 그런 공공 서비스와 복지 혜택이 있다 하더라도 궁색하고 포괄적이지가 않다. 유럽과 캐나다 국민 대다수는 질병과 장애를 가리지 않고 포괄적인 의료비 지원을 받고, 마음 놓고 정기적으로 병원을 방문할 수 있는 보편적인 의료보험제도의 보호를 받는다. 하지만 미국인들은 그렇게 운이 좋지 못하다. 약 5천만 명에 달하는 미국 시민들이 의료 보험에 가입되어 있지 않고, 수백만 명 이상이 불충분한 의료지원을 받으며, 의료비 문제로 자칫하면 파산 지경에 이르게 될 사람들이 부지기수다. 게다가 미국인들이 강조하는 '전통적 가족 가치'가 무색하게, 자녀들이 딸린 가구에 대한 정부 지원은 보잘것없는 수준이다. 미국에서는 부모들이 자녀 양육과 유치원 교육에 대해 국가 지원을 받거나, 산후유급휴가나 남편의 육아 휴가를 보장받는 경우가 거의 없다. 또한 빈곤을 줄이는 데 큰 도움을 주는 육아 수당 및 가족 수당 같은 복지 혜택도 누리지 못한다. 미국과 달리 다수의 유럽 국가들과 캐나다는 보다 더 엄격한 누진소득세를 부과하며, 실업자들에 대한 지원액도 더 많고, 최저임금도 더 높으며, 그 밖에도 일반 서민층 노동자들의 생활수준을 보장해주는 여러 가지 노동시장 규제 장치가 있다.

　세전 빈곤율과 세후 빈곤율을 비교해보면 정부가 운용하는 사회 복지 제도의 효과를 더 정확하게 측정할 수 있다. 세전 빈곤율은 정부의 복지 및 세제 혜택의 효과가 미치기 전에 빈곤선 미만의 소득을 올리는 인구의 비율을 따져서 계산한다. 세후 빈곤율은 정부의 복지 및 세제 혜택의 효과가 나타난 뒤에 빈곤선 미만의 소득을 올리는 인구의 비율을 따져서 계산한다. 이 둘을 서로 비교하면 빈곤 퇴치를 위한 정부 정책의 실효성을 측정할 수 있다. 이처럼 정부의 복지 정책 시행 전과 후를 서로 비교해 보면 정부가 빈곤을 줄이는 데 얼마나 기여했는지 알 수 있다.

　미국의 세전 빈곤율은 실제로 선진국 평균보다 약간 낮다. 그러나 미국 정부는 빈곤층에 대한 지원을 거의 하지 않아서 세후 빈곤율과 세전 빈곤율 사이에 그다지 큰 차이가 없다. 국제적 기준에 비춰볼 때, 빈곤 퇴치에 대한 미국 정부의 정책 실효성은 놀라울 정도로 낮다. 8개 선진국을 대상으로 실시한 티머시 스미딩(Timothy Smeeding)의 연구에 따르면, 연구 대상국들은 정부 지출과 과세로 빈곤율을 평균적으로 26.1%에서 9.8%까지 낮추었다. 반면 미국은 23.7%에서 17.0%로 낮추는 데 그쳤다. 자녀가 있는 가계에 대한 미국 정부의 지원 정책은 더욱 열악해서 애처로운 수준이다. 미국에서 한부모가정과 양부모가정의 세후 빈곤율은 각각 41.4%와 13.1%로, 세전 빈곤율 48.6%와 13.9%에서 불과 몇 %만 낮아졌다. 이에 비해 조사 대상인 8개국의 평균 정부 지출과 과세는 훨씬 더 큰 정책 효과를 발휘해서, 한부모가정에 대해서는 52.3%에서 25.2%까지 빈곤율을 끌어내렸고, 양부모가정에 대해서는 12.2%에서 6.6%까지 빈곤율을 끌어내렸다. 이렇듯 미국은 다른 선진국에 비해 부양 자녀가 있는 가정의 가난에 훨씬 더 취약하다.

보수적인 비평가들은 빈곤층을 지원하는 정부의 복지정책이 오히려 빈곤을 더욱 심화시키는 역효과를 낸다고 주장한다. 하지만 현실은 그런 주장과는 정반대다. 레인 켄워시(Lane Kenworthy)가 국가 간의 비교 분석 자료로 입증한 바에 따르면, 사회 복지정책은 빈곤을 줄이고, 취약 계층에 호의적인 정부 정책들은 빈곤을 현저하게 줄여준다. 지금까지 미국이 빈곤과의 전쟁에서 별다른 성과를 올리지 못한 것은 정부의 노력이 부족한 탓이 크다. 정부가 빈곤을 퇴치하는 데 더 많은 투자를 하면, 빈곤층의 수는 줄어들고 그들이 겪는 경제적 고통도 감소한다. 정부가 빈곤을 퇴치하는 데 별다른 투자를 하지 않으면, 빈곤층의 수는 그만큼 더 늘어나고 그들의 경제적 고통도 가중된다. 미국을 제외한 선진국의 빈곤율이 낮은 이유는 명백하다. 그것은 바로 국가가 발 벗고 나서서 빈곤층을 돕기 때문이다.

미국 사회가 겪는 빈곤은 고치기 힘든 사회문제가 아니다. 통제 불가능한 인구가 낳은 부작용도 아니고, 신성한 경제 법칙의 산물도 아니며, 지식과 기술력이 부족한 사람이 겪는 자업자득의 결과물도 아니다. 근본적으로 빈곤은 하나의 정치적 현상이다. 빈곤은 엄연히 인간이 만든 제도인 정치적 정책을 그대로 반영할 뿐이다. 미국 사회에서 빈곤율이 높은 이유는 빈곤층을 지원하는 정치적 노력이 그만큼 부족해서다.

왜 미국은 다른 산업 선진국들에 비해 유독 빈곤 퇴치 면에서 고전을 면치 못하는 것일까? 이에 관해 스미딩은 이렇게 말한다. "이유는 간단하다. 그것은 우리가 다른 국가들보다 만연한 빈곤을 감수하기로 자청했기 때문이다." 세금과 정부 지출, 노동 시장 그리고 사회 복지 정책에 관한 국가 간 비교 분석 연구 결과가 분명히 입증하듯이, 정치적 의사결정은 한 사회에서 일어나는 빈곤의 규모와 빈곤층이 겪는 빈곤의 고통 수위에 큰 영향을 미친다. 빈곤 문제는 개인적 결함에 기대어 설명할 수 없다. 미국의 가난을 진정으로 이해하려면, 현실적으로 빈곤 정책이 얼마나 잘 실현되느냐에 관심을 더 가져야 한다.

특권층에 편향된 미국의 정치 제도

대다수 선진 공업국이 명목상으로 민주주의 국가를 표방하고 있지만, 국가 지배 체제의 양상은 천차만별이다. 그중에는 다른 국가에 비해 진정으로 국민을 대표하고, 서민층의 욕구에 보다 더 예민하게 반응하며, 평등에 기반을 둔 사회 개혁에 더욱 개방적인 국가들이 있다. 하지만 빈자보다는 부자의, 노동자보다는 기업의 편에 서는 미국 정치 제도의 편향성은 서유럽 국가들보다 훨씬 더 심하다. 이는 미국이 복지 면에서 왜 비교적 후진국에 속하는지, 불평등이 점점 더 심화하는 와중에도 왜 정책 입안자들은 보정적(compensatory) 과세와 정부 지출을 격렬히 반대하는지 그리고 왜 선진국들 중에서 미국의 빈곤율이 최고인지 그 이유를 설명하는 데 도움을 준다. 미국에서 정부는 가난을 퇴치하거나 평등의 가치를 증진하는 데 별다른 역할을 하지 못하는데, 부분적으로 그 이유는 미국의 정치 구조 자체가 재분배 개혁을 실천하는 데 걸림돌이 되기 때문이다. 예를 들어 양당제를 기반으로 한 승자 독식의 정치 구도, 정치 형성 과정에서의 다양한 거부권 행사와 정밀한 견제와 균형의 원리 그리고 중앙 정부와 주들 간의 정치력을 분할하는 연방 제도 등이 대표적이다. 미국 정치 제도는 본래 빈곤층의 욕구에 부합하기보다는 특권층의 이익을 보호하는 데 특화되어 있다.

미국의 선거 제도 : 유럽의 대다수 민주주의 국가에서 선거는 각종 행태의 비례대표제로 운영된다. 절차는 국가마다 다를지 모르지만, 비례대표제의 바탕을 이루는 기본 원칙은 지지하는 국민들의 투표수에 따라서 정치 정당의 의석수가 달라진다는 것이다. 요컨대 선거에서 20%의 지지를 얻은 정당은 국회에서 20%에 준하는 의석을 차지하는 식이다. 이러한 선거 방식은 다양한 정치 정당의 출현을 북돋우고, 노동당이나 사회주의당 같은 소수 정당들도 정치 참여를 잘할 수 있게 하는 촉진제 역할을 한다. 비례대표제 덕분에 유권자들의 선택의 폭은 더 넓어지고, 보다 광범위한 주제로 정치적 논쟁이 벌어지며, 서민층과 빈곤층은 입법과정에서 실질적인 요구를 할 수 있다. 또한 비례

대표제 덕분에 사회에서 혜택을 덜 받는 계층에 보다 더 호의적인 정부 정책이 수립된다. 예컨대 비례대표제로 국회의원을 선출하는 국가들의 사회 복지 지출은 눈에 띄게 높은 편이다.

이에 비해 미국의 국회와 각 주 그리고 지역의 입법 기관의 대표를 선발하는 주된 방식은 소선구제의 승자 독식 구조다. 하원의 경우 입후보자들이 서로 다른 435개 선거구에서 2년마다 국회의원 선거를 치른다. 그리고 각 선거구에서 가장 많이 득표한 입후보자가 국회의원에 당선된다. 마치 민주적인 절차로 보이지만, 오히려 소선구제는 갖가지 비민주적인 결과들을 낳을수 있다. 예컨대 한 정당이 한 주의 모든 선거구에서 51%를 득표했다면 그 정당은 입법부 의석 전체를 독식하게 된다. 거의 50%에 육박하는 나머지 유권자들이 정부에서 자신의 이익을 변호할 사람을 잃게 되는 것이다. 이러한 승자 독식의 선거 절차는 공정한 대표 원칙에 위배된다. 소선구제는 다수 유권자의 이익을 지나치게 대변하고 소수 유권자의 이익은 제대로 대변하지 못하는 경향이 있다. 이와 같은 승자 독식 정치 제도는 유권자의 취향을 제대로 반영하지 못하는 통치 기구를 양산한다.

승자 독식 구조의 선거제도에서 정당들은 유권자들 과반수의 지속적인 지지를 얻어야만 독자적인 정치 세력이 될 수 있다. 승자 독식 구조의 선거 제도는 미국의 사례에서처럼 대개 양당제와 관련이 있다. 미국에서 유권자들에게 주어지는 실질적인 선택지는 공화당과 민주당뿐이다. 이런 구조에서, 제3의 정당에 대한 지지표는 대개 사표(死票)가 되고, 그런 소수 정당을 지지하는 유권자들이 서민들의 상당수를 차지함에도 불구하고 대개 입법부에 자신들의 대표자를 세우는 것을 기대할 수가 없다. 따라서 승자 독식의 선거 제도는 대체로 평등주의적 대의를 내세우는 좌파 정당의 출현을 억제하고, 보다 더 보수적인 정권의 등장을 부추긴다. 국가 간 비교 연구로 확실하게 드러난 바에 따르면, 일반적으로 복수 정당에 기초한 비례대표제는 소득 재분배를 우선시하는 좌파 중심 정권을 낳고, 다수결 방식을 채택한 양당제는 소득 재분배에 적대적인 우파 중심의 정권을 낳는다. 미국식 선거 제도는 좌파 정당이 정부에서 의석을 차지하기 어렵게 만들고, 그렇지 않았더라면 보다 더 공평한 과세와 정부 지출 정책 덕분에 수혜를 입을 수 있는 유권자들의 정치적 영향력을 약화시킨다. 이는 왜 미국의 사회 복지 지출은 상대적으로 적은 반면 빈곤과 불평등의 수위는 상대적으로 높은지 그 이유를 다소나마 밝혀준다. 불평등한 선거 제도로 인해 미국의 빈곤층은 다른 민주주의 국가에 비해 훨씬 더 궁핍한 삶을 살아가고 있다.

권력의 견제와 균형 : 미국의 정치 제도는 3개의 독립적인 기구, 즉 행정부, 입법부, 사법부로 구성되어 있다. 국회는 상원과 하원으로 나뉘어, 입법 과정이 복잡 미묘한 법칙과 절차에 따라서 진행된다. 입법안은 상원과 하원 산하에 설치된 수많은 위원회와 분과 위원회를 거치며 오가기를 반복하고, 최종적으로 대통령의 인가를 받아야 하며, 종종 법원의 승인을 얻어야 하는 경우도 있다. 이처럼 복잡한 권력의 분권 구조는 민주주의의 실현을 위해 정립한 것이지만, 오히려 그로 인해 입법 과정이 교착상태에 빠지기 일쑤인 상황이 되고 말았다. 미국 정치 제도에서 국회에 제출된 법안이 사장되는 경우는 수두룩하다. 반면 의원내각제를 보편화한 유럽에서는 입김이 센 특저 이익 단체가 재분배 개혁을 가로막을 여지가 거의 없다. 상대적으로 정치권력의 분열이 심하지 않고, 정책에 대한 승인권도 일원화되어 있기 때문이다.

삼권분립을 중심으로 하는 미국의 정치제도에서는 크게 두 종류의 왜곡이 일어난다. 첫째, 불공평한 입법의 장이 형성된다. 미국의 정책 수립 과정은 정치적 인맥과 내부 정보, 국회의원들과의 개인적 친분으로 덕을 보는 부유한 선거 후원자들과 사업가들 그리고 기타 탄탄한 조직을 갖춘 단체들을 결정적인 우위에 서게 한다. 입김이 센 로비스트와 특정 이익 단체들에게는 자신들에게 위협이 되는 정책을 폐기하거나 무력화할 수많은 기회가 있다. 이들의 입김이 복잡한 입법 과정에까지 미치게 되면서, 근본적인 혁신을 약속하던 의회의 입법안들도 계속해서 그 취지가 희석되고 있다.

둘째, 미로 같이 얽힌 견제와 균형의 정치 구조는 느리지만 점진적인 변화에 대한 편견을 낳고, 현상유지에 안주하도록 만든다. 미국의 정치 제도 하에서는 무슨 일을 벌이기보다 현상유지를 하는 편이 더 쉽다. 미국의 입법 절차는 홈런 한 방으로 승부를 보기보다는 조직력으로 승부를 보는 스몰볼(small ball)에 최적화되어 있다. 미국에서 근본적 개혁이 성공하기 어려운 이유는 조직적인 이익 단체들이 거부권을 행사하기 때문이기도 하지만, 정책 수립 자체가 많은 부분에서 타협과 양보, 수용의 산물이기 때문이기도 하다. 그저 기업들의 이익에 영합하는 데 그치지 않고 빈곤층의 삶을 실질적으로 크게 변화시킬 수 있는 강력한 개혁 조치들을 국회의원들이 자꾸만 솎아낸 결과, 입법절차를 통해서는 정치적으로 온건한 중산층을 위한 정책들만 통과되기 마련이다.

기업주들은 미국 정부의 무사안일한 성향이 만든 시장 상황 덕분에 가만히 있어도 큰 이득을 볼 수 있다. 찰스 노블(Charles Noble)의 주장에 따르면, 미국의 대다수 평범한 서민들과는 달리, 부유층은 자기편을 들어줄 적극적인 정부의 역할에 대한 욕구가 상대적으로 적다. 그들은 이미 민간 부문에서 막대한 수입을 올리고 있기 때문이다. 미국의 정치 과정은 다른 계층이 정부에 자신들의 공정한 몫을 요구하지 못하도록 막음으로써 자본에 대한 부유층의 독점적 지위를 더욱 공고히 해준다. 기득권층이 소외계층에게 혜택을 주는 입법을 무산시킬 수 있는 수많은 수단과 기회를 제공하는 것이 바로 미국의 정치 제도다. 견제와 균형에 입각한 미국의 정치 제도는 정부가 좀 더 공평한 소득과 부의 재분배를 달성하는 데 필요한 주요한 정책들을 실행하지 못하도록 막고 있다.

연방주의 제도 : 미국에서 정치권력은 서로 다른 지리적 위치에 있는 다양한 지방 정부로 분산되어 있다. 각 주와 지방 정부는 과세와 정부 지출을 포함한 광범위한 영역에 대해 자치권을 행사한다. 이처럼 분권화되어 있는 연방 구조는 중앙 정부의 힘을 약화시켜, 광범위한 소득 재분배 개혁을 추진할 여지가 적어진다. 권한이 여러 단위로 쪼개져 있는 미국식 연방주의 제도 탓에 미국에서는 사회개혁 옹호론자들보다 현상유지 옹호론자들이 더 각광을 받는다. 이에 따라 소외계층의 정치력은 약화되는 반면 특권층의 권력은 오히려 더 강화된다. 이처럼 정치권력이 분산된 탓에 정부는 사회 문제에 대한 대응이 느릴 수밖에 없다. 또한 그에 따라 기득권층은 자신들의 이익에 반하는 입법을 무산시킬 기회를 많이 얻게 되고, 이에 비해 대개 한정된 자원을 지닌 많은 사람들의 권리와 개혁 성향의 운동을 약화시킨다.

연방주의 제도 하에서 재정이 열악한 도시와 주 정부는 정치력이 미약할 수밖에 없으므로, 지방 정부 관료들은 기업의 이익 실현에 열중한다. 이 과정에서 서민층과 빈곤층의 희생이 뒤따른다. 자본주의 경제에서 민간 기업은 투자에 대한 의사 결정권을 쥐고 있고, 민간 기업의 결정에 따라 특정 지역사회의 운명이 좌우된다. 이런 환경 때문에 정치인들은 어쩔 수 없이 기업 엘리트들의 취향에 특히 민감할 수밖에 없고, 재분배 과세나 정부 지출에서 기업 신뢰도에 타격을 줄지도 모르는 행위들을 애써 외면하려 한다. 연방주의 제도는 미국 정치학자 찰스 린드블롬(Charles Lindblom)이 말한 소위 '특권적 지위'를 부추기는데, 특권적 지위란 대개 기업이 정치 시스템 내에서 차지하는 우월적 지위를 뜻한다. 각 주와 지방 정부는 일자리 창출과 조세 수입을 늘리기 위해 기업 투자에 의존한다. 이 때문에 기업은 특히 자본의 이동성이 심화되고 있는 상황에서 엄청난 정치적 영향력을 얻게 된다. 사실상 기업들은 도시와 주 정부를 장악할 만한 힘이 있다. 선출직 관료들이 자신들의 요구를 제대로 들어주지 않으면, 회사를 딴 데로 이전시켜버리겠다고 윽박지르는 것이다. 그리고 기업들은 지방 정부끼리 경쟁을 붙임으로써, 기업에게 호의적인 세제 혜택과 풍족한 보조금 그리고 기업 친화적인 규제 정책의 혜택을 마음껏 누린다. 지방 자치단체들은 이런 거래에서 큰 손실을 보기 일쑤다. 일자리 창출에 갈급한 인디애나와 일리노이, 플로리다와 그 밖의 지역의 납세자들은 지금까지 수백만 달러를 민간 기업들에게 퍼부어주었지만, 민간 기업들이 그 돈을 가지고 도망가는 모습을 그저 지켜봐야만 했다.

　미국 사회에서 가난은 구조적인 문제이다. 이는 미국의 경제 구조 탓일 뿐만 아니라 미국의 정치 구조 탓이기도 하다. 미국에서 가난이 지속되는 이유는 부분적으로 기업의 힘을 더욱 강화시켜주고, 좌파 정당의 출현을 저해하며, 재분배 개혁 달성 노력을 방해하는 미국의 오래된 정치 제도 때문이다. 빈곤층의 이익을 외면하고, 우리가 보다 더 공정한 사회로 나아갈 수 있는 길을 열어주는 정부 정책의 시행을 가로막는 주범이 바로 미국 정치 시스템 구조 그 자체인 것이다.

기업이 정치를 장악하다

미국의 정치 시스템은 빈곤과 불평등과 관련한 의제들을 철저히 무시하는 정책 입안자들의 태도 때문에 보수 편향이라는 딱지가 붙어 있다. 소외계층들은 일반적인 정치 통로로는 대중의 관심을 끌기가 어렵다. 마치 1950년대와 1960년대 시민권 운동처럼, 소외계층이 정치적 주목을 끌기 위해 항의와 파업, 시위, 보이콧 등 사회적 파장을 일으키는 행위에 나서야만 비로소 정부가 그들의 요구를 수용하는 경향이 있다. 1970년대 이후 원래부터 보수적이던 미국 정치는 한층 더 우편향으로 치달았고, 빈곤층에 대한 무시로 일관해 온 정부 정책은 가혹하기가 이를 데 없었다. 미국에서 1970년대 초반은 미국 경제와 정치의 분수령이기도 했다. 기업들이 전후에 맺었던 암묵적인 사회적 합의를 파기하면서, 그에 발맞추어 미국 정치 시스템의 판도도 달라지기 시작했다. 이처럼 권력의 불균형이 서서히 심화하면서 정부의 재정 및 통화 정책 그리고 규제 정책이 우편향으로 치우쳤다. 지난 30년 동안 경제 구조가 급변하면서 저소득 가구의 삶은 더욱 고단해졌고, 대다수 미국인의 삶도 더 어려워졌다. 이 와중에 미국 정부는 가진 자를 옹호하고 못 가진 자를 핍박하는 정치적 의제를 좇는 바람에 오히려 사태를 악화시켰다.

1970년대 초 미국 재계는 심각하게 어려웠다. 국제 경쟁이 점점 더 심화되는 가운데 수익은 감소하고, 제3세계 국가들은 미국의 해외 진출을 반대했으며, 소비자 단체와 환경 단체 그리고 노동 단체로부터 정치적 압력을 받았다. 이에 재계 지도자들은 국가의 방향성에 대해 우려를 표명했다. 레오날드 실크와 데이비드 보겔(Leonard Silk & David Vogel)의 기고문에서 어느 기업 간부는 "지금 행동을 취하지 않는다면 우리는 자멸하게 될 것이다. 자칫하면 사회 민주주의 국가로 전락할 것이다"라고까지 말했다. 그리고 기업들은 실제로 행동에 들어갔다. 자신들의 정치·경제적 지위에 위협이 고조되고 있다고 느낀 기업 집단들은 탄탄한 자금력을 바탕으로 다차원적인 역공에 나섰다.

1970년대 재계 지도자들은 일관되게 정치 활동에 매진했다. 그들은 수백만 달러를 쏟아 부어 친기업적 광고를 제작해 대중들에게 대기업의 미덕과 큰 정부의 해악을 알리고, 자유 시장 경제의 장점과 노동조합의 악의성을 선전했다. 기업 우호적인 이념을 강화하기 위해, 어마어마한 돈을 출연해 새롭게 헤리티지 재단을 창립하는 것을 비롯해 수많은 보수파 싱크 탱크를 후원했다. 그리고 재계 인사들에게 가장 중요한 경제 단체인 '비즈니스라운드테이블(Business Round Table)'을 비롯한 강력한 로비 단체들을 만들었다. 에드살(Edsall)에 따르면, 최고 경영자들이 모여 노동조합의 공격을 막아내기 위한 전략 수립 목적으로 1973년에 최초로 설립된 이 엘리트 조직은 나중에 재계의 광범위한 목표들을 추진하는 데 매진하며 '대기업의 정치 기구' 역할을 했다. 재계 지도자들은 선거 정치에도 보다 적극적으로 뛰어들어, 기업의 정치활동 위원회에 대한 재정적 지원을 늘렸다. 또한 1970년대 후반부터는 선거 후원 자금을 두고 보다 더 공격적인 전략을 펼쳤다. 민주당과 공화당 양쪽에 자금을 지원하며 몸을 사리는 대신, 노골적으로 친기업적인 정책을 지지하는 후보를 지지하기 위해 선거 자금을 비축했다. 재계는 다양한 수단과 방법들을 동원해서 노동조합을 박살내고, 정부 규제를 완화하고, 법인세 부담을 낮추고, 사회 복지 프로그램에 대한 지출을 줄이려고 애를 썼다. 아직도 진행 중인 기업들의 공세는 그야말로 대성공이었다. 기업들은 정치 투쟁으로 많은 것들을 얻어냈고, 미국 노동자들에 대한 정치적 우위도 확보했다.

정치적으로 소외당하는 노동 계급과 빈곤층

미국에서 1970년대부터 우파로 권력이 이동한 이유는 미국 재계의 정치력 동원이 있었을 뿐만 아니라 '노동자와 지역 사회, 소비자를 비롯한 각종 단체들'의 조직력이 덩달아 약화되었기 때문이기도 하다. 자본의 힘은 강해진 반면, 자본의 힘을 상쇄하는 세력들은 약해졌다. 결국 정치 무대는 부유층의 이익을 대변하는 쪽으로 크게 기울어졌다. 예컨대 특정 계층에 편향적인 정치 참여 과정을 한 번 떠올려보자. 미국 사회에서 저소득층은 부유층에 비해 투표를 하고, 정치 조직에 참여하고, 선거를 위해 돈과 시간을 투자하거나 그 밖의 정치 활동에 참여할 가능성이 작다. '사회적 불평등(Social Inequality)'에 관한 일련의 연구들에 따르면, 정치 참여에 대한 빈부 격차는 현저하다. 그리고 이런 격차는 민주주의 국가들 중에서도 유독 미국이 두드러지고, 통계 추산에 의하면 그 격차는 점점 더 벌어지고 있다.

최근 수십 년 동안 상당수의 미국인들이 정치·사회 문제에 스스로 관심을 끄거나 혹은 중요한 의제에서 배제되면서, 강력한 기업체와 특별 이익 단체들이 활개 칠 수 있는 광활한 무대가 펼쳐졌다. 이처럼 정치적, 시민적 이탈이 증가하게 된 이유는 무엇일까? 이에 관해 정치학자 로버트 퍼트넘(Robert Putnam)은 한 가지 답을 내놓는다. 퍼트넘의 주장에 따르면, 1940년대 이후에 출생한 미국인들은 제2차세계대전을 거치며 성인이 된, 애국심이 강한 전쟁 세대와는 달리 한결같은 정치 참여 습관을 기르는 데 실패했다. 특히 텔레비전의 등장으로 대중들이 서로 고립되면서 전후 세대들은 대의보다는 사생활, 정치보다는 개인사에 더 무게중심을 두고 살아가게 되었다.

정치학자 로버트 달(Robert Dahl)의 주장에 따르면, 오늘날 부와 명성을 선망하고 모방하도록 부추기는 광고의 영향 아래에 놓여 있는 미국인들은 '시민 문화'를 내팽개치고 '소비주의 문화'에 매몰되어있다. 이제 우리들은 정치가 아니라 재산에 관해서, 후보자가 아니라 살 물건에 관해서 이야기한다. 그리고 정치 집회에 참여하는 대신 쇼핑몰을 들린다. 토마스 페터슨(Thomas E. Patterson)은 최근의 언론 행태가 정치 소외를 낳는 주범이라고 지적한다. 정치색이 없어진 미국인들은 이제 선정주의와 스캔들, 연예인, 호기심을 자극하는 내용들로 도배된 뉴스 프로그램을 보면서 정치에 대한 환멸을 느낀다. 시민들의 관심을 불러일으키고 제대로 된 정보를 제공해야 할 기자들은 제 역할을 못하고 있다. 그리고 일상적으로 정부와 정치인들에 대한 부정적이고 비난조의 기사를 쏟아내는 언론의 행태 역시 정치적 냉소와 무관심을 부추긴다. 그 밖에도 시민들의 정치 참여를 저해하는 온갖 사회 현상과 관련된 요소들이 미국식 민주주의의 체질을 악화시킨다.

대중의 정치 이탈은 선출직 정치 관료들의 책임감을 약화시켜 결국 경제 엘리트들의 입맛에 맞추려는 정치인들의 저자세를 더욱 부추긴다. 부유층의 이익만 대변하는 정치와 정부 정책의 편향성 또한 서민층과 빈곤층의 사회적 영향력을 약화시키고 그들을 약자로 만드는 미국 정치 환경을 조성하고 있다. 필자는 1970년대부터 미국 서민층의 정치적 소외에 일조한 정치 풍토에는 다음과 같은 네 가지 변화 양상이 있다고 보고 있다.

노조의 쇠퇴 : 2006년 기준으로 임금과 연봉 근로자의 12%만
이 노동조합에 가입되어 있고, 민간 부문 노동자들의 노조 가입
률은 7.4%에 불과했다. 1950년대 중반에 비해 3분의 1이상 떨
어진 수치다. 이처럼 노조 가입률이 급격하게 떨어진 것은 기업
의 반노조 정책과 취약한 노동 법규 탓이 크다. 노조 가입률의
급락은 특히 남성 노동자들의 임금 정체와 증가하는 소득 불평
등의 중요한 원인으로 작용하고 있다.

국가 간 비교 자료로 확인되는 바에 따르면, 노조의 힘과 노동
자의 처우 사이에는 확실한 인과관계가 있다. 미국과는 달리 산
업 선진국 대부분은 높은 노조 조직률을 보인다. 유럽 국가들은
또한 더욱 일관된 임금 결정 제도를 가지고 있다. 노조의 임금
협상이 여타 비노조원들의 임금에도 영향을 미치면서 노조의
경제적 영향력은 더욱 막강해진다. 반면 미국에서는 비교적 소
수의 노동자들만 단체교섭권의 보호를 받고 있다. 노조의 취약
성은 다른 선진국에 비해 왜 그토록 미국의 소득 불평등이 심한
지 설명하는 데 도움을 준다.

기업 입장에서는 노조의 쇠퇴가 반가운 일이지만, 노조의 쇠
퇴로 인해 노동자의 권익과 민주주의는 후퇴한다. 물론 노조가
항상 자신들의 공약을 관철시키는 것은 아니지만, 미국 사회에
서 노조는 특히 시민 단체 및 지역 단체와 연대할 때, 필수적이
고 다양한 정치 기능을 수행한다. 노조는 정부가 법치에 따라
서 즉 공정하고, 효율적이고, 책임 있는 운영을 하며 다양한 유

권자들의 욕구에 부응하는 데 도움을 준다. 게다가 노조는 조합원들에게 시민으로서의 잠재력을 펼칠 기회를 주고, 거대 정당에 자주 무시당하는 저소득층 유권자들을 집결시키고, 중도 좌파 정치 후보자를 지지하며, 경제 정의가 늘 정치 의제로 주목받을 수 있도록 노력하는 것을 그 본령으로 삼고 있다. 그리고 노동조합은 '저소득층 및 중산층을 권리를 신장하기 위한 진정으로 중요하고 유일한 정치적 대변인'이기 때문에 정치 평등을 실현하는 데에도 일정 부분 공헌한다. 노동조합의 지원이 없다면, 미국의 근로자들은 공적 영역에서 자신들의 이익을 변호할 제도적 수단이 없다. 이런 점에서, 노조는 기업이 막대한 자본력을 그대로 정치력으로 치환할 수 없도록 막는 없어서는 안 될 견제세력이다.

미국에서 노조의 힘이 약해지면서 경제 시스템 내에서 노동자의 협상력이 약화되었을 뿐만 아니라 정치권력의 지형 또한 바뀌었다. 오늘날의 노조는 노조 가입률이 훨씬 더 높았던 1950년대와 1960년대의 그 막강한 영향력을 상실했다. 이제 노조는 예전만큼 유권자들이 친노동자 후보를 지지하도록 마음을 돌리도록 하지 못하고, 파업이나 사회적 저항을 통해서 압력을 행사하지도 못하고, 민주당 내에서의 비중도 떨어지며, 정치권 내에서 노동 계급의 이익을 잘 보호하지도 못하게 되었다. 노조의 힘이 약화되는 가운데 기업 집단과 그들의 정치적·이념적 동지들은 핵심 경제 이슈를 주관하는 정부 정책에 강한 영향을 끼치고 있다. 국제 무역, 일터의 건강과 안전, 노동법, 최저임금, 사회 복지 정책은 물론이고 서민들의 경제적 안녕에 중요한 기타 문제들까지, 재계의 이익을 노동 계급 및 빈곤층의 이익보다 훨씬 더 우선시하게 되었다.

미국식 자유주의의 대변신 : 1970년대부터 중산층 전문직 종사자가 생산직 노동자를 대신해 민주당의 주요 유권자로 부각되면서 미국식 자유주의의 계급적 내용은 근본적인 변화를 겪는다. 이러한 국면은 노동조합의 쇠퇴 때문이기도 했지만, 보다 더 교육 수준이 높은 대중들의 늘어나는 우려를 표명할 수 있는 자유주의 단체들이 우후죽순처럼 새롭게 등장했기 때문이기도 하다. 환경 단체와 소비자 단체를 비롯한 시민 단체들은 사회적으로 중대한 문제들에 대한 인식을 고취시키는 것은 물론이고, 민주당의 입법 우선순위를 바꾸는 데에도 큰 영향을 미쳤다.

제프리 베리(Jeffrey M. Berry)에 따르면, 오늘날 자유주의적 의제를 결정하고 있는, 1970년대부터 무대에 등장한 시민 단체들은 대개 빈곤층이나 약자들, 심지어 노동자 계층이 겪는 문제와 무관한 의제들에 초점을 맞추고 있다. 베리의 주장에 따르면, '탈물질적(post-material)'인 생활의 질 문제에 집착하는 신자유주의는 빈곤과 경제적 불평등 문제에 대한 관심을 딴 데로 돌려놓았다. 최근에 민주당이 친기업적이고 자유시장를 옹호하는 신자유주의에 경도된 것과 더불어 자유주의의 속성이 변화하면서, 노동자 계층과 빈곤층은 미국 정치권에서 소외되었고 정부 정책의 혜택도 충분히 받지 못하고 있다.

미국 시민 사회의 변화 : 사회학자 테다 스카치폴(Theda Skocpol)에 따르면, 미국의 '시민 민주주의' 역시 미국 자유주의의 진화에 견줄 만큼 큰 변화를 겪었다. 미국 소외계층의 시민 참여를 촉진했던 회원제 단체들은 1970년대부터 미국 사회에 광범위하게 포진한 이익 단체들에게 백기를 들었다. 재향 군인단체에서부터 노동조합에 이르기까지 수많은 회원제 단체들은 단체에 속한 회원들이 적극적으로 활동함으로써 단체에 힘을 실었다. 이들은 유권자들을 동원하고, 대중의 심사숙고를 독려하며, 교육을 통해 사람들에게 시민 의식을 고취했다. 회원제 단체들이 일종의 아래로부터의 민주주의를 표방했다면, 기업 단체, 전문가 단체, 시민 단체를 비롯한 다양한 이익 단체들은 엘리트주의에 더 가까웠다고 말할 수 있다. 이익 단체들은 주로 뉴욕이나 워싱턴에 있는 전문가들이 조직의 운영을 총괄하는 '하향식' 운영을 한다. 그리고 상근직 관리자와 컨설턴트, 법률가가 제공하는 자금과 전문성에 의존한다. 또한 풀뿌리 시민운동에 집중하기보다는 연구, 홍보 활동, 로비, 법률 소송 등의 활동에 치중한다. 그리고 이익 단체들은 중상위층 유권자들 쪽으로 크게 기울어져 있다. 이익 단체들이 많은 미국인들에게 혜택을 주고 있는 것은 사실이지만, 이익 단체들의 득세로 계급 편향적인 정치 참여와 정부 정책은 오히려 더 강화되었다. 스카치폴의 소신 있는 주장에 따르면, 이러한 시민 사회의 변형은 정부의 사회 · 경제적 재분배 기능을 약화시켰고 정치 의제에서 경제 정의 실현 문제를 배제시키는 데 일조했다.

인종 간의 반목을 부추기는 정치 : 인종 간, 민족 간 차이에서 비롯한 반목과 갈등 또한 노동 계급과 빈곤층의 정치적 소외를 부추기는 요인이다. 거주 지역 분리와 인종에 대한 편견이 끈질기게 계속되고, 포스트 시민권 시대에도 새롭게 변형된 인종차별이 속속 등장하면서, 미국 사회에서 소외계층의 통합은 요원한 일이 되었다. 이와 같은 인종 간 분열의 정치적 파장은 특히 심각하다. 빈곤층의 다수를 흑인과 남미계가 차지하고 있는 데다 가난 문제를 인식하는 대중의 관점에서 그들의 존재가 더욱 크게 부각되기 때문이다. 마틴 길렌스(Martin Gilens)가 입증하듯, 백인 미국인들 중에는 가난이 주로 흑인들의 문제이며 그들이 게으른 탓에 가난에 빠진다고 생각하는 사람들이 많다. 백인들 다수가 유색 인종들이 그럴 만한 자격도 없이 복지 혜택을 누릴 것이라고 의심하는 한, 사회 복지의 확대에 대한 대중의 전폭적 지지를 이끌어내기 어렵다. 인종 간 반목을 부추기는 정치는 소득 재분배를 약화시키는 법이다. 이 점에 관해 알베르토 알레시나(Alberto Alesina)와 에드워드 글래서(Edward Glae)는 국가 간 비교를 통해 인상적인 증거를 제시한다. 두 사람의 연구 결과에 따르면, 미국처럼 다양한 인종이 섞여 있는 국가의 사회 복지 지출은 단일한 인종으로 구성된 국가의 사회 복지 지출보다 현저히 낮다. 두 사람의 자료 분석 결과, 미국의 정부 지출 수준 역시 그와 비슷한 패턴을 보이는 것으로 드러났다. 흑인 인구가 가장 많이 사는 주에서 복리 후생 수준이 가장 열악했다. 민족 간, 인종 간 분열이 생기면 빈곤층은 사회의 희생양이 되기 십상이고, 공동의 경제적 목표를 달성하기 위한 일반 시민들의 능력은 떨어지며, 소득 재분배 정책에 대한 지지는 약화된다.

노조의 쇠퇴, 자유주의의 변신, 시민 사회의 변화, 인종간 반목을 부추기는 정치. 이 네 가지 이유와 그 밖의 많은 이유들로 인해 노동 계급과 빈곤층은 꾸준한 정치적 영향력을 크게 행사할 수가 없고, 이 때문에 자본 편향의 정치 구조는 더욱 공고히 다져지고 있다. 물론 미국의 노동 계급이 완전히 정치력을 상실한 것은 아니어서, 근래에 천신만고 끝에 몇 가지 중요한 승리를 거두기는 했다. 예컨대 주와 지역 차원에서 전개한 생활 임금 보장 운동과 최저임금 인상 운동은 눈에 띄는 성공을 거두었다. 그러나 전반적으로 1970년부터 진행된 정치권력의 독점화 현상으로 계급 편향적 정부 정책은 심화되었다. 이는 결국 미국 서민층의 경제적 전망을 악화시키고, 심각한 불평등과 빈곤이 지속되는 원인으로 작용했다.

정경유착의 파급 효과

돈과 권력의 만남으로 인한 시너지 효과는 미국 정치의 우편 향성을 더욱 강화시켰다. 미국 정치는 노골적인 돈놀이가 되었다. 게임에 참여하는 것은 말할 것도 없고 진짜 도박을 하려면 큰 판돈이 필요한 세상이 되었다. 가난한 미국인들은 그저 구경꾼으로 전락했고, 그마저도 큰 판돈이 오가는 경기는 참관조차 못하는 신세가 되었다. 큰돈이 오가는 거래는 대중의 눈을 피해 회사의 임원 회의실과 로비 업체의 사무실 그리고 잘 알려진 표현대로 정부의 담배 연기 자욱한 권력의 회랑에서 이루어진다.

미국 정치는 '돈이 말을 하는' 곳으로, 1970년대부터 돈은 전례 없는 위력을 발휘하고 있다. 상황을 더욱 악화시키는 것은 정치권에서 돈이 점점 더 위력을 발휘하는 동안 부와 소득의 불평등 또한 급속도로 심화되었다는 사실이다. 그 결과 악순환이 반복되고 있다. 부유층이 돈의 힘을 빌려 정치권에 진출하고 정책 의제를 독점하면서, 경제적 불평등은 정치적 불평등을 낳는다. 그렇게 정치력을 등에 업은 부유층이 더욱 큰 자본을 축적하면서, 정치적 불평등은 또다시 경제적 불평등을 유발한다. 그렇게 악순환은 계속된다. 이처럼 돈과 권력이 손을 잡으면서, 국가는 그 어느 때보다도 부유층의 하수인으로 전락할 위험성이 커졌고, 부유층은 전례 없이 지배적인 정치 세력으로 자리 잡을 위험성이 커졌다. 게리 버틀리스(Gary Burtless)와 크리스토퍼 젱크스(Christopher Jencks)는 '미국인의 불평등' 문제를 다루면서 이러한 불길한 시너지 효과에 주목했다. 두 사람이 내린 결론에 따르면, 부와 소득의 불평등 심화로 가장 우려되는 대목은 극심한 부와 소득의 불평등이 '정치력의 분배'에 끼치는 영향이다. 두 사람은 이렇게 묻는다. 부유층이 풍부한 자본을 동원해 정치권에서도 마음대로 권력을 휘두르고, 그에 따라 자신들의 배를 더 불리는 쪽으로 정부 정책을 떡 주무르듯 한다면 미국의 민주주의는 과연 어떻게 될 것인가?

돈은 여러 경로를 통해 정치권으로 흘러들어 가지만, 그중 두 가지 큰 경로가 있다. 첫째, 선거에 들어가는 막대한 선거자금이다. 이 때문에 부유층은 선거 과정에서 입후보자를 선택하는 데 과도한 영향력을 행사한다. 둘째, 공직자들에게 로비를 하는 데 들어가는 어마어마한 돈이다. 이 때문에 부유층은 일상적인 정부 정책에서도 지나칠 정도로 막대한 영향력을 행사한다. 미국 정치권에서 돈의 위력이 세지면서 빈곤층이 정치에 참여할 수 있는 여지는 크게 줄어들었다. 돈의 위력 때문에 정치적 평등이라는 민주적 이상은 훼손당했다. 부유층이 금권을 휘두르면서 막강한 정치권력을 손에 쥐게 되었지만, 대부분의 빈곤층은 정치 무대에서 제대로 발언할 기회조차 차단당했다.

힐러리 클린턴이 2008년 대선에 뛰어들기로 발표한 다음 날, 《뉴욕 타임스》는 정곡을 찌르는 표현으로 제1면을 장식했다. 문자 그대로, 대선은 '돈 끌어들이기를 위한 경쟁'이었다. 《뉴욕 타임스》보도에 따르면, 전쟁 같은 예비 선거를 치르기 전, 입후보자들은 으레 '정치 기부금을 받고, 모금 행사를 주최'함으로써 자기 힘을 과시해 보인다. 물론 돈이 선거 승리를 보장하지는 않지만, 기부금을 모으지 못하는 정치인은 결코 선거에 뛰어들 수가 없다. 미국에서 공직에 나서는 후보들은 당선직의 고하를 막론하고 자신의 정치 자금을 민간의 기부금에 의존한다. 그리고 최근 수십 년 동안 정치 기부금의 규모는 점점 더 커졌다. 선거 비용은 하늘 높은 줄 모르고 치솟았다. 정치인들이 값비싼 텔레비전 광고와 여론조사 전문가, 전문 컨설턴트, 홍보 전문가 등 몸값 높은 외부 전문가의 조언에 의존하게 되었기 때문이다. 그 결과 지난 30년 동안 선거 운동에서 시간보다 돈의 가치가 더 높이 평가되었다. 이러한 변화는 정치판의 계급 편향성을 악화시키는데, 부유하고 보수적인 대사업가들은 노조원들을 포함한 서민층 유권자들보다 훨씬 더 많은 돈을 후보자들에게 기부하기 때문이다. 선거 무대에서 돈의 중요성이 예전보다 더 커지면서 노동 계급과 빈곤층은 정치의 변방으로 쫓겨났다.

돈은 선거 과정에 악영향을 끼친다. 돈 때문에 입후보자 선정의 폭이 줄어들고, 대중들을 향한 정책 이슈의 범위가 줄어들며, 선거에 참여하는 유권자들의 범위도 줄어든다. 제이 맨들(Jay Mandle)의 주장에 따르면, 경선을 사비로 충당하게 되면 막대한 선거 기부금을 낼 수 없는 유권자들의 관심사를 거의 반영하지 못하는 정치 강령과 정치 논쟁이 발생하게 된다. 이는 유권자들 중 특히 재분배적인 사회 복지 정책을 지지하고 그 수혜를 가장 많이 입을 계층인 저임금 노동자들의 투표율을 끌어내린다. 예를 들어 선거 자금을 공개적인 절차가 아니라 사적으로 충당하는 미국은 투표율이 현저히 낮을 뿐만 아니라 보건, 교육, 연금에 대한 정부 지출도 턱 없이 낮은 수준이다. 맨들이 내린 결론에 따르면, 사적인 선거 자금 모금 때문에 민주적 선택의 폭은 좁아지고, 정치적 논쟁의 범위가 축소되며, 부유층의 이익에 편향된 정부 정책이 유발된다.

돈은 선거가 끝난 뒤에도 중요하다. 2006년에 로비 자금 총액은 25억 달러를 넘어섰다. 1998년부터 2007년까지, 미국 상공회의소는 총 3억 3천 8백만 달러를 정치 자금으로 지출해 무역기구, 사업체와 기업들 같은 여타 정치계 큰 손들을 제치고 로비계의 최고 기관으로 등극했다. 2005년에 등록된 로비스트 수만 3천 명을 넘었는데, 이는 2000년의 2배를 넘는 수치다. 그중에서 많은 로비스트들이 미국 수도에 상설 사무실을 두고 있는 기업에 채용되어 일하고 있다. 최근에 불고 있는 로비 바람은 기업들이 워싱턴 정계에서 막강한 정치력을 유지하는 데 점점 더 큰 노력을 기울이고 있음을 주로 반영한다. 로비 전략은 제 값을 톡톡히 했다. 기업의 강력한 로비가 제 힘을 발휘하면서, 정부 규제와 무역 및 과세 정책은 확실히 재계의 최우선순위를 반영하고 있다.

미국의 기업과 부유층은 로비 시스템을 적극 활용할 수 있는 다양한 수단, 요컨대 조직, 전문성, 인맥, 자금 등을 보유하고 있다. 기업 집단은 자금이 풍부한 전문 로비스트들을 보유하고 있으며 기업들이 얻을 이해관계를 감시하고 있다. 미국에서 정부 지원이 절실한 처지에 있는 많은 빈곤층이 강력한 압력이 행사되는 정치계에서 크게 불리한 위치에 있는 이유도 자신들의 이익을 대표할 만한 조직적인 정치 세력이 부족하기 때문이다. 사회에서 빈곤층은 정치 무대에 들어설 제대로 된 기회조차 없고, 정책 형성 과정에 동등하게 참여할 기회는 더더욱 얻지 못한다. 국회의원들의 앞에서, 일반 서민들은 귓속말로 소곤거리고, 특권층들은 쩌렁쩌렁 고함을 지른다. 그 결과는 불 보듯 뻔하다. 미국의 정치 시스템은 빈곤층의 관심사보다는 부유층에 관심사에 훨씬 더 민감하다.

권력 이동에 따른 정책적 결과: 로빈 후드와 반대로

가난의 책임을 빈곤층 스스로의 결함 탓으로 보는 개인주의 이론은 명백한 사실, 예를 들어 정부의 역할에 민생 경제는 큰 영향을 받으며 1970년대부터 점점 더 부유층에 편향된 정부 정책이 시행되고 있다는 사실을 은폐한다. 가난은 자업자득의 결과가 아니라 빈곤층의 요구에 묵묵부답으로 일관하는 정치 시스템의 실패 탓이다. 불평등이 점점 더 심화하는 이 시대에, 정치인들은 경제적으로 고통받는 미국인 수백만 명을 돕기 위해 적극 나서기는커녕 오히려 빈부격차만 더욱 가중시키고 있다.

이제부터는 가난의 정치적 측면을 더욱 심층적으로 조명하기 위해 가난과 관련해 중요한 4가지 정책 영역인 최저임금, 실업 보험, 복지 개혁, 노동법을 간략하게 살펴보고자 한다. 각각의 사안에서 지난 20~30년 동안 정부 지도자들이 어떻게 서민층과 빈곤층을 외면했는지를 분명히 보여주는 것이 필자의 목적이다.

최저임금 – 자꾸만 낮아지는 추세 : 최저임금은 1938년에 미국 의회를 통과한 근로기준법의 일환으로 법제화되었다. 근로기준법의 입법 취지는 노동자들이 건강하고 능률적이며 온전한 삶을 실현하는 데 필요한 기본 생활수준의 성취를 방해하는 노동 조건들을 개선하기 위해서였다. 최저임금은 시간당 임금의 하한선을 두고 있다. 하지만 최저임금은 물가상승률과 연동되지 않으므로, 시간이 지나 생계비가 점차 상승하면 그 실질가치는 떨어지기 마련이다. 이 지점에서 정치가 개입한다. 최저임금을 인상할지 말지, 인상한다면 특정 주기에 따라 얼마만큼 인상할지 경정하는 주체는 의회와 주 정부 및 지방 정부의 의원들이다. 최저임금 수준은 서로 이해관계가 다른 두 정치집단이 벌이는 정치 투쟁의 산물이다. 대개 저임금 노동자들과 노동 단체들은 진보 성향의 민주당 의원들의 지지를 등에 업고, 공화당 의원들과 자유시장 이론가 그리고 고용주들, 특히 중소기업 고용주들을 상대로 최저임금 수준 달성을 위한 협상을 벌인다. 따라서 노동자들의 소득 수준과 그들의 빈곤 탈피 가능성 또는 빈곤 방지 가능성은 서로 대립하는 이해관계자들과 어쩔 수 없이 정치적 판단을 내릴 수밖에 없는 선출직 관료들 간의 힘의 균형 여하에 달려 있다. 미국에서 불평등과 빈곤의 심화 정도는 부분적으로 최저임금을 둘러싼 정치적 결정의 산물이다.

1950년대와 1960년대에 물가를 감안한 최저임금의 실질 가치는 상승세를 보이다가 1968년에는 시간당 7.73달러(2006년 달러 가치 기준)로 최고치를 기록했으나, 1970년대에 들어서는 전반적으로 하락세를 보였다. 1980년대 들어 미국 정치는 우경화했고, 그와 동시에 최저임금은 급속도로 하락했는데, 레이건 정부 시기 최저임금은 30% 가까이 하락했다. 1981년 1월부터 1990년 4월까지 의회는 최저임금을 동결하기로 결의했다. 1990년대 들어서는 1997년까지 총 4번에 걸쳐 최저임금이 소폭 인상되었으나, 1997년 구매력 기준 최저임금은 여전히 1968년 수준에도 훨씬 못 미쳤다. 수많은 연구 결과가 입증하듯, 최저임금의 실질 가치 하락은 저임금 노동자들, 특히 여성 노동자들의 소득 감소와 불평등 및 빈곤 심화에 일조했다. 1960년대 후반까지 상승했다가 그 뒤 하향세를 거듭하고 있는 최저임금의 패턴은 노동자들보다 기업의 이익을 우선시하는 정치 지형의 변화와 일맥상통한다.

1997년 9월부터 2007년 7월까지, 연방 최저임금은 시간당 5.15달러에 요지부동으로 묶여 있었다. 이는 최저임금이 도입된 이래 최장기간 동결된 것으로, 심지어 1980년대 9년 동안의 동결 기간보다도 더 길었다. 2007년에 최저임금은 시간당 70센트 인상되었으나, 연방 최저임금으로는 하루 종일 일해도 일 년에 12,000달러도 벌지 못하여, 4인 가족 기준으로 빈곤선의 절반에도 훨씬 못 미치는 수준이었다. 이처럼 열악한 최저임금은 '건강하고 능률적이며 온전한 삶을 실현하는 데 필요한 기본 생활수준의 성취를 위해 필요한 금액을 훨씬 밑돈다. 연방 최저임금은 지난 10년 동안 손실한 가치를 어느 정도 만회하며 2009년 시간당 7.25달러까지 인상되었지만, 설령 최저임금이 그만큼 인상되더라도 여전히 생활 임금에도 못 미치는 소득으로 살아가게 되는 근로자 수는 수백만에 달한다.

오늘날 최저임금 근로자들은 1960년과 1970년대의 최저임금 근로자들에 비해 훨씬 더 가난하게 살고 있다. 그리고 최저임금보다는 높지만 연방 정부가 정한 기준대로 임금을 받는 수백만 명의 근로자들의 처지 또한 그와 별반 다르지 않다. 10년간 하락세를 거듭하던 연방 최저임금은 2007년 구매력 기준으로 1955년 이래 역대 최저치를 기록했다. 비관리직 근로자 평균 임금 대비 연방 최저임금의 비율은 1950년대와 1960년대에 각각 44%와 56%를 기록했으나, 2007년 연방 최저임금은 고작 31% 수준에 그쳐 역대 최저치를 기록했다. 한편, 최저임금 노동자와 부유층의 소득 격차는 더욱 크게 벌어졌다. 1968년에서 2004년까지, 기업 수익은 85% 증가한 반면 최저임금은 41% 감소했다.

그리고 1980년에서 2004년까지, 최저임금 대비 기업 최고경영자(CEO)의 평균 소득은 97배에서 952배로 급증했다.

미국의 여론조사 기관 퓨리서치센터(Pew Research Center)가 2004년 1월 진행한 설문 조사 결과에 따르면, 응답자의 82%가 최저임금 인상을 최우선 과제 혹은 중요 과제로 인식했다. 주 차원의 최저임금 인상을 인상하자는 국민 발의가 잇따르고 또 그 성공 사례가 많은 것도 대중들이 최저임금 인상을 얼마나 강력하게 원하는지 잘 보여준다. 십 년 동안이나 연방 최저임금 인상을 거부해오던 의회는 최저임금 인상에 대한 유권자들의 바람에 그저 무반응으로 대응했다. 십 년이 넘도록 지속된 최저임금의 하락세는 의회 내에서 지나치게 비대해진 대기업가들의 힘와 미국 민주주의 후퇴의 실상을 그대로 입증한다.

실업 보험 – 닳아 헤어진 사회 안전망 : 실업 보험 제도는 1935년 사회 보장법의 일환으로 제정되었다. 주된 목적은 비자발적 실업자들에게 임금을 대체할 수 있는 일시적이고 부분적인 자금을 지원해주기 위해서였다. 실업 보험 제도는 연방 정부와 주 정부가 공동으로 자금을 지원하고 관리한다. 각 주마다 실업 보험에 대한 수급 요건과 자금지원 수준이 천차만별이기 때문에 어떠한 주에서는 노동자들이 큰 혜택을 받고 또 어떠한 주에서는 푸대접을 받을 수 있어 전국에 걸쳐 심각한 불평등이 존재한다. 그러나 대부분의 주 정부 프로그램에는 공통적인 문제점들이 있다. 첫째, 수급 자격이 되는 노동자들도 수급 신청을 꺼릴 만큼 절차가 매우 복잡하다. 둘째, 자신의 급여를 통해 실업 보험의 원천이 되는 급여세(payroll tax)를 꼬박꼬박 내는 노동자들도 비합리적이고 낡은 수급 기준에 따라 실업 급여를 받지 못하는 경우가 많다. 셋째, 평상시 임금의 절반에도 못 미치는 주당 260달러 수준의 평균 실업 급여는 유럽 국가들의 실업 급여 수준에 훨씬 못 미친다. 한 가정을 빈곤선에서 구해내기도 어려운 금액이다.

지난 수십 년 동안 실업 급여를 신청하거나 실업 급여를 받는 실업자의 비율은 감소했다. 1975년 75%로 정점을 찍었다가 1980년에 50% 수준으로 떨어진 실업 급여 수급자 비율은 그 뒤 평균 33%~50% 수준에 머물러 있다. 이런 결과는 실업 보험 제도의 근본적인 맹점을 그대로 드러낸다. 즉, 오늘날 대다수의 실업자들은 실업 보험이라는 안전망을 뚫고 나락으로 떨어지고 있다. 70년 이상 유지되어 온 현행 실업 보험 제도는 본래 별천지를 꿈꾸며 고안되었다. 오늘날 변화한 노동 인구와 경제 환경에서 실업 보험 제도는 이제 실업자들의 생활수준을 보장해주는 제대로 된 안전망이 되어 주지 못한다.

실업 보험 제도는 많은 결점이 있지만, 그중 4가지 결점이 두드러진다. 첫째, 대부분의 주에서, 오늘날 노동 인구의 약 30%를 차지하는 비정규직 노동자들(파트타임 직원과 임시직 포함)은 실업 급여 수급 대상에서 제외되어 있다. 둘째, 대개 자녀 양육과 가사 노동의 짐을 떠안고 있는 여성 노동자들은 남성 가장 중심의 실업 급여 제도 때문에 혜택을 거의 받지 못한다. 여성들이 일과 가정 사이에서 큰 갈등을 겪으면서, 직장을 잃는 여성보다는 직장을 떠나는 여성의 비중이 압도적으로 높다. 예컨대 아픈 자녀를 돌봐야 한다든지 하는 자녀 돌봄 문제 때문에 어쩔 수 없이 때때로 직장을 잠시 그만두는 여성들이 많다. 대개 여성들, 특히 워킹맘들은 자발적이고 개인적인 사유로 직장을 그만둘 공산이 크므로 실업 급여 혜택을 받지 못할 가능성이 크다. 셋째, 대부분의 주에서 실시되고 있는 현행 실업 보험 제도는 시간당 저임금 노동자들에게 부당하게 불이익을 주고 있다. 고임금 노동자들에 비해 저임금 노동자들이 주 정부에서 정한 최저 소득 기준(minimum earnings requirements)을 충족시키려면 실직을 하기 전에 더 많은 시간을 일터에서 일해야 한다. 1990년 이후 몇몇 주가 소득 기준을 더 올려놓는 바람에 실업 보험 혜택을 받지 못하는 근로 빈곤층의 수는 더 늘어났다. 1990년대 중반 발표된 GAO(U.S. General Acconting Office)보고서에 따르면, 실직한 저임금 노동자 중 오직 18%만이 실업 급여 혜택을 받았는데, 이는 40%가 실업 급여 혜택을 받은 실직한 고임금 노동자들의 상황과 대비된다. 넷째, 일반적인 상황에서 노동자들은 최대 26주까지 실업 급여를 받을 수 있다. 그러나 지난 수십 년 동안 지속되어온 높은 장기 실업률이 입증하듯이, 오늘날 실직 노동자들은 새로운 일자리를 얻기까지 예전보다 더 많은 시간이 걸린다. 2004년에 3백만 명이 넘는 실업자들이 실업 급여를 탕진하고, 결국 모아놓은 돈도 다 써버리고 빚더미 위에 올랐다.

실업 정책은 변화하는 경제 상황과 변화하는 노동 인구에 보조를 맞추지 못하고 있다. 가난에 취약한 임금 노동자들은 어려운 국면에 처해 있다. 실업 급여를 받지 못하는 이들이 부지기수이고, 실업 급여를 받는 사람들도 금세 실업 급여가 바닥난다. 경기 변동이 심한 오늘날의 경제 상황에서 정부 관료들이 실업 안전망이 풀어지도록 내버려두고 있는 가운데 수백만 명의 미국인 근로자들은 스스로의 생계를 근심해야 할 상태로 방치되었다.

복지 개혁 – 빈곤층과의 전쟁 : 미국 정치의 보수 편향을 가장 명징하게 보여주는 사례 중 하나는 1996년 제정된 개인책임과 근로기회조정법(Personal Responsibility and Work Opportunity Reconciliation Act)이다. 이 법의 제정으로 부양 아동 가정부조(AFDC)가 없어지고, 연방 정부가 주에 지급하는 정액 보조금(block grant)으로 운영되는 이른바 빈곤가정 일시부조(TANF)가 새로운 복지 프로그램으로 도입되었다. 애초에 공화당원들이 입안하여 시간이 가면서 클린턴 행정부가 슬그머니 허락한 이와 같은 복지 제도의 재정비는 빈곤층의 복지 의존성을 퇴치하고 일자리와 결혼, 양부모 가정을 촉진한다는 명목으로 홍보되었다. 빈곤가정 일시부조는 복지혜택을 받을 때에도 기간 제약을 두어, 빈곤층 가구의 여성 가장이 정부로부터 평생 최대 6개월까지만 원조를 받을 수 있도록 했다. 주에서 허용하는 수급 기간은 더욱 짧았다. 수급자들이 복지 의존성을 탈피하고 경제적 자립을 빨리 달성하라는 취지로, 빈곤가정 일시부조는 수급자들의 근로 조건까지 의무화했다. 다시 말해 빈곤층 가구의 여성 가장은 복지혜택을 받는 대가로 반드시 일을 해야만 했다. 복지 수급자가 공부를 포기하거나 자기 자녀들을 신뢰할 수 없는 양육 기관에 맡기는 한이 있더라도 말이다. 그리고 빈곤가정 일시부조는 그 집행 방식에 있어서, 수급 대상자들이 의무 근로 규칙과 그 밖의 복지 규제를 따르지 않았을 때에는 복지혜택을 축소시키는 벌칙을 부과하는 등 체계적인 제재 수단을 마련해 두었다.

빈곤가정 일시부조 프로그램은 1990년대 후반 활황을 구가했던 경제 상황과 맞물려 한 가지 특별하고 의미심장한 효과를 남겼다. 그것은 다름 아닌 복지 수혜자 규모의 대폭 감소였다. 현금 복지 지원금을 받는 가구의 수는 1995년 5백만 가구를 상회했으나 최근에는 약 2백만 가구 정도로 줄어들었다. 이에 따라 1990년대 중반, 성인과 어린이들 합쳐 1,400만 명을 상회하던 복지 수급자의 수는 이제 채 500만 명에도 미치지 못하고 있다. 2001년 이후 빈곤율과 빈곤의 수위가 심화되는 와중에도 오히려 복지 수급자들의 규모는 꾸준히 축소되었다. 2000년에서 2005년까지 빈곤층 어린이 수는 백만명 이상 증가했고, 여성이 가장인 빈곤층 가구의 수는 2백만 가구 이상 증가했으며, 빈곤선의 절반에도 못 미치는 극빈층의 수는 역대 최고인 1,600만 명에 육박했다. 1996년 이후 복지 수급자 규모가 줄어든 주된 이유는 수급 자격이 되는 빈곤층 가구의 수가 줄었기 때문이 아니라 까다로운 자격 기준에 맞춰 빈곤가정 일시부조 프로그램에 등록된 빈곤층 가구 수가 줄었기 때문이다. 이는 복지 개혁의 어두운 면을 그대로 드러낸다. 즉, 빈곤층 여성 가장과 그 자녀들을 위한 정부의 안전망은 크게 훼손되었고, 그에 따라 스스로 생계를 이어가며 근근이 버티는 저소득 가구는 더 많아졌다.

또한 빈곤가정 일시부조 법안의 통과로 인해 더 많은 빈곤층 여성 가장들이 이미 포화 상태인 저임금 노동 시장으로 어쩔 수 없이 내몰리게 되었다. 2001년 이전의 초기 보고서들에 따르면, 새로운 복지 프로그램 도입은 잘해야 엇갈리는 결과만 낳았다. 기존의 복지 수급자들 중에서 고용 전망과 소득이 높아진 사례도 있었지만, 복지 수급자들 대부분은 여전히 노동을 해도 빈곤선에 가깝거나 빈곤선 이하의 소득밖에 벌지 못하고 있다. 게다가 프랜시스 폭스 피벤(Frances Fox Piven)이 주장하듯이, 복지 개혁은 수십만의 빈곤층 여성들이 꾸준한 행렬로 저임금 노동 시장에 진입하여 기존의 저임금 노동자들과 경쟁하게 만드는 촉진제 역할을 했다. 이에 따라 임금 하락 압력이 생기는 것은 불가피한 일이다. 이런 방식으로 값싼 노동력을 대량으로 공급하고 이미 위축된 노동자들의 협상력을 한층 더 위축시킴으로써 복지 개혁은 근로 빈곤층의 경제적 전망에 찬물을 끼얹고 있다.

민주당 공화당 양당의 정치 지도자들 중에는 복지 개혁이 성공했다고 믿는 정치인들이 압도적으로 많다. 그러나 이는 정부 정책 입안자들의 우선 관심사를 말해줄 뿐 복지 상황에 대해서는 알려줄 수 있는 것이 많지 않다. 만약 그 취지가 복지 수혜자의 규모를 줄이고 빈곤층 여성들의 노동 참여를 늘리자는 것이라면, 복지 개혁은 나름대로 성공했다고 할 수 있다. 그러나 만약 가난한 가정에 적절한 소득을 보장하고, 더 나아가 빈곤층 인구 자체를 줄이는 것이 복지 제도 본연의 임무라면, 복지 개혁은 실패한 것이나 다름없다.

노동법 – 노조와 노동자의 권리에 대한 공격 : 피터 하트 연구소 (Peter Hart Research)가 2006년에 실시한 한 설문 조사 결과에 따르면, 노동자의 53%가 노조에 가입할 의사가 있다고 응답했다. 이런 결과를 감 때, 민간 부문에서 8%에도 미치지 못할 정도로 낮은 노조 가입률을 노동자들의 선호 탓으로만 돌릴 수는 없는 것이 분명하다. 진짜 문제는 권력이다. 미국에서 노조에 가입하려는 노동자들은 적대적인 지대를 통과해야 하고, 이 지대는 1980년대 이후 한층 더 적대적으로 돌변했다. 고용자는 자기 자신의 권리로서 막강한 권력을 갖고 있고, 노조를 분쇄하려는 컨설턴트들의 도움으로 실로 놀랄 만큼 다양한 합법적·비합법적 노조 방지 전략까지 마련해두고 있다. 최근 권력의 균형추는 노동자들에 더욱 적대적인 방향으로 기울었다. 지난 수십 년 동안 사용자들이 정부와 사법부 그리고 전국노동관계위원회(NLRB) 같은 규제 기관을 자기편으로 끌어들임으로써 사용자들의 힘이 더욱 막강해졌기 때문이다. 약한 노동법과 느슨한 법률 시행 그리고 정부의 반노조 정서가 복합적으로 작용하면서 사실상 사용자가 마음 놓고 노동자들의 노조 결성권을 부정하는 '무법지대의 문화'가 형성되었다.

만약 정부 관료들이 노동자들의 노조 결성권을 지지하지 않고, 노동자들의 권리를 보호하는 법 집행도 등한시하며, 고용주들이 노동법을 위반해도 솜방망이 처벌만 한다면, 필시 노동법은 무력화 될 것이다. 그리고 실제로 지난 수십 년 동안 노동법은 주기적으로 그리고 점진적으로 훼손되었다.

존 슈미트(John Schmitt)와 벤 지퍼러(Ben Zipperer)의 최근 보고서에 따르면, 노조 가입에 가담한 친노조 성향의 노동자들에 대한 사용자 측의 불법 해고 건수는 1970년대부터 증가세를 보이다가 1980년대 들어 급증했으며, 1990년대 들어 약간 주춤하다가 2000년대 들어 다시 증가하기 시작했다. 두 사람의 추산에 따르면, 2005년에 노조 활동가 및 행동가가 해고당할 확률은 15%에서 20%에 달했다. 사용자 입장에서 노조 활동가들의 불법 해고는 노조 결성 시도를 무력화하는 수단이기도 하지만, 노조 지도자들을 해고하면 이러한 즉각적인 효과 이외에도 다른 노동자들이 친노조 정서에 물들지 못하도록 강력하게 경고하는 효과도 함께 누릴 수 있다.

　노조를 결성하려는 노동자들은 감당하기 벅찬 장애물들과 씨름해야 한다. 또한 노동법의 보호를 아예 받지 못하는 노동자들, 예를 들어 농부, 가사 노동자, 자영업자, 하급 관리자 그리고 일부 주의 공무원들의 상황은 훨씬 더 심각하다. 전국노동관계위원회는 최근에 내린 한 판결에서 '노조 가입이 불허된 노동자들의 범위를 확장'하여 일상적인 관리 업무를 맡고 있는 정(正)간호사까지 그 범주에 포함시켰다.

　오늘날 노동 인구에서 점점 더 많은 비중을 차지하고 있는 시간제 노동자와 임시직 노동자들 중에서도 노조 결성권이 없는 노동자들이 많다. 조지 부시 정부는 화물 검사원들과 국토안보부 직원들 같은 국가 안보 업무 종사자들의 단체 노조결성을 불허하겠다고 천명했다. 뿐만 아니라 남부 지역에 속한 주들은 장구한 세월 동안 이어져 온 소위 '노동권법(right to work law, 근로자가 조합에 가입하지 않아도 직장을 유지할 수 있는 법 ― 옮긴이)'이 있어서, 친기업적인 노조 청정 지역이 효과적으로 창출되고 있다. 설령 노동자들이 악전고투 끝에 노조를 결성한다 하더라도, 현행 노동법은 곳곳에서 노동자들이 실질적인 권한을 행사하지 못하도록 막고 있다.

　예를 들어 현행 노동법에 따르면 노동자들은 제2차 보이콧(쟁의와 직접 관계가 없는 거래선을 보이콧하는 일 ― 옮긴이)이나 동정파업(불만은 없으나 다른 파업 단체와 단결력을 과시하기 위한 파업

— 옮긴이)에 참여할 수 없고, 노동자들이 파업에 참여한다고 해서 법적으로 해고되지는 않지만, 실질적으로는 그와 다를 바 없는 보직의 '영구적인 교체'가 허용되고 있다.

여기서 가장 골치 아픈 문제는 노동법의 문구와 그 정신을 침해하는 노조 반대 운동에 습관적으로 참여하는 고용주의 행태가 아니다. 원래 기업이란 사적 이익과 이윤 극대화를 추구하는 집단이 아닌가. 그것보다 더 골치 아픈 문제는 이런 사용자의 불법 행위를 눈감아주는 주체가 다름 아닌 민주 정부일 것으로 추정된다는 사실이다. 현재 진행형으로 진행되는 기업의 노조에 대한 공세가 크게 성공을 거두는 가운데, 정부는 미국인 노동자들의 결집을 효과적으로 반대해왔다. 미국 정치의 우편향에 따른 산물인 현재의 정치 풍토 속에서, 사용자의 노조 반대권은 노동자들의 노조 설립권보다 훨씬 더 큰 법적 보호를 받기 마련이다.

1970년대 이후 정부 정책은 노동자들보다는 회사의 이익에 부합하는 쪽으로 점점 더 기울었다. 이런 현상은 지금까지 정책 입안자들의 행태와 그들의 정책 실패 속에서 그대로 드러난다. 최저임금, 실업 보험, 복지 개혁 그리고 노동법. 정부 관료들은 이 모든 정책 영역에서 어려운 시절에 서민층과 빈곤층의 삶을 한층 더 고단하게 만드는 의제를 채택해왔다. 통화 정책과 과세 정책, 무역 정책, 규제 정책 등에서도 우편향적이기는 마찬가지다. 또한 정부 지도자들이 대부분의 기타 선진국에서는 당연히 보장하고 있는 보편적인 의료 보험, 국비 지원의 육아, 육아 휴가 같은 근로자 및 가정 친화적인 법안들을 한사코 통과시키려 하지 않는 것도 보수적이고 친기업적인 미국 정치의 단면을 그대로 입증한다.

그렇다고 해서 미국 정부가 저소득 가구 지원에 완전히 손을 놓고 있다는 뜻은 아니다. 근로소득세액공제제도는 저소득 노동자들의 임금을 끌어올리고, 푸드 스탬프와 기타 빈곤층 영양 증진 프로그램은 굶주림을 퇴치하는 데 일조하고 있으며, 비록 많은 주에서 예산이 삭감되기는 했지만 메디케이드(Medicaid) 프로그램은 빈곤층과 장애인들의 의료를 보장해주고 있다. 게다가 반정부 운동가들의 주장과는 대조적으로, 이런 제도들은 정부가 미국인 빈곤층의 삶에 긍정적인 영향을 미칠 수 있음을 보여준다. 따라서 우리가 계급 편향적인 정부 정책에 주목하더라도, 많은 빈곤층이 여전히 정부의 복지 지원 정책 덕분에 여러 가지 혜택을 입고 있음을 간과해서는 안 된다. 그리고 같은 이유에서 만약 현재 진행 중인 복지 국가에 대한 공격이 계속되었을 때 그리고 그것이 아무리 제한적이라고 할지라도 빈곤층 지원 제도가 계속 축소되었을 때, 저소득 가구가 입게 될 엄청난 피해를 과소평가해서도 안 된다.

결론

점점 더 심화되는 불평등을 줄이고 경제적 고충을 완화해줄 정책들을 정부가 계속하여 거부하는 기저에는 지금도 진행 중인 미국 정치의 권력 문제가 있다. 1970년대부터 더욱 두드러진 현상으로, 미국의 정치 시스템은 평등주의적 사회 개혁을 완강히 거부한다. 기업의 힘은 유난히 막강한 반면, 노조의 힘은 약하디 약하고, 서민층과 빈곤층은 정치에서 소외되어 있다. 그런데 부와 권력이 만나 만들어내는 엄청난 힘를 등에 업은 부유층은 압도적인 정치력까지 거머쥐게 되었다. 이러한 요인들을 복합적으로 고려해 보면, 자본가 편향을 하는 국가에서 왜 재분배 정책이 정치 의제에서 배제되고, 왜 불평등과 빈곤 수준은 여전히 끈질기게 높은 수준을 유지하는지가 이해된다. 현재의 정치 풍토에서, 미국의 빈곤층은 자신들의 경제적 전망을 밝혀 줄 가장 중요한 주체인 정부에 공정하게 접근할 수조차 없다. 미국의 서민층과 빈곤층은 생산성 증가에 따른 파이에서 자신들의 공정한 몫을 빼앗겼을 뿐만 아니라 공공 정책에서 누려야 할 정당한 혜택의 몫마저 거부당했다.

7

문화 시스템과 가난

대중의 마음

미국에서는 지금 이데올로기 전쟁이 벌어지고 있다. 현재진행형인 이 문화 전쟁에서 좌파와 우파 활동가들은 미국 대중의 마음을 사로잡기 위해 혈안이 되어 있다. 낙태에서 게이 인권 문제에 이르기까지, 이민 정책에서 진화 문제에 이르기까지 서로 뜻이 다른 적대자들은 공적 담론이 펼쳐지는 다양한 무대, 예컨대 뉴스와 오락 미디어, 법정 소송 사건, 입법 공청회, 선거 운동 그리고 교회 단체와 학교 이사회, 시민 단체의 모임 등에서 서로 끝까지 싸운다. 전쟁터 같은 일상생활 속에서도 가족 구성원과 친구, 이웃들, 급우들과 동료들 사이에서도 의견 불일치로 서로 충돌이 발생한다. 마치 전쟁과도 같은 사상 충돌, 서로 대립하는 가치와 이해관계 그리고 사회 비전의 표현은 하나의 역동적인 힘으로, 여론과 정치 문화 그리고 사회 정책 형성에 영향을 준다.

이처럼 거시적인 문화 전쟁에서 중요한 전선 한 곳에서는 각기 다른 '빈곤 지식'이 서로 대립한다. 서로 입장이 다른 빈곤이론과 정책 처방이 충돌할 때, 공론의 장은 떠들썩해진다. 싱크 탱크와 기업 집단, 학계 전문가, 정치 전문가, 노동 운동가 그리고 복지권 옹호론자들은 여론과 정책 형성의 장에서 발언 기회를 얻기 위해 경쟁한다. 빈곤층이 겪는 역경을 가늠하며 벌이는 이 싸움에 걸린 판돈은 크다. 역사상 그 시기를 불문하고 이 전쟁의 승자는 빈곤이란 무엇인지 정의하고, 토론의 조건을 정하고, 정치적 의제를 독점한다.

개개인들이 가난과 불평등, 복지 문제 등을 곰곰이 생각할 때, 그보다 더 큰 문화적 맥락이 그들의 사고를 지배한다. 앤 스위들러(Ann Swidler)는 이처럼 개인을 둘러싼 주변 문화를 상징적 자원의 '공구 세트'라고 상상한다. 사람들은 의미를 구축하고 더 나은 행동의 방향을 강구할 때 그러한 상징적인 공구 세트를 활용한다는 것이다. 공구 세트 내에는 가난이라는 단어도 군림한다. 최근에 유명세를 타고 있는 용어들 중에는 '개인적인 책임', '사생아', '최하층', '복지 의존성'이 있다. 이런 키워드들은 가난의 의미가 널리 어떻게 받아들여지고 있는지, 고상한 의견 충돌의 경계가 어디까지인지 그리고 적절하다고 여겨지는 정책 반응이란 무엇인지를 잘 보여준다.

문화적 공구 세트는 또한 에두아르도 보닐라 실바(Eduardo Bonilla-Silva)가 명명한 것처럼, 다양한 줄거리로 구성되어 있다. 이런 줄거리 덕분에 우리는 복잡한 세상을 상식적인 원칙과 전통적인 이론들을 동원해 이해할 수 있다. 예를 들어 미국에서 역경을 딛고 성취를 이뤄내는 이야기로 구성된 이상적인 아메리칸드림과 호레이쇼 앨저(Horatio Alger) 류의 성공 신화는 사람들이 빈부 격차가 왜 생기는지를 떠올릴 때 가장 흔하게 듣게 되는 줄거리다. 이런 이야기들은 미국 사회 어디서나 쉽게 들을 수 있다. 그런 신화는 우리 미국인들의 문화유산 속에 저장되어 있고, 영화와 텔레비전 쇼, 책, 잡지 그리고 동화 속에서 끊임없이 반복되고 있다. 이런 신화들 덕분에 우리는 세상을 인식하고, 옳고 그름, 사실과 거짓, 중요한 것과 중요하지 않은 것을 분별할 때 이미 만들어진 공식을 활용할 수 있다.

미국의 경제 시스템과 정치 시스템이 그렇듯이, 미국의 문화 시스템도 서로 다른 이해관계가 충돌하는 힘겨루기의 장이다. 이 문화 시스템 내에서 일어나는 내용과 대중에게 받아들여지는 용어와 줄거리의 종류에 따라서 평범한 미국인들의 사회적 이슈에 대한 정보 입수 여부가 결정되고, 빈곤층이 도움을 받을 자격이 있는 계층인지 자격이 없는 계층인지에 대한 인식이 정해지고, 정부가 소외계층에 대한 지원을 늘려야 할지 줄여야 할지에 대한 일반 미국인들의 생각이 달라진다. 가난과 복지에 대한 사람들의 생각이 곧 대중들의 정치적 선호와 투표 행태로 이어지므로 문화 시스템은 중요하다. 미국 대중의 태도와 믿음은 경제적으로나 정치적으로나 중요한 의미가 있다.

이번 장에서는 가난이 개인 탓이라는 개인주의적 관점을 뒤집어보려 한다. 빈곤 문화에 집착하는 가난에 대한 관습적인 견해는 빈곤 문제의 다른 일면, 즉 미국의 주류 문화가 특히 정부 정책에 미치는 막강한 영향력을 통해 빈곤층의 자원과 기회를 제한하고 있다는 사실을 무시한다. 결국 평범한 미국인들이 가난 문제를 무관심으로 대하느냐 아니면 거기에 분노하느냐, 빈곤층을 적대시하느냐 아니면 관대하게 대하느냐 그리고 가난을 불가피한 상황으로 바라보느냐 아니면 해결할 수 있는 문제로 바라보느냐에 많은 것이 달려 있다. 사회 전체의 빈곤 정도와 빈곤층이 겪는 가난의 수위는 중산층 문화의 속성에 달려 있다 해도 과언이 아니다.

앞서 살펴보았듯이, 가난은 빈곤층 스스로가 자초한 일이라는 협소한 시각 때문에 개인주의 이론들은 미국의 빈곤율과 빈곤 수위가 정치 및 경제 시스템 내에서 벌어지는 권력 투쟁에 의해 결정된다는 사실을 제대로 인식하지 못한다. 개인주의적 관점의 또 다른 취약점을 밝히고 있는 이번 장에서는 이데올로기적 힘에 의해서도 빈곤층이 가난을 극복할 가능성이 제약을 받는다는 사실을 밝히고자 한다. 가난은 경제적 문제일 뿐만 아니라 정치적 문제이기도 하다. 또한 가난은 문화적 문제이기도 하다. 지금 이 나라에서 가난이 해소되지 않는 이유는 부분적으로 그보다 더 많은 다수의 국민들 사이에 널리 퍼져있는 빈곤에 대한 관념과 태도 때문이다. 빈곤층은 경제 및 정치 엘리트들의 의사결정뿐만 아니라 중산층의 사회 통념이나 여론에 의해서도 큰 영향을 받을 수 있다.

이번 장에서 필자는 미국 사회에서 가난이 지속되는 원인을 밝히는 데 있어서 문화 시스템의 중요성을 분명히 보여주고자 한다. 이를 위해 먼저 가난과 복지에 대한 일반적인 통념을 면밀히 살펴볼 것이다. 특히 사회 문제를 바라보는 미국인들의 사고방식이 어떻게 사회를 지배하고 있는 개인주의 이데올로기에 의해 형성되는지에 초점을 맞추었다. 이어서 미국의 언론 매체와 우파 이데올로기 선전기구가 어떻게 개인주의 이데올로기를 강화하는지 그리고 그에 따라 구조적인 관점의 해석과 처방보다는 개인주의적 관점의 해석과 처방을 선호하는 문화적·정치적 편견이 형성되는지에 관해서 논의한다. 결론 부분에서는 지난 30년 동안 빈곤과 복지 문제에 있어서 공적 담론의 기득권 편향 문제를 짚어본다. 이와 같은 문화적 힘의 이동 때문에 미국인들이 쓰는 빈곤층에 대한 언어가 변했을 뿐만 아니라 저소득 가구의 생활 또한 더욱 어려워졌고, 가난과 불평등 문제를 푸는 실질적인 해결책이 더 요원하게 되고 말았다.

아메리칸드림과 개인주의 이데올로기

2002년 퓨리서치센터는 44개국 국민들을 대상으로 '인생에서 성공은 대개 우리의 통제를 벗어나는 외부적 힘에 의해 결정된다'는 주장에 대한 의견을 물었다. 놀랄 것도 없이 미국인 대다수는 이런 주장에 동의하지 않았다. 설문 조사를 해보면 다른 국가의 국민들에 비해서 유독 미국인들은 자신의 경제적 운명이 자기 손에 달려 있다고 강하게 믿는다. 미국인들은 여전히 신분 상승에 대한 가능성을 철석같이 믿고 있다. 2005년, '가난하게 태어나도 열심히 일하면 부자가 될 수 있는가?'라는 질문에 대해 미국인의 80%가 '그렇다'라고 답했다. 1983년의 60%를 뛰어넘는 결과였다. 대다수 미국인들에게 미국은 유일하게 평등한 사회이고, 기회의 땅이다. 즉, 미국은 노력하면 정당한 대가를 받고, 누구나 노력하면 출세할 수 있으며, 누구든 부자가 될 수 있는 그런 땅인 것이다.

개인주의 이데올로기에 따르면, 미국 사회에서는 성공하려는 동기가 있는 사람 누구에게나 기회가 열려 있고, 개개인의 능력과 노력 여하에 따라서 경제적 성공도 거둘 수 있으므로, 현존하는 불평등은 정당하고 불가피하다. 이러한 개인주의 논리는 그 지지자들이 가난의 책임을 빈곤층 스스로의 결함 탓으로 돌리고, 빈곤층의 경제적 곤경에 대해 개인적인 차원의 해결책을 도모하도록 부추긴다. 따라서 정책 조언자들은 그 정치적 배경을 불문하고 대개 빈곤층을 개혁의 대상으로 삼는다. 보수주의자들은 엄한 사랑과 도덕성 고양으로 빈곤층의 삶을 개선해야 한다고 주장하며, 진보주의자들은 가난한 사람들에게 더 많은 훈련과 교육이 필요하다고 역설한다. 이러한 정치 풍토에서 정부 주도의 일자리 창출, 빈곤층 거주 지역에 대한 공공 투자 혹은 소득과 부의 재분배 같은 사회 구조 개혁은 진지한 고려 대상이 되지 못한다. 이와 같은 조치들은 두말할 필요도 없이 강력한 기업 집단의 완강한 반대를 불러올 것이 뻔하고, 자립과 작은 정부의 가치를 몸에 익혀온 미국 대중들도 납득하기 어려운 문제들이다.

흔히 미국 사회에서는 개인주의 원칙과 관련한 일련의 믿음들을 지배 이데올로기로 믿는다. 개인주의 관점의 문화적 힘는 이와 상반되는 입장에 있는 구조적 관점에 비해 확실히 압도적인 우위를 점유하고 있다. 미국인들은 개인주의적 줄거리에 노출되는 빈도가 비교적 높은 편인데, 방송에 나오는 인기 시엠송처럼 그런 줄거리들은 사람들의 기억에도 잘 남고, 회상하고 적용해보기도 쉽다. 오락 매체, 특히 텔레비전과 영화는 개인주의 이데올로기를 강화하고 선전하는 도덕적 줄거리들을 정기적으로 전파한다. 예를 들어 권투 선수인 제임스 J. 브래독(James J. Braddock)의 일대기를 그린 영화 〈신데렐라 맨(Cinderella Man)〉이나 뮤지션 레이 찰스(Ray Charles)의 생애를 담은 영화 〈레이(Ray)〉처럼, 할리우드 영화들은 개개인이 어떻게 불굴의 의지와 노력으로 역경을 극복하고 큰 성공을 거두는지에 관해 비슷비슷한 이야기 구조를 지니고 있다. 로버트 불먼(Robert Bulman)의 최근 연구 결과에서 드러났듯이, 영화 〈폭력 교실(Blackboard Jungle)〉에서 〈위험한 아이들(Dangerous Minds)〉에 이르기까지, 인기 있는 장르로 자리매김한 도회지의 고등학교를 배경으로 한 영화들은 관객에게 비슷비슷한 메시지를 전달한다. 이런 영화들은 많은 미국인들이 이미 당연시하고 있는 사고방식을 재확인시켜준다. 즉, 개인의 노력과 긍정적인 '할 수 있다'식의 자세만 있다면 그리고 헌신적인 교사들의 자극이 조금만 보태어진다면, 십대 소외계층들도 충분히 스스로 노력하여 가난에서 벗어날 수 있다는 것이다. 가난한 사람이 자수성가하고 환골탈태하여 부자가 되는 이야기들은 또한 대중들에게 심리적·감정적으로 강력한 영향력을 발휘한다. 설령 그것이 사람들의 환상이라고 할지라도, 그런 감동적인 이야기들은 또한 각자들의 개인적인 삶과 경험에 반향을 불러일으킨다.

개인주의는 권력층이 선호하는 이데올로기이기도 해서 강력한 힘을 발휘한다. 권력층은 자고로 자신들의 특권적 지위를 영속화하기 위해 정치 및 경제 시스템을 정당화하곤 한다. 개인주의는 미국 문화 전반에 걸쳐 일상화되어 있어 더욱 신뢰를 얻고 있기도 하다. 개인주의는 미국의 정치·경제·교육 시스템 내에서는 물론이고, 가족의 사회화 과정에서도 그 가치를 정기적으로 인정받는다. 미국인들은 가난과 불평등이라는 관념에 일상적으로 노출되어 있지만, 그때마다 접하는 언어는 제한된 기회의 제약보다는 개개인의 각고의 노력이 주는 효과를 강조하는 쪽으로 왜곡되어 있다. 마지막으로, 개인주의 이데올로기가 미국 사회에서 큰 영향력을 발휘하는 이유는 개인주의 이데올로기가 가난에 대해 이해하기 쉽고 문화적으로 용인된 해석을 내놓기 때문만이 아니라 가난 문제 해결에 있어서 교육과 근면, 가족의 가치 같은 명쾌하고 논란의 여지가 없는 해법들을 제시하기 때문이기도 하다. 이어지는 절에서는 가난을 바라보는 미국인들의 사고방식에 대한 몇몇 연구 성과를 간략히 살펴본 뒤, 미국 정치 문화에서 개인주의의 상대적 우위를 재검토해보겠다.

가난과 빈곤층에 대한 통념들

지금까지 미국 대중의 사고방식을 탐구한 사회과학자들은 빈곤을 다루는 두 가지 뚜렷한 이론이 있음을 밝혀냈다. 한쪽 진영에서는 가난의 책임을 주로 개인이나 내적 요인, 요컨대 검소한 태도의 부족, 비도덕적인 행동 혹은 게으름 탓으로 돌린다. 다른 쪽 진영에서는 가난의 책임을 주로 사회 구조나 외부 요인, 요컨대 사회적 차별, 질 낮은 학교 혹은 일자리 부족 탓으로 돌린다. 빈곤에 관한 여러 연구결과들이 입증하듯이, 미국인 대중 대다수는 첫 번째 진영에 속해 있다. 예를 들어 제임스 클루겔(James Kluegel)과 엘리엇 스미스(Eliot Smith)가 발견한 바에 따르면, 미국인들은 개인의 경제적 지위, 특히 가난은 개인적인 책임이 있다고 생각하고, 사회 구조적 원인을 강조하는 진보적이고 급진적인 해석을 거부한다. 빈곤에 대한 문헌을 광범위하게 검토한 주디스 차펠(Judith Chafel)도 비슷한 결론을 도출한다. 그녀의 주장에 따르면, 미국 대중들은 대개 '희생자 제물삼기'를 하는 성향이 있어서 빈곤을 피할 수 없고, 필요하고, 공평한 일이라고 인식하며, 대개 현상 유지에 만족하는 것처럼 보인다.

빈곤층에 대한 대중들의 태도 연구에서도 개인주의 이데올로기 영향은 확연하게 드러난다. 만약 대중이 가난의 책임을 사회 구조적 원인보다 빈곤층 스스로의 결함 탓으로 돌린다면, 대중들은 빈곤층을 평소에 폄하하고 있을 수도 있다. 캐서린 코차렐리(Catherine Cozzarelli)와 그 연구진이 대학생들을 표본 조사하여 수집한 자료에 따르면, 응답자들은 성격 및 인격 특성 면에서 중산층보다는 빈곤층에 대해 훨씬 더 부정적인 평가를 하는 것으로 나타났다. 예컨대 가난한 사람들은 중산층에 비해 근면성, 책임감, 친근함, 자부심, 가정적인 면이 부족하고 지능지수가 낮은 것으로 평가받는다. 가난의 책임이 빈곤층 스스로에게 있다는 대중들의 개인주의적 의식 성향은 빈곤층이 각종 부문에서 열등하다고 생각하는 경향과 일맥상통한다.

복지 수급자들은 빈곤층에 대한 대중들의 부정적인 선입견에 시달리고 있다. 미국 대중들의 일반적인 통념에 따르면, 복지 수급을 받는 여성들은 복지 혜택으로 먹고 살 궁리만 하고 일하고 싶은 의지를 품고 있지 않지만, 사실은 마음만 먹으면 정부 지원 없이도 먹고 살 수 있는 사람들이며, 혼외정사로 아이를 가져서 월 생활비에 한층 더 쪼들리는 무리들이다. 심지어 복지 수급자들조차 비록 대개 자기 문제에 있어서는 사회 구조적 원인들을 지목하곤 하지만, 정부 보조를 받는 여성들 대부분은 게으르고, 의욕이 없으며, 복지 제도를 악용하는 경향이 있다는 일반적인 견해에 동조하는 사람들이 많다.

미국 문화에서 개인주의적 성향의 줄거리를 흔하게 접할 수 있지만 미국인들 모두가 똑같은 시각으로 가난과 복지, 불평등 문제를 바라보거나 사회 구조적 원인들을 부인하는 것은 아니다. 빈곤의 원인에 대한 사람들의 생각은 소득과 교육 수준, 인종과 성별, 종교 그리고 그 밖의 사회경제적·인구 통계적 특성에 따라서 각기 다르다. 상대적으로 여성과 저소득층, 유색 인종, 청년층, 식자층, 무신론자들이 가난의 원인을 사회 구조적 요인들로 돌리는 경향이 더 크다. 또한 빈곤층에 대한 태도는 논의 대상이 되는 빈곤 인구의 종류에 따라서도 달라진다. 예컨대 '포괄적 빈곤'에 대한 연구와 비교할 때, 노숙자를 바라보는 대중적 시각에 대한 연구는 보다 더 사회 구조적 시각을 강하게 지지하는 것으로 나타났다. 미국 대중들은 또한 흑인 빈곤층보다는 백인 빈곤층에게, 가난한 미혼모보다는 가난한 어린이들에게, 청년 빈곤층보다는 노인 빈곤층에게, 복지에 기대어 사는 것에 만족하는 것으로 보이는 빈곤층보다는 성공하려고 노력하는 빈곤층에게 더 우호적인 태도를 보이는 경향이 있다.

강력한 개인주의, 미약한 구조주의

다양한 사회 정책 이슈들에 대한 여론을 연구한 결과에 따르면, 미국인들이 개인주의 원칙을 맹종하지는 않는다. 미국인들은 애매모호하고, 불확실하며, 일관되지 않은 시각을 가지고 있는 경우가 많다. 그래서 다수의 서로 다른 이론들 사이에서 한쪽 입장을 지지했다가 번복하기를 반복한다. 그리고 일반적인 사실 또는 추상적인 원칙이라고 믿은 것이 특정 개개인의 구체적인 사례에서는 사실이 아닌 것으로 드러나는 경우가 비일비재하다. 또한 가난에 대한 미국인들의 생각은 가난 문제가 어떠한 방식으로 형성되는가에 따라서도 크게 영향받는다. 개인주의 이데올로기가 강력한 문화적 영향력을 행사하는 것은 분명한 사실이다. 그럼에도 가난을 야기하는 사회 구조적 원인들의 중요성도 인정하는 사람들도 많은 까닭에 가난의 원인에 대한 인식은 여전히 양분되어 있다. 그리고 줄어드는 사회적 성공의 기회의 문제를 인식하는 대중들이 점점 더 늘어나고 있다고 지적하는 증거들도 있다. 최근 실시된 여론 조사 결과에 따르면, 미국인 대다수는 과거에 비해 오늘날의 빈곤층이 가난에서 쉽게 벗어날 수 없다고 믿는 것으로 나타났다. 게다가 개인주의 이데올로기에서 유래한 자유방임적 정책 처방에 반대하는 미국인들도 많다. 미국인들은 개인주의를 열렬히 수용하면서도 평등주의적 가치를 옹호하기 때문에 개인주의는 어느 정도 희석된다. 미국인들은 균등한 기회의 보장과 모든 시민의 기본 욕구 충족을 정부의 책임이라고 굳게 믿는다. 그래서인지 빈곤 퇴치 프로그램에 정부 지출을 늘리는 것에 호의적인 미국인들도 많다. 하지만 가난에 관한 연구 결과들과 여론 연구에서 드러나는 성향이 비교적 다양하게 나타난다고 하더라도, 여전히 개인주의가 미국 사회에서 지배 이데올로기로 군림하고 있다는 생각을 뒷받침할 만한 몇 가지 이유가 있다. 비록 모든 미국 시민들의 마음속에서는 아닐지라도, 특히 주류 공적 담론과 정책 형성 영역에서는 구조주의 관점에 비해 개인주의 관점이 만연해 있다.

첫째, 대다수 미국인들은 가난을 불러일으키는 내적이고 외적인 많은 원인들이 있다고 믿는다. 개인주의와 구조주의를 서로 양립할 수 없는 개념으로 인식하지 않는 것이다. 개인주의 옹호론자들도 사회 구조적 요인들의 타당성을 항상 부정하는 것은 아니며, 구조주의 입장을 견지하는 사람들도 개인주의의 기본 관점을 굳이 부정하지는 않는다. 매슈 헌트(Matthew Hunt)의 연구 결과에 따르면, 특히 흑인과 라틴계는 가난의 원인을 설명하는 데 있어서 개인주의 관점과 구조주의 관점, 이 두 가지 관점 모두에 기꺼이 동의하는 것으로 나타났다. 매슈 헌트의 주장에 따르면, 구조주의 관점은 현존하는 개인주의적 관점과 결합되거나 거기에 중첩될 수도 있다. 조사 자료들은 미국인들의 의식 속에 개인주의가 그 기반을 이루고 있음을 잘 보여준다. 미국인들의 90% 이상이 가난을 불러일으키는 중요한 원인으로 개인의 노력 부족을 언급했다. 비록 각종 소수 집단은 사회 구조적 관점을 지지하고 있지만, 그러한 일반적 양상은 개인주의가 광범위하게 수용되어 있는 현실을 보여주는 한 가지 사례라고 보아야 온당할 것이다. 대중들은 종종 구조주의 관점에 동조할 때도 있지만, 그렇다고 해서 더욱 일반적이고 지배적인 개인주의 이데올로기에 대한 집착을 버리지는 않는다.

둘째, 개인주의 옹호론자에 비해 구조주의 옹호론자는 자신들의 믿음에 대해 모순되는 감정을 갖고 있고, 자신들의 입장에 대한 확고함이 부족하며, 구조주의 관점과 일치하는 정책 처방을 이끌어 낼 가능성이 낮다. 반면 개인주의 지지자들은 시간이 지나도 자신들의 관점을 변화시킬 가능성이 적다. 헌트의 관찰에 따르면, 개인주의의 흔들림 없는 영향력과는 대조적으로 구조주의자들의 신념은 더 잘 변화하고, 그룹 구성원과 개인적 경험 그리고 지배적인 사회 풍토에 민감하게 반응한다. 미국의 정치 전통에서 개인주의 원리와 작은 정부에 대한 믿음은 그와 이념적으로 경쟁하면서 빈곤을 퇴치하는 사회 구조적 프로그램들에 대한 지원을 증진하는 인도주의적이고 평등주의적인 가치들보다 더 강하다. 따라서 많은 미국인들은 정부가 빈곤층을 돕기를 원하지만, 또한 그와 동시에 정부의 역할은 제한적이어야 하고, 자립해야 할 개개인의 의무를 대신해줘서는 안 된다고 주장한다. 미국의 정치 문화에 뿌리 깊이 자리 잡은 개인주의와는 달리, 구조주의의 영향력은 상대적 미약하고 불확실해서 그로 인해 강력한 사회 구조적 해결책이 시행될 가능성이 낮다.

셋째, 강력한 구조주의적 관점은 괜찮은 수준의 보수의 일자리를 만들어 낼 능력이 없는 미국의 정치·경제와 민주주의적 이상에 부응하지 못하는 미국 정치 제도의 실패를 강조한다. 하지만 구조주의 진영에 속해 있다고 인식되는 많은 미국인들도 온건한 구조주의 입장을 견지할 뿐이다. 온건한 구조주의자들이 빈곤의 원인은 외부 환경 탓이라고 말할 때, 대개 그들은 빈곤층이 불우한 가정환경이나 부족한 학력, 즉 기회의 불평등 때문에 결국 사회에서 성공할 수 없다는 생각을 품는다. 자유주의적인 인적자본 접근법에서처럼 온건한 구조주의 비평가들은 교육과 훈련 프로그램을 확대하는 정책들과 같이 빈곤층이 스스로 자립하도록 돕는 조치들에 우호적이다. 분명히 바람직하기는 하지만 온건한 개혁을 부르짖는 이러한 온건한 구조주의는 미국 사회가 미완의 실력 사회라는 전통적 인식을 강조한다. 강력한 구조주의적 관점과는 달리 온건한 구조주의는 개인주의 관점을 약간 수정했을 뿐 그와 모순되지 않는다.

넷째, '구조적 장벽들'이 빈곤층이 가난에서 벗어나는 데 걸림돌이 되고 있다는 사실을 인정하는 미국인들이 많기는 하지만, 거기에 '누구든 충분히 열심히 노력하면 그런 걸림돌들을 극복할 수 있다'는 믿음이 끼어들면 구조주의적 인식의 영향력은 희석되기 마련이다. 다수의 미국인들이 '이 나라의 큰 병폐 중 하나는 누구에게나 동등한 기회가 주어지지 않는다는 것이다'라는 주장에 동의한다. 하지만 그보다 더 많은 대다수의 미국인들은 '성공하지 못한 것을 사회 제도 탓으로 돌려서는 안 되고, 오로지 자기 탓으로 돌려야 한다'라고 생각한다. 여성들과 유색 인종 및 소수 민족이 사회적 차별을 당한다는 견해에 대해 설문 조사를 해보면, 응답자들은 그런 차별이 자기가 실패한 것에 대한 변명은 되지는 못한다고 응답한다. 미국인들은 이처럼 성공을 부르는 개인적 노력의 효험과 사회 구조적 장애물의 존재를 동시에 믿는다. 하지만 첫 번째 신념이 두 번째 신념에 우선하기 때문에 희석되고 온건한 형태의 구조주의만 남게 된 것이다.

다섯째, 로빈슨(Robinson)과 벨(Bell)의 이른바 '약자 원리(underdog principle)'에 따르면 빈곤층은 부유층에 비해 현존하는 불평등을 공정하다고 수용할 가능성이 더 낮다. 이와 유사하게 강경하든 온건하든 구조주의 입장을 견지하는 사람들은 사회에서 낮은 계층에 속해 있고 사회적 영향력도 대체로 미약하다. 구조주의 지지자들은 자신의 관점을 일관되게 고수하지 않을 뿐만 아니라 정치적으로도 주변부에 머물러 있다. 로렌스 보보(Lawrence Bobo)가 지적하듯이, 지배 이데올로기에 도전하는 신념을 가진 사람들은 정치에서 유리되고, 공적 토론에서 배제되며, 이들의 주장은 실효성 있는 여론으로 자리 잡지 못하는 경향이 있다. 구조주의자들의 반대에 직면하면서도 개인주의가 아직도 지배 이데올로기로 군림하는 것은 개인주의가 권력층이 힘을 실어주는 이데올로기이기 때문이다.

미국 대중의 지성과 감성을 사로잡으려는 이데올로기 전쟁은 그래서 중요하다. 가난의 원인에 대한 대중의 생각과 복지 수급자들과 빈곤층에 대한 대중의 감정은 결국 미국인들의 정치 정책 방향에 영향을 미친다. 구조주의 관점에 치우친 개개인들은 보다 더 관대한 복지 시스템에 찬성하고, 재분배 정책을 지지할 공산이 크다. 대중들의 통념 속에는 정치적 함의가 들어 있다. 즉, 대중들의 통념은 적어도 현재 정치적으로 무엇이 가능하고 또 불가능한지 그 경계를 지어주는 역할을 하는 것이다. 개인주의가 여전히 지배 이데올로기인 미국 사회에서 이런 현실은 빈곤층에게는 슬픈 소식이다. 다수의 미국인들과 그보다 더 많은 대다수 힘 있는 미국인들이 개인주의 관점을 고수하는 한, 가난은 빈곤층 스스로가 자초한 일이고 정부 지원은 득보다 실이 많다고 생각하는 한, 가난 문제를 효과적으로 해결하는 데 필요한 유형의 사회 구조 개혁을 지지하는 사람들은 매우 힘겨운 싸움을 할 수밖에 없다.

언론 매체

미국인들은 세상살이와 사회 및 정치 이슈에 대한 정보 대부분을 미디어, 특히 텔레비전 뉴스를 통해서 입수한다. 대중 매체는 미국 대중의 인식과 여론을 형성하는 데, 빈곤과 관련한 이슈들에 대한 이미지와 담론을 형성하는 데 강력한 영향력을 발휘한다. 언론인들은 다른 이슈들은 기가 막히게 잘 보도하지만, 가난에 대한 보도만큼은 그렇지 않다. 뉴스 기사들은 기껏해야 가난의 사회 구조적 원인들에 대해 피상적인 분석을 할 뿐이고, 대개 개인주의 지배 이데올로기를 암묵적으로 지지한다. 가난을 다루는 언론 보도는 대중 의식의 각성을 이끌어내거나 본질적인 논의를 유발하기보다는 사회적 통념을 전달하는 데 그친다. 민주주의 사회에서 언론 매체의 역할은 대중들이 스스로 시민의 책무를 다 할 수 있도록 필요한 정보를 제공하고, 정치 및 경제 지도자들이 공적인 책임을 다하는지 감시하는 일이다. 이런 기준으로 판단할 때, 미국의 언론 매체는 거의 제 몫을 하지 못하고 있다. 사정을 이렇게까지 만든 한 가지 중요한 원인은 점점 더 규모를 키우고 있는 대기업의 기업 합병 전략에 따른 언론 기관의 예속이다. 언론의 본분은 민주주의 가치를 지키기 위한 충실한 감시자 역할이어야 한다. 그런데도 언론이 기업 시스템 내로 들어가고 또 언론 자체가 비민주적인 구조가 되면서 언론의 기능은 치명상을 입었다. 신문사와 잡지사, 방송국과 라디오 뉴스 채널을 소유하고 운영하는 기업체들은 각자의 경제적·정치적 이해관계를 가지고 있다. 미디어의 이러한 종속 구조는 언론 활동과 뉴스의 내용을 직간접적으로 침해한다. 예를 들어 정치적·경제적·기업적 환경의 영향을 받으며 일하는 프로듀서와 출판인, 편집자 및 기자들은 가난의 근본적인 원인을 대기업의 비민주적인 행태와 경제 및 정치권력의 독점과 관련하여 풀어내는 기사를 내는 데 어려움에 봉착할 수도 있다.

뉴스를 만드는 주류 언론사들은 대기업의 소유물일 뿐만 아니라 그 스스로 상업적으로 이윤을 추구하는 기업 집단이다. 지난 수십 년 동안 크게 증가한 미국의 뉴스 프로그램과 출판물들은 전적으로 기업의 필요에 따라 움직인다. 이제 뉴스는 하나의 상품이다. 언론 기관은 마치 기업이 상품을 만들어 시장에 내놓듯이 뉴스를 제작하고, 광고하며, 판매한다. 저널리즘은 하나의 직종이지만, 그에 못지않게 하나의 비즈니스이기도 하고, 여느 사업과 마찬가지로 그 목적은 돈벌이다. 뉴스를 만드는 언론사들은 수익을 내고, 제작비를 줄여야 하며, 예컨대 큰 비용이 드는 탐사 보도와 해외 뉴스 보도에 대한 예산을 삭감해야 한다는 압박을 받는다. 이처럼 오늘날 뉴스 매체에서는 경제적 이해타산이 횡행하고 있다.

　뉴스 매체는 또한 주요 시청자인 보수층의 감성에 지배를 받는다. 광고주들은 논란을 낳거나 반체제적인 시각을 표현하고, 소비지상주의 문화를 부정적으로 묘사하거나 미국 기업의 실태를 철저하게 파헤치는 뉴스 프로그램 제작에 돈을 쓰려고 하지 않는다. 언론사들은 또한 끊임없이 광고 수입을 벌어들이기 위해 신문과 잡지를 보는 독자, 라디오 청취자, 텔레비전 시청자를 비롯한 대중의 이목을 끌 방법도 고민해야 한다. 시청률과 청취율을 높이기 위해 끊임없는 경쟁의 덫에 걸린 오늘날의 뉴스 프로그램들은 그 어느 때보다도 '엔터테인먼트라는 초(超)이데올로기' 앞에 머리를 조아린다. 이에 편승해 딱딱한 탐사 보도는 한층 더 경시되고, 그 대신 스캔들, 자동차 추격, 지나치게 미화한 기사, 연예인 소식, 멜로드라마 같은 감동 스토리와 지상파 뉴스 채널의 단골 소재가 된 온갖 사소한 일로 의견을 떠벌이는 것 등만 각광을 받는다.

뉴스 매체는 어떠한 이슈에는 관심을 부각시켰다가 다른 이슈에는 대중의 주의를 다른 데로 돌리면서, 소란과 침묵을 동시에 조장한다. 뉴스 매체는 의제를 설정하여, 암암리에 대중들에게 중요한 사건과 그렇지 않은 사건을 구분하여 전달한다. 가난을 다루는 주류 뉴스 보도에 대해 가장 먼저 지적할 점은 가난 문제에 대한 보도 자체가 그렇게 많지 않다는 점이다. 미국에서는 일간 신문이나 TV 뉴스를 제아무리 꼼꼼하게 본다고 하더라도, 가난이 심각한 문제라고 결론지을 만한 단서를 찾기가 어렵다. 언론에서 가난이 사회 구조적 문제임을 깨달을 기회는 더더욱 얻기 어렵다. 간혹 언론에서 빈곤층에 대한 기사를 다루기는 하지만, 대부분 가난은 외면받는 사회적 이슈이다. 대중 매체는 뉴스에서 빈곤층의 존재를 지워버렸다.

주류 뉴스 보도에 대해 지적해야 할 두 번째 문제는 주류 뉴스 보도가 가난을 하나의 사회 문제가 아닌 개개인의 문제로, 공적 이슈가 아닌 사적 이슈로 지속적으로 표현한다는 점이다. 뉴스 프로그램이 빈곤층의 삶을 다룰 때, 그들의 모습을 면밀하게 조명하는 경우는 거의 없다. 기껏해야 가난한 사람들의 일상사를 잠깐 비추어주는 정도이고, 거기서 한 걸음 나아간다고 해도 빈곤층에 대한 정형화 된 이미지를 깨뜨리고, 격정을 불러일으키며, 시청자들의 동정을 이끌어 내는 정도다. 하지만 뉴스 보도의 일반적인 시야에서 가난의 체계적인 속성은 아예 빠져 있다. 피터 파리시(Peter Parisi)가 지적하듯이, 저널리즘의 본성은 '사회의 전체상'을 보여주는 것과는 별개인 것처럼 보인다. 뉴스 매체의 시선은 거시적인 문제가 아닌 미시적인 문제에 초점이 맞춰져 있다. 반복되는 사회적 패턴을 관찰하기보다 특수한 사례들에 집중하고, 사회적 맥락보다는 개개인의 환경에 집중하며, 정치·경제의 불평등 문제보다는 개개인의 결점에 주의를 기울인다. 언론은 빈곤층의 모습을 묘사하는 역할을 한다. 즉, 언론의 역할에 따라서 빈곤층은 곤경에 처해 있는 사회적 지원이 필요한 사람들 혹은 스스로 곤경을 자초한 사람들로 비춰진다. 하지만 휴먼 드라마를 포착하려는 뉴스 매체의 노력 속에는 눈에는 잘 띄지 않지만 지속되는 가난을 유발시키는 사회적 요인의 모습이 여전히 감춰져 있다.

가난 문제를 그냥 무시하는 게 아니라면 뉴스 매체는 어떻게 그토록 일관되게 나무만 보고 숲을 보지 못하는 것일까? 뉴스 보도에 어떠한 관습과 제약이 있기에 언론인들이 그토록 빈곤에 대한 전체상을 간과하고 빈곤을 주로 개인적인 차원의 문제로 국한해서 표현하는 것일까? 필자는 미국에서 빈곤의 구조적 근간을 은폐하거나 혹은 곡해하도록 부추기는 저널리즘의 관행과 뉴스 보도의 구성과 관련한 여러 가지 요인들을 살펴보겠다.

가난의 모습을 미리 규정짓는 뉴스 기사 : 뉴스 매체는 기사를 가공한다. 그리고 이런 기사들의 일관성과 효과는 그런 기사들을 어떻게 '프레임'하느냐에 따라서, 즉 사실 관계들을 어떻게 묶거나 조합하느냐에 따라서 달라진다. 드물기는 하지만 텔레비전이 빈곤 문제를 다룰 때, 대개 뉴스 프로그램은 시청자들이 가난은 빈곤층 스스로 자초한 것이라고 믿도록 유도하는 방식으로 자신들의 기사를 프레임한다. 샨토 이엔거(Shanto Iyengar)의 연구 결과에 따르면, 빈곤에 대한 보도 기사 다수는 '일관성 있는 프레임'과 정반대되는 '에피소드 위주의 프레임'을 채택한다. 즉, 거시적인 정책 이슈보다는 빈곤층의 개인적인 경험에 초점을 맞추는 것이다. 텔레비전 프로그램이 일관성 있게 가난을 묘사하면 시청자들이 문제의 근원을 사회적 조건 탓으로 돌릴 공산이 크지만, 그보다 더 대중적인 단편적인 사건 위주의 프레임을 사용하면 시청자들은 가난의 책임이 빈곤층 스스로에게 있다고 믿게 된다. 이엔거의 주장에 따르면, 텔레비전 뉴스 보도가 어떠한 식으로 가난 문제를 대중에게 전달하느냐에 따라서 가난의 원인과 처방이 무엇인지에 대한 사람들의 생각이 달라진다. 이처럼 미국의 뉴스 매체는 빈곤층에 대한 기사를 쓸 때 일관성 있는 프레임보다 에피소드 위주의 프레임을 설정함으로써 개인주의 이데올로기를 강화한다.

뉴스 보도의 스토리텔링화 : 에피소드 위주의 보도에서처럼, 뉴스 매체가 빈곤이나 복지 문제를 다룰 때에는 흔히 이야기 형식을 취한다. 뉴스 매체는 이야기를 전달할 때, 대부분 개개인에 대한 이야기를 전한다. 이야기 형식으로 정보를 전달하면 보편적인 친숙함이라는 장점을 얻는다. 이야기 형식은 또한 시청자들이 뉴스 기사를 쉽게 이해하도록 만들고, 한 가지 주제에 대해 인간적인 측면을 이끌어내고, 시청자들에게 주인공을 지지하거나 야유를 보내는 재미를 느끼게 하며, 시청자들이 미디어에서 들은 내용과 자기 자신의 이야기를 비교해볼 수 있는 기회를 제공한다.

비록 스토리텔링이 몇 가지 주제를 전달하는 데 있어서 효과적인 정서적인 의사소통 수단이기는 하지만, 가난 문제를 포함해 개인적인 이야기를 남발하게 되면 왜곡이 생긴다. 우선, 뉴스 기사는 그 내용이 선별적이다. 뉴스 기사의 속성상 긴 내용은 짧게, 복잡한 내용은 간단하게 보도할 수밖에 없다. 또한 뉴스 기사는 전체가 아닌 특정 사례에 초점을 맞춘다. 그리고 가난과 복지 문제와 관련하여 뉴스 보도에 등장하는 일부 빈곤층은 대개 그들이 대표성을 갖추었기 때문이 아니라 그들이 시간이 나고, 그들의 이야기가 흥미롭거나 빈곤층에 대한 고정관념과 일치해서 선택된 것이다. 어떤 이야기가 더 재미가 있겠는가? 극단적이지만 선정적 사례일까 아니면 평범하지만 특색 없는 사례일까?

스토리텔링 기법을 채택하는 뉴스 기사는 또한 관심의 초점을 개인에게 둔다. 개개인의 자질과 특수한 주변 환경에 초점을 맞춤으로써, 개인적인 요소들이 가난을 영속화하는 데 근본적인 원인을 제공하고 있음을 암암리에 드러내는 것이다. 사회적 요인이 뉴스 이야기 속에서 조금이라도 나타난다 하더라도, 그저 스쳐 지나가는 이야기 정도로 언급될 뿐이어서, 사회적인 문제를 개인적인 문제로 해석하려는 의도가 다분하게 드러난다. 파리시의 결론에 따르면, '개인적인 이야기 프레임'은 보통 사회 구조 문제를 개인적인 일로 귀속시키고, 따라서 '개인주의 이데올로기'에 신빙성을 더해준다.

복지에 집착하는 언론 : 가난에 대한 뉴스 보도를 살펴보면, 복지 시스템과 복지 수급자들에 대한 기사가 압도적으로 많다. 앙마리 행콕(Ange-Marie Hancock)이 보여주듯이, 복지 수급자들에 대한 기사들은 대중들에게 복지 수급자들에 대한 상투적인 이미지, 즉 자꾸만 임신하고 일하기를 귀찮아하는 흑인 10대 미혼모의 이미지를 전달함으로써 상황을 더욱 악화시킨다. 뉴스 매체는 '복지 여왕(welfare queen, 순수하게 복지 혜택에만 의존해서 사는 여성 — 옮긴이)'이라는 이미지를 선전함으로써, 성과 인종 면에서 가난한 사람들에 대한 선입견을 재확인해주고, 가난을 유발하는 정치·경제적 원인에 대한 관심을 다른 곳으로 돌린다. 게다가 미국인들은 가난에 대한 이슈보다 복지에 대한 이슈에 더 부정적으로 반응하므로, 언론의 왜곡된 보도는 또한 빈곤층에 대한 대중의 공감을 떨어뜨리는 효과를 낳는다. 복지 이슈에 집착하는 뉴스 매체의 행태 때문에 빈곤층이나 복지 수급자들이나 별반 다르지 않은 집단이며, 빈곤층과 근로자 계층은 서로 동떨어진 집단이라는 그릇된 인상이 생긴다. 빈곤층을 그리는 적나라한 이야기 속에는 거의 예외 없이 복지 주제와 복지 수급자들이 등장하지만, 미국인 근로자들이 겪는 고충에 대한 이야기 속에는 가난 문제가 좀처럼 언급되지 않는다. 예컨대《뉴욕 타임스》는 2000년 이후 세계화와 아웃소싱, 다운사이징, 장기 실업, 일자리 없는 성장 그리고 정체된 임금에 대한 폭로 기사를 수도 없이 쏟아냈다. 그러나 이런 기사들 중에서 경제 성장과 지속되는 가난 문제 사이의 인과관계를 강조한 기사는 거의 없다. 이처럼 미국 언론은 빈곤층에 대한 기사와 경제 문제에 대한 기사를 분리함으로써, 가난 문제의 구조적인 속성을 은폐하고 최하층과 일반 근로자 계층은 서로 완전히 다른 계층이라는 잘못된 이미지를 조장한다.

가난과 복지 문제를 다룰 때 나타나는 인종 차별적 시각 : 미국에서 백인들은 가난을 생각할 때 으레 흑인을 떠올린다. 이처럼 가난을 특정 인종만의 문제로 국한시키는 것은 거의 전적으로 언론의 책임이다. 빈곤층에 대한 뉴스 기사와 함께 실리는 사진과 화면 속에서 등장하는 흑인의 비율은 실제 빈곤 인구 중에서 흑인이 차지하는 비율보다 훨씬 더 높다. 뉴스 매체는 빈곤층의 시각적 이미지를 전달할 때 마치 빈곤이 주로 흑인들만의 문제 인 것 같은 인상을 준다. 마틴 길렌스(Martin Gilens)가 입증하듯이, 미국 흑인들의 얼굴은 언론이 복지 중독이나 복지 의존성 같은 이슈들을 다룰 때처럼, 주로 부정적인 논조로 기사를 쓸 때 훨 씬 더 자주 등장한다. 반면 백인들의 얼굴은 빈곤층에 대한 긍 정적인 뉴스 기사에서 더 빈번하게 등장한다. 요컨대 근로 빈곤 층의 고충이나 '신빈곤층'의 비극, 혹은 노인층의 역경을 밝히 는 기사 등이 그 예이다. 반면 흑인들은 가난과 복지 문제를 다 루는 언론의 시각 자료 속에서 과도하게 노출되는데, 빈곤층에 대한 부정적인 시선을 담고 있는 뉴스 기사에 그런 특징이 한층 더 두드러진다.

미국 백인들은 빈곤을 흑인과 동일시하기 때문에 빈곤에 관해 생각할 때 인종적 선입견을 갖기 마련이다. 그리고 흑인에 대한 부정적인 선입견을 가진 미국 백인들이 많은 만큼, 빈곤층에 대 한 그들의 시각 역시 부정적이다. 백인들은 흑인들이 빈곤 인구 의 한 몫을 차지하는 유난히 흠이 많고 대우할 필요가 없는 인 종이라고 생각한다. 흑인은 원래 게으르다는 고정관념의 뿌리가 깊기 때문이다. 언론이 가난과 인종을 서로 결부시킬수록 빈곤 층과 흑인 모두를 폄하하는 태도는 한층 더 강화된다. 언론이 주 도하는 빈곤층에 대한 인종적 편견은 희생자 제물 삼기 정서를 강화하고, 복지 프로그램에 대한 대중적 열의에 찬물을 끼얹으며, 빈곤층의 고충을 완화해줄지 모르는 정치 · 경제 개혁에 대한 백인들의 지지가 결집되기 어렵게 만든다.

공식적인 주류 정보원에 대한 의존 : 언론사는 정보를 수집하고 분석할 때 공식적인 정보원, 예를 들어 기업 대변인, 정부 관료, 싱크 탱크에서 일하는 전문가 그리고 사회 복지를 담당하는 정부 및 민간단체의 대표자들에 크게 의존한다. 이런 정보원들은 언론이 손쉽게 이용할 수 있고, 서로 자신들의 시각을 전하려고 기를 쓰기 때문이다. 그리고 이들은 겉보기에 권위 있고 객관적으로 보인다. 또한 이들은 언론에 정통해서 언론이 활용하기 편리한 형태로 자신들의 시각을 표현할 줄도 안다. 신망 있는 정보원 덕분에 뉴스 기사는 확실히 수용 가능한 범위 내에서 보도된다. 기자들은 이처럼 믿을 만한 정보원에 거듭거듭 의존함으로써 자신들의 신뢰성을 높인다.

뉴스 매체가 신망 있는 주류 정보원에 크게 의존하면 사회적 이슈들에 대한 논쟁의 범위는 축소된다. 빈곤층 자신들을 비롯해서, 상대적으로 정치적으로 소외된 계층은 공인을 해주는 기관이 보장해주는 공식적인 지위가 없기 때문에 언론에서 공명정대한 목소리를 내지 못한다. 미국 언론에 대한 샬럿 라이언(Charlotte Ryan)의 설명에 따르면, 일반적으로 믿을 만한 정보원들이 사회 기사의 주요 메시지를 전달한다면, 빈곤층은 보통 민주적인 목소리이기보다는 특수 이익 단체로 표현되는 사람들과 함께 그저 기사의 흥미를 더해주는 존재로 다뤄진다. 미국의 복지 개혁 논쟁을 분석한 라이언의 논의에 따르면, 공식적인 정보원들은 복지 수혜자들과 그들의 정치적 지지자들과 비교했을 때 언론에서 보다 더 존중을 받을 만하고 신뢰성 있는 인물로 그려지며, 더 빈번하고, 더 두드러지고, 더 오래 언급되었다.

매일 쏟아내는 뉴스 기사 : 매일 의무적으로 일간지를 발행하거나 밤마다 뉴스를 제작해야 하는 언론사의 구조는 무엇이든 새로운 소식을 크게 선호하는 뉴스 자체의 속성과 더불어, 사건의 이면에 있는 사회 구조적·역사적 요인에 대한 관심을 멀어지게 하는 역할을 한다. 뉴스 매체는 그 타고난 속성상, 하루하루 일어난 새 소식과 인물들을 강조하며 정보를 전하는 기관이다. 아닌 게 아니라 지방 TV 방송국들은 사건 현장을 최초로 방송하거나 긴급 뉴스를 단독으로 타전할 때 큰 자부심을 드러낸다. 기사의 깊이보다는 보도의 신속성이 우선이고, 다음 날 뉴스는 백지상태에서 다시 시작된다.

언론이 뉴스거리가 될 만한 개인사와 극적인 사건에 초점을 맞춘 까닭에 장기적인 사회적 추이에 대한 분석은 부족한 실정이다. 미국의 뉴스 매체는 시야가 협소하고 주의 지속시간도 짧다. 로버트 엔트만(Robert Entman)이 주장하듯이, 가난을 '지속적이고 다면적인 사회 문제'로 분명히 묘사하는 보도가 부재하다면, 언론사들이 개인주의 이데올로기를 지지하는 것은 필연적인 일이다. 빈곤층에 대한 낮은 빈도의 보도 행태와 더불어, 뉴스를 현재 일어나는 일로 한정하는 뉴스의 개념과 일간 뉴스에 치우친 언론의 행태는 시청자들에게 가난이 하나의 구조적인 문제가 아니라 일시적인 문제라는 인상을 심어주기 마련이다. 만약 언론이 보다 더 장기적인 현상에 주목하고, 시시각각 일어나는 사건만이 아니라 장기적인 추세에도 초점을 맞춘다면, 가난을 빈곤층 스스로가 자초한 자업자득의 결과로 보거나 개인의 불운쯤으로 치부하고 싶은 시청자들의 욕구도 줄어들지 모른다. 언론학자 마이클 셔드슨(Michael Schudson)은 만약 언론사가 일간이 아니라 월간이나 연간 단위로 운영된다면, 뉴스 지면에 그 동안 간과되어왔던 사회적·역사적 요인이 보다 더 분명하게 드러나게 될 것이라고 평했다.

짧은 코멘트 위주의 보도 : 인쇄 매체는 그 제약이 조금 덜 하지만, 특히 방송 매체는 사회 문제를 다룰 때 시간과 공간의 제약을 많이 받는다. 뉴스거리가 될 만한 이야기 중 소수만이 일간 신문에 게재되고, 그보다 더 낮은 비율의 뉴스거리가 30분짜리 방송 뉴스에 압축된 형태로 보도된다. 뉴스 기사의 분량은 점점 더 짧아지고 있어서, 오늘날 텔레비전 저녁 뉴스는 '19분짜리 맥너겟(Mc-Nuggets) 뉴스'가 될 정도로 축소되었다. 심지어 뉴스 가치가 가장 큰 사건들마저도 신문에 칼럼 몇 개만 나거나 텔레비전에서 고작 몇 분 방송될 뿐이다. 이제 언론은 번갯불에

콩 구워먹듯 뉴스 주제를 다룰 줄만 알아서 뉴스거리가 되는 정보와 의견을 간편하게 잘라내고 편집하여 인상적이고 효과적인 짧은 코멘트를 전달하는 역할만 수행한다. 그 과정에서 뉘앙스를 살리고, 주제의 복잡성이나 내용을 면밀하게 따질 시간은 거의 없다. 텔레비전은 특정 문제를 묘사하고, 희생자를 찾아내며, 그 증상을 밝혀낼 수 있지만, 가난과 불평등 같은 거시적인 문제들의 복잡한 사회경제적 원인을 밝히는 데 필요한 재원이 부족하다. 시간과 공간의 제약은 심층 보도를 불가능하게 한다.

불가피하게 피상적일 수밖에 없는 뉴스 보도의 속성은 개인주의 관점에 유리하게 작용한다. 구조주의 관점은 20초짜리 요약 기사로는 처리할 수 없는 가난 문제에 관한 복잡한 이론을 제시하고, 미국인들이 잘 수용하기 힘든 주장을 펼친다. 구조주의는 또한 미국의 정치 문화에서 또한 대중들이 이해하기 어렵고, 비교적 논란이 많으며, 저항을 불러올 수 있는 비판적인 관점이다. 구조주의 관점을 뒷받침하는 설득력 있는 사례를 구축하려면 시간이 필요하고, 바로 이 점이 미국의 뉴스 매체가 취약한 부분이다.

기술적인 문제들에 대한 집착 : 언론학자 다니엘 할린(Daniel Hallin)의 주장에 따르면, 언론은 뉴스 기사를 보도할 때 대개 '정치적인' 문제보다 '기술적인' 문제를 더 강조한다. 예를 들어 언론인들은 빈곤층을 대상으로 한 정책의 효율성을 가늠할 때 빈곤이라는 주제를 기술적인 각도에서 접근하여 이렇게 묻는다. 저소득층 노동자의 기술 수준을 끌어올리고, 가난한 가정에 음식과 보금자리를 제공하며, 미혼모들이 복지 수급자에서 근로자로 나아가도록 돕는 공공과 민간 부문의 노력은 성공적인가? 기자들은 빈곤층을 돕기 위해 마련된 사회 복지 프로그램에 주의를 집중시킴으로써 정부 실세들이 긴급한 사회적 현안들을 해결하기 위해 열심히 나서는 것만 같은 환상을 심어준다. 게다가 기자들은 그런 기술적인 접근을 하면서도 더욱 논란이 많은 이슈들은 회피하면서 정치적으로 편향되었다는 비난에서 상대적으로 자유로워진다.

언론인들은 기사에서 기술적인 문제들을 다루면서도 정작 중요한 정치적 사안들은 은폐한다. 언론인들은 가난 문제가 서로 다른 '이해관계의 충돌'이자 '정치 생활의 목표와 가치를 두고 벌이는 충돌'이라는 사실을 외면함으로써 가난 문제를 비정치화한다. 게다가 뉴스 매체는 기술적인 문제들에 집중함으로써 시청자들을 시민이 아니라 전문가들의 지식을 소비하는 수동적인 소비자로 취급한다. 할린이 지적하는 바에 따르면, 기술적인 방법론에 집착하는 이러한 저널리즘의 행태는 거시적인 사회 이슈에 대한 논의를 유발하거나 우리가 현재 살아가고 있는 사회 혹은 살아가고 싶은 사회에 대해 성찰해볼 수 있는 뉴스 기사를 생산하지 못하게 한다.

언론사들은 사회 문제를 다루는 방식에 있어서 다양한 제약을 받는다. 기업의 요구와 상업적 이익에도 신경 써야 하고, 시청률과 청취율 확보를 위해 경쟁해야 하고, 전문 언론 매체의 통상적인 관습과 관행도 따라야 하며, 정치 및 경제 환경에서 유래하는 은근하면서도 분명한 영향력도 고려하지 않을 수 없다. 이렇듯 온갖 압력에 시달리는 언론은 결국 대중에게 시사점을 던지는 프로그램보다는 오락 위주의 프로그램을 훨씬 더 잘 만들기 마련이고, 가난 문제에 관해 미국인들이 이성적으로 신중히 생각해볼 만한 정보와 분석 그리고 다양한 시각을 제공하지 못한다. 언론은 빈곤층의 이미지와 가난의 개념을 대중에게 전달하고, 이는 다시 미국 대중의 사고방식과 정치 취향에 영향을 준다. 이런 능력 덕분에 미국의 언론 기관들은 단순한 중립적인 관찰자 역할을 훨씬 뛰어넘어 가난 문제에서 중요한 위치를 차지한다. 사람들이 잘 모르는 사이에 주류 언론 매체는 지배 이데올로기의 편에 선다. 주류 언론은 가난의 구조적인 원인들을 조명하지 않고, 사회에 만연한 개인주의적 관점을 강화하는 역할을 한다.

물론 미디어의 영향이 압도적이거나 저항하기 어려운 것은 아니다. 뉴스 소비자들은 뉴스 매체가 제시하는 빈곤의 모습을 그저 수동적으로 받아들이지만은 않는다. 대중들은 뉴스에 노출된 이미지를 벗어나 자신들이 보고 듣고 읽은 내용을 각자 자기 나름대로 해석한다. 그리고 미국인들은 주류 언론 이외의 다른 정보원으로부터도 세상에 대한 정보를 얻는다. 뉴스 매체는 미국인들이 가난에 대해 희생자 제물 삼기식의 시각을 수용하도록 조장하는 것은 아니지만, 개인주의 이데올로기를 강화하며 대중들이 일관성 있는 구조적 대안을 인식하거나 수용하게 만든다.

우파의 이데올로기 선전기구

1970년대 초, 재계 리더들과 그들의 지적 동지들은 경기가 악화 일로를 걷는 상황에서 자신들 앞에 닥친 암울한 풍경을 목격했다. 그들은 이미 앞선 10년 동안 기업에 부담이 많이 가는 일련의 새로운 규제 정책을 포함해서 큰 대가가 따르는 정치 및 경제적 좌절을 겪은 뒤였다. 그리고 이데올로기 대결의 구도 또한 좋지 않아서, 친기업적인 보수주의는 궁지에 몰린 듯 보였다. 미국 연방 정부는 진보적인 의제에 온통 마음을 빼앗겼고, 뉴스 매체는 기업과 기업인들에 대한 호의적이지 않은 기사들을 끊임없이 쏟아냈고, 전문대학과 종합 대학을 불문하고 대학들은 온통 좌파 이데올로기를 전파하는 전초기지 역할을 했으며, 시민 평등권 운동, 반전 운동, 페미니스트 운동, 소비자 운동, 환경 운동 등 각종 사회 운동이 연이어 일어나 기존의 세계관을 전복하려 했다. 게다가 여론은 미국 경제계를 질타했다. 이처럼 적대적인 분위기 속에서, 기업 경영진들은 자신들이 수세에 몰려있음을 깨달았다. 당시 웨스팅하우스(Westinghouse)

회장은 "대학 교수들은 우리를 좋아하지 않는다. 언론은 우리를 믿어주지 않는다. 정부는 우리를 도와주지 않는다……. 재계에 몸담고 있으니 너무 외롭다."고 하며 세태를 통탄했다.

1971년, 후일 리처드 닉슨 대통령에 의해 대법관에 임명되는 루이스 P. 파월(Lewis F. Powell)은 미국 상공회의소 내에서 메모 하나를 유포했다. '자유 기업 체제'가 공격을 받고 있으며 '심각한 곤경'에 처해 있음을 재계에 경고하는 메모였다. 파월은 재계 지도자들에게 보다 더 공격적인 정치적·사상적 입장을 취할 것을 촉구하면서 재계의 이익을 위해 자진해서 궐기할 것을 강력히 권고했다. 1970년대에 걸쳐 어빙 크리스톨(Irving Kristol)과 윌리엄 시몬(William Simon) 그리고 그 밖의 보수주의 사상가들은 파월의 메시지에 공명했고, 많은 기업 관리자들 역시 자신들이 이데올로기 위기에 봉착했음을 깨닫게 되었다. 궁지에 몰린 대사업가들은 자진해서 여론을 자기편으로 끌어들이고, 반기업 문화를 역전시키고, 정치적 담론의 지형을 바꾸려고 노력했다. 이들은 강력한 로비 단체와 기업 이익 단체를 결성하는 한편, 언론과 대학에 진보 좌파 사상의 침투를 방지하고, 큰 정부와 노조를 공격하고, 친기업적 정책에 대한 대중적 지지를 동원할 방안을 함께 모색하기 시작했다. 재계의 이러한 정치적 재기 노력에 대한 결과물 중 하나로, 다음 20년 동안 인상적인 우파 관계망(기업 광고주, 기업 단체, 싱크 탱크, 미디어 감시 단체, 라디오와 TV 토크쇼, 인터넷 사이트, 보수 지식인, 우파 정치인)으로 성장하는 우파 이데올로기 선전 기구가 탄생했다.

보수주의자들은 반기업적 이데올로기의 확산을 점검하는 활동에 나서면서 진보주의자들의 활동을 비난할 때 자주 써먹던 방법을 그대로 사용했다. 즉, 문제 해결을 위해 돈을 쏟아 부은 것이다. 1970년대 초부터 부유층 기부자들은 보수주의 운동을 진작시키고 여론을 우파 쪽으로 돌리기 위해 막대한 자금을 쏟아 붓고 있다. 이런 막대한 자금은 대부분 기업 기부금과 브래들리 재단, 스미스 리처드슨 재단, 스케이프 가문 재단, 캐슬 록 재단, 코크 가문 재단, 존 올린(John M. Olin) 재단 같은 부유한 사업가 가문과 연계된 보수주의 재단에서 흘러나온다. 미국 재계에 깊이 뿌리를 내린 이런 보수주의 기관들은 우파 이데올로기 선전 기구의 경제적 토대를 형성한다.

기업과 재단의 대규모 지원을 받는 보수주의 싱크 탱크들은 우파들이 무기고에 비축해둔 강력한 무기이다. 미국 기업 연구소(1943년)와 후버 재단(1919년) 그리고 허드슨 연구소(1961년)는 막대한 기업 자금을 수혈받아 1970년대부터 급성장했다. 그리고 애초에 쿠어스(Coors) 가문의 자금 지원으로 설립된 헤리티지 재단(1973년)과 자유주의를 신봉하는 카토 재단(1978년) 그리고 맨해튼 연구소(1978년)는 보수주의자들이 최근에 무기로 삼는 가장 중요한 단체들이다. 2003년《뉴욕 타임스 매거진》의 추산에 따르면, 1990년대만 놓고 봐도 우파 두뇌 집단은 복음과도 같은 보수주의를 전파하는 데 무려 10억 달러를 지출했다. '두뇌와 돈'이 결합된, 이와 같은 보수주의 연구 기관과 기업 재단들 덕분에 우파는 1980년대와 1990년대에 기관의 지위와 금전적 지원을 등에 업고 미국 사회에서 정치적 담론을 지배했다.

또한 우파는 적군 요새의 심장부, 즉 대중 매체에서까지 사상 전을 벌였다. 작정한 듯 기업에게 비우호적이었던 대중문화 때문에 심리적으로 동요했던 1970년대의 재계 지도자들과 보수주의 사상가들은 문제의 근원을 정치적으로 편향된 뉴스 보도 탓으로 돌렸다. 재계 지도자들이 몸소 목격했듯이, 편파적인 미디어가 끊임없이 쏟아내는 부정적인 보도는 기업 이미지를 실추하고, 자유 기업 제도에 대한 대중적 지지를 서서히 약화시켰다. 우파는 자신들이 인식하기에 적대적인 뉴스 매체의 영향에 대항하기 위해 양면 작전을 썼다. 즉, 외부에서는 대중 매체를 위협하고 그와 동시에 언론 내부 장악을 시도했다. 우파 활동가들은 그런 노력의 일환으로, 애큐러시 인 미디어(Accuracy in Media), 미디어연구소(The Media Institute), 미디어와공공문제센터(Center for Media and Public Affairs)를 위시한 다수의 미디어 감시 단체를 설립했다. 우파 싱크 탱크의 경우와 마찬가지로, 기업과 부유한 가문의 자금 지원을 등에 업은 이러한 언론 감시 단체들은 언론을 모니터하고, 정치적 편견이 개입되었다고 판단되는 사례들을 널리 홍보하고, 언론사들을 압박해 보수주의 관점이 들어설 자리를 마련하기 시작했다. 이러한 우파의 대 언론 전략에 우파 정치인들과 전문가들이 힘을 실어주면서 지금까지 대성공을 거두었다. 미국 정치 문화에서 우파는 끊임없이 '좌파 편향'이라는 비난을 목청껏 터뜨림으로써 좌파가 목소리를 낼 기회를 거의 주지 않고 있다. 따발총처럼 끊임없이 쏘아대는 우파의 비판 세례에 위협을 느낀 주류 언론 매체들은 전화 토론 프로그램이나 폭스 뉴스 그리고 그 밖의 언론 매체에서 전투적인 골수분자들이 보수주의 선전원을 대놓고 자청하는 상황에서도 중도를 지키는 것처럼 보이려고 안간힘을 쓴다.

우파는 또한 대중 매체의 내부를 탈바꿈시키려는 전략, 즉 뉴스 보도에서 보수주의와 친기업적 관점이 더 큰 목소리를 낼 수 있도록 하기 위한 전략도 시행했다. 이런 노력 역시 대성공을 거두었다. 지난 수십 년 동안 쏟아져 나온 뉴스 해설은 점차 우편향적인 시각으로 확실히 변화했다. 이런 변화를 이끌어 내는 데 크고 매우 눈에 잘 띄는 우파의 '정치적 영향력을 행사하는 전문 해설자 그룹(punditocracy)'의 부상이 작지 않은 역할을 했다. 예컨대 조지 윌(George Will), 로버트 노박(Robert Novak), 터커 칼슨(Tucker Carlson), 데이비스 브룩스(David Brooks), 패트릭 뷰캐넌(Patrick Buchanan), 프레드 반즈(Fred Barnes) 같은 유명 보수주의 시사 해설가들은 주류 언론 매체에 시도 때도 없이 등장한다. 이들은 일요일 아침 뉴스 프로그램의 단골손님으로 참여하고, 우파의 놀이터나 마찬가지인 전화 토론 프로그램에 정기적으로 출연하고, 인기 높은 인터넷 신문인 〈드러지 리포트(Drudge Report)〉 같은 인터넷 사이트를 직접 운영하고, 여러 중앙 일간지에 칼럼을 기고하고, 《내셔널 리뷰*National Review*》, 《위클리 스탠더드*Weekly Standard*》, 《아메리칸 스펙테이터*American Spectator*》와 그 밖의 우파 정치 잡지에 기사를 송부하며, 빌 오라일리(Bill O'Reilly), 숀 해니티(Sean Hannity), 러시 림보(Rush Limbaugh) 같은 유명 인사들은 자신의 이름을 내건 라디오 및 텔레비전 프로그램을 진행한다. 좌파 시사 해설가들이 주류 미디어에서 거의 배제된 가운데, 우파 전문가들의 방송 출연 횟수와 문화적 영향력은 진보 진영 전문가들을 압도한다.

기업과 재단의 막대한 자금으로 무장한 우파는 1970년대부터 뉴스 업계에서 인상적인 기반을 마련했고, 미국 대중의 마음을 사로잡는 문화 전쟁에서 우위를 획득했다. 2003년, 한 보수주의 전략 회의를 주재한 헤리티지 재단의 공동 창립자 폴 웨이리치(Paul Weyrich)는 자신이 초석을 다지는 데 일조한 보수주의 확산 운동의 성과에 뛸 듯이 기뻐하며 이렇게 말했다. "보수주의 라디오 토크쇼 진행자가 1,500명이나 되더군요⋯⋯. 폭스 뉴스도 있고, 인터넷도 있지요. 인터넷에선 잘 나가는 사이트가 전부 보수주의 색채고요. 우리 보수주의자들의 시각이 대중들에게 이토록 잘 전달되고 있다니, 상전벽해가 따로 없군요!"

1970년대부터 재계 지도자들은 정치 및 경제 시스템 내에서 힘의 균형을 변화시키려는 공격적인 투쟁에 가담하는 한편, 보수주의 전략가들 및 지식인들과 손을 잡고 사상적 힘의 균형을 변화시키려는 운동에 가담해왔다. 이런 노력 덕분에 자금력이 풍부한 우파 이데올로기 선전기구가 탄생했고, 우파 기관들은 주목을 끄는 도서와 우파의 견해를 지지하는 정기 간행물, 정책 보고서, 신문 사설, 인터넷 댓글, 텔레비전과 라디오 논평 등을 쏟아내고 있다. 하퍼스(Harper's)의 편집장인 루이스 H. 래펌(Lewis H. Lapham)이 명명한 이러한 '공화당 선전 공장'은 미국 문화 시스템 내에서 강력한 목소리를 내고 있다.

우편향으로 바뀐 빈곤 담론

우파 이데올로기 선전기구의 성공은 그 무엇보다 지난 40년 동안 진행된 빈곤 담론의 우편향에서 명백하게 드러난다. 싱크탱크 지식인들, 정치 전문가, 기업의 대변인 그리고 공화당 지도부가 끊임없이 보수주의를 마치 종교처럼 설파한 덕분에 보수주의자들은 지적인 의제와 정치적 의제를 장악했고, 이제는 빈곤과 복지, 인종 문제에 대한 상식적인 틀을 정하고 있다.

우파의 끈질긴 노력에 자극을 받은 덕분에 1970년대부터 빈곤을 나타내는 언어는 보수주의 쪽으로 크게 기울었다. 초점이 빈곤층의 자기 파괴적인 행동과 복지 시스템의 실패에 편협하게 쏠리면서, 인종 차별과 불평등, 실업에 대한 우려는 대중의 관심사에서 사라졌다. 애초에 의도한 빈곤과의 전쟁은 마치 돌연변이를 일으키듯 '빈곤층에 대한 전쟁'과 '복지에 대한 전쟁'으로 그 언어가 바뀌었다. 점점 더 그 반경을 넓히고 있는 우파의 지적·문화적 영향력의 확대는 오늘날 주류 빈곤 담론 속에서 굳건한 입지를 확보하고 있는 '4가지 핵심 개념 혹은 주제인 최하층, 복지 의존성, 불법 그리고 복지 시스템의 왜곡'에서 분명하게 드러난다. 필자는 앞으로 이런 문제들에 관해 차례차례, 간략하게 논의할 것이다. 어떠한 경우든 언어유희로 빈곤 문제의 구조적 속성을 은폐하려는 우파의 전략을 지적하는 것이 다음 글의 요지이며, 그것을 전달하는 것만으로 충분하기 때문이다.

최하층 : '최하층'이라는 용어는 1970년대에 빈곤과 관련된 어휘 목록에 편입되었다. 빈곤 문화론과 거의 유사하게, 이 개념은 빈곤층의 도덕적 결함과 행동상의 병리를 강조했다. 최하층을 향한 편견은 가난한 사람들이 겪는 어려움들, 예를 들어 사회적 차별과 거주 지역 분리, 재정 부족에 시달리는 학교 그리고 불충분한 고용 기회 등에서 가난한 사람들이 원인 제공을 했을 것으로 추정되는 사회 문제들, 범죄와 폭력, 마약 등과 관련되었다. 보통 최하층 개념은 주로 대도시 슬럼가에서 사는 소수 빈곤층에게만 해당되지만, 이처럼 기억하기 쉬운 용어가 광범위하게 전파되면서 빈곤 문제가 새롭게 정의되는 결과를 낳았다. 최하층 개념의 재정의로 인해, 백인들 사이에서는 가난이 주로 흑인들만의 문제이고, 가난은 그들이 게으르고 방종을 일삼기 때문에 나타나는 것이며, 따라서 가난한 사람들은 세간의 동정이나 정부의 지원을 받을만한 가치가 없다는 인식이 확산되었다.

복지 의존성 : 1980년대부터 복지 의존성 문제는 빈곤을 '사회 정책의 주요 관심사'로 바꿔놓으면서 지금까지 주목을 받고 있다. 아닌 게 아니라 우파의 수사에 따르면, 가장 큰 폐단은 사람들이 가난한 것이 아니라 가난한 사람들이 복지에 의존하는 것이다. 따라서 주요 정책 목표는 빈곤층의 가난 구제라기보다는 빈곤층의 복지 수급을 끊고 그들이 노동 시장에 진출하도록 압박하는 일이다. 1996년 복지 개혁 입법 사례에서도 드러나듯이, 복지 개혁의 목표는 빈곤층의 복지 의존성을 끊고 일을 시키는 것이다. 낸시 프레이저와 린다 골든(Nancy Fraser & Linda Gordon)의 주장에 따르면, 이처럼 사랑과 복지보다 노동이 먼저라는 식의 접근법은 경제적 자립을 이끌어내지는 못하더라도, 빈곤층에게 심리적·도덕적 유익을 가져다줄 것이고, 그 덕분에 빈곤층과 그 자녀들은 근면과 개인적인 책임감의 가치를 배우게 될 것이다. 복지 의존성이라는 표현은 빈곤이 경제적인 면에서뿐만 아니라 도덕적이나 심리적인 면에서 상당 부분 개인적인 문제라는 인식을 심어준다. 또한 경멸적인 모습이 곧 빈곤층의 전형이라는 선입견을 대중들의 마음에 심어 놓는다. 예를 들어 사람들은 복지 혜택으로 연명하는 결혼하지 않은 10대 미혼모를 빈곤층의 이미지로 떠올린다. 우파가 요긴하게 써먹는 복지 의존성 개념은 미국인들로 하여금 가장 심각한 문제는 교육과 취업 면에서의 기회 부족이 아니라 빈곤층의 도덕적 하자와 위험천만한 복지 수당 장려책이라고 생각하도록 부추긴다.

혼외 출산 : 아마도 사회 정책 분야에서 가장 영향력이 큰 보수주의 대변인인 찰스 머레이에 따르면, 혼외 출산은 범죄와 마약 등을 포함한 우리 시대의 어떠한 사회 문제보다도 중요한 단 하나의 사회 문제이다. 헤리티지 재단의 자문 위원인 로버트 렉터(Robert Rector)도 머레이의 의견에 맞장구를 친다. 로버트의 표현을 빌리면, 빈곤은 그 밖의 수많은 사회적 병폐와 마찬가지로 근본적으로 혼외 출산과 가족 붕괴의 산물이다. 이런 논지는 혼외로 아이를 낳지 않은 빈곤층 여성들을 무시하는 것은 물론이고 복잡한 이슈를 단순한 등식으로 치환해 놓는다. 즉, 복지 시스템이 부추긴 결과로 체득한 나쁜 가치관 때문에 혼외 출산이 생기고, 혼외 출산이 또다시 가난을 부추긴다는 논리다. 혼외 출산이라는 메시지는 대화하기 편리하다. 그리고 혼외 출산은 사회적 문제를 개인의 일탈행동 탓으로 돌리려는 미국인들의 성향을 대변한다. 또한 그런 표현 속에는 간단명료하고 많은 돈이 들지 않는 해결책, 금욕이 있음이 암시되어 있다. 협소한 개인주의적 관점과 더불어, 이런 표현은 개인의 경제적 성취와 가족 형성에 영향을 미치는 보다 거시적인 정치·사회·경제적 요인에 대한 관심을 분산시키도록 만든다.

복지 시스템의 역효과 : 1970년대부터 시작된 강력한 '보수주의 허위 정보 유포 운동'은 오늘날까지도 그 목적 달성을 위해 부단한 노력을 기울이고 있다. 이 운동의 요지는 정부는 문제의 해결책이 아니라 오히려 문제의 근원이고, 가난을 퇴치하려는 정부의 노력은 득보다 실이 더 크다는 것이다. 비평가들은 복지 시스템이 빈곤층의 직업의식을 약화시키고, 게으름을 부추기고, 사생아 출산을 조장하고, 가족 형성을 방해하며, 개인의 책임의식을 약화시킨다며 복지 시스템을 비난한다. 실제로 머레이는 근로 가능 인구에 대한 정부의 복지 시스템 전체를 폐기한다면 빈곤층의 형편이 더 나아질 것이라고 제안한 바 있다. 우파 선전기구의 핵심 주제 중 하나인, 실패한 정부 정책에 대한 끊임없는 언급은 주류 빈곤 담론에 구석구석 배어 있다. 이러한 '역효과 가설'은 2배의 효과를 발휘한다. 우선, 역효과 가설은 사회 문제에 대한 책임을 시장에서 정부 탓으로, 자본주의 경제에서 진보적인 복지 제도 탓으로 돌리는 효과가 있다. 또한 역효과 가설은 공공 정책의 효과에 대한 대중의 의구심을 증폭시키는 효과도 있다. 그에 따라 실제로 새로운 빈곤 퇴치 전쟁을 수행하기 위한 연방 정부의 개입에 대해 반대하려는 여론을 미리 형성해두는 것이다.

최하층, 복지 의존성, 혼외 출산, 실패한 복지 시스템. 이러한 우파의 수사는 어느 정도는 그 순전한 반복으로 인해 사회 통념이 되었다. 보수주의자들은 이런 부정적인 언어들을 동원하여 사회의 유력한 용의자들인 도시의 소수집단, 복지 수급자, 미혼모 그리고 어리석은 진보주의자들을 공격함으로써 자기 선거구의 유권자들을 결집시킨다. 우파는 서로 사뭇 다른 두 가지 관점 사이에서 갈등하고 있다. 즉, 빈곤층은 지능과 의욕이 떨어지는 집단이라는 관점과 빈곤층은 역효과를 낳는 복지 제도의 순전한 희생자라는 시각이다. 빈곤층의 결함이든 혹은 복지의 위험성이든, 보수주의적 수사는 가난의 구조적 측면을 은폐하는 역할을 한다.

　보수 지식인과 전문가 그리고 보수 정치인들은 열심히 빈곤에 대한 개인주의적 관점을 선전해왔다. 이들은 미국의 정치 및 경제 실패에 대한 대중의 관심을 분산시키는 한편, 빈곤층이 병리적인 측면을 가지고 있다는 혐의를 씌워 거기에 대중의 관심을 집중시켰다. 그리고 복지 제도와 진보적인 사회 보장 제도에 대한 보수주의자들의 쉴 새 없는 폄하 공세는 실제로 그 효과가 너무나 뛰어나서, 이제 민주당조차 정부를 옹호하기 위해 그다지 적극적으로 나서지 못하는 실정이다. 우파 이데올로기 선전 기구는 빈곤을 불러일으키는 주범인 구조적인 실업 문제와 경제적 고충 혹은 불평등 문제에 관해 신기하게도 일언반구도 하지 않으면서도 빈곤에 대한 자신들의 관점을 선전하는 데 성공했다. 그 대신 우파 이데올로기 선전기구는 '일탈행동과 박탈'이라는 대체 표현을 제시한다. 보수주의자들은 빈곤 담론과 사회 정책의 초점을 딴 곳으로 돌리는 데 간신히 성공했는데, 대중이 하나만 알고 둘은 모르도록 조장한 덕분이었다. 보수주의자들은 대중들이 가족의 붕괴는 알고, 악화일로에 있는 미국의 근로 계층의 상황은 알지 못하도록 유도했다. 그들은 최하층의 일탈행동은 알렸지만, 제도적인 차별과 거주지 분리 정책은 알리지 않았고, 복지 수급을 받는 미혼모에 대해서는 알렸지만, 일과 가정 간의 충돌에 관해서는 입을 닫았다. 또한 부유층의 호화로운 생활양식은 알렸지만, 낮은 임금에 허덕이는 빈곤층의 실상에 대해서는 함구했고, 복지 지출에 드는 비용은 알렸지만, 복지 프로그램의 예산 축소는 은폐했으며, 빈곤층의 비주류적 생활방식은 선전했지만, 경제 및 정치 엘리트들의 무책임한 정책을 두고는 모른 체했다.

결론

미국의 정치, 문화적 특성 때문에 미국인들은 빈곤과 불평등에 대한 책임을 개인 탓으로 돌리는 데 친숙하다. 주류 언론은 일상적으로 미국인들의 이런 성향을 부추기며, 지난 수십 년 동안 우파 이데올로기 선전기구는 국민들의 사고방식을 그와 정확히 똑같은 방향으로 흐르도록 압력을 행사해왔다. 이런 사실들을 감안할 때, 가난에 대한 책임을 빈곤층에게 묻는 미국인들이 많은 것도, 빈곤 문제에 대한 구조적인 해결책이 정치 의제에서 부재한 현실도 별로 놀랍지 않다.

빈곤의 원인과 빈곤 퇴치 정책에 대한 미국인들의 신념은 각자의 권리뿐만 아니라 정부 정책에 미치는 영향력을 감안할 때에도 중요하다. 물론, 정부가 그저 유권자가 원하는 대로 움직인다는 생각은 지나치게 단순하다. 만약 그랬다면 우리 미국인들은 벌써 국민 의료보험과 더 높은 최저임금, 총기 규제 그리고 비교적 깨끗한 자연환경의 혜택을 누리고 있을 것이다. 우리들의 불완전한 민주주의 체제 속에서 사회정책은 정치 및 경제 권력의 분배 구조는 고스란히 반영하고 있지만 그에 비해 대중들의 욕구는 충분히 반영하지 못하고 있다. 하지만 여론의 역할도 간과할 수 없다. 어찌 되었든 더 많은 미국인들이 빈곤을 심각한 문제로 인식하고 빈곤의 그 구조적 속성을 인지하도록 북돋우지 않고서 빈곤과의 진짜 전쟁을 벌일 수 있다고 상상하기는 어렵다. 필라델피아를 근거지로 활동하는 복지 운동가 테리 매과이어(Terry Maguire)는 이렇게 지적한다. "대중의 전폭적인 지지를 얻지 못한다면 빈곤을 퇴치할 수 없습니다. 빈곤 퇴치는 사상 전쟁이고, 이미지 전쟁이며, 스토리 전쟁입니다."

The Social
System and
Poverty

8

사회 시스템과 가난

우리들은 혼자가 아니다

우리는 친척과 이웃, 또래와 친구 그리고 동료들과 함께 어울려 살아간다. 또한 우리는 인종과 민족, 혹은 성별로 구분되는 집단에 속하거나 그보다 더 자발적으로 모인 집단인 식품 협동조합, 길거리 패거리, 독서 클럽, 사회 운동 등에 참여한다. 우리는 학교와 교회를 나가고 마을 회의와 정치 집회에 참가한다. 또한 타인과 함께 공원과 농구장, 골프장, 콘서트장을 찾는다. 우리는 결혼식과 장례식, 기념일과 생일, 주말 파티를 사람들과 함께하고, 포커도 다 같이 즐긴다. 뿐만 아니라 우리는 관료와 공무원, 서비스 전문가들을 비롯해서 다양한 직종의 전문가들, 예를 들어 학교 교장과 교사, 경찰과 판사, 신부와 심리치료사, 은행원과 변호사, 부동산 중개업자와 보험 설계사, 가정 방문

사회 복지사와 의료인 등과도 교류한다. 우리는 또한 각자의 사회적 공간인 거주지에서 타인과 관계를 맺는다. 우리는 특정한 지방이나 주에, 도시나 시골에, 시내나 교외에 거주한다. 우리는 지금까지 언급한 모든 방식으로 혹은 그보다 더 많은 방식으로 타인과 인연을 맺고 있다. 여기에는 단순히 시장 논리나 이기적인 판매자와 소비자 관계를 떠나서 성립되는 관계도 많다. 이와 같은 뚜렷한 사회적 관계는 개인의 경제적 성패에 중대한 영향을 미친다.

개인주의 이론들은 우리들 각자가 자신의 진로를 스스로 정한다고 가정한다. 개개인의 경제적 운명은 개인적 속성에 의해 큰 영향을 받는다. 즉, 우리들 각자의 선택과 취향, 능력과 재능, 지식과 기술, 태도와 가치관이 경제적 성패를 좌우한다. 이런 관점을 지지하는 사람들은 경제생활을 마치 쉴 새 없이 경쟁해야 하는 경주인 것처럼 상상하는 듯하다. 모든 참가자들은 똑같은 출발점에서 출발하고, 똑같은 규칙과 규정의 적용을 받는다. 어떠한 경주든 간에 비참가자들은 그저 구경꾼일 뿐이다. 그리고 경주가 공평한 경쟁의 장에서 펼쳐지기 때문에 개개인의 성패는 오로지 참가자 본인의 기량과 훈련 수준 그리고 투지에 달려 있다.

하지만 실제로 인생의 무대에서 펼쳐지는 경주는 공평한 것과는 거리가 멀다. 누구나 똑같은 출발선에서 시작하는 것도 아니고, 모든 참가자들이 공정한 규칙의 적용을 받는 것도 아니며, 개인의 기량만 뛰어나다 해서 성공하는 것만도 아니다. 게다가 실제 경쟁의 장에서 우리는 아예 출발선에조차 서지 못하거나 혼자의 힘으로는 출발선에서부터 결승점까지 완주하지도 못한다. 우리들은 종종 낯선 사람의 친절함에 기대고, 분명히 친구들로부터 작은 도움도 받는다. 내 주변의 타인들은 그저 단순한 구경꾼들이 아니다. 그들의 역할에 따라서 우리가 경기장에서 뛰어난 경기력을 펼칠지 아니면 형편없는 경기력을 펼칠지가 하늘과 땅 차이로 달라진다. 만약 내가 운이 좋은 사람이라면, 내 지인들은 중요한 경주가 언제 어디서 펼쳐지는지 끊임없이 정보를 제공해줄 것이고, 틀림없이 나는 가장 유명한 대회에 참가하게 될 것이며, 지인들 덕분에 경주 관계자들을 소개받고, 유리한 출발점을 확실히 지정받고, 성공적으로 경주를 펼치는 데 필요한 기술과 장비를 제공받게 될 것이다. 그리고 경주가 시작되고 나서도 지인들은 경주가 펼쳐지는 내내 나를 돕는다. 지인들은 내게 유리한 위치를 안내해주고, 내 경쟁자들의 노력을 허사로 만들고, 심지어 자신들의 어깨로 나를 부축해가며 전진시켜 주기도 한다. 반면 내가 그렇게 운이 좋은 사람이 아니어서 주변에 끊임없이 지원을 해줄 만한 위치에 있는 지인들이 없다면, 인생의 경주는 몹시 고된 일이 될 수 있고, 경주를 끝마치는 일조차 어려울 수 있으며, 승리는 그림의 떡이 될 수 있다. 현실이라는 실제 경주에서, 강력한 조력자들의 지원이 없다면 달리기에 천부적인 재능을 지닌 선수조차 경주에서 홀로 뒤처지게 될지 모른다.

사회 구조 속에 차지하는 개개인의 입지는 각자의 경제적 성패를 좌우하는 데서 큰 영향을 미친다. 각자의 사회적 지위와 사교 관계 그리고 사회 제도의 연결망 속에서 점유한 자신의 위치에 따라서 사회에서 유리한 사람과 불리한 사람이 갈린다. 사교 관계와 소속 집단의 특징과 구성, 주변 이웃과 공동체, 사회적 인맥과 한결같은 유대 관계에 따라서, 가치 있는 문화 및 인적자본 획득과 기회 획득 여부 그리고 그런 자본들을 이용해 좋은 직업과 쾌적한 삶을 획득할 수 있는 결과물이 달라진다. 개인주의적 관점은 불평등과 빈곤 문제에 대해 충분한 설명을 명확하게 내놓지 못하는데, 그 이유는 개인주의적 관점이 사회 구조와 경제적 신분 상승 사이에 존재하는 이처럼 결정적인 인과관계를 외면하기 때문이다. 경제학자 글렌 로리(Glen Loury)가 지적하듯, 자유로운 사회에서 개개인은 자기가 갖춘 능력만큼 사회에서 성공할 수 있다는 실력 중심의 사고는 온전히 혼자서는 아무도 그 길을 여행하지 못한다는 의견과 상충된다. 사회 시스템은 가난에 대한 분석과 관련이 있다. 그 이유는 사람들의 경제적 성패가 각자가 처한 사회적 맥락에 의해 좌우되고, 그에 따라 그렇지 않았다면 동등하게 자기 실력을 발휘했을 개인들의 성과에 차이를 만들어 내기 때문이다.

지금까지 살펴보았듯이, 빈곤에 대한 개인주의적 관점은 빈곤을 지속되도록 만드는 경제적·정치적·문화적 요인의 작용

구조를 제대로 인식하지 못하기 때문에 잘못된 분석을 내놓는다. 이번 장에서는 개인주의 이론들의 한계에 대해 더 살펴보기로 하겠다. 개인주의 이론들은 빈곤에 대한 상대적 취약성을 설명하는 과정에서 개개인의 결점은 지나치게 강조하는 반면, 각자가 처한 사회적 환경의 제약에 대해서는 거의 무시하다시피 한다. 협소한 시각으로 개개인의 특성에 대해 지나치게 초점을 맞추는 개인주의 관점은 인생의 성패를 결정하는 데 있어서 각자가 처한 사회적 위치의 영향력을 외면한다.

이번 장에서 필자는 빈곤을 이해하는 데 있어서 사회 시스템 변수들의 중요성을 조명하고자 한다. 그런 목적을 달성하기 위해 필자는 최근 사회 과학 분야에서 주목을 많이 받은 3가지 현상인 소속 집단과 이웃 효과 그리고 사회적 연결망을 다루었다. 어떠한 경우든 필자는 개인주의적 관점의 부적절함을 입증해 보이고, 구조주의적 관점을 옹호하는 입장에서 사람들의 경제적 성패는 그들의 즉각적인 통제를 벗어나 있는 사회적 요소들에 달려 있음을 보여주고자 한다.

소속 집단

우리들이 속한 집단의 성격은 우리들 각자의 경제적 미래에 영향을 미친다. 집단에 소속되는 것은 두 가지 측면에서 중요하다. 첫째, 소속 집단은 우리가 보통 개인적 특성이라고 생각하는 부분들, 요컨대 각자의 관심사와 취향, 신념과 능력을 형성하는 데 기여한다. 둘째, 소속 집단은 눈에 보이는 자원들, 요컨대 교육과 훈련 그리고 고용에 대한 각자의 접근 가능성을 결정한다. 우리는 각자 어떠한 집단에 소속되어 있느냐에 따라서 서로 다른 꿈을 꾸고, 그런 꿈을 실현하기 위한 토대도 달라진다. 이처럼 소속 집단은 우리의 정체성뿐 아니라 우리가 살아가는 방식에까지 영향을 미친다.

집단은 그 형태와 성격과 구성이 제각기 다르다. 개개인들은 자의반 타의반으로 특정 집단의 일원이 된다. 어떤 소속 집단은 그 집단이 갖게 될 사회적 정체성과 더불어 성별 집단, 인종 집단, 민족 집단처럼 타고난 환경에 근거한 귀속적 지위 때문에 생겨난다. 친구 집단, 또래 집단, 동세대 집단에서처럼, 어떤 소속 집단은 이웃과 학교, 직장 등에서 벌어지는 사회화 과정의 일부로서 형성된다. 그리고 학생의 부모가 교육현장에 참여하는 학부모회라든가 학생들이 가입하는 여학생 사교클럽, 혹은 노동자들이 가입하는 노동조합이나 전문 기관처럼 자발적인 소속 집단도 있다.

소속 집단은 개개인의 경제적 생활에 긍정적이든 부정적이든 독자적인 영향을 미친다. 개개인이 부를 축적하느냐 혹은 빈곤을 피하느냐의 여부는 각자 타고난 능력과 성취동기 혹은 인적 자본의 축적뿐만 아니라 각자가 속한 소속 집단의 성격에 의해서도 판가름난다. 따라서 사람들의 경제적 성패에서 오로지 개

개인의 특성만 경제적 성취의 주요한 척도가 될 것이라는 예상
과는 사뭇 다르게 나타난다. 예를 들어 인종과 성별에 대한 연
구 결과가 지속적으로 보여주듯이, 노동자들은 자신이 속한 소
속 집단 때문에 동등한 기술을 가지고 있더라도 직업적 지위와
소득 면에서 그 결과가 천양지차로 다르게 나타날 수 있다. 이
처럼 소속 집단은 큰 영향을 미치므로, 인생에서 얻는 기회의
가능성 문제를 단순히 개인 차원의 특성으로 축소시킬 수 없다.

소속 집단이 개인의 경제적 성취에 미치는 중요성을 밝힌 경
제학자 스티븐 더라우프(Steven Durlauf)는 빈곤과 불평등의 '구성
원 이론(memberships theory)'을 제안했다. 더라우프가 개인주의
이론에 확실히 반기를 들고 마련한 이 이론은 가난을 개개인의
특성 탓으로 돌리는 일반적인 설명과는 달리, 논의의 초점을 개
개인의 성패를 제약하는 구성원과 집단의 영향력으로 돌린다.
더라우프는 또래 집단 효과, 성인 롤모델 효과, 노동 시장에서
인맥 효과를 비롯하여 소속 집단이 개개인의 성취에 영향을 미
치는 몇 가지 경로를 확인한다. 예를 들어 또래 집단의 영향은
십대 청소년들 사이에서 스포츠에 끌리는 학생들과 공부를 좋
아하는 학생들, 정치에 관심이 많거나 혹은 정치에 심드렁한 학
생들, 솔선수범하는 학생들과 비행과 범죄를 일삼는 학생들로
나뉘는 이유를 밝혀준다. 청소년들은 또한 자신들이 보고 느끼
는 어른들의 모습에 영향을 받기도 한다. 청소년들은 자기 주변
어른들의 모습을 관찰함으로써 공부를 하면 얻는 대가가 무엇

인지, 좋은 일자리를 얻고 아메리칸드림을 이룰 가능성은 얼마나 되는지를 타진한다. 성인 롤모델은 알게 모르게 청소년들의 꿈과 인생 비전에 영향을 미친다. 소속 집단이 중요한 또 다른 이유는 소속 집단이 상급 학교 진학이나 구직 활동에 도움을 줄 만한 다양한 분야의 인맥을 연결해주는 발판이기 때문이다. 소속 집단의 차이는 결국 개개인에게 불평등한 결과로 나타난다. 개인과 가족 특성과는 별개인 소속 집단의 성격은 개인이 삶에서 이룰 수 있는 경제적 성취 수준에 큰 영향을 준다.

빈곤에 대한 문헌에서 되풀이되는 주제는 빈곤층의 소속 집단이 구성원들의 규범과 행동에 악영향을 미치게 될 가능성이다. 그러나 더라우프가 강조하듯이, 유해한 결과가 도출될지 여부는 빈곤층을 둘러싼 물질적 조건에 달려 있다. 빈곤문화론은 독자적인 최하층 하위문화가 존재한다고 가정하기 때문에 이처럼 중요한 사실을 간과한다. 통상적으로 사회·경제적 기반이 이미 취약하고 기존의 성공의 사다리가 끊어져 있는 경우에만 청소년들은 또래 집단과 롤모델에 자극을 받아 일탈적인 행동을 벌인다. 소속 집단이 진정으로 실질적인 제 몫을 담당하고 그리고 구성원들의 경험과 주어진 기회를 합리적으로 제 것으로 수용하는 것처럼 보일 때, 보통 집단 규범이 등장하고 구성원들은 거기에 순응한다. 학교가 퇴락하고, 교사들의 학생에 대한 기대수준이 낮고, 학교를 졸업한 선배들이 직장에서 출세를 하지 못할 때 청소년들은 교육이 엉터리라고 생각할 공산이 크다. 그리고 적법한 일자리가 드물고, 일자리가 기대 이하이거나 막장이나 다름없을 때, 그들이 불법적인 일자리의 유혹에 넘어갈 가능성은 그만큼 더 커진다. 그리고 절망적이거나 불확실한 미래가 예상될 때, 청소년들이 위험한 행동의 패턴에 빠질 공산이 크다.

　소속 집단이 개개인의 경제적 성패에 영향을 미치는 이유는 비단 구성원들끼리 꿈과 규범, 행동 면에서 서로가 서로에게 영향을 미치기 때문만이 아니라 소속 집단의 사회적 위상과 입지가 천차만별이기 때문이기도 하다. 남성과 여성, 백인과 유색 인종, 원주민과 이주민, 전문가와 시간제 노동자의 구분에서처럼, 어떤 소속 집단은 상대적으로 다른 집단에 비해 특권적 지위를 누린다. 보통 개개인들은 자신이 속한 집단 구성원들을 더 선호하고 긍정적으로 평가한다. 우리는 심리적으로 자기와 같은 방식으로 보고, 말하고, 생활하는 사람들을 그렇지 않은 사람들보다 더 똑똑하고, 능력 있고, 가치 있다고 생각하는 경향이 있다. 우리들 각자는 또한 집단 외부의 사람들에 대해 선입견을 가지고 있어서 외부 사람들의 행동과 실력을 더 부정적으로 평가한다. 사람들을 내부 집단과 외부 집단으로 구분하는 성향은 대개 의식 수준의 인지 과정에 속하는데, 이런 성향은 특히 교육과 직업적 성취 면에서 두드러진 사회적 차별을 야기하는 주요 원인이다. 그러한 사회심리학적 메커니즘 때문에 소속 집단은 개개인에게 경제적 성취를 위한 디딤돌이 될 수도 있고 걸림돌이 될 수도 있다.

소속 집단은 개인의 성취와 관련이 깊은데, 특정 집단의 구성원들은 다른 집단의 구성원들보다 더 높이 평가받고, 더 우호적인 대우를 받기 때문이다. 게다가 특권 집단에 속함으로써 누리는 혜택은, 예를 들어 남성 집단의 사례처럼, 심지어 집단 내 구성원들조차 인지하지 못하는 사이에 대개 자연스럽고 확연하게 구성원들에게 돌아가게 마련이다. 반면 소외 집단의 구성원들은 사회적 선입견과 차별 그리고 사회로부터 받는 부정적인 평가에 계속해서 시달리기 때문에 경제적 성취를 이루는 데 큰 장애를 겪고 가난에 빠질 공산도 더 크다.

그 밖에도 소속 집단이 개인적 성취에 영향을 미치는 이유에는 여러 가지가 있다. 개인뿐만 아니라 집단 역시 자원과 기회를 얻기 위해 처절한 경쟁을 벌이는 또 다른 주인공이다. 집단은 종종 자기 구성원들의 이해관계를 관철하기 위해 의도적으로 행동하고, 원하는 결과를 얻기 위해 다양한 능력을 발휘한다. 개개인들이 인생에서 얻는 기회는 자기가 속한 집단의 힘과 관련이 있다. 미국의 사회학자 킴 위덴(Kim Weeden)이 입증하듯이, 일부 직업 집단, 특히 전문가 집단은 시장에서 노동의 공급을 제한함으로써 같은 집단 구성원들의 소득을 신장시킬 수가 있다. 이와는 반대로 대부분의 저임금 서비스직 노동자들을 포함해서, 그러한 사회적 봉쇄 작전을 쓸 힘이 없는 직업 집단의 구성원들은 시장의 힘에 따라 움직이는 임금 평준화에 속박을 당한다. 따라서 근로자의 소득은 각자가 축적한 인적자본을 온전하게 반영하지 못한다. 왜냐하면 개개인의 임금은 그들이 속해 있든 그렇지 않든, 노동 시장에서 자신들에게 유리한 규칙들을 정할 능력이 있는 특정 직업 집단에 의해 좌우되기 때문이다.

소속 집단은 또한 거시적인 측면인 사회적 권력 측면에서 서로 차이가 난다. 집단들은 각자의 사회적 권력에 따라 소득과 부의 재분배에 영향력을 행사하고, 정부 정책 방향에 입김을 불어넣고, 문화적 기구(cultural apparatus)에 의해 전파되는 이미지와 메시지를 구현한다. 사회학자 찰스 틸리(Charles Tilly)가 자신의 '영구적인 불평등' 이론에서 주장하듯이, 지배 집단들은 종속적인 하위 집단들을 착취해서 남몰래 좋은 기회를 잡는 능력이 있다. 사회 제도는 권력 집단에 호의적이고, 집단은 축적한 재원을 내부 구성원에게 돌리는 성향이 있으므로, 특권 집단에 속한 사람들은 과분한 이득을 누리고, 비특권 집단에 속한 사람들은 부당한 손해로 고통받는다. 따라서 사람들의 경제적 운명은 단순히 개인적인 특성에 의해서만 결정되지 않는다. 소속 집단의 사회적 위치와 권력이 사람들의 경제적 성패를 좌우하는 결정적인 요인이다.

이웃 효과

세상에는 다른 곳보다 살기 좋은 지역이 있기 마련이어서 주변이 좋은 이웃이냐 나쁜 이웃이냐에 따라서 거주민의 삶이 달라진다. 이웃을 구분할 때 가장 중요한 차이는 이웃의 사회적 계급과 인종 분포이다. 지난 30년 동안 부유층과 빈곤층의 주거 분리 현상이 심화되었는데, 이는 극심해진 경제적 양극화의 또 다른 이면이다. 그리고 유색 인종과 소수 민족은 일반적으로 비히스패닉계 백인과 따로 떨어져 살아간다. 미국에서 거주민의 계급적·인종적 특성을 잘 보여주는 극빈층 거주 지역은 보통 '게토(ghetto, 빈민가)'나 '바리오(barrio, 스페인어 사용자들의 빈민가 — 옮긴이)'로 불리는데, 주로 흑인들과 히스패닉이 거주한다.

인종 및 계층에 따른 거주지 분리 양상은 미국 사회의 가장 근본적이면서도 우려되는 특색 중 하나다. 그렇지 않았더라면 삶에서 아무런 차이가 없었을 두 사람이 우연의 결과인 자신의 거주 지역 때문에 다른 삶을 경험하고, 이에 따라 인생의 성패가 크게 달라진다. 미국에게 가장 가난한 동네 중 하나인 사우스 브롱크스(South Bronx)에서 성장한 아이들은 아무리 타고난 능력이 있고 성공하기 위해 열심히 노력하더라도 코네티컷 교외의 부유층 거주 지역에서 성장한 아이들이 인생에서 누리는 것과 똑같은 기회를 누리지 못한다. 주변 이웃이 어떠냐에 따라서 사람들은 인생에서 본질적으로 완전히 다른 기회를 경험한다. 이는 이웃이 극빈층 동네이든 갑부들 동네이든, 온갖 사례에서 알 수 있는 사실이다. 명백하게 날로 심화되고 있는 빈곤층과 부유층 거주 지역의 양극화와 그러한 지역적 불평등이 해당 지역 주민들의 교육과 경제적 성패에 끼치는 부정적 영향은 개인주의 관점의 핵심 전제 중 하나인 기회균등주의와 배치되며, 또 그 기반을 약화시킨다.

거주 지역 불평등은 개개인의 불평등을 증폭시키는데, 그 과정에서 특히 빈곤층이 큰 타격을 입는다. 불운하게도 가난한 가정에 태어난 아이는 엎친 데 덮친 격으로 빈곤층 거주 지역에서 살아간다. 가정환경이 좋지 못한 아이들이 극빈층 거주 지역에 거주하면 주거 공동체인 이웃의 뒷받침을 받지 못할 공산도 크다. 빈곤층 가정은 흔히 질 낮은 학교와 열악한 공공시설 그리고 건전하지 못하며 때때로 위험하기까지 한 주거 환경에서 살아간다. 부유층 가정은 부유층 거주 지역, 빈곤층 가정은 빈곤층 거주 지역에 살게 만드는 사회·경제적 메커니즘은 시간이 갈수록 점점 더 부유층에게는 유리하게, 빈곤층에게는 불리하게 작용한다. 빈곤층 거주 지역은 각종 사회적 자원이 부족하기 때문에 빈곤층 가정은 사회에서 불리한 처지에 놓이게 되고, 그에 따라 빈곤에서 탈출하기가 더 어렵다. 반면 부유층 거주 지역은 각종 사회적 자원이 풍부하기 때문에 부유층 가정은 사회에서 유리한 입지를 차지하게 되고, 그에 따라 자녀들에게 그 혜택을 그대로 물려주기가 용이하다. 이처럼 사회적 자원의 지역적 불평등은 빈곤과 불평등의 악순환이 지속되게 한다.

'이웃 효과(neighborhood effect)'란 개인의 능력과 가족의 특성을 넘어 인생의 성패에 영향을 미치는 이웃 환경의 영향력을 뜻한다. 지금까지 연구는 주로 이웃의 속성이 어린이와 청소년 그리고 청년들의 삶의 기회에 미치는 영향에 대해 초점을 맞춰왔다. 이 책에서 가장 자주 언급하고 있는 문제는 청년 이하의 연령대에서는 사회적·인지적 발달, 육체 및 정신 건강, 학습 준비상태와 성적, 학력, 성적 행동과 임신, 가족 형성, 일탈 행위와 범죄 문제이고, 성인층에게는 고용과 소득 문제이다. 중산층과 저소득층 거주 지역의 어린이들과 비교했을 때, 빈곤층 거주 지역에서 성장하는 어린이들은 사회적으로 크게 불리한 처지에 놓여 있다. 빈곤층 거주 지역에서는 유아 사망률과 아동 학대 그리고 저체중아 비율이 높다. 빈곤층 거주 지역 어린이들은 타계층 거주 지역 어린이들에 비해 취학 전 학습 준비 상태가 열악하고, 교실에서의 성취도도 떨어지고, 학교 시험 성적도 낮기 때문에 학교를 중퇴할 공산이 크다. 대학 진학률도 그만큼 떨어진다. 빈곤층 거주 지역 아이들은 십대 사생아 출산할 위험이 굉장히 높다. 또한 그들은 사회적 문제, 행동적 문제, 감정적 문제를 겪고 있을 공산도 크다. 게다가 일탈 행동을 하고 범죄를 저지르고 마약을 하고 술을 마실 공산이 크고, 심리적 고통과 우울증을 겪을 가능성도 더 높다. 이처럼 빈곤층 거주 지역에서 성장하는 어린이들은 개인적으로 성장하고, 질 좋은 교육을 받고, 안정적인 경제적 미래를 꿈꿀 기회를 박탈당한 채 고된 삶을 살아간다.

고트로 프로그램(Gautreaux Program, 연방 정부 주도 하에, 약 5,000명의 저소득층 가구를 대도시 근교 백인 지역에 재배치하는 프로그램 — 옮긴이)과 MTO 프로그램(Moving to Opportunity program, 새로운 기회를 찾아 떠나는 이사라는 뜻으로 아이가 있는 저소득층 가구의 이사를 지원하는 프로그램 — 옮긴이)은 미국 사회에서 이웃 효과가 분명히 존재함을 웅변한다. 주택 당국은 이러한 빈곤층 환경 개선 프로그램들을 통해 공공 주택에 사는 빈곤층 가정을 빈곤 수위가 낮은 교외의 다민족 공동체로 이사하도록 도왔다. 나쁜 이웃이 있는 곳에서 좋은 이웃이 있는 곳으로 이사하는 빈곤층 가정의 부모들은 높은 임금을 받지는 못할지언정 새로운 지역에 일자리를 찾을 가능성이 커졌고, 그 자녀들은 고등학교를 자퇴할 확률은 낮아지고 대학에 진학해 좋은 일자리를 얻을 가능성은 더 커졌다. 하지만 빈곤층 체류자와 이주자 간의 삶의 질 차이는 어느 정도 유의미하기는 했지만, 그렇게 극적이지는 않았다. 이는 괜찮은 거주 환경 그 자체만으로 빈곤층이 불충분한 교육과 인종 차별, 백인들과 분리된 사회 연결망 그리고 괜찮은 보수를 주는 일자리 부족의 영향을 극복하기에는 역부족임을 시사한다. 그럼에도 이런 이주 프로그램들에서 얻은 결과들은 가정환경의 영향력보다 가난한 이웃 환경이 거주민의 삶의 질에 더 부정적인 영향을 미치므로, 주거 환경의 질을 높일 때 빈곤층에게 더 많은 기회가 주어질 수 있다는 주장에 힘을 싣고 있다.

　가난한 지역은 그 열악한 환경이 거주민의 가치와 태도, 꿈의 모습을 결정하고, 각종 사회적 자원과 기회에 대한 접근성도 제약하기 때문에 구성원들 인생의 성패에 영향을 준다. 하지만 정확하게 어떠한 방식으로 극빈층 거주 지역이 이웃 효과를 유발하고, 또 어떠한 구체적인 과정과 메커니즘 혹은 경로를 통해서 이웃 환경이 빈곤층의 삶의 기회에 제약을 주는 것일까? 빈곤층의 삶에 부정적인 결과를 초래하는 빈곤 지역의 여러 가지 특징에 대해서는 다양한 가설이 존재한다. 이에 관해 주요한 상호 배타적이지 않은 네 가지 가설을 간략하게 살펴본다면, 거주지의 중요성을 재확인하고, 부유층과 빈곤층 생활환경의 몇 가지 근본적인 차이점들을 조망하며, 왜 일부 빈곤 지역은 다른 빈곤 지역에 비해 생활수준이 더 높은지를 밝히는 데 도움이 될 것이다.

　인프라 자원 : 거주 지역의 특성에 따서 인프라 자원의 양과 질은 천차만별이다. 대표적인 인프라 자원으로는 학교와 도서관, 유치원, 오락 시설, 청소년 프로그램, 공원과 놀이터, 의료 기관, 상점, 교통 시스템, 사회 복지 기관 등이 있다. 공동체의 인프라는 건전한 주거 환경을 만드는 데 필수 요소이다. 거주 지역 인프라는 거주민의 사회화 과정에 중요한 역할을 하고, 거주민이 안전하고 풍부한 활동을 할 수 있는 기회와 생활에 필요한 서비스를 제공한다. 또한 거주민들이 심리적, 문화적, 인적자본을 획

득하는 데 기여하며, 거주민들의 정치의식을 자극하고 정치적 유대를 강화하는 역할을 한다. 부유층 거주 지역은 인프라 자원이 풍부하기 때문에 그곳에 사는 사람들은 다양한 혜택을 누리고, 특권층 가구가 그런 혜택을 자신의 자녀들에게 물려줄 공산도 커진다. 반면 빈곤층 거주 지역의 인프라 자원은 대개 활용이 불가능하고, 접근하기 어렵고, 감당하기 어려울 정도로 비싼 데다가 품질도 낮다. 따라서 빈곤층 부모들은 보통 그런 한계를 만회하고 자녀들의 필요를 충족시켜 주기 위해 비싼 비용을 감수하고라도 다른 동네에서 필요한 서비스를 탐색하는 것과 같은 다양한 자원 추구 전략을 취할 수밖에 없다. 거주 지역의 인프라 부족은 특히 빈곤층 가정에 심각한 문제가 된다. 빈곤층 가정은 공동체가 제공하는 재원의 뒷받침이 절실하고, 민간 시장에서 그와 동등한 서비스를 구매할 여력도 떨어지기 때문이다. 부실한 인프라 때문에 이미 쪼들리게 생활하는 빈곤층 부모들은 마음 놓고 자녀들을 건강하게 키우거나 자녀들의 진학과 취업을 위해 제대로 된 지원을 해주기가 어렵다.

노동 시장 상황 : 가난한 지역의 노동 시장 상황은 부정적인 이웃 효과가 일으키는 또 다른 잠재적 요인이다. 윌리엄 줄리어스 윌슨(William Julius Wilson)의 주장에 따르면, 1970년대와 1980년대 도시 빈민가는 연이은 구조적 경제 변화, 즉 상품 제조에서 서비스 업종으로의 산업구조 변화, 저임금 노동 시장과 고임금 노동

시장으로의 양극화 심화, 기술 혁신 그리고 제조업이 핵심 도시를 빠져나가는 도시 공동화 현상으로 인해 휘청거렸다. 이러한 경제 구조의 재편은 이미 약해져 있던 주요 도시의 노동 시장을 약화시켰고, 높은 실업률로 특징지어지는 새로운 도시 빈곤 현상이 나타나게 되었다. 극빈층 거주 지역에 사는 청소년과 청년들은 거주 지역 내에서 직업 세계의 요령을 익히고, 경험을 쌓고 직업 훈련을 하고, 안정적인 취업 경험을 쌓고, 노동 시장에서 인맥을 쌓고, 꾸준한 일자리를 찾거나 사람다운 삶을 살 만한 기회를 거의 얻지 못한다. 미국의 사회학자 다니엘 도헌(Daniel Dohan)이 미국의 '바리오' 지역 내 일자리를 "분명한 기회의 발판이기보다는 현재 겪는 고난의 근원"이라고 표현했듯이, 극빈층 거주 지역 내에서는 비록 일자리가 있다 하더라도 장래성이 없고, 불안정하며, 저임금에다 불만과 갈등이 만연한 일자리가 대부분이다. 빈곤층 거주 지역의 열악한 노동 시장 상황은 빈곤층의 고용 전망은 물론이고 그들의 경제적 미래마저 심각하게 제약한다. 극빈층 거주 지역에서 성장하는 청소년들과 그곳에 사는 성인들은 자신들의 거주지 때문에 큰 대가를 치른다. 이들은 다른 지역에 살았더라면 당하지 않았을 낮은 임금과 근로 시간 부족, 상대적으로 더 길어진 빈곤선 이하의 생활을 감내하고 있다.

집단 사회화 : 보통 부모가 자녀들에게 세상살이를 교육시키지만, 자녀들은 부모 외에도 이웃 어른들, 또래집단, 롤모델 그리

고 사회화 기관 같은 공동체 내부의 다양한 주체들에게서도 영향을 받는다. 거주 지역에 따라서 사회 참여자들의 밀도가 다르고, 그들이 학생들의 교육적·직업적 성취에 도움을 주는 규범과 행동을 북돋우는 효과도 저마다 다르다. 집중된 빈곤과 거주 지역 분리 그리고 사회적 고립으로 점철된 빈곤층 거주 지역에서는 집단 사회화 과정이 부적절하거나 심지어 유해할 수 있다. 스몰과 뉴먼(Small & Newman)의 연구 결과에 따르면, 비행을 일삼는 또래 집단의 영향과 긍정적인 성인 롤모델의 부족은 빈곤층 청소년들을 주류적 규범에서 멀어지게 하는 주범이다. 빈곤층 청소년들은 또한 경찰과 같은 외부 관계자에게 냉대를 당하고, 기회가 제한된 냉혹한 현실을 경험한다. 게다가 부유한 10대들에 비해 감당하기 벅찬 장애물들로 꽉 막혀 있는 현실에 상대적 박탈감을 느끼면서 그에 못 이겨 불법 행동에 뛰어들기까지 한다. 가혹한 환경에서 성장하는 청소년들은 자기 자신의 성공적인 미래를 그리거나 '원칙대로 행동하는 것'이 가난을 피하는 비결이라는 믿음도 갖기 어렵다.

사회조직 해체 : 구성원들이 자주 교류하고, 사회적 유대를 맺고, 시민적 참여를 하고, 규범을 공유하는 것처럼 서로 끈끈하게 단결할 때 하나의 공동체는 사회조직(social organization)을 이룬다. 로버트 샘슨(Robert Sampson)과 그 동료들에 따르면, 사회조직은 '집단 효능감(collective efficacy)'을 증진한다. 집단 효능

감이 높은 공동체에서는 구성원들이 서로를 믿고, 이웃 어린이들이 잘 노는지 지켜봐 주며, 공동체적 규범을 강화하고 공동의 목표를 추구하기 위해 노력한다. 집단 효능감 이론에 따르면 빈곤층 거주민들은 보통 집단 효능감이 부족하기 때문에 일상적인 사회적 통제 양상이 취약하며, 그들의 자녀들도 사회적으로 바람직하지 않은 행동에 휘말리고, 교육 면이나 취업 면에서 초라한 성과를 낼 공산이 크다. 거주 지역 차원에서 일어나는 사회조직 해체(social disorganization)는 가난에 대처하거나 가난에서 탈출하려는 노력을 기울이는 와중에 구성원들이 겪는 어려움을 가중시킨다. 이웃 효과에 대한 연구는 빈곤과 불평등 연구에 구조적인 측면을 도입하여, 빈곤 연구의 초점을 개인에서 공동체로 옮겨 놓는다. 그리고 개인주의 이론들과는 달리, 빈곤층 거주민들의 생태적·인프라적 조건을 개선하는 데 초점을 맞춘 공동체 발전 전략이 필요하다고 제안한다. 거주 지역이 구성원들의 삶의 기회를 결정하는 강력한 요인이라는 관찰 결과는 성공이 단순히 개인적 능력과 노력의 산물일 뿐이라는 개인주의적 관점에 강한 의문을 제기한다.

사회 연결망과 사회적 자본

우리들은 비단 특정한 집단의 구성원과 거주 지역의 거주민 역할만 하는 것은 아니다. 우리는 사회 연결망의 일원이기도 하다. 누구라도 인생을 살면서 다양한 지점에서 그 수가 많든 적든 타인과 관계를 맺는다. 이렇듯 되풀이되는 대인 관계 패턴을 표현하기 위해 우리는 흔히 '사회 연결망(social network)'이라는 표현을 쓴다. 한 사람의 사회 연결망은 이런 저런 영역에서 관계를 맺고 있는 사람들로 구성된다. 가깝게는 가족과 친구, 지인, 직장 동료가 거기에 포함될 수 있고, 교사, 보육 교사, 사회 복지 근로자 및 형사 사법 공무원 같은 다양한 분야의 공공 기관 직원들도 여기에 포함될 수 있다. 사회생활의 골자를 이루는 이 모든 사회적 연결망은 사회학적으로 특별한 의미가 있다. 사람들을 서로 묶어주고 또한 개개인을 조직과 연결해주는 유대 관계는 여러 가지 중요한 사회적 기능을 수행하기 때문이다. 사회 연결망은 사람들이 서로 정보를 교환하는 통로 역할을 하고, 문화적 메시지를 전달하며, 사회적 연대의 발판이 되고, 사람들의 기대와 의무를 구축한다. 그리고 사회적 규범이 집행되도록 촉진하고, 상호 신뢰 관계를 불러일으키며, 사회적 지지의 원천이 되고, 사회적 힘과 영향력을 전달하는 전달자 역할을 한다.

사회과학자들은 사회적 연결망 속에 내재된 뚜렷한 사회적 자원을 표현하기 위해 '사회적 자본'이라는 용어를 고안해냈다. 금융 자본은 자신의 은행 계좌에, 인적자본은 자신의 머릿속에 각각 들어 있지만, 이러한 자본들과는 달리 사회적 자본은 유일하게 사회 구조적 자원이다. 사회적 자본은 행위자와 행위자들 사이의 관계 구조 속에 내재되어 있다. 사회적 자본은 사람들이 인적 교류와 사회적 관계를 통해 얻는 여러 혜택으로 구성되어 있다. 타인과 관계를 맺고 사는 우리들은 자기가 가진 자원에만 전적으로 의지하며 살아가지 않는다. 우리들은 가족이나 친구, 지인 같은 주변 인맥을 활용해서 각자의 목표를 성취하는 데 도움을 받는다. 이처럼 '개인적' 자원과는 별개인 '사회적' 자원의 중요성에 주목하는 사회적 자본 개념은 경제적 성패는 오직 자업자득의 결과라는 전제에 이의를 제기한다. 사람들의 경제적 운명은 각자가 지닌 타인과의 인간관계 그리고 크든 작든 타인의 도움이나 훼방의 정도에 따라서 다양한 방식으로 결정된다.

사람들은 심지어 사회적 자본에 투자를 하기도 하는데, 전략적으로 친교를 맺고 인맥을 쌓으면서, 제대로 된 사람을 알고 지내면서 앞으로 예기치도 않은 보답을 받기를 기대한다. 그러나 사회학자 마크 그래노베터(Mark Granovetter)가 지적하듯이, 대부분의 사교 관계는 경제적 동기나 이기적인 이해타산에서 출발하는 것이 아니라 평범한 사교 행동의 일환으로 일상 속에서 일어난다. 그럼에도 특정한 목적을 이루기 위한 수단으로 인간관계를 맺으며 인맥을 활용할 수도 있다.

예를 들어 사람들은 자신의 인맥을 통해 주택과 일자리, 사업 기회 혹은 정부 프로그램에 대한 지식을 획득한다. 그리고 장차 자신을 직원으로 쓸 고용주에게 미리 자신의 고용 여부와 자격 조건에 대한 정보를 전달하기도 한다. 구직자라면 지인을 통해 소개장이나 추천서, 심지어 취업 제의를 받기도 한다. 또한 인맥을 활용해 대출과 투자 조언을 받거나 그 밖의 다른 금전적 도움을 받을 수도 있다. 뿐만 아니라 지인을 통해 충고와 상담을 받거나 그들로부터 감정적, 심리적 지원을 받기도 하며, 자녀 양육과 교통 문제 혹은 가정 폭력 문제를 처리할 때 도움을 받기도 한다. 이 세상에서 가장 운 좋은 이는 바브라 스트라이샌드가 노래하듯이 타인이 '필요한' 사람이 아니라, 타인을 '아는' 사람이다.

사회 연결망과 사회적 자본에 대한 사회과학 문헌은 빈곤과 불평등 문제와 큰 관련이 있다. 사람들은 저마다 사회적 유대의 양과 분포가 다르고, 이에 부수적으로 따르는 정보와 영향력에 대한 접근성에도 차이가 있다. 어떠한 사람은 '자원이 풍부한' 인맥을 가지고 있어서 사회적으로 좋은 지위에 있는 지인들이 믿을 만한 유용한 정보를 시의적절하게 제공하지만, 어떠한 사람은 상대적으로 '자원이 빈약한' 인맥을 가지고 있다. 그 결과 사람들은 사회적 자원의 저장고에 각기 다른 양과 질의 사회적 자본을 축적한다. 이런 차이는 개개인의 경제적 성패에 영향을 미치는데, 특히 사회적 인맥이 적당한 일자리를 얻는데 결정적인 역할을 하기 때문이다. 고용주들은 정기적으로 인맥을 활용해 직원들을 뽑고, 구직자들도 친구나 지인 같은 인맥을 동원해 일자리를 찾는 경우가 비일비재하다. 공공 정책 전문가 캐서린 오리건(Katherine M. O'Regan)과 경제학자 존 퀴글리(John M. Quigley)의 추산에 따르면, 전체 일자리의 절반가량이 인맥을 통해 구해진다. 따라서 사회 연결망의 질은 보통 우리가 그 존재를 인식하지 못하더라도, 우리가 취업을 하느냐 못하느냐, 좋은 일자리를 얻느냐 나쁜 일자리를 얻느냐, 정상까지 올라갈 것이냐 밑바닥에서 맴돌 것이냐를 결정하는 데 중요한 역할을 한다. 사회적 자원을 얼마나 많이 가지고 있느냐에 따라서 개개인이 사회에서 얻는 기회가 많아지기도 하고 반대로 적어지기도 한다. 설령 다른 조건이 똑같다고 할지라도 사회적 자본의 크기 차이 때문에 불평등한 경제적 결과가 나타난다. 이처럼 사회 연결망과 사회적 자본의 불평등에 관해 초점을 맞추는 관점은 개개인의 경제적 운명에 영향을 미치는 각종 사회 구조적 변수들의 타당성을 강조한다.

개개인의 경제 상황과 사회적 자원 간의 상관관계에 대한 실증 연구는 큰 범주에서 다음과 같은 세 가지 결론을 뒷받침한다. 첫째, 사회 연결망과 사회적 자본이 결핍된 사람들은 가난에 빠지기 쉽다. 둘째, 가난한 사람들은 사회 연결망과 사회적 자본이 취약한 경향이 있다. 셋째, 빈곤층 가정이 예외 없이 사회적 인맥이 부족한 것은 아니고, 빈곤층 가장이 빈곤을 벗어나 자녀들에게 더욱 안전한 미래를 보장해줄 수 있는지 여부는 빈곤층 부모가 맺고 있는 사회적 유대의 형태와 질 그리고 사회적 자원을 활용하는 전략의 효율성에 달려 있다. 따라서 우리는 사회 연결망 개념을 빈곤의 원인과 결과를 밝히고 빈곤을 탈출한 사람들과 그렇지 못한 사람들의 차이가 무엇인지를 밝히는 데 유용하게 활용할 수가 있다. 빈곤에 관한 유전 이론과 문화 이론 그리고 인적자본론은 각자의 사회적 관계가 아니라 순수하게 이론적 관점에서 협소하게 개개인의 특성에만 초점을 맞추기 때문에 거시적인 사회적 맥락에서 어떻게 빈곤이 나타나는지 그 실상을 파악하지 못한다. 반면 빈곤에 관한 사회 연결망 이론은 개인주의 관점이 외면한 빈곤을 유발하는 여러 가지 중요한 사회 구조적 특성들을 강조한다.

빈곤층이라고 모두가 똑같은 사회 연결망을 가진 것도 아니고, 사회적 자원이 예외 없이 부족한 것도 아니다. 그러나 일반적으로 전형적인 빈곤층의 사회 연결망은 부유층의 그것과는 차이가 나고, 이런 차이점은 왜 아직도 많은 사람들이 빈곤의 늪에서 벗어나지 못하고 있는지를 설명하는 데 도움을 준다. 필자는 핵심을 전달하기 위해 비록 간략하게 언급하기는 했지만, 이어서 빈곤층 사회 연결망의 몇 가지 주요한 특성들을 논의하고자 한다. 전달하고자 하는 요지는 이렇다. 만약 우리가 빈곤층의 개인적인 속성에만 관심을 기울이고 그들의 사회 연결망과 사회적 자본의 특성을 간과한다면, 우리는 가난한 사람들이 처한 환경과 힘겨운 투쟁, 미래를 제대로 이해할 수 없을 것이다.

사회 연결망의 크기 : 일반적으로 빈곤층의 사회 연결망은 부유층만큼 넓지 않다. 노숙자들과 장기 실업자, 최극빈층 거주자 그리고 노인들은 보통의 경우 타인들과의 지속적인 유대 관계가 거의 없다. 이는 부분적으로 빈곤층이 금전적, 문화적, 정치적 자본을 비롯한 개인적 자원이 부족하기 때문이다. 가난한 사람들은 다른 사람과 나눌 것이 거의 없기 때문에 타인들에게 인맥을 쌓을 만한 동반자로 잘 인정받지 못한다. 빈곤층은 가난 때문에 타인을 돕기도 곤란하고, 사회 연결망을 쌓을 때 필요한 의무들을 충족시키기도 어렵다. 가난한 사람들에게는 타인에게 빌려줄 돈도 없고, 친구에 일자리를 주선해줄 인맥도 없고, 걸어 다니기 불편한 이웃을 태워줄 차도 없으며, 선출직 관료들에게 호의를 이끌어낼 만한 정치적 지렛대도 없다.

  타인에게 도움을 줄 금전적·사회적 여력이 부족한 가난한 사람들은 사회 연결망에서 배제되기 쉽다. 가난한 사람들은 또한 스스로 유대 관계를 끊기도 한다. 자신이 타인에게 짐이 될까 우려하는 마음에서, 자신의 독립성이 상실될까봐 걱정하는 마음에서, 혹은 다른 사람에 보답할 수 없는 자신의 처지에 압박감을 느껴 타인들과의 관계를 일부러 끊는 것이다. 심지어 약간의 여력이 있는 빈곤층조차 그나마 남아있는 재원이 고갈될까 두려워 유대 관계를 끊기도 한다. 어느 경우든 빈곤층은 쓸 수 있는 자원이 한정되어 있기 때문에 사회적 유대가 빈약한 경우가 많다.

  사회적 고립 : 빈곤 인구, 특히 유색 인종과 소수 민족들이 사교 관계를 맺고 있는 상대방은 주로 처지가 비슷한 가난한 사람

들이다. 경제 구조의 재편과 거주 지역 분리 그리고 주거 차별의 결과로 인해 많은 가난한 사람들, 특히 대도시 슬럼가에 사는 흑인들이 지역적으로 고립되고, 자신들의 거주 지역 이외의 외부인과 거의 접촉하지 못하고 있다. 이와 같은 '빈곤층 중의 빈곤층'은 자기들끼리는 친밀한 관계를 유지하는지 몰라도, '주류 사회를 대변하는 사람들 및 기관들'과는 최소한의 상호교류만 맺고 있다. 윌슨의 주장에 의하면 이러한 '사회적 고립'은 빈곤 문제를 더욱 가중시킨다. 사회적 고립으로 인해 빈곤층은 긍정적인 롤모델과 멘토, 일자리와 관련한 연줄, 취업 정보 등에 접근하기 어렵다. 극빈층 거주 지역 실업자들의 사회 연결망 속에는 비슷한 처지에 놓인 실업자들의 비율이 유별나게 높다. 알고 있는 인맥이 실업자들뿐인 극빈층 실업자들은 채용에 관한 조언을 들을 수 있는 소식통이 부족한 나머지 홀로 구직 활동을 벌일 공산이 크다. 사회적으로 고립된 실업자들은 '인맥 경화'에 걸리기 쉽다. 주변에 유용한 취업 정보를 원하는 사람들은 넘쳐나는 반면 그런 귀중한 정보를 제공해줄 지인은 턱없이 부족하기 때문이다.

빈곤층은 또한 대중들이 부정적인 색안경을 끼고 바라보는 외부 집단들, 요컨대 흑인, 라틴계, 이주민, 복지 수급자, 미혼모 집단과의 유대 관계도 압도적으로 많다. 빈곤층은 거주 지역 분리 때문에 지역적 고립은 피했더라도 여전히 사회적 고립을 감수해야 한다. 사람들은 보통 자기와 비슷한 조건의 사람들과 친분을 쌓으려는 속성이 있고, 특권 집단은 자신들의 기득권을 유지하려고 안간힘을 쓰기 때문에 빈곤층은 그들이 애지중지하는 귀중한 사회적 자원에 접근하기가 어렵다. 따라서 백인이 아닌 유색 인종의 구직자들은 상대적으로 사회적 자원이 풍부한 백인 인맥이 없기 때문에 노동 시장에서 불리한 처지에 놓이는 경우가 많다. 사회학자 디어드리 로이스터(Deirdre Royster)의 연구 결과에 따르면, 직업학교를 졸업한 백인 구직자들은 백인들에 우호적인 사회 연결망의 인종적 배타성 덕분에 원하는 생산직 일자리를 독차지할 수 있었지만, 동등한 수준의 자격을 갖춘 흑인 구직자들은 아예 취업을 못하거나 하향 취업을 할 수밖에 없었다.

사회 연결망 활용의 어려움 : 가난한 사람들은 비록 사회적으로 고립되어 있지 않다 해도 노동 시장에서 인맥의 도움을 받을 수 있으리라는 확실한 보장이 없다. 사회학자 산드라 스미스(Sandra Susan Smith)가 저소득층 미국인 105명을 대상으로 인터뷰를 진행한 결과, 그들은 대개 구직 중인 친구와 지인들을 도와줄 의사가 없는 것으로 나타났다. 응답자들은 소개해주려는 사람의 신뢰성이나 근면성에 의구심이 들 때 그리고 대개 불안정한 고용 상태에 놓여 있는 자기 처지가 걱정될 때 특히 자신의 사회적 영향력을 활용하기를 꺼렸다. 이들은 "압도적으로 많은 수의 응답자가 자기 얼굴에 먹칠을 하고, 자기가 속한 노동 시장을 위태롭게 할지도 모르는 형편없는 취업 소개를 할까 두려워했다." 한 응답자는 "괜히 내 이름을 대가면서 그들을 우왕좌왕하게 만들고 싶지 않아요. 누구든 내 이름 때문에 일을 그르쳐서는 곤란하죠."라며 그 이유를 설명했다. 스미스의 연구가 시사하는 바에 따르면, 빈곤층 구직자들은 주변에 영향력 있는 인맥이 없을 뿐더러 같은 직종에 종사하는 동료들조차 위태위태한 고용 상태에 놓여 있어서 도움의 손길을 내밀기가 어렵기 때문에 고용 시장에서 불리할 수밖에 없다.

강한 유대 관계의 우세 : 빈곤층은 사회 연결망을 형성할 때 지인들과 맺는 '느슨한 유대'보다 친지 및 친구들과 맺는 '강한 유대'를 더 선호한다. 강한 유대 관계에는 여러 가지 장점이 있다. 강한 유대 관계를 맺으면 주변에 친한 친구가 생기고, 서로 도우려는 동기도 강하기 때문에 여차하면 위험을 무릅쓸 각오까지 해줄지도 모른다. 하지만 그라노베터(Granovetter)가 강조하듯이 느슨한 유대 관계에도 분명히 장점이 있다. 흔히 우리와 판박이처럼 보이는 우리가 잘 아는 사람들과는 달리 우리가 일상적으로 만나는 사람들은 우리와 여러모로 다르고, 우리와 다른 사교 집단에서 활동하며, 우리가 모르는 사람들과 친분이 있다. 느슨한 유대의 독특한 장점은 자기가 소속된 집단과 거주 지역의 '바깥'에 위치한 사람들과 인맥을 형성할 수 있다는 점이다. 느슨한 유대 관계는 이리저리 분산된 관계망을 형성한다. 그리고 이런 폭넓은 관계망 덕분에 예컨대 구직자들은 취업 기회에 대해 남아도는 정보가 아닌 참신한 정보를 수집할 공산이 크다. 어느 유대 관계든 유대 관계를 맺으면 특정 집단의 핵심 일원이 되는 것은 분명한 사실이지만, 느슨한 유대 관계를 맺으면 다양한 인간관계 자원을 확보함으로써 보다 더 넓은 분야에서 핵심 일원이 될 수 있다. 하지만 빈곤층은 사회적 자원이 풍부한 느슨한 유대 관계보다 주로 강한 유대 관계를 바탕으로 한 사회 연결망을 형성하고 있기에 불리한 조건 하에 있다.

동질적인 사회 연결망 : 패트리샤 켈리(Patricia Kelly)에 따르면, 사회 연결망은 다양한 분야에서, 다양한 방식으로, 다양한 역할을 하는 서로 다른 사회적 지위를 지닌 사람들로 구성되어 있을 때 특히 가치가 높다. 느슨한 유대 자체도 강력하지만, 느슨한 유대 관계의 구성이 다양할 때, 즉 느슨한 유대가 서로 다른 사회적·문화적 배경을 지닌 사람들로 이루어져 있고 그 속에 믿을 만한 인맥이 포함되어 있을 때, 훨씬 더 큰 영향력을 발휘한다. 사회적 지위가 높은 지인들을 포함한 느슨하고 다양한 유대 관계로 맺어진 인맥을 가진 사람은 취업에 관한 유용한 정보를 입수하고 의미 있는 소개와 추천을 받을 가능성이 더 크고, 비록 그렇지 못하더라도 자신의 사회적 인맥을 통해 덕을 본다. 빈곤층이 사회적으로 불리한 이유는 그들이 맺는 느슨한 유대 관계조차 동질적이고 수평적인 성격을 지니고 있어서, 다양하고 여러 계층을 아우르기는커녕 자신들과 사회적 지위가 똑같은 사람들로 구성되어 있기 때문이다. 따라서 빈곤층은 자신의 인맥을 활용해서 성공적으로 일자리를 찾는다고 해도, 결국 보통은 저임금을 받는 꿈도 희망도 찾기 어려운 일자리에 안착하게 된다. 빈곤층은 영향력 있는 연줄이 부족하므로, 그들의 사회적 유대 관계는 그것이 느슨하든 끈끈하든 장점보다는 단점을 더 드러낸다.

생산적인 사회적 자본의 부족 : 피에르 부르디외가 지적하듯이, 사회적 자본은 "승수효과를 발휘한다". 사회에서의 연결망은 개개인들이 인적자본, 문화적 자본, 정치적 자본 획득을 용이하게 하고, 그런 다양한 자본들의 가치도 더불어 증가시킨다. 빈곤층 가정이 가난의 늪에 빠지기 쉬운 이유 중 하나는 빈약한 사회적 자본 때문에 다른 형태의 자본을 축적하기가 어렵기 때문이다. 친밀한 가족 관계이든 가정과 학교 간의 친밀한 유대이든, 어떠한 행태로든 끈끈한 사회 연결망은 어린이들의 학업 성취도를 향상시킨다. 중산층 부모들은 교사와 학교 관계자들과 맺은 끈끈한 유대 관계 덕분에 자기 자녀들이 교사의 관심을 비롯한 희소한 교육적 자원에 접근할 기회를 보장받을 수가 있다. 그 밖의 연구 결과도 직장 선배가 어떻게 노동 시장에 진입하는 신입 직원들의 인적자본을 증가시키는지 분명히 보여준다. 실비아 도밍게즈(Silvia Dominguez)와 설레스트 왓킨스(Celeste Watkins)의 상세한 기록에 따르면, 저소득층 여성 가장들은 자기보다 지위가 높은 베테랑 동료들과의 유대 관계를 통해 귀중한 직업 훈련과 경험을 쌓는 것으로 나타났다. 이에 비해 사회적 자본이 부족한 빈곤층은 학교와 일터에서 도움을 받을 만한 인맥이 없기 때문에 교육과 훈련을 받거나 기술을 배울 기회가 부족할 수밖에 없다.

계층과 인종을 아우르는 인맥을 형성하는 경우, 사회적 연결망은 문화적 자본의 형성을 촉진하는 역할도 한다. 여러 가지 배경과 경험을 지닌 가지각색의 사람들과 친분을 쌓으면, 회사 운영에 대한 지식을 얻고, 그렇지 않았더라면 낯설었을 사교 환경에서 자기 길을 찾는 방법을 배우고, 주류적 사교 환경에서 편안함과 자신감을 느낄 수 있는 기회가 늘어난다. 도밍게즈와 왓킨스의 연구 결과에서, 저소득층 여성 가장들은 직책이 높은 사람들과 인맥을 쌓으면서 상당한 혜택을 봤다고 증언한다. 후자의 사람들은 빈곤층 여성들에게 일자리를 얻을 수 있는 길을 터줄 뿐만 아니라 귀중한 문화적 자본을 전수해주었다. 직급이 높은 사내 직원들은 빈곤층 여성들에게 일터가 돌아가는 방식을 터놓고 알려주고, 직장에서 성공적으로 생활하고 또 남보다 앞서 나갈 수 있는 방법에 대해 교훈을 전해 준다. 사회적 자본이 박탈된 빈곤층은 어떻게 일자리에 지원하고, 인터뷰에서 어떻게 호의적인 인상을 남겨야 하는지, 직장에서 어떻게 행동해야 하는지 그리고 노동 시장에서 어떻게 협상해야 하는지 대해서 제대로 된 정보가 없을 공산이 크다. 빈곤층은 양질의 사회적 자본이 부족하며 문화적 자본 또한 부족하기 쉽다.

사회적 자본의 부재는 정치 영역에서도 중요하다. 사회·경제적으로 상류층 인사와 눈곱만큼의 인연도 없는 저소득층은 정치 시스템과 단절된 경향이 있다. 이베 알렉스·어센소(Yvette Alex-Assensoh)의 연구 결과가 밝혀냈듯, 사회적으로 고립된 빈곤층은 정치에 대한 관심이 적고, 정치 단체에 가입할 가능성도 낮으며, 선거에 참여할 가능성도 더 낮다. 특히 극빈층 거주 지역에 사는 흑인들의 사례에서 두드러지게 나타나는 사회적 자본의 부재는 빈곤층의 정치의식과 빈곤층의 정치 동원 능력 그리고 그들의 정치적 영향력 행사에 부정적인 영향을 미친다. 이는 저차원의 사회적 자본이 저차원의 정치적 자본으로 이어진다는 현실을 잘 보여준다.

사회적 지지에만 편중된 유대 관계 : 빈곤층, 특히 대도시 극빈층 거주 지역에 사는 사람들의 사회 연결망은 상대적으로 협소하고, 느슨한 유대 관계보다는 끈끈한 유대 관계로 이루어져 있다. 그들의 사회 연결망은 주로 서로 잘 아는 이웃들로 구성되어 있고, 다양하고 분산된 형태를 띠기보다는 협소하고 응집된 형태를 띤다. 그리고 연결망 내에는 주로 자신들과 별로 다를 바 없는 주변의 가난한 사람들이 주를 이룬다. 이러한 연결망은 그들에게 귀중한 사회적 자산이다. 예를 들어 이렇게 끈끈한 유대 관계 덕분에 저소득층 여성 가장은 자녀 양육과 교통에 대한 걱정 없이 저임금 노동 시장에서 마음 놓고 일을 할 수가 있다. 그러나 사비에르 드 수자 브릭스(Xavier de Souza Briggs)가 주장하듯이, 빈곤층의 관계망은 하나의 사회적 자본으로서 자신들이 성공할 수 있도록 길을 터주는 사회적 지렛대 역할을 하기보다는 그들이 그저 먹고 살 수 있도록 사회적 지지를 해주는 역할밖에 하지 못한다. 빈곤층에서 사회적 지지에만 편중된 연결망이 형성된 이유는 그들의 사회적 유대 관계가 협소할 뿐만 아니라 개인적인 여력이 부족한 데다 생계 문제 해결이 급급한 가난한 환경 자체가 유대 관계를 맺는 데 걸림돌이 되기 때문이다. 물론 성공하기 위해서는 먹고 사는 문제 해결이 급선무다. 하지만 그 과정에서 빈곤층은 하루하루 생존해나가야 한다는 압박감 때문에 그나마 남아 있던 사회적 자원마저 서서히 고갈시킬 수밖에 없는 모순에 직면한다. 도밍게즈와 왓킨스는 빈곤층이 겪는 이런 식의 갈등을 흑인과 남미계 저소득층 여성 가장의 사례에서 찾는다. 두 사람은 끈끈한 유대 관계를 유지해야 하는 저소득층 여성들의 압박감이 어떻게 사회 상층부와의 교류를 방해하는지 잘 보여준다. 이와 유사하게 샤론 힉스와 바틀릿(Sharon Hicks & Bartlett)도 많은 빈곤층 흑인 여성 가장들이 진퇴양난에 빠져 있다고 주장한다. 빈곤층 흑인 여성 가장들은 모든 것이 부족하고 위험한 거주 지역 안에서 막중한 부담을 안고 아이를 키워야 하는 등의 부담을 떠안는데, 이 때문에 돈을 벌기 위해 전일제 일자리를 구하지도 못한다. 이런 연구 결과들은 빈곤층 여성들이 특히 양육에 대한 막중한 부담감 때문에, 먹고 사는 문제와 사회적 성공 사이에서 절충점을 찾기가 어려움을 잘 보여준다.

득보다 실이 많은 사회적 자본 : 빈곤층은 자신들이 보유한 사회적 자본의 성격 때문에 이중고를 겪는다. 빈곤층의 관계망은 사회적 신분 상승에 도움이 되는 자원은 부족한 반면, 자기 구성원들을 위해 치러야 할 비용은 높은 특징이 있다. 당연한 말이지만, 부유층도 인간관계 때문에 발생하는 손해에서 자유롭지 못하다. 그러나 가난한 사람들은 그 사회 연결망의 특수성 때문에 주변의 지인들이 부정적인 사회적 자본을 형성할 가능성이 더 크다. 예컨대 빈곤층의 사회 연결망은 그 유대 관계가 끈끈해서 구성원들이 서로의 요구를 들어주느라 큰 압박감을 느끼므로, 유난히 '탐욕스럽다.' 즉, 그들은 '닥치는 대로' 요구한다. 갖가지 요구와 의무로 점철된 이러한 관계망은 구성원들의 시간과 에너지 그리고 자원을 허비할 수 있다. 그런 관계 속에서는 주는 사람이나 받는 사람이나 양쪽 모두 스트레스를 받고 불안을 느낀다. 주는 사람은 막중한 부담감을 짊어질까 봐, 받는 사람은 어떻게 다음에 보답할지를 두고 걱정이 앞선다. 또한 이처럼 요구사항이 많은 관계망은 내부 구성원에게 긴장과 갈등을 유발한다. 자기 가족의 요구를 바로바로 처리해야 하는 한편 가족이나 다를 바 없는 친족과 친구, 이웃의 부탁도 함께 들어

쥐야 하기 때문이다.

포르테(Portes)를 비롯한 사회학자들의 주장에 따르면, 사회 연결망은 유대 관계가 너무나 끈끈한 나머지 구성원들이 순응에 대한 중압감을 느끼는 역효과가 발생할 때, 부정적인 사회적 자본을 유발한다. 구성원들이 전통적인 방식대로 교육적, 직업적 성취를 달성하지 못하도록 그 앞길을 막고 집단에 충성하도록 강요할 때에도 사회 연결망은 개인의 신분 상승을 방해하는 걸림돌이 될 수 있다. 캐서린 뉴먼의 연구에 따르면 할렘가의 청소년들은 패스트푸드 레스토랑에서 허드렛일을 하기로 마음먹은 경우 또래들의 조롱거리가 될 각오를 해야만 했다. 또한 그 규범과 성격이 일탈 행위나 범죄를 부추기는 경우에도 사회 연결망은 부정적인 사회적 자본을 유발한다. 많은 빈곤층 유색 인종들에게 일자리 구하기가 어려운 이유 중 하나는 백인들처럼 자신들을 주류 노동 시장에 편입시켜줄 사회적 연줄이 없기 때문이다. 열악한 사회 연결망 속에 있는 빈곤층은 특히 합법적인 일자리 대신 불법적인 지하 경제에서 일자리 찾기가 더 쉬운 경우 범죄에 뛰어들기 쉽다. 일자리를 얻어 존중받고 성인이 되어 소득을 올리기를 꿈꾸던 일부 빈곤층 십대들과 청소년들이 사회적 자본의 '어두운 면'과 친해져 결국 길거리 갱단에 들어가거나 마약 판매에 빠지게 되는 것도, 선택의 여지가 별로 없는 그들의 처지를 감안하면 그리 놀랄 일도 아니다.

빈곤층이 맺는 독특한 사회 연결망의 성격은 가난의 결과이자 빈곤의 영속화에 기여하는 원인이기도 하다. 빈곤층은 자신들을 가난에서 벗어나도록 도와줄 사회적 유대 관계가 부족한 가운데, 가난 때문에 사회적 유대 관계가 빈약해지는 악순환을 경험한다. 빈곤층은 자신들의 사회 연결망 덕분에 '겨우 먹고 살 수'는 있지만, 사회에서 '성공'하지는 못한다. 자신들의 끈끈한 유대 관계 덕분에 입에 풀칠은 하지만, 경제적으로 신분 상승하는 데 도움이 되는 인적 자원과 문화적 자원 그리고 정치적 자원을 확보하지는 못한다. 게다가 빈곤층은 느슨한 형태의 다양한 유대 관계가 부족하므로, 취업 경쟁에서도 불리한 처지에 있다. 가난한 구직자들은 구인 정보를 거의 접하지 못하며, 대부분 주변 인맥을 동원해서 직원을 채용하는 고용주들은 그들을 채용 후보 명단에 올려놓지도 않는다. 빈곤에 관한 개인주의 이론들은 개개인의 자원 부족 문제를 지적하지만, 사회 연결망에 대한 연구 결과에서 잘 드러났듯이 개인적 자원 뿐만 아니라 사회적 자원도 부족한 것이 빈곤층이 당면한 현실이다. 가난한 사람들이 사회에서 성공할 수 있는 잠재력을 마음껏 펼치지 못하는 이유는 그 출발선이 다른 계층에 비해 한참 뒤처지기 때문만은 아니다. 또 다른 이유는 그들이 사회적 연줄이 든든한 계층과는 달리, 의미 있는 사회적 자원이 부족한 유대 관계 속에서 다른 구성원들로부터 일상적으로 방해를 받기 때문이다.

결론

우리는 누구나 사회 시스템 내에서 특정한 위치를 차지한다. 우리는 무엇보다도 집단의 구성원이고, 거주 지역의 주민이며, 사회 연결망 속의 일원이다. 저마다의 개인적인 특성을 뛰어넘는 사람들의 사회적 위치는, 간단히 말해 '주류'이냐 '비주류'이냐하는 문제는 그 구성원들의 경제적 성패에 영향을 미친다. 요컨대 첫 번째 사람은 제대로 된 집단에 속해 있고, 좋은 동네에 살며, 자원이 풍부한 관계망의 일원이다. 반면 두 번째 사람은 잘못된 집단에 속해 있고, 나쁜 동네에 살고, 자원이 빈곤한 관계망의 일원이다. 운 좋게도 여러 가지 면에서 유리한 입장에 있는 첫 번째 사람은 재능이 없고 게으르다고 해도 중산층 이상의 삶을 영위할 가능성이 높다. 하지만 여러 가지 불리한 짐을 떠안고 있는 두 번째 사람은 능력과 의지가 있다고 하더라도 가난에 빠질 가능성이 높다. 이처럼 사회적 입지의 차이 때문에 벌어진 결과로, 이 두 사람은 평등하지 않은 경기장에서 경쟁을 펼친다. 첫 번째 사람은 순풍을 받으며 달리고, 두 번째 사람은 역풍을 맞으며 달리는 꼴이다.

사회적 자본의 불평등함으로 인해 어떤 개인과 단체는 다른 개인이나 단체에 비해 경쟁 우위에 선다. 풍부한 사회적 자본을 갖춘 사람들은 그 바탕이 자기가 속한 단체이든, 거주 지역이든, 아니면 주변 인맥이든, 명문 학교에 입학하고, 좋은 직장에 취직하며, 이력에 보탬이 되는 승진을 하는 데 있어서 남들보다 유리한 입장에 선다. 그러나 그들이 누리는 행운 이면에는 사회적 자본이 빈약한 사람들의 불운이 자리 잡고 있다. 사회적 강자가 누리는 혜택은 사회적 약자의 희생이 밑거름이 된 것이다. 괜찮은 일자리가 드문 노동 시장의 사례에서 잘 드러나듯이, 사회적 강자의 성공은 사회적 약자가 실패하는 원인이 된다. 만약 사회적 수혜 집단에 속한 사람이 자신의 사회에서의 연줄을 이용해서 좋은 직장을 얻는다면 그 당사자는 기쁠지 모르지만, 그 사람과 동등한 자격 조건을 갖추고도 사회적으로 든든한 백이 없는 경쟁자는 불운을 맞게 된다. 우리는 보통 최고의 자리에 오른 운 좋은 사람들을 주목한다. 아주 가끔씩 사회의 밑바닥에 갇혀 있는 불운한 사람들을 인식할 때도 있지만, 왜 사회의 주목을 받는 사람들은 운이 따르고 사회적 소외계층은 불운이 따르는지 그 인과관계에 대해서는 좀처럼 알아채지 못한다.

사회적 소외 집단의 구성원이면서 극빈층 거주 지역에 살고, 빈약한 사회 연결망을 가진 사람들은 빈곤에 극도로 취약하다. 그리고 빈곤은 사회적으로 불리한 그들이 입지 때문에 겪는 고충을 배가시킨다. 이번 장에서 논의한 사회 구조적 변수들은 왜 특정한 집단, 예를 들어 흑인과 남미계, 여성들과 싱글맘, 이주민과 노동자 계층 자녀들의 빈곤율이 비정상적으로 높은지에 대한 관점을 개인주의 이론보다 더 설득력 있게 제시한다. 특정 집단의 사회적 위치는 확실히 중요하지만 이는 가난에 취약한 집단을 판별하는 척도일 뿐이어서 도대체 빈곤이 왜 발생하는

지 혹은 왜 빈곤의 수위가 그토록 높은지 설명하지 못한다. 현 사회 구조 하에서는 사회적 소외 집단의 일원이면서 빈곤층 거주 지역에 살고 사회 연결망도 빈약하다면 누구든 빈곤을 감내해야 한다. 하지만 빈곤 자체는 어디서 오는 것인가? 사회 구조적 변수들을 참조해서는 이 질문에 답할 수가 없다. 빈곤이 왜 발생하고 또 왜 그토록 만연하는지 이해하려면 우리는 무엇보다 이 나라의 정치·경제 시스템을 다시 고려해봐야 할 것이다. 기본적으로 가난은 정치·경제 시스템의 문제이지 사회 시스템의 문제가 아니다. 주로 가용한 일자리의 질과 양에 따라서 그리고 정부 지출의 수위와 그 내용에 따라서 빈곤율과 빈곤의 심각성이 결정된다. 어느 시기이든, 이러한 정치·경제 변수들이 가난으로 고통받을 빈곤층의 규모를 결정하며, 사회 구조적 변수들이 앞으로 빈곤의 고통을 받게 될 계층을 결정한다.

사회 제도 개혁 그 자체만으로 가난을 효과적으로 퇴치할 수 있는 것은 아니지만, 차별금지법이나 소수집단 우대정책(affirmative action)처럼 온전한 생활을 할 만한 거주 지역과 학교, 일자리에 관하여 사회적 약자들의 접근성을 높여줄 수 있는 제도적 변화가 뒤따른다면 보다 더 공평하고 사회적 분열이 덜한 사회를 만들 수 있다. 그런 사회에서는 각자의 인종, 성별, 계급과 더불어 소속 집단과 이웃 환경 그리고 사회 연결망이 인생의 기회를 얻는 데 그렇게 큰 영향을 미치지 못하기 때문에 가난을 피할 수 있는 기회도 더욱 공정하게 분배된다. 기회의 평등을 보장하기 위해 고안된 정책들은 사람들이 좋은 교육을 받고 좋은 직장을 구하는 데 있어서 각자의 소속 집단과 거주 지역 그리고 사회적 인맥으로 인한 영향력을 줄이겠다는 약속을 담고 있다. 그런 정책들이 시행되면 소외 집단은 보다 더 공평한 무대에서 경쟁할 수 있을 것이므로 그로부터 지속적인 수혜를 받게 될 것이다. 이는 확실히 바람직한 결과로, 충분히 투쟁해볼 만한 가치가 있다.

하지만 정치 및 경제 제도를 포함한 사회 전반의 광범위한 변화가 없다면, 비록 옳은 방향이기는 하되 사회 제도 개혁만 갖고는 결코 빈곤을 퇴치할 수 없을 것이다. 만약 기회가 지금보다 더 균등하게 보장되고, 빈곤 인구가 특정한 인종이나 계급에 한정된 것이 아니라 다양한 인종과 성별, 계급에 따라서 나타난다면, 즉 가난한 자의 비율이 인구 전체의 구성비와 비슷하다면, 사회 전체가 빈곤 문제를 더는 간과하기 힘들어질 것이다. 가난이 '그들'만의 문제가 아니라 '우리들'의 문제로 좀 더 분명하게 인식된다면, 그때야 비로소 사람들은 좀 더 강한 동기를 가지고 가난을 해소하기 위한 행동에 나서게 될 것이다.

PART 3

Poverty and Power

가난을
대하는
사회 구조적
관점과 10가지
장애물

9

사회 구조적 장애물들과
끊이지 않는 가난(Ⅰ)

앞에서 살펴봤듯, 미국 사회의 빈곤 문제는 개인 차원에서 해결할 수 없는 어려운 다양한 정치, 경제, 사회, 문화적 요인의 영향을 받는다. 이러한 총제적인 요인 때문에 지금까지도 미국의 빈곤층은 가혹한 환경에서 어렵게 살아가고 있다. 시장에는 잠재적 근로자의 공급을 수용할 만한 괜찮은 보수의 일자리가 충분치 않다. 저소득층 가계에 대한 정부의 지원 프로그램은 거의 유명무실한 실정이다. 주류 뉴스 매체들은 빈곤 문제의 심각성을 경시하고 빈곤의 사회 구조적 원인들을 은폐한다. 그리고 미국인 수백만 명이 자신들이 사회적 소외 집단의 구성원이라는 이유로, 빈곤층 거주 지역에 거주한다는 이유로, 자원이 빈약한 사회 연결망을 맺고 있다는 이유로 아직도 빈곤의 위험에 노출되어 있다. 미국의 빈곤율이 아직까지도 높은 이유는 미국의 빈곤층이 사회적으로 배제당하고, 문화적으로 낙인이 찍히고, 정치적으로 소외당하며, 저임금 노동 시장을 전전해야 해서이다.

　이번 장에서도 나는 미국의 빈곤 문제에 있어서 구조주의적 관점에 대한 옹호론을 계속 이어가려 한다. 그런데 논의의 초점을 달리 맞춰보았다. 지금까지는 대개 일상에서 좀처럼 인식하기 힘든 거시적인 '시스템적' 요인을 살펴보았다면, 여기서부터는 가난한 사람들이 일상적으로 겪는, 긴급하고 당면한 어려움에 대해 초점을 맞추었다. 구체적으로는 저소득 가구가 간신히 생계를 꾸려나가기 위해 사투를 벌이는 과정에서 흔히 경험하는 10가지 장애물 혹은 제도적 문제점을 살펴본다. 필수적인 재화와 서비스에 대한 접근성 면에서도 심각한 불평등은 있다. 온갖 유형의 불평등이 가난한 사람에게 일상적인 시련을 가져다주고, 가난에 대응하거나 가난에서 벗어나고자 하는 그들의 노력을 방해한다. 이번 장에서는 먼저 인종 및 민족 차별 문제, 거주 지역 분리 문제, 주택 문제, 교육 문제 그리고 교통 문제를 살펴보겠다. 이어서 10장에서는 성차별 문제, 자녀 양육 문제, 건강 및 의료 서비스 문제, 은퇴 문제 그리고 열악한 법적 지위 문제를 다룬다. 궁극적으로는 미국의 정치·경제의 실패에서 비롯한 이러한 장애물들은 빈곤을 유발시킬 뿐만 아니라 빈곤의 영구화에도 기여한다. 여러 가지 사회 구조적 장애물들 때문에 빈곤층은 사회 밑바닥의 늪에서 빠져나오지 못하고, 자녀들에게 빈약한 경제적 유산을 물려줄 가능성이 커진다.

개인주의 이론 지지자들도 그러한 문제점들을 인식은 하지만, 그 원인을 빈곤층 스스로의 일탈적 가치관과 잘못된 의사결정 탓으로 돌린다. 가난한 사람들이 갖가지 어려움을 겪거나 고충을 겪는 원인이 주로 빈곤층 스스로의 무책임한 행동에 있다는 것이다. 가난한 사람들은 자기 가정과 이웃을 전혀 돌보지 않고, 자녀에게 가정교육도 제대로 시키지 않으며, 교육 문제에도 거의 관심이 없고, 미래를 위해 저축할 줄도 모르며, 불건전한 생활방식을 추구하고, 불법을 저지르기 일쑤인 데다, 성공하기 위해 열심히 노력하기보다는 사회적 차별에 대해 불만만 토로한다는 주장이다. 이러한 개인주의 관점에 따르자면, 가난한 사람들이 오로지 바르게 행동하고 자기 삶에 책임을 다할 때에만 비로소 빈곤과 관련한 흔한 문제들이 사라질 터이다.

그런 개인주의 이론의 주장과는 반대로, 나는 여기서 언급한 10가지 장애물을 포함해서 빈곤층이 겪는 가장 심각한 문제들이 자업자득의 결과가 아니라 사회 구조적 결과라고 주장한다. 빈곤층이 겪는 일상적인 문제들은 결코 '소수의 개인들'에게만 영향을 미치는, 우연히 일어나는 '개인적 문제'가 아니다. 이런 문제들은 정상적으로 작동하는 지배적인 사회 제도 내에 뿌리를 내리고 있기 때문에 사회 전체에 영향을 끼친다. 그리고 비단 빈곤층뿐만 아니라 수백만 명의 미국인들에게 실질적인 고난을 가져다준다. 이런 문제들은 '사회 구조에 기인한 공적인 이슈들'이다. 특정 집단에 크게 편중된 경제력과 정치력, 사회에 만연한 자원과 기회의 극심한 불평등, 일반 서민층의 이해와 요구에 점점 더 무반응으로 일관하는 정부 정책 때문에 이러한 사회적 모순들이 발생하고 또 영구화한다.

인종 및 민족 차별

가난은 결코 동등한 기회의 문제가 아니다. 2005년에 미국에서 가장 큰 소수 집단인 흑인과 히스패닉의 빈곤율은 각각 24.9%와 21.8%를 기록해, 비히스패닉계 백인의 빈곤율 8.3%를 크게 웃돌았다. 미국에서 흑인과 히스패닉은 전체 인구의 20% 정도를 차지할 뿐이지만, 빈곤층의 약 50%, 극빈층의 50% 이상을 차지한다. 흑인들과 히스패닉은 상대적으로 교육 수준과 자택 소유 비율, 소득과 재산 수준이 낮다. 반면 실업률과 수감률, 한부모가정 비율, 건강 악화에 시달릴 확률은 높다. 그리고 저임금 노동자로 일하고, 극빈층 거주 지역에서 거주하며, 빈민가 학교에 다닐 공산이 크다.

민권 운동의 업적에도 불구하고, 21세기에 들어와서도 미국에서는 인종 및 민족에 따른 심각한 불평등이 지속되고 있다. 이는 부분적으로 과거 극심했던 인종 차별의 후유증이기도 하다. 미국이 건국되고 21세기에 접어들 때까지 새로운 세대가 저마다 자기 선조들의 행운을 밑거름 삼아 살아가는 가운데, 경제 성장으로 생긴 과실의 알짜는 전부 백인에게 돌아갔다. 정부 정책 또한 백인에게는 '갈수록 이익'을 주고 소수집단에게는 '갈수록 불이익'을 주었다. 1930년대부터 시작되어 1940년대와 1950년대까지 확장된 뉴딜 시대는 '백인이 소수자 우대정책의 수혜자'가 된 시기이자 현재 인종 구조가 형성되는 데 매우 중요한 시기이다. 이 시기에 일련의 주요 사회 정책들이 시행되면서 오늘날 도시 교외 중산층이 탄생하는 밑거름이 되었다. 뉴딜 정책에 따른 일련의 조치들로 퇴직보험과 실업보험이 법제화되었고, 법정최저임금이 설정되었으며, 노동조합 설립이 합법화되었고, 고등교육에 대한 접근성이 확대되었으며, 정부 보증의 주택담보대출이 탄생했다. 그러나 강력한 힘을 가진 미국 남부의 국회의원들은 흑인들의 예속을 확실히 지속시키기 위해 새로운 사회복지 프로그램에 대한 통제권을 지방 정부에 넘겨줄 것을 요구했다. 또한 대부분 흑인들이 종사하고 있던 농업과 가사일 관련 직종은 수많은 뉴딜 조항에서 배제시켜야 한다고 고집했다. 따라서 뉴딜 정책 덕분에 백인 수백만 가구가 아메리칸 드림을 꿈꿀 때, 유색 인종과 소수 민족들은 전반적인 국가 경제 성장의 결실을 거의 공유하지 못했다. 그들은 아직까지도 좋은 동네, 좋은 학교, 좋은 일자리에서 배제되어 있다. 1960년대에 통과된 각종 인권법과 위대한 사회(Great Society, 미국의 36대 대통령 린든 B. 존슨이 1964년에 정책 이념으로 내건 민주당의 목표 — 옮긴이) 입법이 상황을 반전시키는 데 일조했지만, 유색 인종은 여전히 미국의 억압적인 역사적 유산에 맞서 투쟁하고 있다.

과거의 노골적인 인종차별이 사라진 것도 아니지만, 오늘날 인종에 대한 선입견과 차별은 과거 흑인 차별 정책의 시대만큼 공공연하지는 않지만 더 감지하기 어려운 은밀한 형태를 띠고 있다. 오늘날 포스트 민권 운동 시대에도 예전보다 눈에 띄는 인종 차별이 줄어든 탓도 있겠지만, 대부분의 백인들은 인종 차별이 개개인이 성취를 이루는 데 큰 장애물이 된다는 사실을 부정한다. 그리고 그 대신 유색 인종의 높은 빈곤율이 주로 그들의 불충분한 동기가 낳은 결과라고 믿고 있다.

백인들은 과거의 인종차별을 인정하면서도, 유색 인종과 소수 민족 같은 사회적 소수자들을 현재의 삶에 거의 영향을 미치지 못하고 과거에만 머물러 있는 집단으로 인식하는 경향이 있다. 그러나 개인적 선입견과 제도적 관행 그리고 정부 정책이 서로 맞물리면서 생겨난 지속적인 인종 차별이 존재한다는 설득력 있는 증거를 제시하는 연구 결과가 점점 더 많이 나오고 있다. 미국 사회는 특히 고용과 주택 부문에서 인종 차별에 대한 대가를 톡톡히 치르고 있다.

인종 말고는 동일한 조건의 백인과 유색 인종 구직자를 서로 짝지어 취업차별 여부를 실험한 현장 연구 결과는 인종 간 취업차별의 분명한 양상을 적나라하게 밝혀준다. 현장연구 결과에 따르면, 유색 인종 지원자들은 백인과 동등한 자격을 갖추고도 백인 경쟁자들에 비해 면접 단계까지 가거나 일자리 제안을 받을 가능성이 더 적은 반면, 장래가 없는 저임금 일자리로 전향할 가능성은 더 컸다. 사회학자 데바 페이저(Devah Pager)의 놀랄 만한 연구 결과에 따르면, 전과가 없는 흑인 남성과 그와 자격 조건이 똑같고 범죄 전력이 '있는' 백인 남성이 이력서를 냈을 때, 흑인 남성은 백인 전과자에 비해 전화 회신을 받을 가능성이 조금도 높지 않았다. 흑인들은 노동시장에서 적어도 출소자들만큼이나 애물단지 취급을 받고 있고, 흑인 전과자들의 취업 기회는 굉장히 부족하다. 또 다른 혁신적인 현장 연구에서, 마리안 버트런드(Marianne Bertrand)와 센딜 물라이나산(Sendhil Mullainathan)은 다수의 가짜 이력서를 만들어 보스턴과 시카고 지역신문에 실린 수백 건의 구인 광고에 회신을 보냈다. 그 결과, 에밀리(Emily)나 그레그(Greg) 같은 대표적인 백인 계통의 이름을 쓴 이력서는 라키샤(Lakisha)나 자말(Jamal) 같은 대표적인 흑인 계통의 이름을 쓴 이력서보다 인터뷰 제의를 50% 이상 더 많이 받았다. 게다가 남부럽지 않은 이력서를 갖춘 '백인' 구직자들은 그로부터 취업에 상당한 도움을 받았지만, '흑인' 구직자들은 별다른 도움을 받지 못했다. 이는 교육과 훈련만으로는 인종 간의 취업 차별을 극복하는 것이 어려움을 시사한다.

인종 간 취업차별이 생기는 원인 중 하나는 고용주들이 유색인종에 대해 잘못된 고정관념을 품고 있기 때문이다. 고용주들은 특히 흑인 남성을 부정적인 시선으로 바라보는데, 그들은 흑인 남성을 게으르고, 신뢰성이 없고, 반항적이고, 범죄에 연루되어 있다고 여긴다. 흑인들은 업무에 필요한 필수 기술은 갖추었을지 몰라도 일터에서 긴장감을 조성하고, 반항적인 태도와 형편없는 직업의식을 가지고 있다는 근거 없는 오해를 받고 있다. 무엇보다 저임금 노동시장에서 고용주들은 흑인 남성이 특히 최근에 증가한 이민 노동자들에 비해 제대로 다루기 어렵고, 순종적이지 않고, 고분고분하지 않다고 인식한다. 유색 인종 구직자들은 또한 문화적·언어적 차이와 더불어 자신들을 잘 믿지 못하는 고용주들의 경계심 때문에 면접을 보기도 전에 부정적인 평가를 받게 될 공산이 크다. 이와 같은 인종적 편견은 오늘날 서비스업 분야의 채용 시에 영향이 더 크다. 서비스업 분야에서는 상대적으로 객관적 측정이 가능한 전문 기술 분야보다 대인관계 기술에 더 방점이 찍히기 때문이다. 구직자의 대인관계 기술을 측정할 때는 주관이 개입되기 마련이어서 고용주가 구직자를 평가할 때, 모르는 사이에라도, 편견과 선입관이 끼어들 여지가 더 많아진다. 전문 기술직 분야보다 사교 기술직 분야에서 취업차별이 더 팽배해 있다는 연구 결과도 이런 결론을 뒷받침한다. 흑인과 라틴계 구직자들이 노동 시장에서 불리한 이유는 또 있다. 많은 기업들이 백인 비율이 압도적으로 많은 교외로 이주한 데다 의도적이든 실수든 고용주들이 유색 인종들을 채용 대상에서 아예 배제하는 채용 전략을 펼친 탓이다. 고용주들은 보통 수도권 신문보다는 주로 백인이 운영하고 있는 지역 신문에 구인 광고를 내고, 도심의 공립학교는 외면하고 교외의 가톨릭 학교에서 입사 지원자를 찾으며, 일터에 빈자리가 나면 여타 인종에 배타적인 친한 인맥을 동원해서 직원을 채용한다. 고용주들은 자격을 갖춘 유색 인종 지원자의 채용을 거부하거나 유색 인종이나 소수 민족을 아예 채용 대상에서 제외하는 방식으로 인종에 따라 취업차별을 한다.

흑인들과 히스패닉은 취업 시장에서의 인종 차별과 그 밖의 여러 가지 불리함 때문에 백인들에 비해 구직 기회 자체도 더 적고, 장기간 실업을 경험하며, 노동 시장에서 낙오할 가능성도 더 크다. 직장 내에서도 유색 인종들은 관리자들로부터 종종 괴롭힘이나 부당한 대우를 겪고, 아무 이유 없이 해고를 당하기도 한다. 또한 유색 인종들은 사내 훈련도 부족하고, 승진 기회도 적으며, 임금 수준도 낮은 사회 밑바닥 일자리로 격리되는 경향이 있다. 오랫동안 노동 시장에서의 누적된 불리함을 반영하듯, 유색 인종 및 소수 민족의 평생 임금은 백인 노동자들의 평생 임금보다 낮다.

유색 인종이 노동 시장에서 겪는 역경은 또한 그들의 주거 형태에도 영향을 미친다. 흑인 및 라틴계 가구는 상대적으로 주택 소유에 투자를 덜하고, 다른 조건이 비슷한 백인 가구에 비해 주택 구입을 위해 계약금을 지원해줄 만한 친인척들이 별로 없을 공산이 크다. 그러나 금전적 제약 이외에도 유색 인종은 주택 시장에서 차별의 장벽을 경험한다. 그들은 자기가 원하는 곳에 자유롭게 정착하지 못한다. 그들이 경험하는 한 가지 장애물은 백인 공동체에서 주민들이 표출하는 저항과 적대감이다. 시카고의 한 지역을 대상으로 한 윌리엄 줄리어스 윌슨(William Julius Wilson)과 리처드 P. 토브(Richard P. Taub)의 보고에 따르면, 그곳의 백인 주민들은 대개 유색 인종이 불과 몇 집만 이사해와도 자신들의 안녕이 위협받는다고 인식했다. 그리고 주디스 드세나(Judith N. DeSena)의 연구 결과가 입증하듯이, 뉴욕의 그린포인트(Greenpoint) 지역에 사는 백인 주택 소유자들은 사회적 소수자들이 자기 동네로 이사 오지 못하도록 막는 다양한 전략을 쓴다. 이 지역의 집주인들은 전세가 빠지면 아는 사람의 소개와 입소문을 통해 세입자를 찾음으로써 사회적 소수자들의 입주를 막는다. 뿐만 아니라 주변 이웃들에게도 흑인이나 라틴계 가정에게는 주택을 팔거나 세를 주지 못하도록 압력을 가한다. 또한 지역 내의 정치적 영향력을 이용해서 거주지 분리에 대한 위협을 차단한다.

취업차별의 심각성과 관련하여 존 잉어(John Yinger)가 현장 연구를 통해 밝혀낸 바에 따르면, 유색 인종은 부동산 중개업자와 담보대출 기관들 그리고 주택 보험회사로부터도 불리한 대우를 받는다. 비록 1990년대에 주거 차별이 감소하기는 했지만, 여전히 부동산 판매 및 임대업자들은 종종 부동산 매물에 대한 정보를 숨기고, 유색 인종에게는 시장에 나온 매물을 눈으로 확인하지 못하게 한다. 백인들은 백인 가구가 많은 사는 지역으로, 유색 인종은 유색 인종이 많이 사는 지역으로 입주를 유도하는 일이 비일비재하다. 2000년 미국 전역을 대상으로 한 센서스 조사에 따르면, 부동산 중개 및 임대 업자를 방문한 흑인과 히스패닉, 아시아인 방문객 중에서 약 20%가 어떠한 형태로든 인종차별을 당하고 있는 것으로 나타났다.

주택담보대출 기관과 주택 보험회사의 차별 또한 소수자들의 주거 선택을 제한한다. 흑인과 히스패닉이 주택담보대출 기관에 담보대출을 받을 수 있는지 문의를 하면, 그들은 백인에 비해 상대적으로 적은 정보와 도움, 격려와 추후회신을 받는다. 비슷한 조건의 백인 고객에 비해서 유색 인종은 금융기관으로부터 주택담보대출을 받거나 이자율이 더 낮은 담보대출로 갈아탈 가능성이 더 낮다. 게다가 1990년대부터 유색 인종들은 점점 더 서브프라임 주택담보대출 시장으로 내몰리고 있다. 서브프라임 시장에서는 막대한 수수료와 이자율을 물어야 하고, 약탈적 대출 관행에 손쉽게 노출되며, 압류를 당하거나 신용불량자가 되거나 고통스러운 채무에 허덕일 위험이 매우 높다. 또한 사회적 소수자들은 부동산 보험 시장에서의 차별 때문에 어쩔 수 없이 더 높은 프리미엄을 지불하거나 주택담보대출 자격을 얻기 위해 필요한 주택 보험 가입을 거부당한다.

주택 차별은 흑인과 히스패닉의 불평등과 높은 빈곤율의 기저를 이루는 핵심 요소이다. 거주 지역에 따라 사회에서 얻는 기회의 모습이 달라지므로, 주택 시장 내에서의 차별은 교육과 취업, 신분 상승의 가능성 그리고 안전하고 건전한 주거 환경을 누릴 수 있는 가능성을 제한한다. 대부분의 가정에서 주택 구입은 가장 큰 투자이므로, 주택 차별은 곧 부의 축적을 제한하는 것이나 마찬가지다. 유색 인종 및 소수 민족은 부동산 임대 시장에서 이리저리 전전할 공산이 크고, 간신히 집 한 채를 장만한다 하더라도 부동산 가치 상승에 따른 이득을 보기도 상대적으로 어려워서 주택 투자에 대한 수익률이 낮다. 이는 다시 말해 그들이 경제적으로 힘든 시기에 빈곤을 모면하고, 은퇴 자금을 대고, 자녀들에게 질 좋은 교육을 시키거나 그렇지 않으면 자기 자신과 가족들의 안전한 생활수준을 보장하기 위해 동원할 수 있는 자산이 상대적으로 부족하다는 뜻이다. 주택 보유와 주택가격 상승 폭에서의 격차는 인종 및 민족 불평등을 재생산하고, 가난을 대물림하는 데에도 기여한다. 요즘은 미국의 서민층, 유색 인종과 소수 민족들이 살기에 각박한 시절이다. 그리고 그 시절은 갈수록 더 심해지고 있다. 이들이 겪어야 하는 경제적 박탈의 악영향, 빈곤에 대처하거나 탈출하기 어려운 현실은 인종 차별, 민족차별 때문에 더욱 더 가혹해지고만 있다.

거주지 분리

허리케인 카트리나가 미국 전역을 강타한 직후 잠깐을 빼놓으면, 미국의 주류 담론과 언론은 부자와 빈자, 백인과 유색 인종 간의 두드러진 거주지 분리 현상과 심각한 불평등 문제를 거의 인식하지 못하거나 그대로 덮어두고 있다. 미국은 새천년이 지나서도 거주지 분리 문제를 남모를 비밀처럼 여전히 간직하고 있다. 부유층과 빈곤층의 지역적 분리는 1970년대부터 심화되었고, 그 결과 부와 빈곤 모두가 점점 더 특정 지역에 편중되고 있다. 미국에서 지역 분리가 가장 심한 도시들의 주거 양상은 여전히 크게 변하지 않았지만, 2000년도 인구조사에 따르면 흑백 간 인종 분리는 1980년 이후 약한 감소세를 보이는 것으로 나타났다. 반면 백인과 아시아인, 백인과 라틴계 간의 인종 분리 수준은 약간 증가했다. 그러나 흑인들은 여전히 여느 소수 집단보다도 극심한 인종 분리를 경험하고 있다. 아닌 게 아니라 수백만 명의 흑인 빈민들이 더글라스 매시(Douglas Massey)와 낸시 덴턴(Nancy Denton)이 '초(超) 분리(hyper-segregation)'라고 명명한, 극단적으로 고립된 환경에서 살아가고 있다. 그리고 전체적인 인종 분리 감소세에도 불구하고, 1990년 이후 자녀가 있는 가정들의 흑백 인종 분리 수준은 실제로 심화되었다. 미국에서도 여러 인종이 섞여 사는 도시들이 존재하기는 한다. 그러나 흑인들과 그보다 정도는 덜하지만 라틴계가, 히스패닉이 아닌 백인들과 서로 동떨어진 거주 지역에 살고 있는 것이 분명한 현실이다. 미국의 인종차별 문제는 20세기와 조금도 다를 바 없이 21세기에도 현재 진행형이다.

거주지 분리는 잘 알려져 있는 인상과는 반대로, 사람들이 원래부터 비슷한 부류끼리 살아가는 습성이 있어서 일어나는 현상이 아니다. 물론 개인의 선택은 중요하지만, 미국에서 나타나고 있는 인종차별적 거주지 분리 양상은 흑인보다는 백인들의 취향이 반영된 결과이고, 자기 집단 편애 현상이라기보다는 인종 간의 두려움과 선입견이 표출된 결과이다. 자기 계산에 밝은 성향과 반흑인적 고정관념이 어느 정도 결합된 까닭에 백인들은 단일화된 인종 공동체를 원한다. 따라서 흑인 그림자만 비치는 동네라도 입주하기를 꺼린다. 그리고 '백인 이주(white flight, 도심지의 범죄를 우려한 백인 중산층의 교외 이주 — 옮긴이)'라는 표현이 시사하듯, 유색 인종이 이사해 들어오기 시작하면 백인들은 재빨리 주거지를 옮긴다.

흑인들은 인종 간 통합에 적극적으로 참여하지만, 백인 거주 지역으로 이사하는 것은 경계하고 있다. 흑인들은 백인 거주 지역으로 이사했을 경우 백인들이 자신들을 달가워하지 않고 화를 낼까 봐 그리고 적대시하고 괴롭히는 표적이 될까봐 걱정한다. 카미유 주브린스키 찰스(Camille Zubrinsky Charles)가 지적하듯이, 백인들의 인종 편견은 '이중의 재난(double whammy)'을 불러온다. 백인들의 인종 편견은 백인들의 거주지 결정뿐만 아니라 흑인들의 거주지 결정에도 상당한 영향력을 미쳐서 인종 간 통합을 저해한다. 오랜 역사 동안 인종 분리를 강화해온 정부의 주택 정책은 백인들의 주거 취향을 대변하는 동시에 더욱 강화해왔다. 주택 임대업자, 주민 협회, 부동산 중개인, 주택담보대출 회사와 주택 보험회사들의 인종 차별적 행태 또한 이런 상황에 일조했다. 그 결과 오늘날 미국에서 백인들의 주거 취향은 다른 무엇보다 우선한다.

주거지는 다방면으로 거주민들에게 영향을 미친다. 주거지에 따라서 교육과 취업 기회, 사회적 신분 상승 가능성이 달라지고, 건강과 안전 수준, 환경적 위험에 노출되는 정도, 상점과 각종 서비스, 도서관과 공원을 이용할 수 있는 접근성, 친구와 또래, 지인들의 속성이 결정되고, 사회적 지위와 정치적 영향력의 차이도 발생한다. 계급과 인종에 따라 주거 지역을 분리시키는 사회 과정은 이미 존재하는 불평등을 심화시킨다. 거주지 분리는 특권층에게 여러 가지 혜택을 부여한다. 특권층은 거주지 분리 덕분에 귀중한 자원을 독차지할 수 있다. 특권층은 자신들만의 거주 지역에서 우수한 공공 편의시설을 즐기고, 자녀들에게는 양질의 교육을 받도록 할 수 있다. 그러나 사회적 소수자들과 빈곤층에게 거주지 분리는, 그 치명적 산물인 게토와 바리오에서 알 수 있듯, 문제를 더 심각하게 만드는 주범이다. 빈곤층 가구는 자기 가정의 낮은 소득뿐만 아니라 궁핍한 동네 환경 때문에도 고통받으므로, 거주지 분리는 빈곤으로 인한 고충을 한층 더 가중시킨다.

인종 차별을 없애기 위한 법원의 명령이 뜸해진 탓에, 최근 십여 년간 미국의 학교에서는 인종 차별이 없어지기는커녕 늘어나고만 있다. 백인 어린이들은 대부분 압도적으로 백인이 많은 학교에 다닌다. 반면 흑인과 라틴계 어린이들은 유색 인종이 대부분인 학교에 다닌다. 흑인과 라틴계 어린이들은 교육에 대한 필요는 높지만 교육 자체에 어려움이 많은 빈곤층 학교에 다닐 공산이 크다. 재원은 열악하고 시설은 낙후되었으며 교사들 수준조차 높지 않은 학교 말이다. 2003년과 2004년 통계에 따르면, 유색 인종 학생이 적어도 학교 정원의 80% 이상을 차지하는 학교가 미국 전체 학교의 14%를 차지했고, 그런 학교들 중 4분의 3 이상이 빈곤층 가정 학생들이 대다수인 학교였다. 거주지 분리 현상, 그리고 도시와 교외 간, 빈곤층 거주지와 부유층 거주지 간의 경제적 격차가 확대되면서 거주지와 부모 경제력에 따른 어린이들의 교육 격차와 교육 불평등이 심화하고 있다. 인종 분리가 노골적으로 미국의 교육 시스템은, 쉐릴 카신(Sheryll Cashin)이 '불평등의 지렛대(great inequalizer)'라고 표현했듯 빈곤층과 유색 인종 어린이들의 불리함을 가중시킴으로써 빈곤 문제를 악화시킨다.

거주지 분리는 교육뿐 아니라 취업에서도 소수 계층에게 장벽으로 작용하고 있고, 그러한 추세는 최근 수십 년 동안 점점 더 심화되었다. 먼저, 1970년대부터 유색 인종들을 위한 도심의 노동 시장이 쇠퇴했다. 고임금 제조업 일자리가 사라지고, 기업들이 북부 도시에서 교외로, 또 노동조합에 적대적인 남부와 남서부의 주들로 이전한 탓이다. 그에 따라 빈곤층 및 유색 인종 노동자들의 거주 지역과 일자리가 있는 지역 사이의 거리가 점점 더 멀어졌다. 이처럼 거주지와 일터 사이의 공간적 불일치 때문에 도시 노동자들은 일자리가 생겨도 그 소식을 듣지 못하고, 고용주가 자신들을 채용하기를 꺼릴 것이라고 생각하여 지원 자체를 하지 않는다. 그리고 통근비가 도저히 감당이 안 되거나 대중교통으로는 출퇴근하기가 불가능한 탓에 교외 지역의 일자리에는 지원을 하지 못한다.

둘째, 거주지 분리는 사회 연결망 분리를 심화함으로써 취업 기회를 제한한다. 대부분의 도시 빈민들은 사회적 고립을 겪고 있고, 그 때문에 주로 처지가 비슷한 사람들, 다시 말해 불리한 처지의 유색 인종들과 사귄다. 따라서 도시 빈민들이 맺는 사교 관계 안에서는 좀처럼 경험 많은 직장 선배, 일터의 영향력 있는 연줄 또는 권력과 명성이 있는 사람들을 찾기 어렵다. 빈곤층 소수자들은 백인들과 분리된 주거지에 거주함에 따라 귀중한 취업 정보를 입수할 수 있는 통로가 막혀 있고, 좋은 일자리를 얻는 데 필요한 인맥과 소개자, 신원 보증인이 부족하다.

셋째, 거주지 분리의 결과로 거주 지역의 평판이 달라진다. 거주 지역이 좋은지 나쁜지, 안전한지 위험한지는 거의 전적으로 그 지역의 인종 구성이 어떠냐에 달려 있다. 고용주는 기업 입지와 직원 채용에 대해 의사결정을 할 때 거주 지역의 질을 문제삼는다. 구직자의 경쟁력과 신뢰성을 거주지를 근거로 추론한다. 주거 공간을 노동자의 신뢰성을 가늠하는 신호로 활용하는 고용주들의 경향 때문에 도심에 사는 구직자들, 특히 흔히 게토나 바리오라고 불리는 도시 빈민가에 거주하는 구직자들은 구직 과정에서 손해를 본다. 흑인과 라틴계는 인종 차별에 쉽게 노출되어 있을 뿐 아니라 장소 차별에도 쉽게 노출되어 있다.

또한 거주지 분리는 유색 인종과 빈곤층에게 피해를 주는데, 특히 흑인들이 주택 시장의 왜곡 때문에 이중고를 겪는다. 흑인들은 백인 거주 지역에서 떨어져 살도록 유도되거나 떠밀리듯 쫓겨나기 때문에 질 좋은 주택에서 살면서 사회적 신분 상승을 꿈꾸고 자산을 축적할 수 있는 기회를 차단당한다. 이들에게는 주변에 좋은 이웃과 좋은 학교가 있는 주택을 구매함으로써 신분 상승을 할 수 있는 온전한 자유가 없다. 그 결과, 흑인들은 백인들에 비해 주택 가격 상승으로 이득을 보고, 부를 차곡차곡 축적하며, 자기 자신과 자녀들을 위해 여유 있는 중산층의 삶을 성취하는 것이 어렵게 된다. 다른 한편으로, 백인들은 일반적으로 흑인들이 대부분인 지역에서 매물을 찾지 않는다. 주택 수요 위축은 주택 가격을 떨어뜨리므로, 흑인 주택 소유주들은 상당한 금액의 인종차별세를 내는 것이나 다름없다. 큰돈을 투자해 주택을 구입해도 낮은 수익률로 피해를 보기 때문이다. 따라서 흑인들은 백인들에 비해서 주택 구매를 통해 부를 축적하고, 자신들의 인적자본을 활용하여 열심히 일해 아메리칸드림을 이루는 능력이 떨어진다.

거주지 분리와 주택 차별은 유색 인종 가구가 상속받는 경제적 혜택이 적다는 사실과 맞물려 '인종 간 부의 격차'를 심화시키는 데 기여한다. 인종 간 부의 격차는 인종 간 소득 격차보다 훨씬 더 심각하다. 중위 소득 가구 기준으로, 흑인과 백인, 히스패닉과 백인 간 상대적 소득 비율은 60% 수준이다. 그러나 백인 가구 대비 흑인과 라틴계의 부의 축적 수준은 10% 미만에 불과하고, 흑인 가구의 약 3분의 1 그리고 히스패닉 가구의 4분의 1 이상이 순자산이 제로(0)이거나 마이너스를 기록하고 있다. 백인 빈곤층 가구도 마찬가지이지만, 유색 인종 가구의 대다수가 '자산 빈곤층(asset poor)'이다. 유색 인종 가구는 유사시에 실업의 피해를 상쇄시켜주고, 긴급한 의료비를 처리하거나 자녀들의 대학 등록금을 지원해주는데 도움을 주는 든든하게 기댈 만한 자산이 거의 없다. 심지어 중산층 유색 인종 가구조차 축적한 자산이 거의 없는 탓에 빈곤 수준을 간신히 면하는 급료를 받아가며 생활하고, 자녀들이 빈곤층으로 전락하지 않도록 보호해줄 능력이 별로 없다. 거주지 분리는 유색 인종의 부의 축적을 가로막고, 그로 인해 유색 인종들은 개인적 안전망이 취약하고 빈곤에 빠지기도 쉽다.

거주지 분리는 빈곤층의 사회적·경제적 소외를 부추길 뿐만 아니라 그들의 정치적 소외도 부추긴다. 빈곤층은 물질적으로 가난하기 때문에 정부 정책에 거의 영향을 미치지 못하고, 공간적으로도 고립되어 있어서 더 큰 정치적 힘이 있는 백인 및 도시 근교 주민들과 연대를 이루어 공유할 만한 이해관계가 거의 없다. 사실상 도심과 교외 주민들의 이해관계는 연대하기보다는 서로 충돌할 공산이 큰데, 특히 정부 축소와 긴축 재정 시대에는 더더욱 그렇다. 빈곤층은 지역 내 학교와 서비스의 질을 개선하고, 직업 훈련 기회를 주고, 취업 기회를 늘리는 정부 지원을 절실히 필요로 한다. 그러나 도시 교외 주민들은 세금 인상과 재분배 정책에 반대하고, 당연한 말이겠지만 희소한 공공자원이 자신들 쪽으로 흘러들어오기를 바란다. 또한 정치적으로 고립된 도심의 빈곤층은 인종차별주의자들의 희생양이 되거나 정부 예산 삭감의 편리한 목표물이 되기 십상이다.

거주지 분리는 피할 수 없는 인간 본성이나 시장 원리의 산물이 아니다. 이는 인종적 선입견과 개인적·제도적 차별이 낳은 결과물이며, 우리 사회에 해로운 결과들을 가져온다. 거주지 분리는 통합된 사회로 가는 꿈을 좌절시킬 뿐만 아니라 기회 평등의 기반을 약화시키고, 이미 여러 가지 불리함을 떠안고 살아가는 소외계층의 삶의 기회를 심각하게 제약하며, 열심히 노력하여 가난에서 탈출하려는 빈곤층을 좌절시킨다.

주택

저임금 노동자들은 소득과 주거비용 사이의 극심한 괴리 속에 살아간다. 저임금 노동자들이 살기 좋은 거처를 마련하기란 사실상 불가능하고, 가격이 적당하고 교통이 편리한 집을 찾기조차 만만치 않다. 저임금 노동자들은 안타깝게도 허리가 휠 정도로 투자를 하여 집을 사도, 출퇴근하기에도 멀고 살기에도 별로 달갑지 않은 지역의 불량 주택인 경우가 다반사다. 전국저소득자주택연합에 따르면 약 9,500만 명이 금전적으로 버겁거나 물리적 조건이 열악하거나 과밀한 주택에 살고 있는 것으로 나타났다. 빈곤층 가구가 사는 주택은 대개 위험하고, 벌레가 들끓고, 여름에는 덥고 겨울에는 추우며, 가전제품들은 망가져 있기 일쑤이고, 수도 시설도 엉망이다. 그보다 못한 처지에 있는 수많은 사람들의 주거 환경은 훨씬 더 열악하다. 미국에서는 수십만 명이 거처가 없이 매일 밤을 보내고, 그중 일부는 자기 차를 집 삼아 생활한다. 그리고 2,300만에서 3,500만 명에 달하는 사람들이 1년 내내 노숙자로 살아간다.

저소득 가구는 생계를 위해 어쩔 수 없이 소중한 것들을 포기하고 원하지 않는 희생을 하는 경우가 많다. 그들은 건강 보험도 없고, 자녀들 양육은 친척들에게 맡기며, 차 한 대도 없이 근근이 생계를 이어간다. 그러나 아무리 그래도 집 없이 살아갈 수는 없는 노릇이다. 어느 가정에서든 마찬가지이겠지만, 주택은 가장 비용이 많이 들면서도 우선순위가 높은 항목 중 하나다. 누구에게나 보금자리는 최우선 선결 과제이기 때문에 월세나 주택담보 대출금을 내는 것이 급선무다. 그래서 가족들이 어려운 생활을 하더라도 우선 주거비용을 마련하는 것이다.

또한 주택은 삶의 질을 결정하는 핵심 요소다. 우리가 안전하고 안심할 수 있고, 몸과 마음이 건강하고, 편안함을 느끼고 쾌적한 삶을 누리기 위해서는 제대로 된 집이 필요하다. 집이 있다는 것은 개인적인 안식처 그리고 친구 관계와 가족 관계를 유지하는 장소가 있다는 뜻이다. 우리가 사는 주택의 질은 또한 각자의 경제적 미래의 모습을 결정하고, 학교와 일자리, 주변의 생활편의시설, 공공 서비스 같은 자원과 기회에 대한 접근성도 좌우한다. 한 가정이 빈곤을 피하고, 부를 축적하고, 자녀들을 위해 안정적이고 결실한 양육 환경을 조성할 수 있느냐의 여부는 질 좋은 주택 보유 여부에 달려 있다.

주택은 필수적인 재화이기는 하지만 그와 동시에 비싸다. 그결과 미국인 수백만 명이 과다한 주택담보대출금이나 임대료를 떠안고 있다. 정책 전문가들에 따르면, 일반적인 가정은 가계 총소득 중 주거비 비중이 30% 이하여야 감당이 가능하다고 한다. 가계 전체 소득 중 주거비 비중이 30% 이상이면 보통의 주거비 부담으로, 50% 이상이면 심각한 주거비 부담으로 분류한다. 2004년 현재, 전체 가구의 약 3분의 1(약 3,500만 명)이 적어도 보통의 주거비 부담을 떠안고 있는 것으로 나타났다. 2001년 이후 거의 400만 명이나 증가한 수치다. 심각한 주거비 부담을 안고 있는 사람도 200만 명 가까이 늘어나 1,580만 명을 기록했다. 한편 소득 하위 25%에 속하는 가구 중에 주거비의 50% 이상을 소비하는 가구는 역대 최고인 46%를 기록했다. 주거비 부담으로 집안 살림이 휘청거리는 가계들은 스트레스가 많고 위태위태한 생활을 이어가기 마련이어서, 월급을 한두 달만 못 받아도 살고 있던 집에서 쫓겨나거나 노숙자로 전락한다.

주거비가 가계소득의 대부분을 잠식하면서, 미국의 수백만 가구는 물질적으로 궁핍한 삶을 살고 있다. 식비와 의류비, 보육비, 교통비, 의료비 같은 다른 필수 생활비를 감당할 여력이 없는 것이다. 공공정책 전문가인 마이클 스톤(Michael E. Stone) 교수는 이런 상황을 '주거 빈곤'이라고 부른다. '주거 빈곤'이란 한 가계가 주거비를 내고 나서 주거 이외에 필요한 최소한의 욕구들을 제대로 충족시키지 못할 경우를 말한다. 스톤의 추산에 따르면, 2001년 기준으로 미국에서 약 3,200만 가구가 주거 빈곤층에 해당했는데, 이는 1970년의 1,900만 가구를 훨씬 상회하는 수치다. 주거 빈곤이 생기면 세입자 가구, 자녀들이 딸린 대가족, 소수자 가구, 주거 빈곤층의 거의 절반을 차지하는 여성 가장 가구 등은 특히 심한 타격을 입는다.

  내 집 장만은 아메리칸드림의 요체이다. 하지만 자기 집을 마련한 미국인 수백만 명이 가난하게 살고 있고 가난한 집주인들 수백만 명은 집 문제로 골머리를 앓고 있다. 본래 주택 구입은 비용이 많이 드는 큰 투자다. 최근에는 급락했지만, 지금껏 주택 가격은 다양한 이유로 상승세를 탔었다. 보다 더 크고 호화스러운 주택 건설이 인기를 끌었고, 주변에 좋은 이웃과 좋은 학교에 있는 주택을 마련하기 위한 중산층 가계의 경쟁이 치열했으며, 주택 시장이 폭등할 것이라는 소문이 돈 덕분이었다. 가뜩이나 제자리걸음인 낮은 임금 때문에 시름하던 빈곤층 가계는 이처럼 주택 시장이 과열 양상을 보이면서 극심한 주거 위기를 경험했다. 일부 빈곤층 가계는 아예 내집 마련의 꿈을 포기하거나 유예했고, 집을 산 경우에도 높은 주택담보 대출 상환금과 모기지 부채 때문에 허리가 휘는 가계가 많았다. 심지어 위험하고 때때로 약탈적이기까지 한 대출 계약을 맺고 집을 구매하는 경우도 있었다. 그 때문에 집을 압류당할 처지에 놓인 가계가 속출하고 있다.

많은 저소득 노인 가구도 마찬가지지만, 노인 외 빈곤층과 준빈곤층 대다수는 자가 주택이 아니라 남의 집에서 세를 살고 있다. 이러한 주거 취약 계층의 주거 문제는 갈수록 악화되고 있다. 주거 임대료는 가계소득을 빠르게 앞지르고 있는데, 특히 소득 하위 20% 가계에서 임대료 역전 현상이 뚜렷하다. 최근 세입자들의 주거 빈곤율은 50%에 육박하고, 1970년 이후로 꾸준히 상승하는 추세다. 약 600만 명에 달하는 최저 수입 세입자 가구가 2005년에 최악의 주거난을 겪었는데, 이는 1999년에 비해 100만 가구 이상 증가한 수치다. 많은 노인 가구와 자녀 부양 가구가 이와 같은 최악의 주거난을 겪고 있다. 이들은 극심한 집세 부담에 허덕이거나 열악한 수도 및 온수 시설, 집수리의 곤란함을 겪는 불량 주택에 사는 등 두 가지 문제를 한꺼번에 떠안고 있다. 심지어 중위 소득 노동자들 중에도 월세를 대기 어려운 처지에 놓인 이들이 많다. 최근에 나온 저소득층 가정 보고서(National Low Income Housing Coalition)에 따르면, 2006년 기준으로 전일제 근로자가 방 두 칸의 개인 주택에 세를 들어 살려면 적어도 연방 최저임금의 3배에 해당하는 시간당

16.31달러를 벌어야 한다. 심지어 이 나라에서 최저임금 근로자는 방 한 개짜리 아파트의 집세를 댈 수도 없다.

　근본적으로 빈곤층이 겪고 있는 주거 문제의 핵심은 낮은 집세의 임대 주택 공급 감소이다. 저렴한 임대료를 내고 살 수 있는 임대 주택이 그야말로 급속히 사라지고 있다. 고급 주택이 확산되면서 노후 주택들이 많이 방치되고 철거되었지만, 정부 정책 입안자들은 그에 상응하는 주택 공급을 확대하지 않으려 하기 때문이다. 아직도 낮은 집세를 내며 살고 있는 다수의 세입자들은 대다수의 일자리가 창출되는 지역과는 동떨어져 있는, 노후한 도시 중심가 근처에서 살고 있다. 그리고 최근에 건설 중인 임대 부동산은 새로운 개인 주택 건설 붐의 사례에서 보듯, 보다 더 부유한 계층을 주요 고객으로 삼고 있다. 그 결과 저소득층 가계가 입주할 수 있는 임대 주택은 심각한 공급 부족에 시달리고 있고, 임대 주택난은 점점 더 가중되고 있다. 이제 가난한 사람들은 단순히 살 집을 구하는 일조차 힘들고 버겁다. 2005년 통계에 따르면, 최저 수입으로 살아가는 세입자들의 수요를 100%로 가정했을 때 가격이 적당하고, 입주가 가능하며, 외관이 멀쩡한 임대 주택은 68%에 불과했다.

　미국에서 저소득층 가구는 주택 문제의 주요 희생자로 고통을 당하지만, 부유층 주택 보유자들은 정부의 주택 정책으로 오히려 덕을 보는 수혜자들이다. 실제로 연간 정부에서 지원하는 1,500억 달러 규모의 주택 보조금 중에서 3분의 1이상이 주로 주택담보대출 이자 지불액과 부동산세에 대한 세금 감면 형태로 최상위 소득 20% 가계에 돌아간다. 이와 같은 부유층을 위한 주택 관련 조세 지원 규모는 소위 '섹션 에이트(Section 8)' 임대료 보조 제도로 대변되는 빈곤층을 위한 정부의 주택 지원 비용을 훨씬 초과한다. 반면 저소득층 주택 지원 프로그램은 투자 규모가 작을 뿐만 아니라 수혜자들도 한정돼 있다. 2005년에 대략 빈곤층 5백만 가구가 정부의 주거 지원 제도의 혜택을 받았는데, 보통 가계 전체 소득의 30% 범위 내에서 주거비 부담을 덜 수 있는 정도의 보조금을 지급받았다. 그러나 자격이 되는 모든 가구에게 그 혜택이 돌아가는 조세지출과는 달리, 주거 지원 보조금은 수급자 가계의 자금이 바닥나야만 지급된다. 게다가 지원 자금이 충분한 지역이 단 한 곳도 없어서 수급 자격이 되는 모든 이들에게 보조금을 지급하지도 못한다. 그에 따라 수백만 저소득 가구가 길고 긴 대기자 명단에서 보조금 지급을 기다리거나 그렇지 않으면 열악한 주택 시장에서 스스로 알아서 살아가도록 방치된다. 2005년 기준으로, 빈곤층 가구의 약 25%만이 주거 지원을 받았다. 무시무시한 예산 적자와 정부 지출 증가, 힘이 없는 저소득 계층을 위한 정부 지출 증가를 강하게 반대하는 정치권의 행태가 지속되는 한, 미국의 빈곤층이 겪는 주거 문제는 더욱 악화될 뿐이다.

지금까지 살펴보았듯, 가난한 사람들은 질 좋은 주택을 구입할 여력이 없고, 경제학자 존 잉어(John Yinger)가 주장하듯 제대로 된 값싼 주택의 부족은 빈곤층 가구를 빈곤의 수렁에서 벗어나지 못하도록 한다. 첫째, 값비싼 주택담보 대출 비용이나 주택 임대료 부담을 떠안고 있는 빈곤층 가구는 부모와 자녀들이 교육과 훈련, 자녀 양육, 의료, 구직, 교통 그리고 그 밖의 분야에 투자를 할 돈이 부족하기 때문에 그만큼 빈곤에서 빠져나오기가 어렵다. 둘째, 저소득층 가구는 어쩔 수 없이 낡고 위험하고 초만원인 주거 환경에서 살아갈 수밖에 없다. 그렇게 열악한 주택에서 살다 보면 천식과 납 중독, 스트레스 그리고 각종 부상을 비롯한 다양한 건강 문제에 노출되기 십상이다. 이처럼 빈곤층이 건강에 위협을 받으면 당장 병원비가 드는 것은 물론이고, 신체적 정신적으로 다시 건강해질 때까지 적지 않은 시간과 비용이 들기 때문에 학교나 직장에서 제 실력을 발휘하기란 한층 더 어렵다. 셋째, 대부분의 빈곤층 가계는 내집 마련을 할 여력이 없으므로 자기 집을 소유함으로써 얻게 되는 경제적, 사회적, 심리적 보상을 전혀 누릴 수가 없다. 가난한 사람들은 주택을 구입하더라도 그로 인한 혜택이 거의 없거나 전무한 경우가 많다. 미국의 주택 시장 구조 때문에 빈곤층 가구는 주택 소유를 통해 신분 상승을 하거나 부를 축적하기가 어렵다. 넷째, 시장 원리와 주거 차별 때문에 많은 빈곤층, 특히 유색 인종과 소수 민족이 극빈층 거주 지역에 발이 묶여 있다. 도시 빈민가에 섬처럼 고립된 빈곤층은 도시 외곽에 있는 취업 기회를 얻지도 못하고, 오히려 극빈층 지역에서 생활하면서 여러 가지 악영향을 받는 경우가 많다. 미국의 주택 시장은 사람들을 빈곤의 늪에 빠져들고 헤매게 한다. 이는 유색 인종 및 소수 민족에게는 특히나 명백한 사실이다.

미국 사회에서 주택에 대한 합리적인 접근성 여부는 주로 시장의 힘에 달려 있다. 다시 말해 주택의 질은 각자의 금전적 여력이 좌우한다. 시장 중심의 주택 정책에 대한 계속되는 집착이 근본적인 문제이다. 저소득층의 임금은 끌어올리고, 비용은 낮춰주고, 알맞은 가격의 주택 공급을 늘리는 목표가 분명한 정부 대책이 나오지 않는다면, 미국의 저소득층은 앞으로도 계속적인 주택 위기로 어려움을 겪을 듯하다.

교육

부모라면 누구나 자기 자녀들이 좋은 교육을 받기를 바란다. 특히나 너무나 불확실한 미래에 기대어 살아가는 빈곤층 부모들은 그런 심정이 더 할 것이다. 빈곤층 가정의 부모들은 자신들이 성공과는 거리가 먼 운명인 것은 말할 것도 없고, 자녀들에게 앞으로 제대로 된 교육을 시킬 수 있을지조차 장담하지 못한다. 물론 중산층 부모들 또한 자녀 교육 걱정을 하기는 마찬가지여서 자녀들 뒷바라지를 위해 헌신하고 알뜰살뜰 살아간다.

중산층 부모들은 자기 자녀들이 고등학교를 졸업하고, 대학에 들어가고, 대학을 졸업한 뒤에는 아메리칸드림을 이루어 언젠가 자신들의 고생이 보상받게 될 날이 올 것이라는 현실적인 기대도 한다. 그러나 저소득층 부모들은 남들 다하는 정도의 자녀 교육만 시키려 해도 특단의 노력을 기울여야 하고, 거기에다 운도 많이 따라야 한다. 빈곤층 부모들은 중산층 부모들과는 달리 자신들에게 불리한 훨씬 더 불리하고 가혹한 교육 환경과 맞닥뜨린다. 빈곤층 부모들은 자신의 아들과 딸들이 다른 모든 미국 어린이들과 마찬가지로 양질의 교육을 받도록 하는데 필요한 금융 자산과 정치적 자원, 사회 연결망이 없거나 그에 필요한 제도적 지원을 받지 못한다.

빈곤은 집에서부터 시작된다. 집안의 아이들이 빈곤을 인식하는 바로 그 순간부터 취학 이후의 학업 성취도를 비롯해서 어린이들의 삶에 지속적인 영향을 미친다. 첫째, 빈곤은 그 스트레스 많고 비위생적인 특성 때문에 어린이들의 학습을 저해한다. 빈곤층 가정에서 성장하는 어린이들은 저체중, 영양실조, 부실한 치아와 시력, 납 중독 등 다양한 신체적·정신적 질병에 걸리기 쉽다. 이런 질병들은 특히 유아기와 취학 전 아동기 어린이들에게 치명적인데, 이런 질병들이 어린이들의 인지 및 행동, 감정 발달을 손상시키기 때문이다. 둘째, 빈곤은 어린이들이 누려야 할 다양한 권리를 빼앗는다. 가난한 가정은 자원이 한정되어 있어서 자녀들의 양육과 초기 교육에 투자할 여력이 없다. 저소득층 부모들은 부유한 계층의 부모들에 비해 자녀들을 위한 의류와 장난감, 놀이 그리고 교육 자료에 지출을 적게 한다.

저소득층 부모들은 자녀들을 제대로 보살피기 위해 돈이 많이 드는 양육 전문가에게 맡기기보다는 주변 이웃과 친구, 친척 등에게 의존한다. 자녀들을 최고 시설의 유치원에 보낼 여력도 없고, 금전적으로 감당할 수 있는 보육 시설에서는 기껏해야 열악한 돌봄과 교육 서비스를 제공할 뿐이다. 셋째, 저소득층 자녀들은 상대적으로 가정교육의 혜택을 덜 받게 된다. 부모들은 자녀들을 가르칠 만한 교육 수준이 안 되고, 논리력과 학습태도를 기를 만한 집안 분위기 형성도 안 되고, 빠듯한 가정 형편 때문에 컴퓨터와 책, 독서 그리고 풍성한 지적 경험에 노출될 기회도 드물다. 이 모든 원인들과 다른 요인들이 복합적으로 작용하여, 빈곤층 어린이들은 심지어 유치원도 다니기 전에 부유한 가정의 어린이들에 비해 수학과 언어 능력 그리고 전반적인 취학 전 학습상태 면에서 훨씬 더 뒤처지게 된다. 저소득층 가정에서 성장하는 아동들은 각종 불공평함으로 인해 고통받는데, 그 이유는 초등 및 중등학교에서 유치원에서의 불리함을 만회할 만한 기회를 거의 주지 않는 데다, 어린 시절에 겪었던 불평등이 그 뒤의 교육적 성패에도 강력한 영향을 끼치기 때문이다.

빈곤층 어린이들은 학교에 입학하기도 전에 어려운 가정과 이웃 환경, 갖가지 고난을 겪으며, 불리함을 갖고 학교에 입학한다. 그런 뒤에도 미국의 궁핍한 어린이들은 공정한 경쟁을 모른 채, 미국에서 가장 열악한 수준의 학교에 입학하게 된다. 빈곤층 어린이들은 힘겨운 거주 및 교육 분리뿐만 아니라 지속되는 학생 1명당 교육 투자 격차에 의해서도 희생당한다. 학교 재정은 지역 내 지방세 규모에 크게 의존하는데, 빈곤층 거주 지역은 거둬들이는 세금이 많지 않으므로 빈곤층 및 소수자 학생들을 위한 교육 지출은 중산층 학생들을 위한 교육 지출에 비해 낮을 수밖에 없다. 교육재단(Education Trust)에서 발간한 2005년 연구 자료에 따르면, 평균적으로 극빈층 거주 지역의 연간 학생 1인당 교육비 지출액은 빈곤층 거주 지역에 비해 900달러 더 적었다. 극단적인 경우 타 학교에 비해 2~3배에 달하는 교육비를 학생들에게 투자하는 학교도 있다. 또한 학군별 그리고 주별로 나타나는 교육의 불평등 때문에 많은 빈곤층 어린이들이 부당한 대우를 받는다. 그동안 지속된 극빈층 지역 학교들에 대한 투자 부족과 저소득층 어린이들의 누적된 불이익을 만회하려면, 중산층 학교보다 빈곤층 학교에 더 많은 자금 지원이 필요하다. 공평한 자금 지원이 제대로 된 자금 지원은 못되는 것이다.

계층별로 분리된 학교와 재정 지원 격차 때문에 현격한 교육 격차가 발생한다. 빈곤층과 소수자 계층 학생들이 다니는 학교는 여러 모로 환경이 열악하다. 학교 건물은 노후화되었고, 교실은 학생들로 가득하고, 학생들에 대한 교사의 기대수준은 낮고, 컴퓨터와 인터넷 접속, 과학실 등 교육 기자재와 교육 시설도 부족하다. 저소득층 학생들을 가르치는 교사들은 이직률이 높고, 상대적으로 교육과 훈련 그리고 교과 지식수준이 낮으며, 수학과 언변에도 약하다. 빈곤층 학교들은 또한 영재반 및 심화반 편성률이 떨어지고, 생활지도 교사와 심리상담 교사 같은 보조 교사의 규모도 적고 전문성도 떨어지며, 학생들이 느끼는 전반적인 안전함, 편안함, 행복감 수준도 떨어진다. 개별적으로 따져보았을 때 이런 교육 격차들이 모두 심각한 것만은 아니다. 하지만 그런 차이들은 결집하는 특성이 있기 때문에 질 좋은 학교는 교육적으로 좋은 면들이 많고 질 나쁜 학교는 나쁜 면들이 많다. 메러디스 필립스(Meredith Phillips)와 티파니 친(Tiffani Chin)이 지적하듯이, 이런 교육 격차들은 시간이 지나면서 차츰 누적된다. 예를 들어 어떠한 학생들은 초등학교 때부터 12년간 연이어서 명문 학교를 다니는 혜택을 누리는 반면, 어떠한 학생들은 같은 기간 내내 학습 환경이 불량한 학교를 다니게 된다. 현재의 공교육 시스템은 공정한 기회의 장이 되기보다는 오히려 부모의 낮은 사회·경제적 지위를 자녀들에게 대물림하도록 부추긴다.

미국의 학생들은 불평등할 뿐만 아니라 인종 및 계층 간에 분리된 교육 시스템을 경험한다. 부유한 백인 어린이들은 다른 계층이나 인종의 학생들과 만날 기회가 드문 학교를 다닌다. 반면 저소득층 어린이와 유색 인종 어린이들은 콩나물시루 같은 빈민가 학교에 다닌다. 중산층 자녀들이 다니는 학교에서도 부진아 반에 편성되기 일쑤다. 빈곤층 학교들은 재정이 열악하고 보통 교육의 질도 크게 떨어질 뿐만 아니라 전교생 중에서 사회적 취약 계층의 비율도 압도적으로 높다는 점에서 다른 학교들과 차이가 난다. 이런 현상은 리처드 칼렌베르그(Richard Kahlenberg)가 주장하듯이, 미국 학교에서의 빈곤 집중 현상이 근본적인 문제이다. 이로 인해 시간과 자원이 부족한 교사들은 큰 부담을 떠안고 학생들을 가르쳐야 하고, 빈곤층 학생들은 제도적 무관심 속에서 학교를 그저 '인간 창고'로 느끼기 쉽다. 또한 빈곤층 어린이들은 귀중한 교육적 자산인 선행 학습이 잘 되어 있고 성적이 뛰어난 급우들을 사귈 수 있는 기회조차 박탈당한다.

　주류와 분리된 극빈층 학교들은 저소득 소수자 계층 학생들의 교육적 성취와 출세 기회의 기반을 약화시키는 뿌리 깊은 '불평등 신드롬'을 양산한다. 학교 시스템이 계층과 인종별로 계속 분리되어 유지되는 한, 빈곤층 어린이들은 교육적 잠재력을 실현할 수 있는 평등한 기회를 얻지 못할 것이다.

　오늘날 경제 상황에서 대졸자는 고졸자에 비해 약 2배나 많은 임금을 받는다. 따라서 빈곤과 불평등 이슈가 제기될 때마다 정치인과 전문가들이 비슷비슷하게 대학 교육이 최고라는 주문을 읊조리는 것도 별로 놀랄 일이 아니다. 그런데 미국의 전문대학과 종합대학은 동등한 기회를 보장하는 기관이 아니다. 대학 문은 고소득 가정 출신의 학생들에게 열려 있는 것만큼 빈곤층이나 노동자 계층 학생들에게 폭넓게 열려 있지 않다. 미국의 고등 교육 시스템은 주로 특권층을 훈련시키는 역할을 담당하고 있다. 공부를 더 많이 하면 할수록 이런 경향은 심화된다. 이를 몇 가지 수치로 확인해보자. 24세 이하 성인의 경우, 소득 상위 25% 중에서 71%가 대학을 졸업한 반면 소득 하위 25% 중에서는 오직 10%만이 대학을 졸업한다. 입시가 까다로운 전문대학과 종합 대학 그리고 '권력의 주 출입문에 이르는 통로' 역할을 하는 전문대학원의 계층 구성은 한층 더 왜곡되어 있다. 미국의 명문 대학에 입학하는 학생들 중 소득 상위 25% 가정 출신은 약 4분의 3을 차지하지만, 소득 하위 25% 가정 출신은 3%, 소득 하위 50% 가정 출신은 10%에 불과하다. 실제로 최고 명문 대학 입시에서는 심지어 중산층 가정 자녀들조차 부유층 가정 자녀들에 의해 떠밀려 탈락하는 실정이다.

저소득층 가정 출신의 학생들은 자신들의 계급적 배경과 평등과는 거리가 먼 초중등 교육 과정 때문에 대학 입시에서 곤욕을 치른다. 평균적으로 저소득층 학생들은 상대적으로 부유한 계층의 학생들에 비해 수험 준비도 부족하고 학업 적성시험(SAT) 성적도 낮다. 빈곤층 학생들은 심지어 실력이 비슷비슷하더라도 고소득층 학생들에 비해 대학에 입학할 가능성이 더 낮다. 이런 격차가 생기는 이유는 부분적으로 부유층 자녀들이 입시 과정에서 더 유리한 입장에 서 있기 때문이다. 부유층 자녀들은 입시에 해박하고 인맥이 넓은 고등학교 지도 상담교사에게 훨씬 더 쉽게 접근할 수 있고, 값비싼 학업 적성시험 준비 강의를 감당할 여력도 있다. 게다가 입시 과정에서 자기소개서 쓰는 법, 면접 준비법, 복잡한 학자금 융자 신청 방법 같은 귀중한 조언 등을 전문 입시 상담가로부터 받을 수 있다. 또한 조기 입학 제도나 경우에 따라서는 특례 입학자나 고액 기부자의 자녀로서 입학을 허가받는 특혜를 누리기도 하며, 부모와 친형제 그리고 친구들에게 의지할 수도 있다.

돈 역시 저소득층 가정 출신 학생들의 대학 진학을 방해하는 중요한 걸림돌이다. 노동자 계층의 소득은 제자리걸음을 하고, 대학 등록금은 치솟고, 주 예산은 더 팍팍해지고, 정부의 금융지원은 대학 졸업장을 딸 때까지 치솟는 학비를 따라가지 못하고 있다. 저소득 및 중간 소득 계층 학생들은 "정부의 학자금 지원 정책 때문에 죽을 지경이고, 대학 등록금 때문에도 죽을 지경이다." 학생금융지원자문위원회(Advisory Committee on Student Financial Assistance)의 2006년 연구 자료에 따르면, 매우 보수적으로 추산하더라도 가까운 10년 내에 1,400만에서 2,400만 명의 저소득 및 중간 소득 계층이 학생들이 재정적 장벽 때문에 학사 학위를 따지 못할 것으로 예상된다. 또 다른 최신 보고에 따르면, 미국 국립 고등교육 및 공공정책 센터(National Center for Public Policy and Higher Education)는 대학 학비 평가에서 43개 주(州)에 '낙제(F)' 등급을 주었다. 저소득층 학생들을 위한 연방 정부의 주요 학비 지원 프로그램인 펠 그란트(Pell Grants)는 1970년에 비해 대학 학비 지원 비중이 크게 줄었다. 예산 삭감과 낡은 수요 예측 방식 때문에 충분한 자격이 있는 많은 학생들이 결국 자격이 안 된다며 학비 지원을 받지 못했다. 대학교육에 대한 정부의 지원 방식 또한 노동자 계층 학생들에게 효과적인 장학금 지원 방식에서 보다 더 부유한 가정을 대상으로

한 보증 대출과 세액 공제 방식으로 바뀌었다. 그리고 국내 대학 순위를 염려하여 높은 학업 적성시험 점수를 받은 수험생 유치에 열을 올리는 많은 단과 대학과 종합 대학들은 가정 형편 기준 장학제도를 학생 실력 기준 장학제도로 대체하는 방식으로 합격자 우선순위를 바꾸었다. 전체적으로 대학 학비에 대한 정부의 재정 지원이 줄어드는 가운데 고소득층 학생들이 요구하는 몫은 점점 더 커져가는 것이 전반적인 추세이다. 그 결과 많은 실력 있는 저소득층 및 노동자 계층 학생들이 대학 입학을 포기하거나 더 학비가 저렴한 단과 대학 혹은 2년제 전문대학에 입학하여 등록금을 대느라 장시간 일을 하거나 그렇지 않으면 큰 빚을 떠안는다. 어느 경우든, 이제 돈은 무슨 대학을 들어갈지, 졸업을 하거나 못할지 그리고 학위를 마치는 데 시간이 얼마나 걸릴지를 가늠하는 갈수록 중요한 척도가 되고 있다.

좋은 교육을 받지 못한 사람들은 가난에 빠지기 쉽다. 만약 교육 시스템이 더욱 공정했더라면 분명히 그 덕을 보았을 터이다. 하지만 리처드 로스스테인(Richard Rothstein)이 주장하듯이, 심지어 전면적인 교육 개혁을 하더라도 계급에 따른 불이익과 인종 차별이라는 거시적인 사회적 폐해를 상쇄하기에는 불충분하다. 빈곤과 불평등 문제는 본질적이고, 교육 문제는 나타나는 증상이다. 보다 공정한 학교를 만드는 일은 올바른 방향으로 나아가는 첫걸음일지 모른다. 그러나 궁극적으로 우리가 보다 공정한 사회를 만들어야만 빈부 간의 교육 격차를 좁힐 수 있을 것이다.

교통

가난한 사람들은 일자리 자체를 구하기도 어렵다. 일이 있어도 일터에 나가는 일 또한 고역이다. 6살짜리 아들을 키우고 있는 싱글맘 인테사 무세이테프는 집 주변에서 일자리를 찾을 수 없어 평일에 매일매일 서너 시간씩 통근을 해가며 시급 7달러짜리 가정 간병인 일을 한다. 가정 간병인 일 빼고는 무세이테프가 할 수 있는 일이 거의 없다. 그녀는 "이 일을 그만두면 할 일이 아무것도 없어요."라고 자기 처지를 설명한다. 무세이테프 같은 저임금 노동자들은 낮은 취업 전망과 정체된 임금, 오르는 주거비, 열악한 교통편 때문에 진퇴양난을 겪는다. 저임금 노동자들은 집을 구할 때 선택의 폭이 제한되어 있기 때문에 취업 기회가 많은 교외 지역과는 동떨어진, 도심의 가난한 동네로 밀려나 살아간다. 직장 근처에서 집을 얻을 수 있는 형편이 안 되거나, 이사를 한다 해도 지역사회에서 환영을 받지 못하기 때문에 매일같이 시간과 돈을 허비하며 장거리 통근을 할 수밖에 없다. 그들은 가족과 친구를 만나고 레저와 잠을 즐길 수 있는 시간을 희생해가면서 고된 출퇴근을 하며 귀중한 시간을 허비한다. 저임금 노동자들은 또한 고소득 일자리를 알아보거나 추가로 훈련과 교육을 받기 위해 쓸 시간도 거의 없다. 시간의 덫에 걸려 있는 저임금 노동자들은 그 때문에 삶의 질이 떨어질 뿐만 아니라 더 나은 미래를 꿈꿀 기회도 제한받고 있다.

많은 빈곤층이 당면한 문제는 자동차를 구입하고 보험료와 유지비를 감당할 만한 돈이 없다는 사실이다. 2000년에 빈곤층의 약 20%와 준빈곤층(빈곤선의 100~200% 소득을 올리는 계층)의 약 12%가 자동차를 전혀 이용할 수 없는 가구였다. 차가 없는 가난한 사람들은 대중교통을 이용할 수밖에 없으므로, 구직 활동의 범위와 일자리 선택의 폭도 좁아 어쩔 수 없이 장시간 통근을 하게 되는데, 그러다 보면 종종 결근을 하거나 지각을 한다. 자동차 보유 여부는 가난한 사람들이 취업이 되느냐 마느냐와 일자리를 얻어 복지 혜택에서 간신히 벗어나느냐 마느냐를 판가름하는 핵심 요인이다. 그러나 자동차 소유 그 자체도 또 다른 문제들을 유발한다. 어느 복지 수급자는 "타이어를 갈든, 기름을 더 넣든, 망가진 부품을 교체하든, 저로서는 도저히 감당이 안 되는 일이죠."라며 한탄한다. 게다가 치솟는 기름 값 때문에 탈없이 잘 굴러가는 차량을 소유한 사람들조차 종종 어려운 결정을 해야 할 때가 있다. 직장에 나가기 위해 기름 탱크를 계속 채워놓으려면, 가족 나들이나 친구 만남도 줄이고 음식이나 레저 활동을 비롯한 기타 소비 지출도 줄여야 한다. 아이 셋을 키우고 있는 한 엄마는 승용차를 포기하고 대신 기차와 정기 버스를 번갈아가며 이용하고 있는데, 이제 출근 시간이 예전보다 2배 이상 더 걸린다. "악몽이 따로 없죠." 그녀는 돈은 절약했을망정 시간은 잃고 말았다.

유가가 갤런 당 4달러도 안하던 시절에도 많은 빈곤층 미국인들, 특히 흑인과 라틴계 빈곤층은 대중교통에 의존해 살았다.

하지만 버스나 기차는 차보다 훨씬 속도가 느리다. 버스나 기차는 승객이 원해도 서지 않는 지역이 있고, 이용 위해서는 걸어서 혹은 다른 수단을 이용해서 먼 거리를 이동해야 하고, 원하는 시각에 맞춰 목적지에 항상 도착하는 것도 아니다. 오클라호마시에 사는 빈곤층 여성의 고충에 대한 캐서린 부(Katherine Boo)의 기사에 따르면, 버스 기사들은 종종 흑인 손님을 태우지 않으려고 정거장을 지나치기도 한다. 게다가 대중교통은 아이 키우는 엄마들의 전용차도 아니다. 아기 엄마는 아기를 데리고 기저귀, 장난감, 음료수 팩, 과자는 물론이고 식료품 봉투까지 가득 실은 유모차를 끌며 아기 시중도 들어야 한다. 왜 그토록 많은 사커맘(soccer mom, 자녀가 방과 후 축구를 하러 갈 때 데려다주는 교육열 높은 중산층 어머니들 — 옮긴이)들이 스포츠형 세단(SUV)을 모는지 이해가 가지 않는 것도 아니다.

　미국의 많은 도시에서 운영 중인 대중교통 시스템은 오늘날 저소득 노동자들의 욕구에 톱니바퀴처럼 꼭 들어맞지 않는다. 점점 더 늘어나고 있는 서비스 업종 일자리는 지역적으로 분산되어 있는데, 그런 일자리들은 종종 기존의 버스 노선이 미치지 않는 벽지에서나 찾을 수 있다. 예를 들어 보모와 가정 간병인, 가정부를 포함한 수천 명의 서비스업 노동자들은 주요 간선도로에서 멀리 떨어져 있는 개인 주택에서 일하고 있다. 주말도 없고 밤낮도 없이 돌아가는 경제 구조 속에서 많은 저임금 노동자들은 근무 시간도 정해져 있지 않아서 종종 대중교통이 끊기는 한밤중까지 일을 하기도 한다. 게다가 서비스 업종 노동자들의 업무 일정은 하루 단위나 주 단위로 예측불허인 경우가 다반사여서 대중교통편에 맞게 미리 계획을 세워둘 수도 없다.

모스와 틸리(Moss & Tilly)에 따르면, 특히 도심 빈민가에서 대중교통에 의존하며 통근하는 노동자들은 보통 고용주들이 채용을 꺼리기 때문에 이중고를 겪는다. 고용주들은 버스와 지하철을 이용하는 노동자들을 지각과 결근을 잘하는 부류라고 믿는다. 고용주들은 그들이 한결같이 출근하는 데 문제가 많고, 지각에 대한 변명을 손쉽게 한다고 불평한다. 교외의 고용주들은 심지어 자신들이 대도시 신문에 일자리 광고를 내지 않는 이유가 믿을 수 없는 대중교통 탓이라고 종종 말하기도 한다. 애틀랜타의 한 건설회사 관리자는 "그런 친구들을 고용하기 싫다고 말하면 선입견이 있는 것처럼 들릴지 모르지만, 우리 업계에서는 근무 시간이 유연하고, 어디서든 일할 수 있고, 제시간에 근무지에 도착하고, 출퇴근 일정을 잡는 데 걱정할 필요가 없는 그런 직원을 써야 합니다."라고 말했다.

교외 지역의 고용주들이 도시 노동자들을 고용할 마음이 있더라도, 시장에 나와 있는 많은 일자리들은 장시간의 통근 거리 때문에 발생하는 교통비용과 시간 소비를 보전해줄 만큼 임금이 높지 않다. 따라서 도심 거주 노동자들은 자의 반 타의 반으로 대개 대도시 주변이나 도심 내에서 일을 한다. 보통 엄청나게 먼 거리를 이동하는 일은 없지만, 취업을 하려면 과감히 자기 동네 밖으로 나가야만 한다. 그런데 도심의 노동자들은 대중교통에 의존하므로, 교외 지역까지 멀리 이동하지 않는다 하더라도 출근길은 여전히 길고 불편할 수 있다. 실제로 파울 옹(Paul M. Ong)의 연구 결과가 시사하는 바에 따르면, 빈곤층이 당면한 진짜 문제는 공간적 불일치 문제라기보다는 교통 불일치 문제이다. 저소득층 노동자들이 출퇴근에 시간을 더 많이 소비하는 이유는 그들의 통근 거리가 불가피하게 너무 길어서가 아니라 그들의 통근 방식, 즉 대중교통이 불편하기 때문이다. 거리로 따지든 시간으로 따지든, 거주지와 일터 사이의 지리적 차이 때문에 가난한 노동자들은 교통에 대한 고충을 겪고, 취업 기회도 그만큼 줄어든다.

시골에 사는 미국인들은 특히 심각한 교통 문제에 직면한다. 직장과 사회 복지 사무소, 학교, 보건소, 보육시설, 식료품점이 집에서 수 킬로미터 떨어져 있기 때문이다. 시골의 많은 빈곤층은 도시 빈곤층과 마찬가지로 차를 사거나 유지비를 댈 만한 돈이 없다. 어느 아이오와 주민의 표현대로 대부분의 일자리는 '기름값도 안 되는' 임금을 준다. 그리고 시골에 사는 미국인 중 3분의 1이상이 교통수단이 전혀 없는 지역에 살고 있다. 오리건 주 시골에 사는 한 여성은 편도로 55마일 떨어져 있는 유진시에 위치한 직장에 나가기 위해 무려 9달 동안 도로에서 지나가는 차를 얻어 탔다. 뉴욕 주 델라웨어 카운티에 사는 제니퍼 모셔는 운 좋게 가격이 저렴한 차 한 대를 사서 차로 출퇴근을 할 수 있었다. 그러나 월 할부금과 비싼 기름값 그리고 거듭되는 수리 비용 때문에 자동차 구매 또한 그녀에게는 큰 골칫거리가 되고 말았다.

교통 문제는 가난한 사람들의 삶에 중대한 걸림돌로 작용하고 있다. 미국 사우스벤드 지역의 산업 구조 재편을 연구한 찰스 크레이포(Charles Craypo)와 데이비드 코미어(David Cormier)의 보고에 따르면, 애로 사항을 묻는 질문에 저임금 노동자들은 못 미더운 교통수단을 가장 자주 언급했다. 에이프릴 카플란(April Kaplan)이 내린 최종 결론에 따르면, 근로자들에게 신뢰할 만한 교통수단의 부족은 보육 시설이 부족한 것보다 직업교육 프로그램에 참가하기 어렵게 만드는 심각한 장애물이다. 또한 로버트 불러드(Robert Bullard)와 그의 연구진은 저작을 통해 교통수단에 대한 인종 간 접근성 차이로 인해 어떻게 사회적 소수자들이 기회와 권리 그리고 삶의 질을 박탈당하게 되는지를 밝혔다. 그 밖에도 수많은 연구 결과들이 교통수단도 복지 수혜자들의 취업을 가로막는 중요한 장애물임을 보여준다.

제대로 된 교통수단이 없는 저소득층 가구는 자유롭게 이동을 할 수 없으므로, 일과 관련이 없는 고충도 함께 겪는다. 그들은 대개 비싸고 품질이 떨어지는 상품과 서비스를 제공하는 인근의 식당과 가게만 전전한다. 이동수단이 신통치 않은 저소득층 부모들은 가까운 동네를 벗어나 박물관과 동물원, 도서관, 공원 같은 곳에 들러서 자녀들에게 다양한 경험을 시켜주고 공공 서비스의 혜택을 누리도록 해줄 수가 없다. 의료진과 사례별 사회복지사를 포함한 기타 서비스 전문가들과의 약속을 놓칠 공산 매우 크다. 교통수단은 또한 저소득층 가정의 주요 지출 분야로서 주거와 관련된 어떠한 비용보다 지출 규모가 크다. 교통비가 가계 전체 소득의 4분 1에서 3분의 1정도를 차지하기 때문에 빈곤층 가정들은 다른 필수품을 구매할 여력이 없다.

  정치 행동가들의 성화와 복지 개혁 조례에 힘입어 각 지역의 수많은 공공 기관 및 민간 기관들은 빈곤층의 교통 불편 해소를 위한 온건한 계획들을 실행해왔다. 하지만 근래 들어 미국의 교통 정책, 특히 로스앤젤레스 같은 대도시의 교통 정책은 도시 빈민층에 투자될 재원을 교외 중산층에게 투입함으로써 상황을 더욱 악화시키는 것은 아닌지 하는 우려를 자아냈다. 부분적으로는 공기 오염과 교통 체증에 대한 우려를 명분으로, 공공 수송 기관들은 마크 개릿(Mark Garrett)과 브라이언 테일러(Brian Taylor)가 주장하듯이, 대다수가 이미 대중교통에 의존하고 있는 저소득층 도시 거주민들에 대한 교통 서비스를 개선하기보다는 출근길에 자동차라는 대안이 있는 교외 통근자들의 대중교통수단에 대한 접근성을 높이는 데 더욱 주력해왔다. 따라서 미국의 많은 도시에서 재정 지원의 우선순위가 버스 운행의 확대와 개선에서 새로운 철도의 건설 및 확충으로 바뀌었다. 이처럼 과거와 달라진 공공 투자의 변화 양상은 상대적으로 고소득 통근자들을 실어 나르는 기관에는 막대한 자금을 지원하고 대부분 빈곤층과 사회적 소수자 승객을 실어 나르는 버스 노선은 재정 궁핍에 시달리게 함으로써 이원화된 수송 시스템의 불평등을 갈수록 심화시킨다. 개릿과 테일러는 이처럼 교통 격차가 크게 벌어진 원인으로 도심과 교외를 갈라놓는 정치적, 경제적, 인종적 분리 구조와 함께 정책 입안자들과 중산층 대중이 만든 재분배적인 사회복지 제도에 대한 강한 거부감을 지적한다. 두 사람의 분석은 공공 재원이 빈곤층의 교통 수요처에 투자되지 못하도록 만드는 정치와 권력의 역할에 대한 관심을 환기한다.

교통 불평등은 가난과 무력함이 낳은 결과이자, 빈곤층이 생존하고 또 빈곤을 극복하는 데 장애물이기도 하다. 교통 불평등은 그 자체만 푼다고 해결되는 독립된 문제가 아니다. 교통 불평등은 저임금 일자리, 거주지 분리, 인종 차별 그리고 감당하기 어려운 주거비 등 그 밖의 다양한 사회 구조적 문제들과 중첩되어 있다. 미국 빈곤층을 위한 신뢰할 만한 교통수단의 부족은 보다 거시적인 경제적, 정치적 불평등의 산물이다. 이처럼 부적절한 교통수단은 단순히 하나의 사회 문제 그 이상이다. 그것은 '일종의 사회 정의 차원의 문제'다.

10

사회 구조적 장애물들과
끊이지 않는 가난(II)

성차별

여성은 경제적으로 불리한 입장에 있다. 거기에다가 아이들까지 양육하고 있고, 그중에서도 싱글맘이라면 가난에 더 취약하다. 싱글맘(24.1%)은 싱글대디(17.9%)보다 경제난에 노출되기 쉽다. 싱글맘 가정의 빈곤율(28.7%)은 양부모 가정의 빈곤율(5.1%)의 5배가 넘는다. 다시 말해 싱글맘 가정의 구성원 중 3분의 1에 육박하는 1,300만 명 이상의 여성들과 아이들이 가난에 시달린다. 여성은 남성보다 소득이 적기 때문에 그들이 겪게 되는 경제적 위기는 더 클 수밖에 없다. 이런 성차는 남성과 여성이 하는 일의 양, 직업의 종류, 소득 수준이 다르기 때문에 생긴다.

지난 수십 년 동안 남녀 간 임금 격차가 많이 줄어들었지만, 여전히 전일제 직장 여성은 같은 일을 하는 남성 근로자 임금의

77% 정도만 벌어들이고 있다. 만약 전일제 근로자가 아닌 모든 근로자들을 대상으로 한다면 그리고 한 해 수익이 아닌 장기간에 걸쳐 벌어들이는 수입을 고려한다면, 남녀 간의 격차는 더 커진다. 첫째, 상당수의 여성이, 남성의 경우에는 11%에 불과하지만, 여성의 경우에는 25%가 시간제 일자리에서 근무하고 있고, 일반적으로 시간제 일자리의 시급은 전일제 일자리의 시급보다 훨씬 적다. 여성들은 남성들보다 근무 시간이 더 적을 뿐 아니라, 시간당 임금 수준도 더 낮다. 둘째, 스테판 로즈(Stephen Rose)와 하이디 하르트만(Heidi Hartmann)이 1983년부터 1998년까지 15년에 걸쳐 자료를 수집해보았더니, 여성이 벌어들인 수입은 남성 수입의 38%에 지나지 않았고, 1년 단위로 임금 격차를 계산해봐도 77%에 훨씬 못 미쳤다. 물론 기혼여성은 많은 수입을 벌어들이는 남편이 있기 때문에 '자신의 수입이 낮아서 생기는 문제'에서 어느 정도는 보호받는다. 하지만 싱글맘들은 낮은 수입으로 인해 큰 타격을 받고, 가난이라는 큰 위기를 경험할 가능성이 크다.

여성들이 어느 정도는 남성보다 생활력이 뒤처진다. 가정 내 책임과 부양 의무가 불평등하게 나뉘어 있다 보니 노동시장에 참여할 수 있는 기회가 제한되고 선택할 수 있는 직종의 폭이 좁다. 보수를 받지 못하 일 대부분은 여성의 몫이다. 직장을 다니면, 일을 마치고 집에 와서 또 일을 한다. 요리, 청소 등 대부분의 집안일들을 하고, 자녀가 있다면 아이들을 돌보는 일도 모두 감당한다. 그런 생활양식은 변하기가 어려운 것 같다. 직장과 가정의 요구가 상충하면서 생기는 부담을 여성들은 남성들보다 훨씬 더 많이 감내한다. 그 이상의 일을 하는 여성들도 많이 있다. 가정 밖에서 다양한 부양활동을 하기도 하는데, 나이 드신 부모님, 병든 친구와 친척들, 도움이 필요한 이웃들을 돌보는 것이다. 남을 돌봐주는 일은 다른 종류의 일에 비하여 상당히 가치를 인정받지 못하지만 사회가 제대로 기능하는 데 매우 중요하다. 수고의 대가로 남이 기뻐해 준다는 심리적 정서적 보상이 있기는 하지만, 그런 일은 빠듯한 시간과 에너지를 나누어 써야 남을 보살펴주는 부담을 짊어지다 보면 알게 모르게 여성들의 수입이 더 적어질 수밖에 없다.

　직장 여성의 부담은 자녀까지 있다면 더 커진다. 여성 가장은 자녀가 없는 여성에 비해 돈을 훨씬 적게 번다. '엄마 벌점'의 대가를 치러야 하고 아이들이 많을수록 벌점은 더 높아진다. 1970년대 이래 여성과 남성의 임금 격차가 줄어들었지만 '엄마이기 때문에 치러야 할 대가'는 줄어들 기미가 보이지 않는다. 적어도 이런 엄마 벌점은 고용 차별로 이어진다. 셸리 코넬 (Shelley J. Correll), 스테판 버나드(Stephen Benard), 인 파이크(In Paik)가 진행한 공동 연구에 따르면, 일반적으로 엄마들은 능력이 부족하고 일에 전념하지 못할 것으로 인식된다. 고용주가 그들의 지원서를 보고 연락할 가능성은 다른 동등한 조건의 무자녀 여성들에 비하여 적다. 고용주들은 엄마들을 고용하는 데 신중을 기한다. 엄마이면서 동시에 일을 잘하는 직원이 된다는 것이 어렵다고 예상하기 때문이다. 어떤 고용주들은 엄마라는 위치 자체가 미덥지 못하다는 생각을 하게 만드는 조건이라고 생각한다.

성별 임금 격차가 생기는 것은 남녀가 하는 일이 다르고 여성들이 하는 일은 가치를 인정받지 못하기 때문이다. 1960년대 이래 성별직종분리는 줄어드는 추세에 있지만 여성들은 여전히 저임금을 받고 남성이 기피하는 여성의 일을 하는 반면, 남성들은 높은 보수를 받고 권위가 서는 남성의 일을 한다. 일과 관련된 교육과 기술을 익혀야 하는 직업에 종사하는 경우에도 여성들이 주로 종사하는 직업은 남성들이 주로 종사하는 직업에 비해 보수가 적고 승진 기회도 더 적으며, 어떠한 직업에서 여성이 차지하는 비율이 커질수록 보수는 더 낮아진다. 물론 일부 여성들이 여성의 일을 더 선호하기도 하지만 일반적으로 직종분리가 계속 일어나는 이유는 선택보다는 제약 때문이다. 이제까지 알아보았듯이, 여성들은 가정을 돌보는 역할을 전담하기 때문에 고용 조건을 충족시킬 수 없는 경우가 많아 상당수가 낮은 임금을 받는 시간제 일자리를 찾을 수밖에 없다. 어머니들이 직장 일보다는 아이들에게 더 헌신적일 것이라고 염려하는 고용주들이 어머니들을 고용할 것을 꺼리는 경향도 한몫을 한다.

어머니든 아니든 여성의 사회 진출은 그들의 특성과 능력에 대한 뿌리 깊은 고정관념, 성별에 맞는 일이 있다는 문화적 통념에 의해서도 제한받는다. 여성들은 통상 남성들보다 덜 합리적이고 덜 권위주의적이며 더 정서적이고 다른 사람들을 더 잘 돌보기 때문에 어떤 직종에는 여성이 더 어울린다는 믿음이 있다. 이와 같은 성 고정관념은 직장 내 인사권자가 고용, 승진, 교육, 업무 배치에 대한 결정을 내릴 때 중요하게 작용한다. 고용주들이 남성 근로자들을 선호할 때, 남성과 여성의 요구 사항과 능력에 대하여 케케묵은 고정관념을 갖고 채용을 결정할 때, 비공식적 성차별적 인맥을 통하여 빈 일자리를 채우려고 할 때 직종 분리는 계속된다. 더 나아가 주로 남성이 하는 일에 여성이 진출하게 되면 사람들이 탐탁하지 않게 여기며 주변으로 밀어 내려 하는 것을 느껴야 한다. 사람들이 그들을 여성스럽지 못하다고 생각할 수도 있다. 조롱당하고 희롱당하고 배척당할 수도 있다. 또는 자신의 특권을 고수하겠다고 마음먹은 남자 동료로부터 다른 형태의 적대감이나 저항을 느끼는 경우도 있다.

과거에 비한다면 노동 시장의 성차별이 차별금지법에 의하여 많이 줄어들었고 노골적으로 드러나지 않지만 여전히 성 불평등의 문제를 낳고 있다. 캘리포니아대학교 경제학교수 데이비드 뉴마크(David Neumark)와 동료들이 수행한 한 유명한 회계 감사 연구에서 동일한 조건, 동일한 수의 남성과 여성을 필라델피아 주의 음식점 십여 군데에 종업원으로 지원하게 했다. 남성과 여성 실험참가자들은 동일한 자격을 갖추었지만 많은 임금과 팁을 주는 고급 음식점에서는 여성보다 남성을 선호하는 경향이 두드러졌고, 반면 임금과 팁이 적은 음식점에서는 여성이 약간 유리한 위치에 있었다. 월마트를 상대로 한 소송에서 제기된 혐의 역시 지속적인 성차별의 증거를 보여준다. 이 소송에서 원고의 주장에 따르면, 여성들은 남성들과 같은 일을 하면서도 더 적은 임금을 받았고, 임금 인상과 경영자 교육에 대한 여성들의 요구를 사측이 무시하거나 강하게 반대하였으며, 자신들은 승진에서 누락되고 오히려 낮은 업무 평점을 받은 하위직 남성 근로자가 승진을 하였으며, 성차별적 기업 문화, 연로하신 분들의 인맥, 비형식적이고 주관적인 채용과정에 의해 발전할 수 있는 기회를 박탈당했다고 한다.

여성들은 더 많은 임금을 받는 '남자들의 일'에서 제외당하곤 하기 때문에, 노동조합이 조직되어 있지 않은 저임금 서비스 부문에 지나치게 많이 배치된다. 이를테면 보육교사, 간병사, 접대원, 계산원, 접수계원, 청소부 등이다. 약 30%의 여성들이 빈곤선 혹은 그 이하의 임금을 받고, 남성들의 경우는 20%가 그에 해당한다. 시간당 연방 최저임금이나 그 이하의 임금을 받는 경우도 여성이 남성의 2배에 이른다. 장기간 저임금 근로자도 90% 이상이 여성이다. 또한 그들은 직장에서 대개 건강보험, 연금 혜택, 병가, 휴가를 받지 못한다. 게다가 최근 수십 년 동안 이런 상황은 더욱 악화되었다. 변화하는 경제가 소외계층 노동자들의 임금을 낮추도록 압박을 가하고 있기 때문이다. 1970년대 이래 평균 이하의 임금을 받는 노동자들은 평균 이상의 임금을 받는 노동자들과 비교할 때 수입이 상당히 줄어든 것을 경험했고 이는 다른 선진국보다 미국에서 두드러졌다. 그리고 여성들이 저임금 직종에 과다하게 배치된 이래 그들만 불평등이 더 심화되는 대가를 묵묵히 치러왔다.

어머니의 역할과 직장 일을 다 잘한다는 건 중산층 기혼 여성들에게 상당히 어렵다. 혼자 힘으로 모든 것을 헤쳐나가야 하는 싱글맘들은 집에 빵을 사오고 아이들을 돌보는 일 둘 다를 홀로 책임져야 하기 때문에 특히 심각하다. 그들이 노동시장의 말단에서 헤어 나오지 못하는 경우라면 더 그렇다. 자녀가 있는 싱글맘 중에는 흑인이나 라틴계가 많기 때문에, 그들이 여자이거나 엄마라는 이유만으로 불이익을 당하는 것은 아니다. 그들은 인종과 민족이 다르다는 이유로 차별을 당하기 쉽다. 싱글맘 중에는 또한 고졸 이하 저학력 여성들이 많이 분포되어 있다. 그들은 대학졸업장이 없는 노동자들에게 점점 가혹해져 가는 경제 상황 속에서 혼자 힘으로 가족을 부양하느라 기를 쓰며 힘든 싸움을 하고 있다. 설상가상으로 싱글맘들, 그중에서도 특히 복지수급자들은 문화 전반에서 폄하되곤 한다. 싱글맘과 관련된 경제적 고난과 심리적 압박은 싱글맘들만 느끼는 것이 아니다. 당연히 아이들도 느낀다. 그리고 그것은 아이들의 미래에 악영향을 미칠 가능성이 있다. 1996년 복지체계를 정비하면서 수천만 명의 싱글맘들에게 일해야 할 의무를 부과하였는데 이는 저임금 노동의 문제와 직장과 가정을 동시에 돌보며 생기는 문제들을 심화시켰다.

합리적인 사회정책이 없다는 것 역시 미국 여성들이 남성들보다 더 적게 벌고 더 큰 가난의 위협에 시달리게 하는 원인이다. 다른 선진국과 비교하여 미국 정부는 노동가정에 상당히 적은 지원을 한다. 가난한 싱글맘 가족에 대한 지원은 더 형편없다. 미국의 세금 정책은 재분배를 잘 이뤄내지 못하고 복지정책은 후하지 못하다. 노동조합들은 더 약해지고, 단체교섭협정의 적용을 받는 노동자들의 수는 적으며, 최저임금은 더 낮아지고 있다. 대부분의 다른 선진국 국민들은 광범위한 육아보조금과 육아 휴직의 혜택을 입고 있지만, 미국의 가정은 아이들을 기르는 부담을 홀로 져야 한다. 1960년대와 1970년대에 사회보장제도가 확대되면서 노인빈곤율을 상당히 감소시키는데 기여했지만, 똑같이 경제적으로 취약했던 싱글맘과 아이들을 위해서는 그와 같은 정부 프로그램이 마련되지 않았다. 국가의 미래인 아이들을 위한 고매한 공공 선언문이 공포되었지만 말뿐이었다.

아동 보육

제2차 세계대전이 발발한 이래 일어난 미국 사회의 많은 변화들 중 여성 인력, 특히 아내와 어머니들의 사회 참여가 폭발적으로 늘어났던 것만큼이나 지대한 영향을 미쳤던 것은 없다. 1947년에는 18세 이하의 아이들을 가진 여성들 중 18.6%, 자녀가 취학 전 아동인 여성들 중 12%만 직업을 갖고 있었다. 1960년대까지만 해도 5세 이하 아동을 자녀로 둔 여성들의 취업률이 여전히 30%에 미치지 못했다. 오늘날은 아이들의 연령에 상관없이 대부분의 어머니들이 직장에 다니고 있다. 양부모 가정의 어머니들은 66.8%, 싱글맘 가정의 어머니들은 72%에 이른다. 1세 이하의 아이들이 있는 어머니들조차도 일을 하고 있다. 1950년대의 텔레비전 시트콤에서 칭송받던 가족 모델인 '아버지는 돈을 벌고, 어머니는 집안일만 하고, 아이들은 온전히 부모가 돌봐주는 가정'은 예외적인 모델이 되었다. 오늘날 전형적인 가정의 모습은 어머니가 돈을 벌고 아이들은 보육시설에서 책임지는 것이다.

줄리아 존슨(Julia O. Johnson)의 연구에 따르면, 2002년에는 63%의 취학전 아동들(1,160만 명)이 정기적으로 보육시설에서 평균 주당 32시간 정도의 시간을 보냈다. 어제이 초드리(Ajay Chaudry)는 저임금 어머니의 어린 자녀들은 엄마가 아닌 다른 사람들의 손에서 더 많은 시간을 보내고, 그 시간은 평균적으로 주당 50시간이 넘는다고 연구 보고했다. 취학 전 아동에 대한 여러 형태의 보육 서비스 중에서, 최근 가장 많이 이용되고 있는 형태로는 비용이 가장 많이 드는 것에서부터 가장 적게 드는 것까지 3가지가 있다. (1) 유치원, 놀이방, 주간탁아시설을 비롯한 기관 중심 보육 (2) 자영 보육교사들이 자택이 아닌 집에서 보육 서비스를 제공하는 가정보육시설 (3) 할머니나 고모, 이모 등 친인척이 집에서 돌봐주는 것. 부유한 가정들은 보육시설에 더 의존하는 반면, 싱글맘들이나 소수 집단에 속하는 어머니들은 대개 친척들에게 도움을 요청한다. 비용 문제를 고려한 결정이기 때문에 선택이 아닌 부득이한 사정인 것이다. 가족에게 맡기는 것이 더 믿을 만하고 편리하며 시간적 제약을 덜 받기 때문이기도 하다.

가난한 가족들은 보육 방식을 선택할 때 상당히 많은 제약을 받는다. 보육은 본래 강도 높은 노동이기 때문에 비용이 많이 들고 양질의 보육기관 이용료는 상당히 비싸다. 에린 모한(Erin Mohan), 그레이스 리프(Grace Reef), 모수미 사카(Mousumi Sarkar)의 연구 보고에 따르면, 취학 전 아동 한 명 당 연간 유치원 교육비는 2006년을 기준으로 낮게는 앨라배마 주의 3,016달러에서부터 높게는 매사추세츠 주의 9,628달러에 이른다. 영아 보육시설의 비용은 대략 30% 정도 더 높고, 이는 집세나 국공립대학의 등록금보다도 더 비싸다. 수입이 적은 가족들의 경우 보육료는 총 수입에서 큰 부분을 차지하는 주요 예산 항목이다. 가난한 가정의 경우 보육료는 한 달 수입의 25%를 앗아가는데 반해 빈곤선 이상의 가정의 경우에는 수입의 7%를 차지할 뿐이다. 상당수의 주에서 최저임금 노동자들이 보육시설에 두 아이를 맡기고 보육료를 지불하고 나면 돈이 하나도 남지 않는다. 기본적인 정부 보조가 없다면, 최저임금을 받고 일하는 싱글맘들이 좋은 보육 교사들을 갖춘 인가받은 보육시설을 이용한다는 건 자신의 경제력을 훨씬 넘어서는 일이 되고 만다.

복지개혁의 압박 하에 노동시장으로 내몰린 싱글맘 등 가난한 가족들은 보육문제에 전전긍긍하면서 여러 가지 벅찬 문제들에 직면한다. 그들은 유능하고 책임감 있는 보육교사를 찾아야 하고 적당한 장소에서 적절한 시간에 적정한 가격으로 아이를 맡아줄 수 있는 사람이어야 한다. 아이들을 잘 데려가고 도로 데려다 놓을 수도 있어야 한다. 이는 믿을 수 있는 차나 대중교통수단을 이용할 수 없는 부모들에게는 쉬운 일이 아니다. 그들이 수완을 부려서 정부 보조금을 얻어내려고 한다면 눈이 휘둥그레지는 복잡한 요식 절차를 잘 빠져나가야 한다. 그리고 보육 위탁과 직장 일정, 가정생활을 조화롭게 만들고, 그러면서 어느 한쪽에도 피해가 가지 않게 하는 방법을 알아내야 한다.

이런 문제들을 많은 저소득층 부모들은 해결하기가 너무 어렵다. 특히 취학 전 아동을 기르는 싱글맘들은 연중무휴 서비스업에서 불규칙적으로 일하기 때문이다. 저녁 근무, 야간 근무, 주말 근무도 한다. 월마트 직원들처럼 전화만 하면 당장 직장으로 달려가야 한다. 매주 근무일정이 바뀌어서 근무시간을 예상할 수 없기 때문에 미리 언제 아이들을 보육시설에 맡길 것인지를 계획할 수 없다. 보육 시설은 보통 월요일부터 금요일까지 낮 시간에 운영되고 불규칙적으로 일하는 근로자들의 요구에 부응할 수 없다. 저소득층 가족들은 그때그때 알아서 아이들을 맡기는 수밖에 별다른 선택의 여지가 없다. 그러나 이런 식으로 처리하는 건 힘이 들고 아이들을 기꺼이 봐주겠다는 친척, 친구들, 이웃들에 언제나 의지할 수 있는 건 아니다. 아주 드물게 벌어지는 일이지만, 일 때문에 부모들은 아이들을 빈집에 그냥 내버려두기도 해서 때때로 안타까운 일이 벌어지기도 한다.

이용할 수 있는 자원은 한정되어 있고 근무 일정은 불규칙하기 때문에 가난한 부모들은 평일에 아이들을 봐줄 사람과 틈이 생길 때마다 도와줄 사람 한두 사람을 정해서 아이들을 어디에 맡길지를 대충 꿰맞출 수밖에 없다. 그래서 돌발 상황이 자주 발생한다. 낮에 아이를 돌봐주던 사람이 일을 그만두거나, 친척이 시간을 내기 어려워지거나, 정부 보조금이 끊기거나, 아이를 맡아준 사람이 제대로 봐주지 못하는 경우가 생길 수 있다. 어제이 초드리의 저임금 워킹맘에 대한 연구에서도 볼 수 있듯이, 결과적으로 부모들이 아이들의 주보호자를 자주 바꾸게 된다. 그래서 생기는 부모의 불편함은 논외로 하고 주기적으로 보호자가 바뀌게 되면 어린아이들은 생애 초기에 불안정하고 변덕스러운 생활을 경험하게 된다.

부모들이 보육에 대해 선택할 때 가장 중요하게 생각하는 점은 아마도 보육의 질일 것이다. 저소득층 부모들은 언제나 최고로 좋은 보육 서비스를 제공할 여유는 없지만, 아이들의 성격이 형성되는 시기에 건강, 안전, 행복, 교육을 보장해줄 수 있는 정도의 보육 서비스는 기대한다. 하지만 미국 보육 서비스의 질은 대체적으로 만족스럽지 않다. 최근 보육직은 전문직이 아닌 저임금 직종이 되었다. 2000년에 보육교사와 유치원 교사의 평균

임금이 각각 시간당 7.43달러와 8.56달러였다. 고급 인력을 끌어들일 수 있는 수준의 수입이 아니다. 보육 센터의 직원들 중에는 자질을 제대로 갖춘 사람이 많지 않고 교사의 이직률도 높아서 아이들이 교사와 친밀한 관계를 형성하기 어렵다. 보육교사를 충분히 갖추지 않은 시설도 많이 있어서 교사 대 영유아의 비율이 양질의 서비스를 제공하기 위해 필요한 수치를 한참 밑돈다. 가족이나 친척이 아이들을 돌봐줄 경우 제대로 돌봐주지 못하는 일이 다반사이다. 대다수의 주에서 규제나 면허가 없기 때문에 누가 돌봐주든 양육자는 감독을 받거나 전문적인 훈련을 받지 않고, 주로 집에서 같이 있어주는 역할밖에 하지 못하기 때문에 아이들의 생애 초기에 필요한 학습 환경과 교육 경험 같은 것은 거의 주지 못하고 있다. 수잔 헬번(Suzanne Helburn)과 바바라 베르크만(Barbara Bergmann)의 말에 따르면, 미국에는 보육의 질이 형편없는 곳은 골치 아플 정도로 많고 양질의 보육 환경은 부족하다. 대부분의 보육 환경이 평범한 수준이고 상당히 많은 유아들이 받아들이기 힘든 보육 서비스를 제공받고 있다. 질 낮은 보육 환경은 가난한 사람들에게 단순한 문제가 아니다. 헬번과 베르크만은 후원이 필요한 저소득층 가정의 아이들은 좋은 보육 서비스를 거의 받지 못하며 많은 경우 수준 이하의 서비스를 받고 있다고 결론 내린다.

가난한 가족들에게는 보육 문제를 해결하는 데 특별한 어려움이 있다. 줄리 프레스(Julie Press)가 주장하듯, 그 어려움은 이들이 가난을 피하거나 벗어날 수 있는 가능성을 줄여놓는다. 아이들을 기르면서 해야 할 일들이 부모가 일과 훈련과 교육에 전념할 수 있는 시간을 줄여놓아서 그들의 수입을 줄여놓기 때문에 가난의 굴레가 끊어지지 않고 계속된다. 프레스가 말하듯이, 보육 문제를 가진 가난한 부모, 그중에서도 아버지보다 어머니의 경우에 취직하기 어렵고 취직이 되어도 남들보다 더 적은 시간을 일하며 주기적으로 구조조정이 있을 때마다 위기감을 느껴야 한다. 그들은 시간제 일자리에서 일을 하고, 지각이나 결근이 잦으며, 보육 문제 때문에 직장을 그만두거나 해고되곤 한다. 배려를 잘 해주는 상사나 부모의 편의를 고려하여 근무 시간을 조정할 수 있는 직장에서 일하기 위해 전도양양한 기회를 포기해야 할 때도 있다. 더군다나 저임금을 받는 분야에서만 직장을 선택할 수 있는 부모들에게 직장을 갖는다고 수익이 생기는 것이 아닐 수도 있다. 교통비를 포함하여 보육비 등 기타 일과 관련하여 드는 비용이 부모의 수입을 넘어설 수 있다. 적절한 보육 환경을 자신의 수입으로 감당할 수 있는 수준에서 제공할 수 없는 가난한 부모들은 그로 인해 일에 전념할 수 없기 때문에 가난에서 헤어 나오지 못하고 만다. 반대로 지속적인 가난은 그들이 양질의 보육 서비스를 부담할 수 없게 된다는 것을 의미한다. 이것은 잠재적으로 아이들의 교육적 발달과 성인기의 경제적 전망에 악영향을 미친다. 이와 같은 방식으로 부모의 가난은 아이들의 가난으로 대물림된다.

1996년의 복지개혁법안, 개인의 책임과 근로 기회 조정에 대한 법안(PRWORA)이 복지수급기간을 제한했고 복지수급자들에게 근로 요건을 부과했다. 그리하여 싱글맘들의 사회 참여를 현저하게 증가시키는 결과를 빚었다. 오늘날 가난한 여성들은 어린 아이들이 있는 여성들조차도 일을 해야 한다는 인식이 퍼져 있고 이 문제에 있어서 선택의 여지가 별로 없다. 아이들을 돌봐야 할 책임이 있음에도 불구하고 그들은 다른 대부분의 미국인들처럼 먹고 살 만큼 벌 수 있는 직업이 필요하다. 가난한 근로자들의 보육문제 해결을 지원하기 위해 의회는 개인의 책임과 근로 기회 조정에 대한 법안의 일부로서 아동보육발달기금(CCDF)을 창설했다. 각 주에서 운영하는 교부금 프로그램이었다. 그러나 많은 저소득층 가정들이 이런 프로그램의 혜택을 받지 못한다. 모두 혜택을 받을 수 있을 만큼 기금이 충분하지 못하기 때문에 자격이 되는 가정 중에서 아주 일부만 지원을 받는다. 아동보호기금(Children's Defense Fund)에서 추산하기로 일곱 집 중 한 집 꼴이다. 그리고 어떠한 주에서는 이런 운 좋은 수급자들조차도 피보험자부담금을 많이 내야 한다. 더 나아가 많은 공급자들이 저소득층 가정을 지원하기를 꺼린다. 보조금의 상환율이 시장가치를 한참 밑돌기 때문이다. 결국 가난한 가정에 제공할 수 있는 양질의 보육 서비스는 점점 커져만 가는 수요에 한참 못 미친다. 아동보호기금이 약간의 재정적 지원을 하고 있지만 저소득층 부모들에게 당면한 보육 문제인 '적정 가격, 유용성, 질'을 적절하게 해결하지 못하고 있다.

　가난은 보육 문제를 악화시키고, 보육 문제는 가난의 문제를 악화시킨다. 이런 악순환은 각 가정들이 아이들을 기르면서 상당한 재정적 부담을 지게 만드는 사회제도가 빚어낸 결과이다. 미국에서 보육은 사적인 일이지 공적인 일이 아니다. 가정들은 값을 지불할 수 있는 것만 사고, 저소득층 가정들은 비싼 값을 치를 수 없다. 미국에는 대부분의 다른 선진국들에서처럼 아주 엄격하게 규제하고 광범위하게 자금을 조성하는 보육 시스템이 없기 때문에 가난한 가정의 아이들은 질 낮은 보육서비스를 받을 수밖에 없다.

건강과 보건

　가난은 건강에 해롭다. 가난한 사람들은 20%가 건강이 보통이거나 안 좋다고 말하는 것에 비해 빈곤선 2배 이상에 있는 사람들의 경우에는 6.3%만 그러하다고 보고한다. 가난한 미국인들, 특히 유색 인종이나 소수 민족들은 심장병, 고혈압, 호흡기 질환, 당뇨병, 암에 걸릴 위험이 크고 저체중아를 출산할 가능성이 높다. 계층 구조에서 최하위 계층의 조기 사망률은 최상위 계층의 3배에 이르기도 한다. 건강 불균형은 미국에서 특히 심각하다. 빈곤율이 매우 높고, 부자들과 가난한 사람들의 격차가 크고 점점 벌어지고 있으며, 상당수의 가난한 사람들이 인종차별에 거주지 분리라는 문제까지 안으며 거기에 건강 위험 부담까지 떠맡는다.

미국은 다른 선진국들에 비해 보건 분야에 더 많은 예산을 투여하고 있지만, 유아사망률을 비롯하여 여러 수치상으로 볼 때 미국인의 건강은 거의 최하위권을 차지한다. 이런 역설은 보건 조항에 있는 불평등에 어느 정도 원인이 있다. 진료비를 지불할 수 있거나 좋은 건강 보험에 가입되어 있는 사람들은 일반적으로 훌륭한 치료를 받는다. 그러나 병이나 질병, 부상으로 가장 고통받을 것 같은 수백만 명의 미국인들은 양질의 치료를 받을 수 있는 길이 없다. 돈이 하나의 원인이다. 가난한 사람들뿐 아니라 빈곤선 위에 있는 사람들 역시 진료비를 계산하면서 진료를 받거나 처방약을 사러 가는 것을 단념하거나 잠시 미뤄두는 일이 허다하다. 보험도 하나의 요인이다. 고용과 건강보험이 한데 묶여 있는 현재의 시스템은 급속도로 엉망이 되어 가고 있다. 직장에서 가입해주는 건강보험을 갖고 있는 민간 부문 근로자의 비율은 지난 30년 동안 감소해왔고, 가난한 근로자일수록 그 안에 포함되지 못하는 것 같다. 2004년, 수입이 하위 20%에 속하는 근로자 중에서 24.4%만이 직장에서 건강보험 혜택을 받았고 그에 비해 상위 20%에 속하는 근로자들은 77.5%가 건강보험 혜택을 받았다. 건강보험에 가입되어 있다고 하더라도 진료를 받으면 보험료, 고용인 부담금, 공제금액이 올라가는 것을 알기 때문에 많은 사람들이 필요한 진료를 받지 못하거나 의료 문제로 인해 파산에 이르게 된다. 거의 4,700만 명에 달하는 건강보험 무가입자들의 상황은 더욱 형편없다. 거의 모든 근로자들이 예방 진료는 생각조차 할 수 없으며 치료받을 수 있는 질병을 갖고도 몸이 약해질 때까지 견디는 사람들도 있고, 처방전 없이 살 수 있는 약으로 증상만 완화시킬 수밖에 없는 사람들도 있다. 그리고 건강 보험이 가입되지 않은 사람들은 온갖 수를 쓰다 통하지 않으면 결국 병원 응급실 신세를 지게 된다.

가난한 사람들이 필요한 치료를 못 받고 있지만, 이것이 건강 문제를 일으키는 가장 중요한 원인은 아니다. 그들이 의료 혜택을 받는 데 아무런 제약이 없다고 하더라도, 그들의 질병율과 사망률은 여전히 높다. 정말 문제가 되는 건 바로 가난이다. 헬렌 엡스타인(Helen Epstein)도 말했듯이, "가난은 사람을 병들게 할만하다." 가난한 가정은 사회적 환경에서 건강에 위협이 되는 상황을 많이 맞닥뜨리고 더불어 불안감과 절망감을 느끼기도 한다. 그리고 그런 영향들이 시간이 지나면서 쌓여간다. 그리고 가난한 자들의 저항력을 약화시키고 전반적으로 질병에 잘 감염되는 체질로 만들어버린다. 이런 영향은 오래 지속되기도 한다. 가난을 겪으면 계속적으로 건강에 해로운 영향을 끼치고, 나중에 빈곤층을 벗어나겠다고 애를 쓰는 사람들도 같은 경험을 한다.

가난이 그렇게 건강을 해치는 이유는 무엇일까? 첫째, 가난이라는 상황이 건강한 생활에 도움이 되지 않는다. 가난한 사람들은 매일 많은 것들과 싸워나가며 스트레스로 가득 찬 삶을 산다. 일상에서 지속적으로 높은 수준의 스트레스를 경험하면서도 그에 대항하기 위해 이용할 수 있는 자원은 거의 없다. 가난한 사람들이 빈곤선 이상에 있는 사람들에 비하여 더 큰 심리적 스트레스를 겪고 있다는 사례가 많이 보고되고 있다. 또한 그들이 살아가는 사회적 환경인 이웃, 가정, 학교, 직장 등이 건강한 생활방식을 추구하며 살겠다고 해도 현실적으로 실행에 옮기기가 어려운 환경이다. 가난한 사람들은 담배를 피우고 폭음을 할 가능성도 큰데, 영양이 풍부한 음식을 섭취하고 매일 운동을 하고 건강 정보를 접하고 정기적으로 검진을 받으러 가는 일은 더 어렵기만 하다. 가난한 사람들 대부분은 건강한 생활에 필요한 몸에 좋은 음식, 적당한 의복, 안락한 주거지, 필수적인 여가 활동, 안전하고 편안한 생활환경, 양질의 보육시설을 갖추는 데 드는 돈을 지불할 능력이 없다. 극심한 빈곤에 빠져 있는 1,590만 명의 사람들, 빈곤선 아래에서 하위 50%에 속하는 사람들의 건강은 상당히 위협받고 있다. 특히 아이들의 건강은 상당히 위험한 수준이다.

둘째, 수백만이나 되는 가난한 가정들은 자신의 건강 문제와 다투어야 할 뿐 아니라 위험하고 불건전한 이웃들과 살 수밖에 없다. 가난 또는 인종 때문에 따돌림을 받는 주민들 사이에서는 범죄와 폭력이 빈번하게 발생하곤 한다. 이들이 사는 지역에는 경찰서, 소방서, 보건진료소나 의료 인력 등을 통한 위생 관리 서비스가 부족하다. 러닝 트랙, 자전거길, 신선한 채소와 과일이

쌓인 슈퍼마켓으로 유명한 곳은 거의 없다. 가난한 지역에는 패스트푸드 음식점, 편의점, 주류 상점들이 넘쳐나고 여기저기 술과 담배 광고판들이 어지럽게 걸려 있다. 가난한 사람들은 또한 사회적으로 융화되어 소속감을 갖기가 어렵다. 그래서 그들은 건강정보나 사회적 지원을 받을 수 있는 자원이 부족하고, 사회적으로 고립될 가능성이 크며, 허약한 개인들이 투병생활을 해야 할 가능성이 증가한다. 가난한 지역, 특히 비주류 집단에 속하는 사람들이 사는 지역은 오염 물질과 독성 폐기물에 심각하게 노출되어 있다. 극빈촌은 스트레스로 가득한 곳이기 때문에, 주민들은 우울증, 불안장애를 비롯한 각종 정신적 장애를 겪기 쉽다.

셋째, 가난이 주는 환경이 건강에 좋지 않다. 하워드 캠벨(Howard L. Campbell)과 조안 맥파든(Joan R. McFadden)의 연구 결과에 따르면, 250만 명에 달하는 많은 사람들이 좁은 공간에서 많은 식구가 살고, 환기도 안 되고, 해충이 우글대고, 배관시설과 난방시설이 형편없는 집에서 살고 있기 때문이다. 가난한 아이들은 곰팡이 제거용 세정제에 노출되고, 쥐, 바퀴벌레, 집먼지 진드기와 함께 살곤 한다. 이 모든 것들은 전염병과 천식을 일으킬 위험을 증가시킨다. 낡은 집에서 사는 아이들은 또한 납에 중독될 위험에 노출되어 있는데, 납은 인지 발달을 저해할 수 있기 때문에 특히 위험하다. 열악한 주거환경은 화재나 다른 사고가 일어날 가능성을 증가시키고 아이들이 다치거나 사망하는 가장 중요한 원인이 된다. 높은 주거비용은 수입이 적은 가족들의 건강관리에 악영향을 준다. 주거비용을 지출하고 나면 정기적인 건강관리는 물론이고 건강한 생활에 필요한 것들에 지출할 수 있는 돈이 별로 남지 않기 때문이다.

넷째, 가난한 미국인들의 근로 환경도 병, 부상, 조기 사망의 위험을 높이는 원인이 된다. 오늘날의 경제에서 많은 저임금 일자리들은 근로자들에게 만족감을 주지 못하는데, 아주 위험한 일이 아니더라도 만족감을 못 느끼는 일터에서의 사회적 경험은 건강 악화로 이어지기 마련이다. 저임금 직종은 대개 건강보험 혜택이나 병가를 받지 못하고, 수입은 노동의 대가로서 충분하지 않은 데다 고정적이지도 않다. 근로자들은 착취와 무시를 당하고, 일은 몸과 마음에 많은 부담을 준다. 저임금 직종에 종사하는 근로자들은 작업장에서 부상이나 사고를 당할 위험이 크고, 작업 도중에 독성 유해 물질에 노출되기 쉽다. 종종 부당한 대우를 받거나 제대로 된 보상을 받지 못하고, 수고한 만큼 정당한 대가를 받지 못하는 울분을 참아야 한다. 그들에게는 자신들의 근로조건을 개선할 수 있는 권리도 거의 없고, 굽실거려야 하고 지속적으로 감시당하고 지적을 당하면서 긴장감을 느낀다. 그러는 동안 몸과 마음은 지쳐간다. 많은 저임금 근로자들이 수면 장애 같은 문제를 경험하는데 이는 야근과 비정기적인 특근을 해야 하기 때문이다. 업무 일정이 불규칙해지면 직장생활과 가정생활 사이에서 빚어지는 갈등을 해결하려는 노력을 해야 하기 때문에 환자들은 더 많은 긴장감에 시달린다.

가난은 건강을 악화시키고, 또 악화된 건강은 가난에 취약해질 수 있는 가능성을 높인다. 만성적인 신체적 정신적 질병을 가진 아이들은 학습에 지장을 받고, 결석을 하고, 학업에 집중하기 어려워서 동급생들에게 뒤처지고 중퇴할 확률이 커진다. 병이 있는 아이들이 자라나서 노동시장에 들어갈 때쯤 되면 교육적인 바탕이 부족할 수 있다. 건강하지 않다는 것이 취직을 하는 데 중요한 장애가 되기 때문에 건강에 문제가 있는 성인들은 또다시 가난해질 위험에 처하게 된다. 그들은 비정규직을 전전하고, 결근을 하고, 건강 문제 때문에 해고되거나 퇴직을 권고받고, 여기저기로 직장을 옮겨 다니거나 건강 상태에 따라 일을 하고 쉬는 일을 반복하게 된다. 건강하지 못하면 할 수 있는 일이 줄어들고 생산성과 업무의 질이 저하된다.

건강한 성인이라 할지라도, 특히 여성들은 가끔 건강 문제 때문에 경제적 어려움을 겪을 수 있다. 아픈 아이들과 부모님 또는 배우자를 돌보기 위해 직장에 전념하지 못하고, 전일제 직장에서 시간제 일자리로 옮기거나 노동 시장에서 이탈해야 할지도 모른다. 안 좋은 건강이 가난의 원인이 되는데 병에 걸리거나 상처를 입은 사람들은 수입 중에서 의료비를 지출하고 나면 다른 생활비에 쓰일 수 있는 돈이 사라져버리기 때문이다. 특히 그 건강문제가 만성적이라면, 평생에 걸쳐 저축할 수 있는 돈이 줄어들고 수당도 더 적게 받게 되며 사회보장부담금도 더 적어지기 때문에 노년기에 가난해지기 쉽다. 마지막으로, 한 세대가 건강문제를 갖고 있으면 다음 세대를 가난하게 만들 수 있다. 자녀에게 물려줄 수 있는 자산이 줄어들고 더 심한 경우에는 병원비를 지불하지 못해 자녀들에게 부담시키는 경우도 있다.

가난은 건강 악화의 원인이지만, 건강 악화 또한 사람들이 가난에 빠질 위험성을 높이는 원인이다. 가난한 사람들은 경제적으로 쪼들리기 때문에 건강하지 못하다. 그리고 가난은 사람들이 '자율성, 권한, 인간적 자유'를 얻는 데 걸림돌이 되기 때문에 건강을 악화시킨다. 이런 것들은 의식주만큼이나 인간의 복지에 중요하다. 사람들이 만성적인 스트레스를 경험해서 건강에 문제가 생길 때는 인간의 기본적인 욕구가 충족되지 못할 때, 직장에서든 가정에서든 자신이 속한 공동체에서든 자신의 생활을 통제할 수 없을 때, 사회적 경제적 본류에서 제외되어 어엿한 사회 구성원들과 어울릴 수 없을 때, 아래에서 올려다 본 윗사람들이 점점 시야에서 멀어져갈 때, 사회생활에서 분리되고 사회적 지원이 부족할 때, 폄하하는 문화적 낙인이 찍힐 때, 부당한 대우를 받고 온전한 삶을 살 기회가 주어지지 않을 때이다. 평균 이하의 생활을 하는 가난한 사람들은 아무런 힘이 없는 하찮은 존재가 되는데, 이로 인해 가난을 겪으며 건강을 챙기기도 어렵게 된다. 빈곤의 근저에 있는 근본적인 경제적 정치적 불평등에 대처해야만 우리는 사회적 약자들의 건강문제를 해결하는 데 있어서 중요한 진전을 이룰 수 있다.

은퇴 위기

　노인 빈곤율은 1959년 35%에서 1975년 15%로 떨어졌고 그 뒤 20년 동안 계속 하강곡선을 그었다. 감소세는 훨씬 천천히 이루어졌고 1995년에는 10% 부근에서 계속 유지되었다. 지난 50년간 노인 빈곤의 급격한 감소는 미국 사회복지제도의 빛나는 성공 스토리였다. 그런데도 노인들의 상황은 희망적이지 않다. 가난한 노인의 수는 여전히 상당히 많아서 2005년에는 360만 명이었고, 이외에도 수백만 명의 노인들이 빈곤선 바로 위에서 위태로운 생을 이어가고 있다. 아프리카계와 라틴계 미국 노인의 빈곤율은 유난히 높아서 2004년에 각각 24%와 19%를 기록했다. 비라틴아메리카계 백인 노인 빈곤율의 2배가 넘는 수치이다. 65세가 넘는 여성들 역시 가난의 위기에 처해 있다. 남성 노인의 거의 2배에 달하고 여성 독거노인 다섯 명당 한 명 이상이 가난하다. 더욱이 1960년대와 1970년대에 눈에 띌 만한 발전이 있었음에도 미국 노인의 가난 발생률은 다른 여느 선진국들보다 훨씬 높고, 유럽 국가들과 비교하면 4~5배는 된다.

　노인들의 경제 상태는 수백만 명의 미국 노인들에게 적절한 소득을 보장하지 못하는 은퇴제도와 깊은 관련이 있다. 이런 제도는 다리가 셋인 의자, 즉 '사회보장제도, 개인 저축, 근로자퇴직연금'으로 설명되곤 한다. 가난한 미국인의 경우, 상황이 가장 좋을 때에도 이 세 다리가 그다지 튼튼했던 적이 없었다. 특히 여성과 유색 인종 및 소수 민족이 많이 속해 있는 저소득층 근로자들은 평생 수익이 적기 때문에 사회보장수령액도 적다. 근무 기간 동안 자산을 늘리거나 많은 저축을 한 사람은 거의 없다. 그리고 대부분이 '은퇴 후 소득을 늘리기 위해 개인연금에 가입하는 일'을 하지 않는다. 은퇴 제도가 합리적으로 잘 작동하고 있어도 대략적으로 열 명 중 한 명의 미국 노인은 빈곤선 아래로 떨어진다. 그런데 1980년대 이래로, 다리가 셋인 의자는 점점 기우뚱거려왔다. 수백만 명의 저임금 노인 근로자에게는 심각한 영향을 끼쳤고 많은 든든한 중산층 가정들도 다가오는 은퇴 불안의 위협을 직면하게 되었다.

미래에 대한 근거 없는 소문을 유포하며 '민영화'를 지지하는 보수주의자들의 집요한 비난에도 불구하고, 사회보장연금은 가장 든든한 퇴직제도이고 가장 필요한 제도임에 틀림없다. 65세 이상 노인 중 3분의 2이상은 사회보장연금이 가장 큰 수입원이라고 말한다. 40%가량의 노인들에게는 사회보장연금이 퇴직소득 전체에서 90% 이상을 차지하고 거의 25%의 노인들에게는 유일한 수입원이다. 수입 하위 25%에 속하는 노인들은 완전히 사회보장연금에 의존해서 사는, 허약한 다리 하나로 절뚝거리는 신세가 되었다.

사회보장연금은 사실상 가장 부유한 은퇴자들의 생존에 상당히 중요하다. 미국에서 가장 효과적인 빈곤 퇴치 프로그램이기도 하다. 다른 선진국의 공적연금제도와 비교해보면 사회보장연금의 혜택 수준은 상당히 낮고, 모든 노인을 빈곤선 위로 끌어울릴 정도로 후하지 않은 것이 사실이다. 그러나 사회보장연금이 없다면 노인 인구의 빈곤율은 훨씬 높아질 것이다. 현재 10.1%인 빈곤율이 거의 50%에 육박할 수 있다. 사회보장연금은 다른 수입원이 있을 가능성이 없는 노인 여성들의 경제적 복지에 특히 중요하다. 사회보장연금이 없다면 65세 이상 여성 독거노인의 3분의 2 이상이 가난에 허덕일 것이다.

노인 인구는 어느 정도 사회보장연금에 의존해서 살아간다. 개인저축이 형편없이 부족하기 때문인데 가난한 노인들의 경우는 말할 것도 없다. 비교적 소수의 은퇴자들이나 예금을 든든하게 갖고 있거나 자산으로부터 수입을 거둬들인다. 최근 노인들은 점점 더 빚에 짓눌리고 있다. 65세 이상 노인의 평균 신용카드 빚이 1990년대에 거의 2배가 되었고, 파산신청을 한 사람들의 수가 3배로 늘어났으며, 중산층 노인과 저소득층 노인들의 20% 정도가 부채 위기에 허덕이고 있다. 매달 빚을 갚고 나면 수입의 40% 이상이 사라져버리는 셈이다. 주택 대출을 미처 갚지 못한 채로 은퇴 연령에 이른 사람들의 수 역시 증가하고 있고, 1989년과 2001년 사이에 노인 가정의 주택담보대출의 수준이 거의 4배가 되었다.

은퇴 직전에 있는 사람들을 포함하여 대부분의 근로 연령 미국인들은 적은 예금과 많은 빚이라는 이중고에 시달리고 있기 때문에 안정된 노년기 삶의 전망이 어두워지고 있다. 개인저축률은 1980년대 중반부터 급격하게 감소했고, 소비자 부채는

1970년대 이래 꾸준히 증가해왔다. 2005년 《뉴욕 타임스》 여론 조사에 따르면, 68%의 미국인들이 '먹고 살면서 은퇴를 위해 저축을 하기 어렵다'라고 답했다. 수백만 명의 미국인들의 수입은 그대로 거나 줄어드는데 주거비, 의료비, 대학등록금은 오르고 있는 상황에서 미래의 퇴직자, 특히 저임금 노동시장에 머물러 있는 사람들이 개인저축을 통해 노후 비상금을 만들 수 있을 거라는 생각은 상당히 비현실적이다.

미국 노인들은 사회보장연금의 혜택을 보충해줄 개인연금을 가지고 있기만 하다면 편안한 노후를 보낼 수 있다. 그러나 고용주가 부담하는 근로자퇴직연금은 은퇴제도 중에서 가장 불안정한 것이 되어버렸고, 최저임금 노동자들은 그런 연금의 가입대상도 아니다. 2004년 상위 25%의 고소득층 가구 중에서는 64.1%, 하위 25%에 속하는 저소득층 가구 중에서는 18.7%의 근로자들만이 연금가입의 혜택을 입었다. 패트릭 퍼셀(Patrick Purcell)의 연구 보고서에 따르면, 일반적으로 개인연금 부문에서 전일제 근로자의 절반과 시간제 근로자의 4분의 1만이 은퇴 준비를 하고 있다. 고용주를 통해 선택적으로 연금에 가입될 수 있는 경우에도 가난한 근로자들은 수입이 너무 적다는 이유로 가입하려고 하지 않을 가능성이 큰데, 연금에 가입하게 되면 근로자가 부담금의 일부를 부담해야 하기 때문이다. 현재 직장의 퇴직관리제도를 따르다 보면, 대부분의 가난한 근로자들을 비롯하여 많은 미래의 은퇴자들이 노후를 뒷받침할 아무런 연금을 준비하지 못하게 된다.

개인연금의 변화는 노후 불안의 문제를 악화시켰다. 제2차 세계대전 이후 황금기 동안, 연금 가입이 된 근로자들은 보통 '확정급여형(DB) 연금'의 혜택을 누렸다. 사회보장연금과 비슷한 이 전통적인 연금제도는 근로자들에게 은퇴 뒤 평생 매월 고정적인 연금을 보장했다. 그러나 1980년대 이래 고용주들은 떼지어 확정급여형 연금 가입을 중지하고 대신 '확정기여형(DC) 연금'으로 대체했다. 주로 401(K)형이었다. 이런 연금제도는 근로자들에게 세전 수입을 자신의 투자자금에 불입할 수 있는 선택권을 주고 고용주가 기금 관리를 하는 제도다. 1975년에서 1998년 사이에 확정급여형 연금 가입자 수는 전체 연금 가입자 중 대략 70%에서 30%로 떨어졌다. 이런 패턴은 개인연금 부문에서 더 두드러진다. 연금수급자의 20%만이 확정급여형 연금을 받고 있고 그 수는 이후 10여 년이 지나면 거의 전무한 상태가 될 것이다.

확정급여형 연금에서 확정기여형 연금으로의 전환은 대부분의 미국 근로자들에게 은퇴 후 위기를 증가시켰다. 새로운 제도에 따라 고용주보다는 근로자 자신이 기금과 퇴직 예금 계좌에 대한 일차적인 책임을 진다. 퇴직자에게 지급될 금액은 주식시장의 변동에 따라 달라지기 때문에 불확실하다. 투자 위험은 모두 근로자가 감당한다. 고용주는 근로자들에 대하여 장기적인 재정적 의무가 전혀 없다. 게다가 확정기여형 연금은 확정급여형 연금과 달리 연방정부가 보증하지 않는다. 401(K)의 연금 자산이 부유한 근로자들 사이에 상당히 집중되어 있기 때문에 확정급여형에서 확정기여형으로의 전환은 '연금 자산의 불평등'을 급증시키기도 했다. 많은 상류층 근로자들은 1990년대에 치솟는 주가의 혜택을 입어 확정기여형 연금제도의 덕을 보았지만, 엔론, 월드콤을 비롯하여 방만한 경영을 하고 스캔들이 너무 많은 회사의 경영주들은 그다지 운이 좋지 않았다. 그러나 수입이 적은 근로자들에게 확정급여형 연금이 없어졌다는 것은 은퇴 뒤 받을 수입의 감소를 의미했다. 중산층 미국 근로자들의 경우에도 확정기여형 연금에 가입되어 있다고 한들 아마도 생활에 큰 도움은 되지 못할 것이다. 확정기여형 연금에 가입되어 있는 4,000만 가구를 대상으로 할 때 연금의 중간값은 고작 28,000달러밖에 되지 않고, 퇴직하기 바로 직전에 있는 근로자(55세에서 64세)를 대상으로 할 때에도 그들의 확정기여형 연금의 중간값은 61,000달러밖에 되지 않는다. 바로 부시 정부가 구상한 사회보장개혁 모델인 확정기여형 연금제도가 늘어나자 수백만 명의 미국 근로자들은 안정된 노후를 바라기 어려워졌다.

현장 전문가들은 퇴직자들이 자신의 생활수준을 유지하려면 대략 퇴직 전 수입의 75%가 필요하다고 생각한다. 은퇴 연구센터(Center for Retirement Research)의 2006년 연구 보고에 따르면, 1983년 31%에서 꾸준히 늘어나 현재 43%의 가구가 65세에 재정적으로 은퇴를 대비하지 못할 위험이 있다고 한다. 위기에 처할 확률은 저소득층 가구, 연금 가입이 안 된 근로자, 나이가 적은 집단을 대상으로 할 때 더 커진다. 미의회 조사국(Congressional Research Service)의 연구에 따르면, 2004년에 65세 이하 근로자들이 있는 3,300만 가구들은 퇴직저축예금이 없었다. 그리고 대다수 근로자들의 예금 잔고는 너무 적어서 은퇴 후 품위 있는 생활을 유지하기 어렵다. 경제학자 에드워드 울프(Edward Wolff)의 연구에 따르면, 1998년 47세에서 64세 인구의 거의 20%가 은퇴 후 빈곤선 이상에서 살아갈 수 있을 정도의 수입이 없었고, 이 비율은 아프리카계와 라틴계 미국인, 독신 남성과 여성, 세입자를 대상으로 할 때 훨씬 높았다. 울프와 크리스티안 웰러(Christian Weller)는 수백만 명의 노령인구가 '은퇴 준비가 되어 있지 않다.'는 결론을 냈다.

많은 미국 노인들이 일자리에서 물러날 형편이 못 된다는 것을 깨달았다. 지난 10년 동안 노동 인력 중에서 노인들이 차지하는 비중은 아주 빠르게 늘어났다. 노후에 쉬는 것보다 계속 일하는 것이 더 낫다고 생각하는 노인들은 일부이고, 많은 노인들은 일을 해야 되기 때문에 선택의 여지가 없이 일을 한다. 젊은 근로자들, 특히 저소득 직종에서 헤어 나오지 못하는 사람들의 은퇴 후 전망은 더욱 암울하다. 2004년 퇴직신뢰조사(Retirement Confidence Survey)에 따르면, 전체의 3분의 1에 해당하는 근로자들만이 은퇴할 때쯤 생계비를 충당할 충분한 돈을 갖고 있을 것이라고 생각하고 있었다. 전미 서비스 노조(SEIU)

의 대표 엔드류 슈테른(Andrew Stern)은 오늘날 젊은 노동자들의 은퇴 계획은 '죽을 때까지 일하는 것'이다."라고 말한다. 임금이 적어서 그날그날 사는 것도 벅찬 가난한 노동자들의 경우, 자신의 은퇴 전망을 개선하기 위해 스스로 할 수 있는 일은 거의 없다. 그래서 의미 있는 개혁이 있어야 한다. 말단 노동자들의 소득 올리고, 사회보장연금으로 은퇴 후 수입을 늘리며, 저임금 노동자들이 대부분 제외되는 개인연금제도를 정비해야 한다. 그렇지 않으면 수백만 명의 사람들이 일하는 기간 동안 경험하는 가난이 그들이 노년으로 넘어가는 문턱에서 다시 반복될 수밖에 없다.

법적 권리 박탈

모든 사람은 법 앞에서 평등하다. 이것이 미국 법체계의 근간을 이루는 원칙이다. 그러나 현실은 이상에 한참 미치지 못한다. 특히 빈곤 계층과 노동자 계층, 인종적·민족적 소수집단들이 불의의 희생양이 되곤 한다. 그들은 고용 차별과 주거 차별, 약탈적 대출 관행, 고용주의 착취 행위로 고통받는다. 만약 월마트에서 일한다면, 노조를 결성할 수 있는 권리는 관례에 따라 침해당한다. 비규제 산업계에 취직이 된다면, 종종 법적 최저임금보다 더 적은 보수를 받고, 초과근무 수당을 받지 못하며, 시간외 근무를 강요당하고, 휴식시간이 주어지지 않는다. 병이 나거나 육아 문제 때문에 결근을 한다면 해고당할 위기에 처한다. 중범죄로 유죄 판결을 받은 사람이라면 투표권이 없는 5백만 명 중 한 명이 될 수 있다. 그러나 아무런 범죄경력이 없는 사람이라도 기만적인 투표자 진압 노력에 의해 선거 과정에 참여하지 못하게 될 수 있다. 이주 노동자 프로그램을 통해 채용된 외국인 노동자들의 경우, 사실상 감금된 것과 다름없는 상태에서 조직적으로 착취와 학대를 당하고, 정기적으로 급여를 떼이며, 어쩔 수 없이 끔찍한 생활 조건을 견디며 사는 사례가 비일비재하다. 한편 저임금 싱글맘들은 이제 법적으로 복지 수당을 지급받을 권리가 없다. 운 좋게 정부 보조를 받는다 하더라도 정부의 과도한 요구 사항이나 제한 조치를 받아들여야 하고, 이에 따라 어쩔 수 없이 개인의 프라이버시를 희생할 수밖에 없으며, 각자가 처한 처지에 상관없이 노동 시장으로 떠밀려 나가게 된다.

　수백만 명의 미국인들은 돈이 없어서 적절한 의료 지원을 받지 못한다. 그리고 역시 같은 이유로 수백만 명이 적절한 법률적 도움을 받지 못한다. 형법과 달리 민법에서는 미국인들에게 법적 조언을 받을 권리가 없다. 변호사를 선임할 수 있는 권리가 동등하지 않다는 사실은 정의에 다가갈 동등한 권리가 있다는 원칙을 훼손한다. 게다가 한 법학 교수가 주장하듯, 수임료로 수십억 달러를 쓰는 덕분에 보통 사람들과 달리 대기업은 아주 손쉽게 법에 호소할 수 있다. 이에 반해 저소득층 미국인들은 좋은 변호사를 선임할 돈이 거의 없기 때문에 법 앞에서 자신의 권리를 방어하거나 법적으로 동등한 보호를 받는 데 큰 어려움이 있다. 가난한 사람들은 이처럼 법적 권리가 박탈당한 결과 고용주, 집주인, 채권자, 상인, 공익 기업, 사회복지단체, 기타 민간 당국과 공공 당국과의 거래에서 불이익을 당한다.

1964년 경제기회법령(Economic Opportunity Act)은 빈곤과의 전쟁을 선포하였다. 1966년과 1967년에는 가난한 사람들을 위한 법률 서비스에 연방자금을 지원할 수 있도록 개정되었다. 이 법령은 정부로부터 적절한 법률 상담을 받을 수 있는 권리를 국민들에게 보장하고 사법 체계에서 불평등을 바로잡을 책임이 있다는 사실을 깨우쳤다. 법률 상담 프로그램이 생겨나고, 행정기관, 입법기관, 법정 앞에서 가난한 사람들을 대신하여 변호할 준비가 되어 있는 변호사들을 모집하자 미국의 법률 문화가 상당히 바뀌었고 법 앞의 평등이 현실이 될 수 있을 거라는 기대를 불러일으켰다. 이 프로그램이 효과가 있었다는 것을 보여주는 한 가지 징후는 이 프로그램에 대해 느끼는 보수당 측의 적대감이 커졌고 당시 주지사였던 로널드 레이건이 반대편의 선봉에 있었다는 것이다.

1974년에 의회는 정부가 재정을 지원하는 민간 비영리 조직인 무료법률구조봉사단(LSC)의 지휘 아래 여기저기서 이루어지던 법률 상담을 통합했다. 1970년대 내내 무료법률구조봉사단은 널리 퍼져나갔고 1981년 즈음에는 50개 주 모두에 사무실이 생겼으며, 대단치는 않지만 가난한 사람 만 명당 두 명의 변호사라는 '최소한의 권리'를 달성하게 되었다. 그러나 그 뒤 20년 동안 법률 상담이 가난한 사람들의 이익을 꾀하는 데 너무도 성공적이었다는 것이 입증되자, 레이건의 대통령직 당선과 이후 1994년 공화당의 의회 선거 승리로 촉발된 우익 운동의 공격대상이 되었다. 무료법률구조봉사단을 폐지하지는 못했지만, 보수당의 공격으로 정부지원금이 대폭 삭감되었다. 법률서비스 변호사들도 '가난한 사람들이 법률자문을 받을 수 있게 해주는 것'을 제한하는 많은 규제들에 의해 점점 힘을 쓰지 못하게 되었다. 변호사는 집단 소송, 정치적 변호와 법률적 변호, 청원 운동, 기타 많은 활동들에 관여하는 것이 금지되었다. 두 번째 부시 정권의 지휘 아래 보수당은 무료법률구조봉사단을 계속 반대하였고, 법률 서비스에 충분한 자금을 지원하지 않았으면서 가난한 사람들 편에 서던 정치적 힘을 억제하였다.

무료법률구조봉사단을 위한 예산이 최고치에 달하던 1981년에도 법률서비스 제공자들은 가난한 고객들의 요구를 충족시켜 줄 만한 자원을 충분히 갖고 있지 않았다. 1981년 이래 지원금의 한도가 점점 줄어들었고 바로 그때 법률자문을 받아야 할 사람들의 수는 증가했다. 2007년 무료법률구조봉사단의 예산은 인플레이션에 따라 조정되어 1981년 예산의 반도 안 되는 수준까지 하락했다. 그 결과 저소득층 국민들에게 필요한 법률자문과 그들이 받는 실제적 도움 사이에 심각한 격차가 생겼다. 최근의 무료법률구조봉사단의 보고에 따르면 가난한 사람들은 법적 문제를 겪을 때, 고작 20%밖에 도움을 받지 못한다. 국제적인 기준으로 볼 때 미국에서 '정의의 격차'는 상당히 크고, 더욱이 미국에서는 민법적으로 도움을 주는 일이 다른 선진국들보다 훨씬 적다. 얼 존슨 주니어(Justice Earl Johnson Jr.) 판사가 말했다시피, "법 앞의 평등에 관한 영역에서 미국은 정말로 후진국이다".

형사사법제도 내의 불평등은 훨씬 더 충격적이어서 인종적·민족적 소수집단을 비탄에 빠뜨리는 결과를 빚는다. 저소득층 아프리카계 미국인과 히스패닉, 특히 젊은 흑인 남성들은 형사 재판과정에서 매번 부당함을 경험한다. 누가 사법당국의 혐의를 받는가? 누구를 경찰이 정지시키고 심문하는가? 누가 체포되고 기소되는가? 누가 재판에 회부되는가? 누가 유죄판결을 받는가? 누가 얼마 동안 투옥되는가? 누가 가석방되는가? 출소할 때 어떠한 일이 일어나는가? 가난한 사람들이 형사피고인이 되었을 때 적어도 법률 조언을 받을 권리는 있다. 그러나 이것이 법 앞의 평등을 보장하지 않는다. 아주 많은 소송 사건에서 가난한 피고인에게 선임된 변호사들은 자격을 제대로 갖추지 못했거나, 경험이 없거나, 변변치 못하다. 업무는 과도하게 많지만 보수는 제대로 받지 못한다. 시간도 자원도 직원도 부족하다. '생산라인에 올려진 정의'만 제공할 수 있을 뿐이다. 데브라 이멜먼(Debra S. Emmelman)이 밝혔듯이, 가난하고 소수 집단에 속한 피고들은 유능한 변호사를 내세우게 될 때에도 '사실상 용의자'의 범주 안으로 들어갈 우려가 크므로 여전히 부당한 대우를 받기 쉽다. 누구도 가난한 자들의 말을 공정하거나 공감하는 마음으로 들어주지 않으며, 유리한 판단을 해주려 하지 않을 것이다. 그들의 생활환경이 규범적 틀에서 벗어나 있고, 또한 운명을 결정할 중산층 백인 변호사, 판사, 배심원단의 문화적 감수성과도 어긋나 있기 때문이다.

1960년대가 끝나갈 때, 시들했던 빈곤과의 전쟁은 사라지고 본격적인 범죄와의 전쟁이 시작되었다. 주로 대량수감이라는 무기를 가지고 싸웠다. 20세기 내내 상당히 일정했던 수감 인구수가 1970년 중반에 갑자기 치솟기 시작했고, 이런 추세는 실제 범죄율과는 아주 미약한 관련성만 있었다. 감옥에 있는 성인의 수는 1980년 50만 명에서 2005년 220만 명을 넘어섰고, 그밖에 5백만 명은 보호관찰이나 가석방 대상자였다. 이처럼 투옥이 급증했던 것은 범죄에 대하여 강경한 형사법이 제정되었기 때문이다. 1970년대 초와 1980년대와 1990년대 내내 주 정부는 의무적인 최소형량을 부과하고, 가석방을 폐지하거나 제한했으며, 때로는 무기징역형을 선고하며 범죄와의 전쟁을 했다. 오늘날의 형사사법제도에서 유죄선고를 받은 사람들은 빈곤층이나 소수민족집단이 많다. 이들은 감금될 확률이 높고, 수년간 갇혀 있을 확률도 높으며, 조기 석방의 혜택을 누리기는 쉽지 않다.

수감률을 높인 주요 원동력은 가혹한 판결 관행과 1980년대 초 레이건 정부가 선언한 마약과의 전쟁이 결합된 것이었다. 1980년에서 2005년까지 마약사범 검거가 3배 이상 이루어졌고, 수감된 마약 범죄자의 수는 1980년 41,000명에서 2003년 493,800명으로 1,000% 증가했다. 전체 수감 인구에서 상당수를 차지한 것이다. 1990년대 말에는 연방 죄수들의 대다수가 마약 범죄자였다. 그런데 이들 중 대부분은 폭력배도 아니고 마약 두목도 아니었다. 마약을 소지하고 있었다거나 마약 거래에 약간 가담했다는 이유로 유죄를 선고받았다.

특히 아프리카계 미국인들은 1970년대를 휘어잡던 '법과 질서'의 정권으로부터 가장 큰 타격을 받았다. 예를 들어 마약과의 전쟁이 목표로 삼은 곳은 도심 지역이지 대학 캠퍼스가 아니었기 때문에, 늘어난 수감 인구수에서 수감자의 인종 구성을 왜곡하고 범죄가 인종과 관련이 있다는 생각을 하게 만들었다. 범죄와의 전쟁은 분말 코카인보다 크랙을 사용할 때 더 심한 형벌을 내렸기 때문에 형벌 제도에서 흑인과 백인 사이의 간극이 더 크게 확대되었다. 아프리카계 미국인들은 백인들에 비해 마약 범죄로 거의 10배 이상이나 수감되는데 사실 이 두 집단의 불법 마약 이용률과 판매율은 별 차이가 없다.

제조업의 쇠퇴, 엄중한 형벌체계의 제정, 유색 인종을 목표로 삼은 마약과의 전쟁 탓에 도시의 고용기회가 감소되자 지난 30년 동안 가난한 미국인들의 수감률은 급격하게 증가하였고 젊은 흑인 남성들에게 감옥생활은 흔히 경험할 수 있는 일이 되어버렸다. 약 90만 명의 아프리카계 미국인들이 수감 인구의 40% 이상을 차지하고 히스패닉의 수감률 역시 증가추세에 있다. 현재처럼 법적 처분을 받는 추세가 계속된다면 흑인 남성 3명 중 1명과 히스패닉의 6명 중 1명이 인생에서 얼마 동안의 시간을 감옥에서 보내게 된다.

증가하는 수감률이 1990년대의 범죄율 감소에 약간은 기여했다. 그러나 장기적인 안목으로 볼 때, 대량 수감의 결과는 대가가 크다. 범죄 예방, 빈곤 감소나 교육에 투자될 돈이 감옥을 짓고 수감자들에게 살 곳을 마련해주는 데 대신 쓰였다. 가난한 지역은 나쁜 평판을 얻는 것 말고도 잠재적으로 가치 있는 자원을 빼앗기고, 부모가 수감자인 대략 1,500만 명의 아이들을 포함하여 수감자의 가족들도 마찬가지 상황을 겪는다. 또한 아프리카계 미국인의 높은 수감률 때문에 대중들은 범죄 하면 흑인을 연상하게 되고 흑인에 대한 두려움과 분노의 감정을 갖게 되었다. 그리고 매년 60만 명의 범법자들이 '전과자라는 낙인'이 찍혀서 풀려난 뒤 어떻게 하면 사회에 재복귀할 수 있는지에 대한 문제를 안는다. 그들이 흑인이라면 두 가지 타격을 입는다. 좋은 직장을 구하고 정상적인 생활에 자리 잡는 일이 엄청나게 어려워지고 그래서 다시 죄를 저지를 확률이 높아진다. 제프리 레이먼(Jeffrey Reiman)은 "가난한 사람들은 감옥을 얻는다."라며 비꼰다. 게다가 수백만 명의 젊은이들, 주로 소수 집단의 젊은이들을 수감하여 빈곤과 불평등의 문제가 악화되는 것 또한 사실이다. 브루스 웨스턴(Bruce Western)과 베키 페팃(Becky Pettit)은 "형사 사법정책의 징벌적 추세는 범죄보다는 가난한 사람들에게 훨씬 더 강경한 것 같다."고 말한다.

정의는 적은 돈으로는 얻을 수 없으며 인종을 차별한다. 그래서 인종적 소수집단과 가난한 사람들은 속수무책으로 피해를 볼까 걱정하고 있다. 민법 영역에서 그들은 그들이 응당 받아야 할 사법제도의 도움을 받지 못하고, 형법 영역에서 사법제도는 그들에게 해당하는 벌보다 더 가혹한 벌을 준다. 그들은 불의의 희생자이다. 가난하고, 가난에 머물러 있으며, 어느 정도는 부당한 피해를 입기 쉽기 때문이다.

결론

데이비드 쉬플러(David Shipler)는 "가난이나 어느 정도의 경제적 어려움은 한 가지 문제라고 볼 수 없다. 여러 문제들이 서로 맞물려 있는 것이다."라고 논평한다. 그 문제들은 점층적으로 쌓여서, 서로 강화시키고, 인과적으로 서로 연결되어 있다. 인종 차별은 주거지를 분리시키고, 주거지가 분리되면 인종에 대한 고정관념을 강화시킬 뿐 아니라 주택시장을 둘로 갈라놓고, 불평등한 두 가지 학제를 만들어낸다. 열악한 주택과 주거 환경은 건강에 문제를 일으키고, 건강에 문제가 생기면 더 나은 주택, 새 차를 구입하거나 양질의 보육 서비스를 받을 수 있는 돈을 다 써버리는 정도에서 그치지 않고, 어른들이 열심히 일하고 아이들이 공부에 열중할 수 없게 만들기 때문에 가난을 떨쳐내기 어려워진다. 교통문제가 있으면 가난한 가족들이 아이들을 돌보는 데 어려움이 생기고, 양육문제는 다시 성차별을 부추기 며, 성차별과 양육문제와 교통문제가 모두 뒤섞이면 부모들, 특 히 싱글맘들은 좋은 직업을 찾아서 직장생활을 계속 유지하기 가 상당히 어려워진다. 결국 이런 문제들은 높은 강도의 스트레 스와 불안을 야기하기 때문에 가난한 사람들은 병이나 질병에 지나치게 취약해질 수밖에 없다. 그리고 이런 문제들은 계속하 여 생기며 악순환이 지속된다.

가난한 사람들은 복합적인 어려움을 겪기 쉽다. 예를 들어 주 택 문제와 같은 하나의 문제 혹은 일련의 문제들에 관심을 집 중하다 보면 빈곤층의 생활과 그들이 직면하는 여러 장애들을 호도하는 상황이 빚어지기 쉽다. 적은 수입으로 살림을 꾸려가 는 가정에서는 한 문제가 다른 문제를 악화시키기 때문에 많 은 문제들이 주렁주렁 뒤따라오고, 한 문제의 해결책을 찾고 나 면, 그것이 다른 문제들을 더 악화시키거나 완전히 새로운 문제 들을 양산하는 일이 벌어진다. 가난한 사람들은 종종 잘못된 선 택을 한 탓으로 비난을 받기도 하는데, 진정한 문제는 탐탁하지 않은 대안들 중에서 선택할 수밖에 없는 상황에 그들이 놓여 있 다는 것이다. 그들은 늘 냉혹한 딜레마에 직면한다. 아픈 아이 를 두고 직장에 갈 것이냐 집에 남을 것이냐, 차를 수리할 것이 냐 배관시설과 난방시설을 고칠 것이냐, 안과에 가느냐 치과에 가느냐 아니면 처방약을 타러 가느냐, 생필품을 사느냐 아니면 집세를 밀리지 않고 내느냐, 카드빚을 늘리느냐 아니면 아이들에게 선물이나 옷을 사주고 영화 보는 일을 단념하고 참을 것이냐, 투잡을 뛰느냐 아이들 교육에 더 신경을 쓰느냐 아니면 지역 정치에 참여하느냐, 주변 환경이 좋은 더 나은 집을 구하느냐 아니면 은퇴를 대비해 저축을 하느냐. 이런 딜레마들은 물론 빈곤층에게만 해당되는 건 아니다. 하지만 저소득 가정에서 필요한 것들은 더 절실하고, 그들이 이용할 수 있는 자원은 한정되어 있어서 적절하게 분배를 하기가 더 어렵다.

여기에서 정의한 장애들은 다른 장애들과 더불어 가난한 사람들이 더 나은 삶을 살 수 있는 기회를 줄이고, 그들의 선택을 제한하고, 그들이 가난을 이겨내며 아이들에게 밝은 미래를 보장하기 어렵게 만든다. 미국은 보건, 노후 안정, 교육, 보육, 주거, 기타 등등의 영역에서 심각한 문제를 겪고 있고, 가난한 사람들의 경우 이 문제들은 위기 수준에 이르렀다. 그러나 이런 문제들은 사회적인 문제들과 분리할 수 없으며, 따로 떼어내어 고치는 것도 불가능하다. 이 문제들은 경제적 정치적 체제 속에 깊이 뿌리박혀 있는 불평등에서 비롯되었다. 부와 권력의 저변에 있는 불평등에 맞서지 않은 채로 가난한 사람들이 감내하고 있는 많은 사회 문제들을 실제로 해결할 수 있으리라 기대할 수는 없다. 애당초 그 불평등이 가난이 지속되는 근본적인 원인이기 때문이다.

11

결론

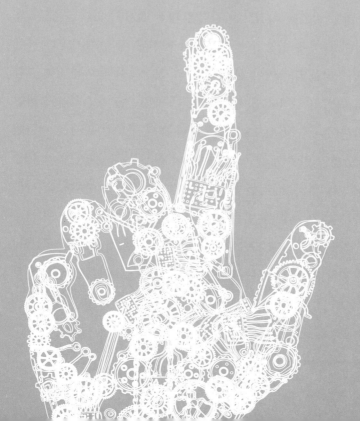

빈곤과 권력

우리는 빈곤을 바라보는 관점을 바꿀 필요가 있다. 가난한 사람들의 특성에 집중하는 관점에서 벗어나 정치 경제의 역학관계에 초점을 맞추어야 한다. 개인의 결점에서 사회제도의 결함으로 관심의 초점을 옮겨야 한다. 나는 빈곤을 개인의 자멸적인 가치관이나 습성 탓으로 보는 관점 대신 구조적 관점을 제안한다. 오늘날 빈곤 문제는 깊이 뿌리박힌 소득과 부, 권력의 불균형에 기인한다. 이러한 근원적인 정치·경제적 불평등을 다루지 않는다면 어떠한 빈곤 완화 정책도 성공할 수 없다. 빈곤은 구조적인 문제이며, 구조적인 해법을 통해서만 해결할 수 있다.

구조적 관점에서 본다면 빈곤은 개인이 통제할 수 없는 외부 요인, 즉 정치·경제·사회·문화적 압력에서 기인한다. 이 압력에 따라 빈곤율이 오르거나 내리고, 빈곤층의 상황이 더 나빠지거나 좋아지며, 빈곤층 중 특정 집단은 특히 더 심각한 위기에 내몰리기도 한다. 이 압력은 사람들에게 주어진 선택권, 자원을 이용할 기회, 삶의 질, 사회적 이동성 등에 지대한 영향을 끼친다. 또한 유리한 조건과 불리한 조건을 할당해서 누구는 부유하게 또한 누구는 가난하게 만듦으로써 불평등을 발생시킨다. 따라서 개개인의 능력과 노력만 봐서는 우리에게 얼마간의 빈곤과 불평등이 존재하는지 아닌지를 설명할 수 없다. 경제 상황, 정부 정책 기조, 여론의 분위기, 사회적 관계가 맺어지는 방식 등 더 큰 구조적인 압력이 작용하고 있기 때문이다.

제목에서도 알 수 있듯이, 이 책에서 제시된 구조적 관점은 빈곤과 권력의 연관성을 분명히 보여준다. 스티븐 룩스(Steven Lukes)는 권력을 '결과를 만들어내는 능력'이라고 정의한다. 이 능력은 자원과 기회를 분배함으로써 사회 계층 체계를 구축하는데, 더 넓게 말하면 세상을 지금과 같은 상태로 만드는 데 중요한 역할을 한다. 권력 행사는 우리가 처해 있는 경제, 정치, 문화, 사회 환경에 커다란 영향을 미친다. 예를 들어 권력을 이용해 고용주는 직원 수를 줄이거나 생산 시설을 해외로 이전하거나 직원들이 임금과 수당 삭감을 받아들일 수밖에 없게 만들고, 기업들은 국회의원들이 거슬리는 규제를 폐지하고 기업에 유리한 조세 정책을 수립하고 선거자금 개혁을 단념하도록 설득한다. 또한 뉴스 매체가 의도적으로 또는 비의도적으로 대중들에게 가난은 개인적 불행이며, 범죄는 언제나 증가하고 있고, 정부는 사회문제를 해결할 능력이 없다는 인식을 심어줄 때도, 특권층이 자신들의 동네와 학교, 인맥을 계속해서 독점하기 위한 획책을 꾸밀 때도 권력이 이용된다.

권력은 이해관계나 이념을 위해 흔히 이용되며, 권력 행사는 서로 대립하는 이익과 이념을 옹호하는 개인이나 집단의 저항을 불러일으키기 쉽다. 권력이 있는 곳에는 갈등이 있고, 갈등이 있는 곳에는 승자와 패자가 존재한다. 권력은 또한 공평하게 분배되지 않는다. 부유한 사람들은 방대한 자원을 소유하고 있고 사회의 '전략적 요충지'를 차지하고 있기 때문에 다른 이들에 비해 훨씬 더 손쉽게 반대 의견을 물리치고 원하는 결과를 가져올 수 있는데, 최근 몇십 년 사이 그들의 능력은 더욱 커졌다. 우리가 보아왔듯 지난 사반세기 사이에 경제 권력과 정치 권력과 이념 권력은 위를 향해 즉, 피고용자보다는 고용주, 노동자보다는 기업, 좌파보다 우파에 이익이 되는 방향으로 재분배되었다. 심화되고 있는 빈부 격차와 함께 우리 사회의 계층과 인종 차별, 남녀 간 불평등은 중립적인 시장의 힘이나 능력 차이에서 비롯된 것이 아니다. 이러한 불평등은 점점 심각해지고 있는 가진 자와 못 가진 자 간의 권력 불균형이 낳은 부산물이다. 1970년대 이래 계속 진행 중인 이러한 '권력 이동'은 왜 같은 나라에서 어떠한 사람은 그렇게 부유한데 또 어떠한 사람은 그렇게 가난한지를 설명해준다.

구조적 관점은 빈곤 문제에 대한 독특한 개념을 제시한다. 가난한 사람들은 물론 돈이 부족하다. 그러나 그들은 권력도 부족하며, 이것이 더 근본적인 문제이다. 빈곤이 지속되는 가장 큰이유는 통제하는 능력, 다시 말해 경제정책과 정치정책을 마련하고, 손실과 보상을 배분하고, 정보와 아이디어의 흐름을 통제하는 능력이 사회 계층의 최상위로 점점 집중되고 있고, 그 결과 가난한 미국인들은 더욱더 소외되고 취약해지기 때문이다. 대개의 경우 오늘날의 빈곤층은 임금 인상이나 근로환경 개선을 요구하거나 정치 지도자나 정부 정책에 영향력을 행사할 자원이나 힘이 없다. 문화적 담론과 이미지를 바꿀 힘도, 차별과분리, 사회적 배제 등 사회이동을 가로막는 장애물을 없앨 능력도 없다. 빈곤은 단순히 소득의 문제가 아니다. 그것은 권력의문제이기도 하다. 따라서 빈곤과 불평등에 관한 이론이 권력을중요하게 고려하지 않는다면 진지하게 받아들여질 수 없다.

프로그램과 권력

빈곤 퇴치를 위한 좋은 아이디어는 부족하지 않다. 2007년, 미국진보센터(Center for American Progress)는 향후 십 년 사이에 빈곤을 절반 수준으로 줄이기 위한 12단계 전략을 제시한 70쪽분량의 인상적인 문서를 발표했다. 같은 해, 진보 성향의 시사지《아메리칸 프로스펙트*American Prospect*》도 〈미국 내 빈곤 종식시키기〉라는 특집 기사에서 썩 괜찮은 권고안을 내놓았다. 노스캐롤라이나대학교 채플힐캠퍼스에 있는 빈곤 및 노동, 기회 센터(Center on Poverty, Work, and Opportunity)는 최근 시선을 끄는 논문집을 발간했다. 존 에드워즈(John Edwards) 상원의원이 편집자로 참여한 이 논문집은 빈곤을 근절하고 아메리칸드림을 부활시키기 위해 숙고를 거쳐 나온 다수의 정책을 열거한다. 학자와 활동가, 저널리스트들이 집필한 빈곤과 불평등한 관한 책들 중에도 빈곤 퇴치를 위한 프로그램과 전략을 개괄하는 귀중한 자료가 담긴 책들이 많다. 이 외에도 여러 곳에서 가능성 있는 정책 처방을 다수 내놓았고, 그중 구체적으로 어떠한 방안이 가장 추진할 만한지에 대해 상당한 의견일치도 이루어진 상황이다.

이미 자료가 풍부하므로 정책 아이디어나 목표에 관한 심도 있는 분석을 더 할 필요는 없다. 그러나 빈곤에 관한 어떠한 책도 그 문제의 해결책에 관한 고찰이 없다면 완전할 수 없다. 그래서 이제부터는 주로 전 단락에서 언급한 저작의 내용을 참고하여 주요 빈곤퇴치 정책의 목록을 구체적인 프로그램보다는 전체적인 목표를 중심으로 제시하려고 한다. 이 개요에 약간의 질서를 부여하기 위해 정책들을 네 개의 범주로 분류했다. 빈곤 문제의 어떠한 측면에 집중하는지에 따라 구분한 범주들로, 서로 약간씩 겹치기도 한다. 정책들을 살펴보고 난 뒤 이 장의 마지막 부분에서는 권력의 문제로 다시 돌아가기로 하겠다.

소득보장정책 : 이 범주에 속한 정책 제안은 직간접적으로 빈곤층에게 더 많은 돈을 갖게 해서 그들을 빈곤선 위로, 아니면 적어도 빈곤선에 더 가깝게 끌어올려 줌으로써 빈곤의 발생 정도와 강도를 줄여준다.

- 민간부문 고용기회의 만성적 부족을 보완하기 위해 공공서비스 일자리를 창출하는 등 완전고용 경제를 실현하기 위해 힘을 쏟는다.
- 해고자와 구직 단념자, 미숙련 노동자들을 지원하기 위해 일자리 창출과 더불어 직업훈련을 제공한다.
- 최저임금을 올리고, 물가상승률과 생산성, 평균소득에 연동시킨다.
- 생활 임금제를 도입해서 고용주가 근로자에게 적정 생활수준으로 가족을 부양하기에 충분한 임금을 지급하게 한다.
- 저소득 가구를 위한 근로장려세제를 확대하고, 자녀가 없는 젊은 근로자들을 위해 수급 대상을 늘리고 지급수준을 높인다.
- 실업보험제도를 현대화하여 점점 더 늘고 있는 저임금, 시간제, 한시적 근로자들을 위한 보상을 제공한다.
- 생활 보호(public assistance) 프로그램의 이용 기회와 지급수준을 높이고, 균일한 자격 기준을 정해서 더 든든한 안전망을 구축한다.
- 공적 연금제도와 민간 연금제도를 강화하여 노인들의 소득 불안정을 줄인다.
- 저소득층 자녀들을 위한 정부재원 신탁기금 조성과 저소득층 근로자들을 위한 정부의 은퇴자금 지원제도를 통해 저소득층이 자산을 모을

수 있도록 지원한다.

- 누진세 개혁을 시행해서 부자들이 정부 세입 확충을 위해 더 많은 부담을 지게 만든다.

공공재 정책 : 이 범주의 정책 제안은 빈곤층의 소득을 늘리지는 않겠지만 대신 삶의 질을 향상시킬 것이다. 저소득 가구들은 보육과 의료 등 필수적인 자원과 서비스를 민간 상품이 아니라 보편적으로 보장된 공공재의 형태로 제공받을 것이다. 또한 이 정책들 덕분에 빈곤 가구에는 다른 경비를 충당할 돈이 생길 것이다. 이런 종류의 조치는 빈곤율을 낮추지는 못할 테지만 빈곤을 더 견디기 쉽게 만들 것이고 빈곤으로 인한 가장 심각하고 해로운 결과를 어느 정도 막아줄 것이다.

- 의료의 접근성을 높이고 비용부담을 줄이며, 보편적 건강보험을 마련한다.
- 저소득 가구를 위한 양질의 보육 지원을 제공한다.
- 아동들이 발달 잠재력을 키우고 충분히 준비된 상태에서 학교에 입학할 수 있도록 돕는 유아교육 프로그램을 개설한다.
- 안전하고 저렴한 주택 공급을 늘리고 주택바우처와 보조금을 받을 수 있는 기회를 확대한다.
- 대중교통 체계를 개선한다.
- 법적 지원 제도를 위한 자금을 늘리고, 빈곤층에게 제공하는 법적

지원의 제한 규정을 없앤다.

기회균등 정책 : 소수 민족이나 유색 인종, 미혼모, 아동 등은 빈곤에 특히 더 취약하다. 이 정책 제안은 전체적인 빈곤의 정도를 줄이지는 못하더라도, 부당한 이유로 고통받는 일을 막아 이미 여러 악조건으로 고통받고 있는 이들이 이중으로 고통을 겪는 것은 막아줄 것이다.

- 차별금지법을 강화하고 보다 더 엄격한 법 집행 방안을 마련한다.
- 인종차별과 남녀차별을 방지하기 위해 차별 철폐 조처와 남녀동일 임금 정책을 유지 확대한다.
- 더 강력한 공정 주택법(Fair Housing Laws) 집행 등 거주지 분리와 교육 분리를 줄이기 위한 조치를 실시한다.
- 공립학교의 질을 향상시키고 재정 격차를 줄여서 계층, 인종, 거주지와 상관없이 아동들이 양질의 교육을 받을 동등한 기회를 보장한다.
- 고등 교육을 가로막는 재정적 장애를 줄인다.
- 마약과의 전쟁을 끝내고, 비폭력 사범을 수감하는 비율을 줄인다.
- 미디어에서 그려지는 복지 수혜자, 미혼모, 유색 인종이나 소수 민족의 정형화된 이미지를 타파한다.
- 유급 병가와 유급 육아 휴가를 주고 시간제 근로자들에 대한 더 공평한 처우를 하는 등 가정 친화적인 일터를 만든다.

권력부여 정책 : 빈곤층에게 더 많은 돈을 갖게 함으로써 빈곤을 해결하려는 정책도 있지만 이 범주의 정책들은 더 깊은 수준에서 작동한다. 이 정책들은 빈곤층에게 더 많은 권력을 갖게 하고 더 큰 경제 및 정치적 발언권을 주며, 미국의 민주주의에 새로운 활력을 불어넣는다. 이런 종류의 정책이 특히 더 중요한 이유는 미국인들, 특히 가난한 미국인들의 권력과 정치적 행동이 증가하지 않는다면 그 어떤 새로운 빈곤과의 전쟁도 활발히 진행될 수 없기 때문이다. 더 많은 민주주의가 모든 사회 문제를 해결할 수 없을지는 모르지만, 아마도 그것은 모든 사회 문제의 진정한 해결을 위한 필요조건일 것이다.

- 근로자들이 간단한 과반수 의결 방식인, 카드체크(card-check) 절차를 통해 노동조합을 결성할 수 있도록 노동법을 개정한다.
- 노동조합 결성을 막기 위해 불법적인 수단을 쓰거나 다른 식으로 노동자의 권리를 침해하는 고용주에 대한 처벌을 강화한다.
- 전액 공적 지원 등 선거자금 개혁을 실시해서 돈이 정치에 미치는 악영향을 줄인다.
- 중죄인의 시민권을 박탈하는 법을 폐지한다.
- 선거인 등록 절차를 간소화한다.
- 유권자를 겁주거나 억압하는 전략을 금지하는 규정을 강화한다.
- 비례 대표제 등 대안적 투표 절차를 도입하고 복수정당들 간 경쟁을 촉진하는 방향으로 선거 제도를 개혁함으로써 변화가 어려운 상태인

양당 체제에서 탈피한다.

- 정치의식을 높이고 정치 참여와 활동을 장려하기 위한 교육 활동과 문화적 변화를 지원한다.

- 기업이 지배하는 주류 언론을 개혁하고, 올바른 정보 제공과 민주적 숙고 증진이라는 목표에 온전히 전념하는 대안적인 뉴스 매체를 지원한다.

- 이민 개혁을 추진해서 불법 이민자들을 포함한 모든 근로자들이 고용주의 착취로부터 스스로를 보호할 수 있는 충분한 시민권을 가질 수 있도록 보장한다.

주류 미국 정치의 세계에서 보면 앞서 나온 정책들은 허황된 꿈처럼 보일지도 모른다. 그 정책들은 성공하기 어려울 것임은 분명하고, 그중에서도 추진이 더 어려운 정책들이 있는 것도 사실이다. 그렇지만 그 정책들 중 대부분은 다른 선진국들에서 이미 실시하고 있는 정책이다. 유럽이나 캐나다에서 할 수 있다면 우리도 할 수 있다. 빈곤층뿐 아니라 아마 대다수의 미국인들이 그 정책들에서 이득을 볼 것이고, 따라서 그러한 개혁을 기꺼이 지지할 상당수의 유권자들이 있을 것이다. 이 정책들에는 장점이 하나 더 있다. 오래된 미국의 이상을 실현하고자 한다면 반드시 필요한 정책이라는 점이다. 우리에게는 누구에게나 기회가 열려 있고 공평한 보상을 받을 수 있는 공정한 경제체제, 대기업의 힘이 아니라 평범한 미국 국민의 선택으로 정부 정책의 방향이 결정되는 진정으로 민주적인 정치체제라는 이상이 있다. 또한 정보에 밝은 시민들이 공적 담론에 적극적으로 참여하는 성숙한 정치문화, 교육과 주택, 고용의 기회가 계층이나 인종, 성별, 가족사항에 따라 다르지 않은 사회를 향한 오래된 이상이 있다.

그러나 좋은 프로그램과 숭고한 이상만으로는 충분하지 않다. 만약 그것만으로 충분했다면 빈곤 문제는 오래 전에 해결되었을 것이다. 우리에게 노하우는 있지만 그 지식을 실행에 옮기기 위해 꼭 필요한 정치적 의지와 수단이 부족하다. 바로 이 점 때문에 우리는 이 책의 핵심 주제로 다시 돌아갈 수밖에 없다. 빈곤과 권력의 연관성 말이다. 빈곤은 지적 문제나 기술적 문제라기보다는 정치적 문제다. 빈곤과의 싸움에서는 정책 전문가들보다 정치운동가들의 활동이 더 중요하다. 빈곤이 지속되는 이유는 해결책을 찾기 위해 비범한 능력이 필요하기 때문이 아니라, 필요한 개혁을 실행에 옮길 권력이 부족하기 때문이다. 빈곤 문제는 권력이라는 문제와 맞붙어 씨름하지 않는다면 효과적으로 접근할 수 없다.

운동과 권력

빈곤은 끈질기게 지속되는 현상이다. 이 다루기 힘든 문제를 앞에 두고 세상이 원래 그런 것이라고 말하며 두 손 다 들고 포기하고 싶어질지도 모른다. 그렇지만 빈곤선 아래에서 살아가고 있는 무수히 많은 미국인들의 삶은 결코 필연적인 것이 아니다. 또한 앞에서 언급한 변화를 포함하여 빈곤을 줄이기 위해 필요한 변화들은 분명 우리의 손이 미치는 곳에 있다. 이 점은 다른 선진국의 사례만 봐도 알 수 있다. 가난의 구조는 정부의 개입을 통해 분해되고 다시 짜맞춰지고 새것으로 교체될 수 있다.

어느 한 개인이 저임금 일자리, 열악한 학교, 거주지 분리, 불충분한 의료, 일자리 아웃소싱 등에 많은 변화를 가져올 수는 없다. 그러나 민권 운동, 여성 해방 운동 등의 집단행동이 보여주듯 사람들이 다 함께 뭉쳐서 입장을 밝힌다면 사회의 기준과 제도를 바꿀 수 있다. 그들은 돈으로 꽉 막혀 있는 보통의 정치적 통로를 통해서는 영향력을 행사할 수 없을지 모른다. 상업화된 미디어 체계가 지배하는 큰 정치 문화에서는 발언권을 그다지 많이 갖지 못할 수도 있다. 재력이나 위신, 연줄 등 권력 자원도 부족할지 모른다. 그러나 그들에게 전혀 힘이 없는 것은 아니다. 프랜시스 폭스 피벤(Frances Fox Piven)이 주장하듯이 가난한 사람들을 포함한 평범한 미국인들은 '잠재적인 권력'을 상당히 갖고 있다. 근로자, 소비자, 세입자, 학생, 복지 수혜자, 지역 사회 주민으로서 우리는 모두 협력과 합의, 상호의존이라는 하나의 망에 얽혀 있고, 이 연결망은 우리의 지속적인 참여와 지지가 있어야 계속해서 존재할 수 있다. 분담금을 내지 않거나 자신에게 배정된 역할을 거부하거나 게임의 규칙을 전략적으로 위반함으로써 우리는 사회 제도의 정상적인 작동을 방해할 수 있다. 이 '지장을 초래하는 힘'은 시민 불복종, 파업, 보이콧, 시위, 항의, 연좌 농성 등 논쟁을 초래하는 정치적 행동의 형태로 드러나며, 힘없는 사람들에게 진정한 영향력을 준다. 이러한 잠재적 힘을 창의적으로 이용함으로써 미국의 빈곤층과 그들의 협력자들은 기업주와 정부 관리 등 의사결정권을 가진 이들로부터 양보를 이끌어낼 수 있고, 더 광범위한 개혁을 위한 동력을 만들어낼 수도 있다.

빈곤은 권력 행사를 통해 만들어지고 유지되기 때문에 오로지 반대로 작용하는 권력을 동원해야만 근절할 수 있다. 이를 위해서는 '국민의 조직적인 힘'을 최대한 끌어올려야 한다. 투표장뿐 아니라 일터, 관료사회, 지역사회, 길거리에서도 민주적 부활이 일어나야 한다. 이것이 말도 안 되게 이상적인 이야기로 들릴지도 모른다. 그러나 실제로 로버트 페루치(Robert Perrucci)와 얼 위송(Earl Wysong)이 '대안적 권력 네트워크'라고 부르는 것에 기반을 둔 수많은 시민 단체, 지역 운동가, 학생 운동가, 노조 조직책, 진보 지식인, 미국의 노동자들이 더 공정하고 평등한 사회를 만들기 위해 이미 여러 전선에서 투쟁하고 있다. 몇가지 예를 살펴보자. 고등학교와 대학교의 학생들이, 일부는 반노동착취학생연합(United Students Against Sweatshops)과 연계하여 반노동착취 운동을 시작했고, 학교 근로자들과 함께 임금 인상을 위해 싸웠으며, 근로자들의 노동조합 결성을 돕기도 했다.

여성 단체들은 성차별, 의료, 보육, 육아 휴가, 더 유연하고 가정 친화적인 직장 등과 관련된 투쟁의 선두에 서왔다. 로스앤젤레스 등의 지역에서 노동운동 활성화의 핵심 세력인 이주노동자들은 노동자의 권리뿐 아니라 이민 개혁과 시민권을 위해 싸웠다. 환경정의운동을 벌이는 활동가들은 유해 폐기물과 오염물질이 주로 가난한 소수 민족 거주지 근처에 버려지는 양상을 폭로했고, 인종차별적인 환경 및 교통, 개발 정책에 대한 반대 운동을 조직했다. 100개가 넘는 도시에 사무소가 있고 회원이 35만 명을 넘는 '즉각적 개혁을 위한 지역조직연합(Association of Community Organizing for Reform Now, ACORN)'은 저소득 가구의 임금을 올리고 주거와 학교, 의료의 질을 향상하기 위해 전국에서 인민주의 운동을 벌여왔다.

최저임금을 올리기 위해 수많은 주와 도시에서 진행된 풀뿌리 운동과 더불어 생활 임금 운동은 가난한 미국인들의 삶이 정치적 압력을 통해 어떻게 개선될 수 있는지를 가장 가시적으로 보여준 사례 중 하나이다. 생활 임금 운동은 기업들의 강력한 저항에도 불구하고 적어도 140개 도시에서 승리를 거뒀다. 가장 최근에 성공한 도시로는 캘리포니아주 벤투라, 코네티컷주 맨체스터, 플로리다주 마이애미, 뉴멕시코주 앨버커키가 있다. 이 운동은 '이 나라에서 생계를 위해 일하는 어느 누구든 가난 속에서 가정을 꾸리게 해서는 안 된다.'라는 분명한 도덕적 전제에서 시작되었다. 저임금 문제를 경제적 정의의 관점에서 보게 함으로써 생활 임금 운동은 폭넓은 대중의 지지를 모았고, 저임금 노동자들, 노조 활동가, 지역 단체, 학계 전문가, 종교 단체 등으로 이뤄진 활동적인 연합체를 구성해낼 수 있었다.

미국 빈곤층의 운명은 다른 무엇보다 한 가지 변수에 전적으로 달려 있다. 바로 노동운동의 운명이다. 지난 사반세기 동안 수세에 몰려 있긴 했지만 여전히 노동운동은 '조직적인 민중의 힘'의 가장 강력한 표출이며, 미국에서 기업의 경제, 정치, 문화적 지배에 도전하는 힘겨운 일을 해낼 역량이 있는 유일한 단체 세력이다. 또한 최근 몇 년 사이에 주요 노동조합이 회생의 기미를 보이고 있다. 1995년 미국노동총연맹산업별조합회의(AFL-CIO)의 대표로 선출된 개혁팀을 포함해 오늘날의 노동조합 지도자들은 더 적극적인 조직화와 폭넓고 활동적인 노조 운동 활성화에 전념하고 있는 것으로 보인다.

또한 과거의 노동조합에 비해 오늘날의 노동조합은 빈곤과의 싸움에서도 더 직접적인 역할을 하고 있다. 제조업 부문의 일자리가 감소하면서 건물 관리인, 호텔과 식당 종업원, 의료업계 종사자 등 저임금 서비스 노동자들을 대상으로 노조 조직화 활동이 진행되고 있다. 주로 이주 노동자들로 구성된 '청소부에게 정의를' 운동은 좋은 사례이다. 국제서비스종업원노조(Service Employees International Union, SEIU)의 지도 하에 덴버, 로스앤젤레스, 휴스턴 등 여러 도시의 청소노동자들이 대단히 효과적인 조직화 운동을 벌였고 임금 인상, 고용 보장, 의료 혜택을 위한 계약을 협상했다. 이 운동은 부분적으로 성공을 거뒀다. 상당수의 노동자들이 일반 조합원으로 가입했고, 지역 단체들과의 유대를 돈독히 했으며, 여론을 자신들 편으로 끌어들였고, 노골적인 항의, 업무에 지장을 초래하는 시위, 그 밖에도 여러 극적인 형태의 직접적인 행동을 통해서 청소회사와 건물주에게 압력을 가했다.

'청소부에게 정의를' 운동은 오늘날의 '새로운 노동조합주의'를 전형적으로 보여준다. 이 새로운 노동조합주의에서 노조는, 특히 대다수가 여성, 이민자, 유색 인종이나 소수 민족으로 구성된 '빈곤 노동자 노조'는 관료주의적 조직이라기보다는 사회운동처럼 보인다. 새로운 노동조합주의의 지지자들에게 노동운동은 사회변화를 위한 동력이지만, 그 힘은 더 큰 노동계급의 집단적 힘을 이용하고 기본적인 노조 문제뿐 아니라 더 근본적인 '민주주의와 평등에 대한 요구'를 강조할 때에만 발휘될 수 있다. 이러한 사회운동 노동조합주의를 실천하기 위해서 조직 노동자들은 지역의 노조와 지역사회, 즉 노조에 가입하지 않은 저임금 노동자, 실업자, 복지 수혜자 등의 취약계층을 포함한 지역민들 사이에 더 긴밀한 유대를 구축해야 한다. 또한 노동운동은 인종과 성별, 성적 취향, 환경, 세계화, 평화 등의 주제를 중심으로 조직화된 다른 진보적인 사회운동과의 협력과 융합을 추구함으로써 이미지를 새롭게 바꿀 필요도 있다. 이러한 연합 형성 전략은 실질적인 저항 세력 기반을 구축할 뿐 아니라,

제한된 직장 노동조합에서 사회 및 경제 정의를 위한 더 폭넓은 운동으로 변모할 수 있는 가능성을 열어준다.

　새로운 모습으로 변모한 노동운동은 더 강력해진 경제 및 정치적 영향력을 이용해 노동계급과 빈곤층에게 임금 인상, 근무환경 개선, 더 나은 복지제도, 노동자 친화적인 정부 정책 등의 이득을 가져다줄 수 있다. 그러나 이 모든 것들보다 장기적으로 더 중요한 것은 사회운동 노동조합주의가 민주화를 이끄는 힘이 된다는 점이다. 사회운동 노동조합주의는 그동안 소외되어 왔던 사람들이 정치에 참여하고 활동할 기회를 열어준다. 가난한 미국인들이 단체행동을 취할 역량을 키워주고 미래의 투쟁을 위한 준비를 갖추게 해준다. 다른 사회정의 운동과 연대하여 진정한 사회운동으로 변모한 오늘날의 노동운동은 위험할 정도로 불균형해진 권력 구조에 저항할 능력을 갖추고 있다. 물론 이 운동이 임무 완수 플래카드를 빠른 시일 내에 내걸지는 못할 것이고, 아마도 지금까지 승리보다는 패배를 더 많이 겪어 왔을 것이다. 그러나 이 운동의 사례들은 미국의 빈곤층과 노동계급이 사회적 변화를 불러올 수 있는 자신들의 잠재력을 어떻게 집결시킬 수 있는지에 대한 비전을 제공한다.

　'가난한 사람들이 자력으로 일어서야 한다'는 말이 있다. 그런데 그러한 노력이 성공하기 위해서는 혼자서 고군분투할 것이 아니라 집단적으로 행동해야 하고, 순전히 개인적인 노력이 아니라 정치적인 노력을 기울여야 한다. 빈곤과 싸우기 위한 방안으로서 자기 계발 접근법은 노동시장에서 경쟁자들보다 우위에 서게 해 줌으로써 특정 개인들에게는 도움이 될지 모른다. 그러나 전체적인 빈곤 완화를 위해 필요한 정치·경제적 변화를 불러오기 위해서는 광범위한 권력 동원이 반드시 필요하다. 노동조합, 지역단체, 풀뿌리 조직 등을 통해 힘을 결집하고 미국의 빈곤층이 주도하는 집단적 자력갱생 전략이야말로 빈곤과의 전쟁을 성공으로 이끌 최선의 방책이다. 보통 빈곤에는 무력함이 따라오지만, 오늘날 현장의 사회 정의 운동은 가난한 미국인들이 가진 잠재적 힘을 증명해준다. 이 잠재력을 온전히 실현하는 것만이 마틴 루터 킹 목사가 40년도 더 전에 선언한 '전면적이고 직접적이며 즉각적인 빈곤 타파'라는 야심찬 목표를 이루는 길이다.

⊙ 감사의 글

도우 에이미, 프랑 도이치, 에릭 슐츠 그리고 래리 판 시클의 도움이 없었다면 이 책을 완성하지 못했을 것이다. 이 네 명의 친구들은 이 책을 집필하는 동안 내가 쓴 원고를 그때그때 읽어 주고 소중한 피드백과 용기를 주면서 내가 앞으로 나아갈 수 있도록 도와주었다. 이 책을 위해 시간과 노력을 아끼지 않은 그들의 헌신에 무한한 감사를 보낸다. 그 밖에도 원고와 출판 제안에 관해 조언을 해주고, 아이디어가 떠오르도록 도와준 많은 분들께 감사를 드린다. 집필하는 과정에서 관대함과 격려로, 때로는 애정 어린 비판으로 나를 도와준 웬디 브랜슨과 대니 치트롬, 릭 엑스타인, 미셸 이시어, 머릴 핑그루트, 수잔 리비, 섀넌 마리오티, 엘런 파더, 리사 틸먼, 데이브 월시, 톰 워텐버그에게 감사드린다. 그리고 앨런 맥클래어를 비롯한 로먼앤리틀필드 출판사의 모든 관계자들에게도 감사를 표한다.